I0082715

www.ingramcontent.com/pod-product-compliance
Lightning Source LLC
Chambersburg PA
CBHW031116020426
42333CB00012B/109
* 9 7 8 1 9 1 2 4 1 1 5 5 9 *

الصُّومَالُ

دَوْلَة تَبْحَث عَن قِيادَة استِثْنَائِيَّة

الصُّومَال

دَوْلَة تَبْحَث عَن قِيَادَة استِثْنَائِيَّة

المُؤلف الأُستاذ الدُكتُور
عَبدُ الرَّحمَن مُعلِّم عَبدِ اللَّه (بَادِيو)

لوح برس
LOOH PRESS
١٤٤٦ هـ / ٢٠٢٥ م
1446/2025

LOOH PRESS LTD.

Copyright © Abdurahman Muʿallim Abdullahi (Baadiyow) 1446/2025.

First Edition, First Print Dhūl Qaʿdah /May, 1446/2025.

PUBLISHED BY:
Looh Press Ltd.
Leicester, England. UK
Muqdisho, Soomaaliya
W: www.LoohPress.com
E: LoohPress@gmail.com
T: +44 79466 86693
T: +252 61 0743445 / +252 61 8707573

A catalogue record for this book is available from the British Library.
British Library Cataloguing-in-Publication Data
سجل فهرسة لهذا الكتاب متاح من المكتبة البريطانية.
بيانات الفهرسة أثناء النشر من المكتبة البريطانية.

TRANSLATOR.................... **Umar Moalim Abdullah** ....مترجم

ISBN.......................... 978-1-912411-55-9 / 978-1-912411-56-6...... الرقم المعياري الدولي

COVER........................ Paperback Cover / Hardback Cover ....نوع التجليد

SIZE.................................. 6.14 x 9.21 / 234 x 156 mm ....قياس القطع

PAGES.. 352 Pages ....عدد الصفحات

6

بسم الله الرحمن الرحيم

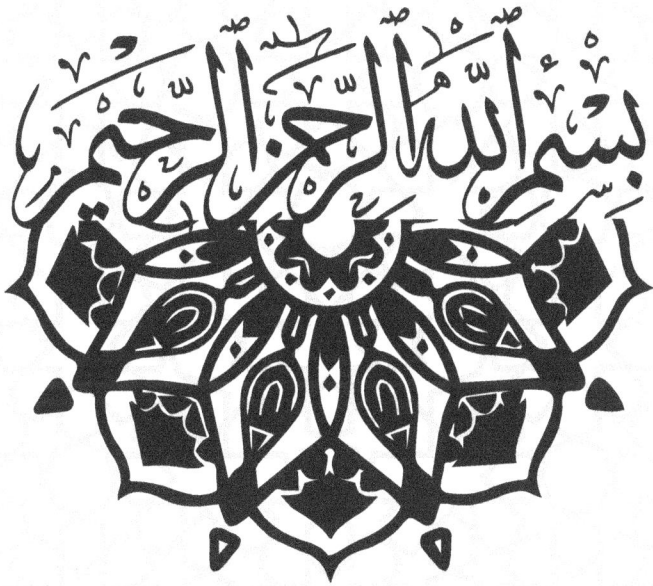

فهرس المحتويات

الإهداء

إلى روح والدي الحبيب، معلم عبد الله، الذي كان مصدر إلهامي الأول، وغرس فيّ منذ نعومة أظفاري شغف العلم وحب القراءة والكتابة والتعليم بشكل عام. لقد علّمني القرآن الكريم منذ الصغر، وأرشدني إلى التفوق في مساعي مسارات الحياة، فكان حنانه وحكمته ركيزة أساسية في بناء شخصيتي العلمية والإنسانية. وإلى والدتي العزيزة والمخلصة، زينب أفرح شذور، التي لم يكن حبها ودعمها اللامتناهيين إلا نورًا يضيء لي درب الحياة وسفر التعلم. لقد كانت حنانًا مستمرًا وعطاءً لا ينقطع، فأسأل الله أن يرحمهما رحمة واسعة ويجعلهما في نعيم دائم. كما أهدي هذا الكتاب إلى زوجتي العزيزة، محبة حاج إيمان، التي كانت صبرًا ثابتًا ودعماً لا ينفد، وركيزةً أساسية في حياتنا الأسرية. لقد تحملت بمفردها مسؤولية تربية أطفالنا السبعة برعاية وإخلاص، بينما كنت مشغولاً بمهام المصالحة الوطنية، والنشاط الدعوي، وبناء المؤسسات التعليمية، وجهود استعادة الدولة الصومالية. لقد كان تفانيها المذهل وقدرتها على التكيف مع غيابي الطويل نسبيًّا مصدراً دائماً لإعجابي وعرفاني.

إلى أبنائي الأعزاء، الذين كانوا دائماً مصدر قوة وإلهام، وذخراً يُعينني على مواجهة التحديات. لقد كان حبهم ودعمهم المستمر وتفهمهم العميق لانشغالاتي أضواءً تضيء لي الطريق في العقود الثلاثة الماضية، خلال فترات عدم الاستقرار الطويلة التي عانت منها بلادنا. لقد تحملوا بصبر وإخلاص ظروفًا صعبة خلال غياباتي المتكررة، حينما كنت أكرّس جهودي في العمل الوطني منذ عام ١٩٩٢ للمساهمة في بناء دولة صومالية مستقرة وقادرة على الصمود. إن امتنان قلبي يمتد إليهم وإلى أحفادي وذريتهم المستقبلية، آملاً أن يجدوا في هذه الصفحات حكمة تسترشد بها أرواحهم، وإلهامًا يدفعهم لمواصلة المسير نحو مستقبل أفضل.

وأوجه هذا الإهداء أيضًا إلى أجيال الأكاديميين الصوماليين وطلبة الجامعات والنخب السياسية في البلاد، عسى أن يجدوا في هذا العمل ما ينفعهم في مساعيهم العملية

والفكرية. إنني أرجو بصدق أن يتعاونوا جميعًا على تحويل الثقافة السياسية السامة التي عانت منها دولتنا إلى أخلاقيات عمل راسخة، تقوم على المسؤولية الجماعية والحكم الرشيد، وتأخذ البلاد إلى مستقبل أكثر إشراقًا واستقرارًا.

إنني متفائل بأن هذا الجيل يمتلك القدرة والإرادة لتصحيح المسارات الخاطئة التي انتهجت سابقًا في جهود بناء الدولة، من خلال تجاوز الممارسات غير المنتجة التي أدت إلى انهيار دولتنا بعد ثلاثين عامًا من الاستقلال. أنا مؤمن أن في هذا الجيل عزيمة تمكنه من تمهيد الطريق لمستقبل يسوده السلام والازدهار والعدالة.

إلى كل قارئ: «كن قائدًا استثنائيًّا أو ادعم قائدًا، ولكن لا تكن أبدًا متفرجًا.»

مقدمة المترجم

هذه، هي الترجمة العربية للطبعة الأولى من كتاب: الصومال دولة تبحث عن قيادة استثنائية، والكتاب هو سادس كتاب ينتجة المؤلف خلال فترة السنوات الماضية، وهي فترة قياسية بالنظر إلى الأعمال الأخرى التي يعملها المؤلف في مجال الخدمة الوطنية بشكل عام. والمؤلف حريص بترجمة جميع انتاجه العلمي والفكري من اللغة الإنجليزية إلى اللغات العربية والصومالية باعتبار أنهما اللغات القومية أوالدستورية في البلاد وكذلك حرصه الدائم على التواصل مع قاعدة القراء باختلاف لغاتهم الأولية.

والكتاب يتناول موضوعا جديد الدراسة في سياقنا المحلي، وبالغ الأهمية في ظل بحث الصومال الجديد عن قيادة نموذجية استثنائية عازمة على تغيير المسار الساسي للبلاد نحو الأفضل، ومتميزة بالنزاهة القيادية والإلتزام الأخلاقي في العمل المشترك والأداء الجيد في الخدمة الوطنية على المستوى العام، وإلى جانب ذلك، فهو كتاب أكاديمي وتثقيفي مصمم من ان يستفيد منه الباحثون بالشأن العام السياسي للصومال، ولكنه ينفع أكثر للطلبة في العلوم السياسية والاحتماعية على مستوياتهم المختلفة.

والكتاب يتكون من ستة فصول متمحورة حول ثلاث قامات وطنية مشهورة بمواقفهم الخالدة: رئيس وزراء عبد الله عيسي (١٩٢١-١٩٨٨)، الرئيس آدم عبد الله عثمان (١٩٠٨-٢٠٠٧م)، ورئيس وزراء عبد الرزاق حاج حسين (١٩٢٤-٢٠١٤م)، ويتوقف في الفصلين الأخيرين عن أسباب انهيار الدولة الصومالية، ويسلط الضوء على مسؤولية النخب السياسية في إنهيار البلاد والتأخر في المعافاة منه، ويقدم رؤية عن مسار جديد مختلف عن الماضي الذي أدى إلى الانسداد الحالي، ويطرح إلى اعتماد بعض المناهج الذي من خلال الاتباع به سيأتي إلى الاستقرار السياسي لنظام الدولة.

وتلتقي رؤية المؤلف مع دعوته شبه الدائمة على أخذ الجيل الجديد زمام الأمور في قضاياهم الوطنية وحثهم على التخلي عن ثقافة تبرئة الذات وتبنّي الفكر المتحامل على الآخر في شأنهم الخاص، والقدوة على القيادات الاستثنائية المبدئية التي تركت للبلاد إرثا

ملهما قابلا للاحتذاء في كل مساراته، وذلك مع وجود التعددية الفكرية في نظام الحكم للبلاد، وتغير المفاهيم المحيطة بالهوية الوطنية. والمؤلف اختار هولاء القادة الثلاثة، لأن ممارستهم في العمل العام ترتقي إلى مستوى القدوة، ونوع القيادة كانت مبدئية، وتركوا لمجال الخدمة العامة نماذج عملية للتفاني في خدمة الوطن. والقامات الوطنية الثلاثة، يشتركون على سمة الولادة خارج المدن وحياة المدينة بشكل عام، واكتساب التعليم المحدود، والعيش في حياة اليتيم القاسية، الأمر الذي جعلهم حريصين بشدة بالتمسك على مبدء العدالة الاحتماعية رغم أنهم ولدوا في مناطق متباعدة وينتمون إلى مكونات قبلية مختلفة. والقامات الثلاثة، جمعهم العمل الحزبي والوطني، وعملوا في مسؤليات سيادية مختلفة في فترات متوالية، وتركهم للبلاد نماذج استرشادية ريادية لسمو القيم والمبادئ الوطنية على التحيزات القبلية والتنوعات العشائرية وأهمية إعلاء المصلحة الوطنية العامة على الخاصة في فترة البناء لأساس الدولة وإدارة مصير الأمة الصومالية.

وأعتبر نفسي مكرّمًا في دعوة المؤلف لترجمة الكتاب إلى العربية، وتشريفه لي بكتابة هذه المقدمة أيضا باللغة العربية. وأرجو أن ينال الكتاب إعجاب القراء باللغة الضاد، كما نال إعجاب القراء باللغة الإنجليزية، والمؤلف منفتح على الاستماع إلى أي ملاحظات أو أخطاء مكتشفة في ثنايا الكتاب؛ آملاً أن يؤخذ ذلك في الحسبان في الطبعات والتنقيحات القادمة.

سيد عمر معلم عبد الله
٢٦ نيسان-أبريل ٢٠٢٥
مقديشو- الصومال

الشكر والتقدير

بفضل الله، لم يكن بالإمكان كتابة هذا الكتاب دون الأعمال الأساسية لعدة علماء ومؤلفين متميزين. أقدم خالص شكري للبروفيسور عبدي سمتر على عمله المضيء، وكتابته على كتاب "أول ديمقراطية في إفريقيا"، الذي قدم رؤى عميقة حول الرئيس آدم عبد الله عثمان وعبد الرزاق حاج حسين، كما أدين بعمق لمحمد ترونجي على كتابيه الجليلين "الصومال: التاريخ غير المروي" و" آدم عبد الله عثمان: حياته وإرثه"، واللذين كانا أساسًا معتمدًا ومصدرين لا غنى عنها؛ حيث ألقيا الضوء على السنوات الأولى لبناء الدولة في الصومال. بالإضافة إلى ذلك، كان لمذكرات عبد الرزاق حاج حسين، التي حرّرها البروفيسور عبد السلام سلوى، دورًا حاسمًا في إنجاز كتابة هذا الكتاب. وكانت مساهماتهم القيمة المجتمعة في دراسات الصومال مصدر إلهام وإرشاد طوال عملية البحث والكتابة، وأعبر عن امتناني العميق لمصطفى عبد الله فيروس، مدير معهد الدراسات الصومالية بجامعة مقديشو، الذي شجع باستمرار كتابة هذا الموضوع، ونشر بعضًا من فصوله الأخيرة في مجلة الدراسات الصومالية الصادرة عن المعهد ذاته، كما أود أن أعترف بالمساهمات المالية لعلي غابو جينو، مدير مجموعة يونيغيت، والذي أتى مساهمته في تحرير النسخة الأصلية الإنجليزية لهذا الكتاب. علاوة على ذلك، تمكَّنّا من نشر النسخة الأصلية الإنجليزية لهذا الكتاب بفضل المساهمة السخية والدعم المالي الذي قدَّمته كل من مؤسسة هرمود والسلام. لقد كان لهذا الدعم دورٌ محوريٌّ في تسهيل عملية النشر وإخراج هذا العمل إلى النور. كما تم نشر هذه النسخة العربية بفضل الجهود المستمرة والدعم المتفاني الذي قدَّمه عبد محمد عقلى، الذي لطالما ساهم بفعالية في ترجمة كتبي إلى اللغة العربية. إن تفانيه وإخلاصه في الترجمة يجسدان حرصه على تعزيز التواصل الثقافي والفكري، وهو أمر أقدِّره كثيرًا وأعبر له عن شكري وامتناني العميقين.

"كما أود أن أعرب عن خالص امتناني وتقديري لطالبي عثمان عداوي، الذي كان لمساهماته المالية السخية ودعمه دورٌ محوري في إنجاح عملية نشر النسخة العربية من هذا الكتاب."

وأود أيضًا أن أعرب عن تقديري العميق لأخي سيد عمر معلم الذي كانت جهوده المخلصة في ترجمة معظم أعمالي الأكاديمية من اللغة الإنجليزية الأصلية إلى اللغة العربية مستمرة وثابتة ولا تقدر بثمن. لقد كان التزامه والوقت الذي قضاه في هذه المهمة ضروريين لجعل هذا العمل متاحًا لجمهور أوسع من الناطقين باللغة العربية.

وأخيرًا، أود أن أقدم شكري العميق لمحمد عرتن، الناشر المرموق لـ "لوح بريس". لقد كان تفانيه والتزامه بضمان نشر هذا الكتاب في الوقت المحدد وبأعلى جودة ممكنة أمرًا رائعًا. كانت دقة محمد واهتمامه بالتفاصيل وخبرته المهنية وجهده الدؤوب قد حولوا المسودة إلى عمل مصقول ومهذب وكتاب رائع. كان دعمه وتعاونه لا يقدران بثمن، وأقدر بصدق مساهمته في إخراج هذا الكتاب إلى النور وجعله في متناول الجميع.

تقديم المؤلف

يحتفل هذا الكتاب بذكرى عبور السبعين من العمر. ولدت بعد ٣٣ يومًا من رفع العلم الصومالي في ١٢ أكتوبر ١٩٥٤، وشهدت لحظات حاسمة في تاريخ الصومال، من احتفالات الاستقلال إلى التحولات السياسية المختلفة. كان تعليمي الأولي خلال الفترة الديمقراطية والتعددية في حكم البلاد، والتي تلاها عهد الحكم العسكري الأحادي الحكم. أنا فخور بخدمتي في الجيش الوطني الصومالي ودراستي لهندسة الصواريخ في الاتحاد السوفييتي السابق (١٩٧٢-١٩٧٧). وخلال العقد الصعب من الثمانينيات، واجهت مفترق طرق أخلاقي، كان عليّ أن أتخذ قرارًا بشأن الاستمرار في خدمة جيش أصبح في حالة حرب مع شعبه أو الانسحاب النهائي من خدمته، واخترت الانسحاب من الجيش أثناء وجودي في الولايات المتحدة للتدريب في عام ١٩٨٦. في عام ١٩٨٧، هاجرت إلى كندا، وسعيت للحصول على درجة الدكتوراه في التاريخ الإسلامي الحديث في معهد الدراسات الإسلامية بجامعة مفيل في مدينة مونتريال في كندا. كانت هذه الرحلة الأكاديمية فرصة لدراسة تاريخ الصومال، والاطلاع على ثقافة المجتمع وطبيعة الممارسة السياسة؛ فتكونت عندي رؤية شاملة عن تاريخ السياسية الصومال. ساعدني هذا الفهم الجديد إلى المشاركة النشطة في جهود المصالحة وإعادة الإعمار في البلاد من خلال نشاط المجتمع المدني منذ أن عدت إلى بلدي في عام ١٩٩٢. خلال هذا العقد الصعب من الحرب الأهلية، كنت جزءًا من حركة المجتمع المدني لاستعادة الخدمات الاجتماعية، مثل: التعليم، والصحة، ومواجهة أمراء الحرب، وتعزيز السلام والمصالحة، ودفع التحول إلى مجتمع متعايش ومتآلف.

وربما كانت مشاركتي في المؤتمر الصومالي الذي عقد في جيبوتي في عام ٢٠٠٠ لحظة حاسمة في رحلتي العملية، وقمت بدور حيويٍّ في الجهود الرامية إلى استعادة الدولة الصومالية والمساهمة في بناء المؤسسات الحكومية، وكعضو في اللجنة الفنية الصومالية المسؤولة عن تنظيم المؤتمر، كنت مكلفًا بالإشراف على وضع الميثاق الدستوري في

غضون ٣٠ يومًا. استمر التزامي بالمصالحة والسلام خلال العقد المضطرب الذي تلاه. وفي عام ٢٠١٢، وبسبب أوجه القصور المنكشف في القيادة الرشيدة، أو ما يسمى بقيادات المرحلة، وتوالي خيبة الأمل عند الجميع، قررت الترشح للرئاسة، وذلك على نية تحقيق نموذج حكم أكثر نزاهة، وتقديم مساهمة أكثر فاعلية في إنقاذ بلدي من الضياع. وعلى مدى السنوات ال ١٢ الماضية، كرست نفسي للبحث وفهم التحديات في عملية بناء الدولة في الصومال بطرق شتى، مع التركيز على أهمية القيادة الفاعلة. منذ ذلك الحين، كرست نفسي للمصالحة، كوني مستشارًا أول لرئيس الوزراء حسن علي خيري ورئيس الجمهورية الدكتور حسن شيخ، معتقدًا أن المصالحة هي الخطوة الأولى في بناء دولة قابلة للحياة في الصومال على الآماد المختلفة. وهذا الكتاب يستكشف في البداية تحديات القيادة، ثم يفحص حياة وإرث ثلاث شخصيات رمزية: الرئيس آدم عبد الله عثمان، ورئيس الوزراء عبد الله عيسى محمود، ورئيس الوزراء عبد الرزاق حاج حسين.

وعلى الرغم من العقبات العديدة. التزم هؤلاء القادة بمبادئ رابطة الشباب الصومالية؛ وذلك بهدف بناء دولة ديمقراطية تسودها المساواة بين جميع المواطنين، والحفاظ على سيادة القانون، والسعي نحو الحكم الرشيد. وهنا تُعرض سيرهم الذاتية وثقافاتهم السياسية كنماذج للقادة الصوماليين الحاليين والمستقبليين. وتتناول الفصول الأخيرة السياق الأوسع لثقافة النخبة السياسية الصومالية كعقبة أمام استعادة دولة صومالية قابلة للحياة على المدى البعيد، وتقدم تحليلاً متعمقًا للعوامل التي تشكلها ونهجًا شاملاً لحل الأزمة السياسية الصومالية.

ومن خلال التفكير في الماضي واستخلاص الدروس للمستقبل، يساهم هذا الكتاب في الخطاب المستمر حول القيادة في الصومال، مقدمًا رؤى وإلهام لأولئك المكرسين لتعافي البلاد وتطويرها. وبالإضافة إلى الاستعانة بالكتب المرجعية الرئيسية، قام الخبراء بمراجعة كل فصل على الموضوعات الخاصة بها بدقة. راجع محمد عيسى ترونجي الفصول المتعلقة بالرئيس آدم ورئيس الوزراء عبد الله عيسى. وقام البروفيسور عبد السلام سلوى، محرر " مذكرات عبد الرزاق السياسية "، بمراجعة الفصل المتعلق برئيس الوزراء عبد الرزاق حاج حسين. وراجع البروفيسور عبد القادر عثمان الفصل الأول حول تحدي القيادة في الصومال. وقام كل هؤلاء الأكاديميين بمراجعة الكتاب بأكمله، وتم أخذ تعليقاتهم القيمة في الاعتبار في النسخة النهائية من الكتاب، وتمت إعادة النظر وتنقيح الفصلين الأخيرين، اللذين نشرا في الأصل في مجلة الدراسات الصومالية السنوية الصادرة عن معهد الدراسات الصومالية بجامعة مقديشو؛ وذلك لضمان التناسق والانسجام مع بقية الكتاب.

ومن خلال دمج رؤى هؤلاء الخبراء، يقدم هذا الكتاب منظورًا شاملاً ومطّلعًا بعمق حول تحديات القيادة والديناميات السياسية التي تشكل الصومال. إنه جهد تعاوني يستند إلى الحكمة والخبرة الجماعية لأولئك المكرسين لفهم وتحسين المجتمع الصومالي.

وقصدت من وضع هذا الكتاب إلهام وتوجيه الجيل الجديد من القادة الصوماليين من خلال تسليط الضوء على تحدياتهم وتقديم أمثلة على القيادة المثالية التي يجب تقليدها. يسعى إلى فحص الثقافة السياسية الحالية بشكل نقدي، حاثًّا القادة المستقبليين على تجنب تكرار الفشل الحالي والحذر من التعثرات السابقة والتي مازال البعض منها مفتوحًا وربما قائمًا. بالإضافة إلى ذلك، يحدد الكتاب مسارًا لبناء الدولة الصومالية الفعّال، مقدمًا رؤى واستراتيجيات للتغلب على العقبات وبناء مستقبل أكثر استقرارًا وازدهارًا للأمة من خلال مزيج من الأمثلة التاريخية والنصائح العملية والأهداف الطموحة، يسعى هذا العمل إلى تمكين القادة الناشئين وتجهيزهم بالأدوات والحكمة اللازمة للتعامل مع القضايا المعقدة التي تواجه الصومال وحلها.

الدكتور عبد الرحمن باديو

تقديم محمد عيسى ترونجي

ما زالت تحديات أزمة القيادة وثقافة الحكم غير المتغيرة كثيرًا في الصومال، تمثل عقبات رئيسية أمام بناء الدولة الوطنية، والذي يحتاج إلى المزيد من الاستكشاف والدراسات البحثية.

هذا الكتاب الرائد يمزج بين تاريخ الصومال وديناميات القيادة السياسية في الحكم والثقافة السياسية مع العناصر الأساسية للمجتمع الصومالي، وذلك من خلال توفير فهم شامل للسياق التاريخي والثقافي الذي يشكل ثقافة النخبة السياسية الصومالية. ويستعرض الكتاب تطور أساليب القيادة وممارسات الحكم وتأثيرها على مسار بناء الدولة في البلاد، كما أنه يحدد الأسباب الجذرية للأزمة السياسية الصومالية من خلال البحث الدقيق والتحليل الثاقب، ويقترح حلولاً مستنيرة ثقافية ومحلية، متحديًا النهج التقليدي لبناء الدولة.

إن هذا الكتاب رائد؛ لأنه يستكشف بعمق الثقافة السياسية لثلاثة من أبرز الشخصيات السياسية في الصومال: آدم عبد الله، أول رئيس لجمهورية الصومال (١٩٦٠-١٩٦٧)؛ عبد الله عيسى، أول رئيس وزراء صومالي (١٩٥٦-١٩٦٠)؛ وعبد الرزاق حاج حسين، رئيس الوزراء من ١٩٦٤ إلى ١٩٦٧. هؤلاء القادة- الذين بدأوا رحلاتهم السياسية في الأربعينيات مع عصبة الشباب الصومالي التي قادت الصومال إلى الاستقلال- تدرجوا بسرعة في المناصب القيادية الرفيعة رغم بدائية خبرتهم في العمل العام وتعليمهم الرسمي.

ولقد قادوا بنجاح الصومال إلى حقبة من الديمقراطية والاستقرار والسلام. ولم يتم تقدير الصفات القيادية الاستثنائية لآدم عبد الله وعبد الله عيسى وعبد الرزاق حاج حسين بشكل كامل حتى بعد سنوات من المغادرة من مكاتبهم؛ وهو ما يجعل من الصعب على جيل اليوم فهم القيادة العالية المستوى في ماضي الصومال.

هذا الكتاب لا يقدر بثمن للباحثين وصانعي السياسات وأي شخص مهتم بالسياسة والحكم في الصومال. إنه يسد فجوة مهمة في دراسات القيادة والحكم في الصومال، ويقدم وجهات نظر جديدة حول معالجة هذه القضايا المستمرة؛ وهو ما يساهم في نهاية

المطاف في الخطاب الأوسع حول بناء الدولة في المجتمعات التي تعاني من الصراعات. وأوصي بأن يقرأ السياسيون الحاليون والمحتملون هذا الكتاب، وأن يتعلموا الدروس من القادة الثلاثة الاستثنائيين؛ حيث يتم توضيح سيرهم الذاتية بشكل جيد في هذا الكتاب.

أخيرًا، أشيد بالدكتور عبد الرحمن باديو على عمله الرائع في إنتاج هذا الكتاب المهم إلى النور وتقديم حلول لتحديات بناء الدولة في الصومال.

محمد عيسى ترونجي

تقديم البروفيسور عبد القادر عثمان فارح

يقدم البروفيسور عبد الرحمن عبد الله (باديو) دراسة شاملة لقيادة الصومال من خلال فحص الممارسة التاريخية والمعاصرة للحكم في الصومال. وينتقد الآثار الناجمة عن الاستعمار، والسرديات داخل الدراسات الصومالية، وثقافة النخبة السياسية، وعلاقات الدولة بالمجتمع، محددًا إياها كعقبات رئيسية أمام بناء الدولة في الصومال.

ويسلط الكتاب الضوء على جهود القادة المدنيين والديمقراطيين، مركِّزًا على سيرهم الذاتية وثقافتهم السياسية، والذين كانوا من الشخصيات المتميزة في السنوات الأولى من الاستقلال: الرئيس آدم عبد الله، ورئيس الوزراء عبد الرزاق، ورئيس الوزراء عبد الله عيسى. من خلال هذه السير الذاتية، يشدد البروفيسور باديو على أهمية النزاهة الشخصية وسيادة القانون والقيادة الأخلاقية لممارسة العمل السياسي وتحقيق التماسك المجتمعي في الدولة.

ويتناول الكتاب تحدي التوفيق بين التقاليد والحداثة في الصومال، مشيرًا إلى أن القيادة الفاعلة ساعدت مجتمعات أخرى في التغلب على مشكلات مماثلة. ويحلل البروفيسور باديو فشل النظامين المستخدمين في الصومال في مرحلة ما بعد الاستعمار، واللذين انهارا: النظام الديمقراطي البرلماني الليبرالي في عام ١٩٦٩، والحكم العسكري الاستبدادي كنظام رئاسي حتى عام ١٩٩١. ويدعو البروفيسور باديو إلى إعادة التفكير في نماذج الحكم الأصلية التي تدمج القيم التقليدية مع المبادئ الإسلامية الأصيلة والحداثة والقيادة الاستثنائية الضرورية لمعالجة تحديات بناء الدولة في الصومال.

من خلال تقديم اتجاه جديد ونهج لبناء دولة صومالية مستقرة، يطبق الكتاب منظورًا شاملاً وإطار عمل نقدي للمصالحة. إنه أول كتاب يكتبه باحث صومالي شهد ودرس خلال فترة النظام العسكري والحرب الأهلية معا، باحث شارك في استعادة الدولة الصومالية من خلال نشاط المجتمع المدني والانخراط السياسي. يقدم المؤلف ثروته من الخبرة وتحليل البحوث الميدانية مع قرائه بتشخيصه لاستمرار عدم الاستقرار في بناء الدولة

الصومالية، ويقترح حلولاً عملية. إن هذا الكتاب مصدر قيم وقراءة ضرورية للجيل الجديد من الطلاب والمعلمين والنخبة السياسية الصومالية.

البروفيسور عبد القادر عثمان فارح

تقديم البروفيسور عبد السلام عيسى - سلوى

يُعَدُّ الدكتور عبد الرحمن عبد الله (باديو) من أبرز الباحثين الذين ساهموا بشكل جوهري في إعادة قراءة تاريخ الصومال وسياساته ومجتمعه، من خلال تقديم نقد معمق وشامل للسرد التاريخي التقليدي وتقديم منظور بديل يتناول القضايا الجوهرية للقيادة السياسية الصومالية. يركز عمله على تحديات القيادة التي تواجه الأمة، مسلطًا الضوء على ثلاثة من القادة البارزين كنماذج ملهمة للقيادة الحالية والمستقبلية، وهم: الرئيس آدم عبد الله، ورئيس الوزراء عبد الرزاق حاج حسين، ورئيس الوزراء عبد الله عيسى. يعالج الدكتور باديو هذا الموضوع بالاعتماد على مساهمات أكاديمية مؤثرة، من بينها أعمال البروفيسور عبدي سمتر في كتابه «أول ديمقراطية في إفريقيا»، والأبحاث التاريخية لمحمد عيسى ترونجي حول سيرة الرئيس آدم، والمذكرات السياسية لعبد الرزاق حاج حسين. ويقدِّم هذا البحث تحليلاً نقدياً لثقافة النخبة السياسية الصومالية، ويبرز التحديات التي واجهت هؤلاء القادة في محاولاتهم لتأسيس دولة صومالية مستقرة وفعالة، مستعرضًا إنجازاتهم وعقباتهم ومبادراتهم التي لا تزال ذات صلة بتحديات اليوم.

وعلى الرغم من القيادة الاستثنائية والسياسات الرؤيوية التي اتسم بها قادة الصومال الأوائل، توقفت العملية الديمقراطية بشكل مفاجئ عندما وقع البلد تحت قبضة الحكم العسكري عام ١٩٦٩. أدخل النظام العسكري ثقافة سياسية جديدة قائمة على الاستبداد والإقصاء وتفكيك الهياكل الديمقراطية السابقة، واعتمد أيديولوجية اشتراكية غريبة عن السياق الاجتماعي والثقافي للصومال. وقد وضعت هذه السياسات الدولة في مواجهة حادة مع شعبها، مما أدى في نهاية المطاف إلى انهيارها عام ١٩٩١. وعلى الرغم من مرور عقود، لا تزال هذه الثقافة السياسية المدمرة قائمة بين النخبة الصومالية الحالية، وإن كانت بشكل أكثر تآكلاً وضعفاً.

يتميز عمل الدكتور باديو بتسليطه الضوء على القضايا التي غالبًا ما تُهمل في أدبيات الدراسات الصومالية، مقدماً رؤى متعمقة حول تحديات القيادة التاريخية والمعاصرة، ومقترحاً حلولاً شاملة لإعادة بناء الدولة الصومالية على أسس سليمة ومستدامة. إنني أوصي

بشدة بقراءة أعماله، خاصة لطلاب التاريخ والسياسة الصومالية، لما تحمله من قيمة معرفية ومنهجية تساعد في فهم أعمق لمسار الأمة ومصيرها.

البروفيسور عبد السلام عيسى- سلوي

تقديم محمد عرتن، مدير دار النشر لوح بريس

الصومال دولة تبحث عن قيادة استثنائية عمل تحليلي مثير ومعمق يستكشف المشهد السياسي الصومالي، ويغوص في رحلة البلاد نحو حوكمة تحوّلية من خلال دراسة النظريات المعقّدة لانهيار الدولة والتحديات الفريدة للقيادة في الصومال، مسلطًا الضوء على حياة وإرث شخصيات محورية شكّلت الثقافة السياسية للأمة، من أول رئيس وزراء ذو رؤية عبد الله عيسى (١٩٥٦–١٩٦٠)، إلى القيادة المثالية لأول رئيس لجمهورية الصومال آدم عبد الله عثمان (١٩٦٠–١٩٦٧)، والإصلاحات الجريئة التي قادها عبد الرزاق حاج حسين خلال رئاسته للوزراء (١٩٦٤–١٩٦٧). يحلل الكتاب العقبات الأساسية التي تعرقل بناء الدولة الصومالية، ويقدّم تحليلاً نقدياً لثقافة النخبة السياسية التي أعاقت التقدّم، كما يطرح المؤلف رؤية جديدة وشاملة لإعادة بناء الدولة، مرسماً مساراً مختلفاً لمستقبل الصومال. سواء كنت باحثًا في السياسة الإفريقية، أو صاحب قرار يتعامل مع الدول الهشّة، أو قارئاً شغوفاً بفهم تحديات القيادة العالمية، فإن هذا الكتاب يشكّل مرجعاً مهماً يقدّم رؤى ثمينة حول ماضي الصومال وحاضره ومستقبله المحتمل، ومساهمة أساسية في النقاش حول القيادة وبناء الدولة في واحدة من أكثر الدول الإفريقية تعقيداً.

محمد عرتن، مدير دار النشر لوح بريس

تمهيد

المقدمة

إن انهيار الدولة القومية الصومالية في عام ١٩٩١، والحرب الأهلية الطويلة الأمد، والتحديات القائمة في سبيل إعادة تأسيس الدولة كانت أمورًا محيرة للغاية. ولقد أفصحت التحليلات الأكاديمية المبكرة عن أن الصومال كانت حالة فريدة في إفريقيا؛ حيث كان السكان متحدين من خلال اللغة المشتركة، ودين الإسلام، والتراث الثقافي المشترك. هذه العوامل أوحت بأن المهمة الرئيسية للصومال كانت ببساطة تطوير مؤسسات الدولة. كتاب ديفيد لايتن وسعيد شيخ سمتر، "الصومال: أمة تبحث عن دولة"، نظّر في التحدي الصعب المتمثل في إقامة الدولة في الصومال[١]. وبناءً على العنوان، تدعي أطروحة هذا الكتاب أن إنشاء دولة الصومال يعتمد على عدة عوامل، أبرزها: القيادة الاستثنائية. ويجب أن يكون هذا النوع من القيادة قادرًا على تحويل المشهد السياسي غير المتماسك في البلاد وتوجيهها نحو بناء الدولة الفاعلة. يجب أن توحد القيادة الاستثنائية النخب السياسية المختلفة وتعزز المصالحة والوحدة، بينما تضع رؤية مشتركة لمستقبل الأمة. علاوة على ذلك، فإنه يجب أن تكون هذه القيادة ماهرة في إعادة توحيد أرض الصومال المنفصلة مع جمهورية الصومال الفيدرالية من خلال نهج توحيدي جذاب. ويجب أن تكون هذه القيادة قادرة على تطوير موارد الأمة لتحفيز النمو الاقتصادي والقضاء على الفقر. بالإضافة إلى ذلك، يجب أن تضع هذه القيادة الأسس لتحقيق الاستقرار والازدهار على المدى الطويل من خلال الاستثمار الاستراتيجي في القطاعات الحيوية وإعطاء الأولوية للتنمية المستدامة، كما يجب أن تُلهم هذه القيادة الشعور بالفخر الوطني والتماسك، موحدة الشعب خلف أهداف مشتركة وهوية جماعية.

١- David Laitin and Said Samatar, Somalia: Nation in Search of a State. Boulder Co, Westview Press, 1987.

ويبقى بحث الصومال عن مثل هذه القيادة الاستثنائية أمرًا ملحًا في جميع أنحاء البلاد ومجتمع الشتات. وتتوق البلاد إلى وجود قادة يتمتعون برؤية قادرة على رفع الشعب الصومالي المتألم من اليأس والفقر وإحياء الأمل الجديد لمستقبلهم. إن الدعوة إلى القيادة الاستثنائية تتجاوز السياسة وتمتد إلى مختلف جوانب المجتمع إلا أن القيادة السياسية- بلا شك- لها تأثير كبير؛ حيث إن الحاجة إلى الخبرة القيادية تتغلغل في كل طبقة من طبقات المجتمع وتظل قائمة في الهياكل الاجتماعية، والمؤسسات الفكرية، والأداءات الاقتصادية، ومنظمات الدعوة الإسلامية، وإدارة المساجد، والمجتمعات التقليدية.

وفي الحقيقة، تتميز الحالة المعاصرة للصومال بأزمة شاملة في القيادة؛ حيث يتم تجاوز القيادة الكفؤة وذات الرؤية من قبل القيادة المتوسطة وغير الكفؤة، وربما ذات الرؤية الضيقة. هذه الأزمة لا تعرف حدودًا؛ إنها منتشرة ومتجذرة بعمق في كل جوانب المجتمع وعبر المجالات المتنوعة، ويبدو نسيج القيادة فوضويًّا وفي حالة اضطراب في البلاد. وإن الحاجة إلى القيادة الاستثنائية لم تكن أبدًا أكثر إلحاحًا في ديناميات الصومال الإقليمية السريعة التغيير والعالم المعولم، الذي يكافح مع التعافي من الحرب الأهلية، سواء في التنقل عبر التحديات العالمية والديناميات الإقليمية، أو معالجة المخاوف المحلية، فالقيادة الاستثنائية هي حجر الزاوية للتقدم والاستقرار. ومع ذلك، عندما تتعثر المؤسسات السياسية وتتآكل الثقافة التقليدية، يتم اختبار وثبر غور القيادة الحقيقية. وفي ظل هذا السياق، تظل الضرورة الملحة هي تنمية القادة الذين يمكنهم الإلهام والابتكار والوحدة عبر الانقسامات. فقط من خلال جهد جماعي لتعزيز القيادة الاستثنائية يمكننا أن نأمل في التغلب على التحديات العديدة التي تواجه أمتنا، وفتح الطريق نحو مستقبل أكثر إشراقًا.

تحملت الصومال تأثير القوى الاستعمارية المختلفة والتنافس بين القوى العظمى خلال الحرب الباردة؛ وهو ما ترك دولتهم بعد الاستقلال مع تحديات كبيرة عميقة. هذه التحديات تفاقمت بسبب العلاقات المتوترة بين الدولة الحديثة والأخلاق التقليدية وفشل تطوير طريقة تعايش ما للمواءمة المتبادلة. ومع ذلك، فإن مسؤولية القيادة الصومالية هي بناء دولة مستقرة وعملية على الرغم من هذه الضغوط الخارجية. وتتطلب هذه المهمة مواجهة الديناميات الجيوسياسية المعقدة، والتغلب على العقبات في بناء الدولة. إن الحكم الفعّال، والديبلوماسية الاستراتيجية، والسياسات الشاملة ضرورية لتحقيق الاستقرار وتعزيز التنمية الوطنية. ويجب على القادة الصوماليين موازنة المصالح الخارجية مع الاحتياجات الداخلية، مثل: معالجة الانقسامات العشائرية، وتعزيز النمو الاقتصادي، وإنشاء مؤسسات قادرة على الحفاظ على سيادة القانون وخلق أساس مستدام لمستقبل الأمة من خلال التركيز على هذه الأولويات.

يُوجِّه العديد من العلماء الأفارقة أبحاثهم لإلقاء اللوم على الاستعمار والجهات الدولية، وفي الوقت نفسه يلقون باللوم على مجتمعاتهم بسبب العرقية، والانقسام القبلي، والتدهور الاقتصادي، وما إلى ذلك[٢]. ونتيجة لهذه التلاعب من اللوم، انقسم العلماء السياسيون إلى معسكرين متباينين: المعسكر الإفريقي الذي يلوم الاستعمار، والمعسكر الأوروبي الذي يلوم المجتمعات الإفريقية وقيادتها السياسية[٣]. إن التركيز على غياب القيادة الرشيدة وإلقاء اللوم على النخب السياسية هو أمر نادر بين العلماء الأفارقة، دون إنكار الدور السلبي للإرث الاستعماري، وتقع مسؤولية التعامل مع التحديات على عاتق القادة الأفارقة وليس غيرهم. وعلى سبيل المثال، وصف البروفيسور الإفريقي على مزروعي تأثير الجهات الخارجية، ملقيًا باللوم عليها في انهيار الدولة الصومالية عندما كتب: "لقد كانت الصومال ضحية لكل من الحرب الباردة ونهاية الحرب الباردة. خلال الحرب الباردة، تم تضخيم القيمة الاستراتيجية للصوماليين بالنسبة للقوى العظمى. ونتيجة لذلك، ضخَّت القوى العظمى الأسلحة إلى تلك الدولة الصغيرة. وعند ما انتهت الحرب الباردة، انخفضت القيمة الاستراتيجية للصومال، مثل: سعر الأسهم في وول ستريت في بداية الكساد الكبير"[٤].

وعلى الرغم من أن دور الجهات الخارجية كبير، فإنه يجب علينا تحويل تركيزنا إلى العوامل الداخلية والاعتراف بأن القادة هم من يبنون ويدمرون الأمم. ومن خلال الاعتراف بدورنا في فشل الدولة، يمكننا مراجعة أخطائنا واتخاذ خطوات عملية لمعالجة نقائصنا الفردية وعجزنا القيادي. ويتماشى هذا النهج مع المنظور الإسلامي المتمثل في تحمل المسؤولية الشخصية عن أفعالنا[٥]. لذلك، تتطلب إعادة بناء أمتنا قادة استثنائيين في مقابل القادة المتوسطين، والتسلطيين، والمتسمين بالأنانية، الذين يهيمنون بشكل متكرر على أمتنا العظيمة.

٢- Freeman, C. (2010, June 20). Colonialism is no longer an excuse for Africa's failure. SundayView. Retrieved from http://www.zimbabwesituation.com/june20_2010.html

٣- Jephias Mapuva and Freeman Chari, Colonialism no Longer an Excuse for Africa's Failure. Journal of Sustainable Development in Africa (Volume 12, No.5, 2010).

٤- Mazrui, Ali A. (1997): '*Crisis in Somalia From Tyranny to Anarchy*,' in Adam and Ford. (eds), *Mending Rips in the Sky: Options for Somali Communities in the 21st Century*, (pp. 5–12). Lawrenceville: The Red Sea Press.

٥- يتفق هذا المفهوم مع المنظور الإسلامي الذي يدعو إلى لوم النفس بدلاً من لوم الآخرين على المصائب. وهذا ما تعلمنا إياه الآية القرآنية، التي تبين هزيمتهم في معركة أحد. قال تعالى:
﴿أَوَلَمَّا أَصَابَتْكُم مُّصِيبَةٌ قَدْ أَصَبْتُم مِّثْلَيْهَا قُلْتُمْ أَنَّىٰ هَـٰذَا قُلْ هُوَ مِنْ عِندِ أَنفُسِكُمْ إِنَّ اللَّهَ عَلَىٰ كُلِّ شَيْءٍ قَدِيرٌ﴾ (آل عمران: ١٦٥).

نداء الصومال اليائس للقيادة الاستثنائية متجذر في كفاحه المستمر من أجل الاستقرار والتقدم. وعلى الرغم من مرور أكثر من ستة عقود منذ الاستقلال في عام ١٩٦٠، فقد عاشت الصومال معظم تاريخها في فوضى وعدم استقرار شبه دائمين. وظلت الجروح الناتجة عن الصراعات السياسية المطولة وانهيار الدولة عميقة؛ وهو ما يجعل الأمة تتخبط في أعقاب الدمار والحسرة. علاوة على ذلك، فإن التأثير المستمر للتطرف، الذي يتنكر تحت ستار الإسلام والولاء القبلي، لا يزال يزرع بذور الشقاق والانقسام بين شعبنا البائس. ولا يزال السعي لتحقيق الوحدة بين المناطق المتنوعة للصومال غير محقق، معرقلاً بطيف التنافس الإقليمي والمحلي المستمر. وعند مفترق الطرق الاستراتيجي، تجد الصومال نفسها متورطة في توترات جيوسياسية متوالية تزيد من تفاقم تحدياتها. القادة الذين يبرزون بناءً على الأخلاق والكفاءة بدلاً من الفساد أو الانتماء القبلي يمتلكون القدرة على قيادة الصومال للخروج من هاوية الكارثة التي سقطت فيها لعقود. هؤلاء القادة الاستثنائيون، الذين تقودهم رؤية شمولية، يمكنهم الصمود والثبات عبر تعقيدات المشهد الاجتماعي والسياسي في الصومال وفتح الطريق نحو السلام والازدهار الدائمين. وصرخة الصومال من أجل القيادة الاستثنائية ليست مجرد تأبين لآلام الماضي، بل هي دعوة إلى نيل مستقبل أكثر إشراقًا. إنها دعوة لتحرير الأنفس من قيود الانقسام والصراع، واعتناق مبادئ الجدارة والوحدة، ورسم مسار جديد نحو صومال مستقر ومزدهر وموحد.

وبالفعل، تَشرف الأمم بشخصيات بارزة يمتد تأثيرها عبر جميع جوانب الحياة البشرية؛ من الممرات الواسعة المختلفة للسلطة السياسية، إلى ميادين الأكاديمية العلمية، وصولاً إلى المنصات الاقتصادية. هؤلاء المشاهير، الذين يرتقون إلى مستوى القدوة، يقفون كرموز حية للتفوق والقيادة الفاضلة في مجالاتهم المتخصصة. وتُعد نماذجهم أضواء هادية، تضيء طرق الأجيال.

ويتجاوز تأثير هؤلاء القادة وجودهم الفاني، متخطيًا حدود الزمن نفسه. ويكون إرثهم منقوشا في سجلات التاريخ، ويتداخل مع نسيج الذاكرة الجمعية، مشكلاً وعي المجتمع لأجيال متعددة متلاحقة. ومن خلال التعليم والإرشاد المتعمد، تُنسج قصصهم في المنهج الدراسي؛ وهو ما يضمن بقاء مساهماتهم الثمينة راسخة في عقول الأجيال المتعاقبة. علاوة على ذلك، يمتد الاحترام الممنوح لهذه الشخصيات اللامعة إلى ما هو أبعد من السعي العلمي البحت. وتتردد أسماؤهم عبر قاعات المتاحف؛ حيث تعمل القطع الأثرية والتذكارات كذكريات ملموسة لأثرهم الذي لا يُمحى في التاريخ البشري. وتعتبر اقتباساتهم مراجع موثوقة في العديد من السياقات السياسية والاجتماعية؛ وهو ما يؤثر بعمق في النقاشات ويشكل السرد في الأحداث والمناقشات المختلفة. وهؤلاء القادة يتم تكريمهم وتقليدهم؛ ليكونوا قدوة للوطنية والوحدة الوطنية.

إن الماضي جزء دائم الحضور في حياتنا، يشكل هويتنا ويؤثر في مسار حياتنا. إنه يوفر أساسًا لبناء مستقبلنا، حاملاً التجارب والدروس والذكريات التي ترشد طريقنا. علاوة على ذلك، فإن التاريخ هو معلم حي، يضيء انتصارات الشعوب، ويساهم في تجاوز صعوبات الماضي، بغض النظر عن قيمتها الأخلاقية أو تفضيلاتها الذاتية. إنه مستودع الدروس؛ حيث يتم توثيق أفعال كل من القادة المثاليين، وأولئك الذين أضلوا أممهم للأجيال القادمة. وغالبًا ما يتوجه المؤرخون إلى قصص الشخصيات البارزة التي تُعد أفعالها الفاضلة نماذج للإلهام والتقليد عندما يسعون لإلهام الأجيال القادمة. ولكن، من الضروري أيضًا التحقق بصدق من القادة الذين جلبت أفعالهم الضالة الخراب لشعوبهم، تمامًا مثلما يروي القرآن الكريم قصص الأنبياء وأعدائهم، وعلى المؤرخين أن يسردوا بصدق تاريخ القادة الذين أضلوا أممهم، مقدّمين رؤى قيمة حول عواقب الغرور والظلم والانحلال الأخلاقي. في السرد القرآني، يذكّر التباين بين النبي موسى وفرعون بالصراع الأزلي بين الخير والشر أو العدالة والاستبداد. تكرار اسم فرعون ١٢٨ مرة إلى جانب اسم النبي موسى يبرز عظمة تحديه وأهمية إرثه كحكاية تحذيرية للبشرية. وبالفعل، يظهر فرعون بوضوح في السرد القرآني؛ وهو ما يسلط الضوء على كبريائه وظلمه وسقوطه النهائي في وجه العدالة الإلهية. تكرار اسمه هو تذكير صارخ بمخاطر السلطة غير المقيدة والعواقب الحتمية لتجاوز النظام الإلهي في الحياة الطبيعية.

في سجلات تاريخ كل أمة، كما يُدرس في مناهجها التعليمية، يتم سرد قصص الشخصيات البارزة التي قادت بلدانها خلال أوقات عصيبة نحو الازدهار والرقي الاجتماعي. فعلى سبيل المثال، في الولايات المتحدة، يُدرس تاريخ حياة أبراهام لينكولن وجورج واشنطن وفرانكلين د. روزفلت لمساهماتهم الكبيرة في تطوير البلاد. وعبر المحيط الأطلسي، تعتز المملكة المتحدة بوينستون تشرشل ومارغريت تاتشر لقيادتهما الحازمة خلال أوقات الأزمات الفاصلة. وكذلك تأثير الجنرال ديغول وصموده خلال الحرب العالمية الثانية وما بعدها يحظيان بتقدير كبير في فرنسا. وفي مصر، يُحتفى بجمال عبد الناصر وأنور السادات لدورهما في التاريخ المعاصر، بينما تاريخ روسيا يتسم بالإرث المعقد لكل من فلاديمير لينين، وجوزيف ستالين، وميخائيل جورباتشوف، وفلاديمير بوتين؛ حيث شكّل كل منهم مسار البلاد بطرق مختلفة. وفي تركيا، وضعت قيادة مصطفى كمال أتاتورك الأساس للدولة الحديثة، بينما يُعترف بتأثير رجب طيب أردوغان على تركيا المعاصرة. وفي ماليزيا، يُعرف د. مهاتير بن محمد بسياساته الاقتصادية التحولية، بينما يُعترف بدور د. أنور إبراهيم في إصلاحاته الاقتصادية. وفي جنوب إفريقيا، يرتبط اسم نيلسون مانديلا بالنضال ضد الفصل العنصري وقيادته الموحدة في السنوات الأولى من الديمقراطية في البلاد. بينما تعترف إثيوبيا بملس زيناوي لتحديثه البلاد، ويُعرف بول كاجامي في رواندا بقيادته في

إعادة بناء الأمة بعد الإبادة الجماعية المشهورة في بلده. ويظل إرث هؤلاء القادة محفورًا في سرد تاريخ بلدانهم، بل يستمر في إلهام الأجيال القادمة.

في مقابل ذلك، نجد بعض الشخصيات البارزة في تاريخ الصومال تُدرس وتُذكر لدورها في محاربة الاستعمار، من هؤلاء: أحمد جري، وسيد محمد عبد الله حسن، والشيخ حسن برسني، والشيخ بشير، وحواء تاكو، ومحمد حلني، وهي من بين الشخصيات الأكثر شهرة في التاريخ الصومالي الحديث والمعاصر، والمعروفة بمساهماتها في نضال الأمة وإنجازاتها. وبخلاف هذه الأسماء اللامعة والمعروفة، فمن المؤكد أن هناك المئات من الأبطال الوطنيين الآخرين الذين أثروا بشكل كبير في تاريخ البلاد، وقد يُصنفون كأبطال مجهولين. يرجع ذلك إلى أن الوعي التاريخي للصومال واعترافه بأبطاله لا يزال غير متطور بسبب عقود من الاحتقانات الاجتماعية والصراعات السياسية وعدم الاستقرار وتأثير الإرث الاستعماري. ونتيجة لذلك، فقد لا تُعرف أو يُحتفى بإنجازات وتضحيات هؤلاء القادة كما ينبغي. لذا، هناك حاجة ملحة لفهم وتقدير أعمق للوعي التاريخي والتاريخ الوطني بشكل عام، خصوصًا بشأن أدوار الشخصيات البارزة في تشكيل تطور الأمة السياسي[٦]. وعبر تاريخ الصومال، ظهرت مجموعة متنوعة من القادة، كل منهم ترك بصمة مميزة على مسار الأمة- سواء ساهموا في بنائها أو تفكيكها- في تعزيز الديمقراطية أو الاستبداد.

وبالفعل، يتم نسج السرد التاريخي للصومال بخيوط من العديد من الأفراد الذين كانت أفعالهم وقراراتهم صدى في ماضي الأمة وحاضرها. وغالبًا ما تُهمل أو تُهمش مساهمات هؤلاء القادة؛ وهو ما يُخفى تحت التأكيد السائد على الروابط القبلية والهويات المجتمعية. هذا التركيز المفرط على الانتماء القبلي قد غطى على الأدوار التي لعبها القادة الوطنيون البارزون؛ وهو ما قلّل من إرثهم وأثر على الفهم الشامل لتاريخ الصومال. ونتيجة لذلك، يظل تطور الصومال السياسي والاجتماعي الغني غامضًا، وقصص هؤلاء الشخصيات المؤثرة تُهمل في هامش النقاش الوطني. ولفهم تاريخ الصومال حقًا ورسم مسار نحو سرد وطني أكثر تماسكًا وشمولاً، من الضروري الاعتراف والاحتفاء بمساهمات الأفراد من جميع مناحي الحياة. ومن خلال رفع قصص القادة التاريخيين والاعتراف بإرثهم المتعدد الأبعاد، يمكن للصومال أن يبدأ في تشكيل هوية جماعية جذرها المآرب الواحدة والمصير المشترك بدلاً من الانتماءات القبلية.

٦- انظر: محاولة المؤلف لكتابة سيرة ١٧ شخصية بارزة.
Abdurahman Abdullahi, Making Sense of Somali History, vol. 2 (Adonis & Abbey, 2018).

وعلى مدار تاريخ الصومال الحديث، خصصت أعداد لا حصر لها من الأفراد في جميع مستويات المجتمع حياتهم لخدمة مجتمعاتهم بتفانٍ، مسترشدين بحس المسؤولية والإيمان. ويشمل هؤلاء الأبطال الصامتون المواطنين العاديين، مثل: الأمهات، والآباء، والقادة المحليين، الذين قدموا مساهمات كبيرة لمجتمعاتهم دون السعي للاعتراف. وتستحق قصصهم الملهمة عن الإصرار والإيثار أن تُشارك على نطاق واسع، إلا أن نطاق تأثيرهم الكامل لا يمكن تغطيته في هذه المساحة المحدودة. وعلى النقيض من ذلك، دمر أفراد آخرون البلاد؛ حيث خربوا الأرواح والممتلكات، ومحوا الأرشيفات الوطنية، وقوضوا الوحدة الوطنية. هؤلاء الأشخاص الضارون غذوا النزاعات القبلية والحروب، وغالبًا ما استفادوا من أدوارهم كعملاء للمصالح الأجنبية. وكل من الأفراد الفاضلين والأشرار جزء من تاريخ الصومال؛ فمجموعة منهم تمثل التأثير الإيجابي للخدمة الذاتية، بينما تمثل المجموعة الأخرى آثار ممارسة سيئة عن الدمار الناتج عن الجشع السياسي والانقسام القبلي. ومن خلال الاعتراف بكل من الأفعال الجديرة بالثناء للأفراد الطيبين وأعمال الأشرار المدمرة، يمكن للصومال أن يتعلم من ماضيه ويعمل نحو بناء مستقبل أكثر سلامًا وازدهارًا.

ومنذ نضال الصومال من أجل الاستقلال وتشكيل الحكومة الصومالية في عام ١٩٥٦ وحتى انهيار الدولة الوطنية في عام ١٩٩١، ظهر قادة بارزون، كل منهم ترك بصمته على تطور وهوية الأمة. من النضال الحيوي من أجل تقرير المصير إلى فترة ما بعد الاستقلال المضطربة، ولعبت شخصيات، مثل الرئيس آدم عبد الله عثمان، ورئيس الوزراء عبد الله عيسى، ورئيس الوزراء محمد إبراهيم عغال، ورئيس الوزراء عبد الرزاق حاج حسين، والرئيس عبد الرشيد علي شرماركي، والرئيس الجنرال محمد سياد، أدوارًا متنوعة ومؤثرة في تشكيل المشهد السياسي والتطور الاجتماعي والاقتصادي للصومال. وعلى الرغم من أدوارهم وإرثهم المتنوع، فإن هؤلاء القادة البارزين يجسدون معًا تعقيدات وتناقضات تطور الصومال السياسي، سواء تم الثناء عليهم أو انتقادهم، فإن مساهماتهم تظل جزءًا لا يتجزأ من تاريخ وهوية الأمة الصومالية.

وبعد انهيار الدولة الصومالية في عام ١٩٩١ وطوال العقد الصعب التالي من الحرب الأهلية، لا يمكن فهم تاريخ الصومال دون الإشارة إلى الأدوار المختلفة التي لعبتها مجموعة واسعة من الشخصيات المهمة. من بين هؤلاء، الرئيس المؤقت علي مهدي محمد، والجنرال محمد فارح عيديد، ومحمد عمر جيس، وعبد الرحمن تور، وعثمان عاتو، ومحمد قنيري أفراح، وحسن محمد نور (شاتي- غدود)، والجنرال محمد أبشير، وعبد الله يوسف، والجنرال عمر حاج مسلي، وحسين حاج بود، والجنرال آدم قبيو، والعديد من الضباط العسكريين الذين كانوا متورطين بعمق في الحروب الأهلية المتتالية.

وبرزت معظم هذه الشخصيات بسبب تورطها في الحرب الأهلية الصومالية بطرق مختلفة، وأصبحوا شخصيات معروفة تتشابك سيرهم مع السرد الأوسع لتاريخ الصومال المعاصر. وتعد قصصهم جزءًا مهمًا من ماضي البلاد، وتظل موضوعات تنتظر السرد الموضوعي، بعيدًا عن التحيز العاطفي أو الانحياز المتجذر في الانتماء القبلي أو التفضيل الشخصي. ومن الضروري تقديم مساهماتهم وقراراتهم دون محاباة أو تحيز، مع الاعتراف بتأثيرهم في تاريخ الصومال، بينما نعترف بتعقيد دوافعهم والسياق الذي عملوا فيه. وسيوفر بحث غير متحيز لحياتهم وإرثهم فهمًا أوضح للحرب الأهلية وآثارها الدائمة على المجتمع الصومالي.

بالإضافة إلى هؤلاء الشخصيات السياسية المعروفة، لعب آلاف الأبطال غير المعترف بهم أدوارًا حاسمة في حماية وإنقاذ أرواح الصوماليين خلال الحرب الأهلية. وكانت مساهماتهم، التي غالبًا ما كانت على حساب خطر شخصي كبير، ضرورية في الحفاظ على المجتمعات وتقديم المساعدات الإنسانية وسط الصراع. علاوة على ذلك، يجب أيضًا الاعتراف بجهود الفاعلين غير الحكوميين البارزين، بما في ذلك منظمات المجتمع المدني، والتجمعات التجارية، ووسائل الإعلام، والأفراد المخلصين، باعتبارها مهمة في تشكيل مسار تاريخ الصومال خلال هذه الفترة. ولقد قدمت هذه المجموعات وهؤلاء الأفراد الدعم والاستقرار اللازمين في وجه العنف المستمر، وساعدوا في وضع الأسس لمصالحة الصومال وإعادة بنائه وتطويره.

قدم العاملون في مجال الصحة في الصومال خدمات لا تقدر بثمن خلال الحرب الأهلية، معرضين أنفسهم لمخاطر كبيرة في غياب حماية الدولة في بعض الأحيان. وسط الفوضى والعنف المستمر، عملوا بلا كلل على تقديم التعليم والرعاية الصحية الأساسية للمجتمعات في جميع أنحاء البلاد. سهل المربون عملية التعلم والتطوير الشخصي وقدموا إحساسًا بالاستقرار والأمل لعدد لا يحصى من الأطفال والبالغين الذين عاشوا خلال فترة الحروب والنزاعات المدمرة. وساعدت جهودهم في الحفاظ على الأجيال المستقبلية والنسج الفكري للمجتمع الصومالي، ممهدين الطريق لإنشاء مؤسسات تعليمية وصحية، كما فتحوا الجامعات لتعليم وتدريب جيل جديد من الصوماليين الذين يمكنهم إعادة بناء المؤسسات الدولة. وأي إعادة كتابة شاملة لتاريخ الصومال يجب أن تأخذ بعين الاعتبار المساهمات المعقدة والمتعددة الأبعاد لهؤلاء الفاعلين الأقل شهرة، ولكنهم لا يقلون أهمية عن غيرهم.

وبعد تشكيل الجمهورية الثالثة في مؤتمر السلام والمصالحة الصومالي في جيبوتي عام ٢٠٠٠، ظهرت قيادة جديدة في الصومال. وهدت هذه الفترة بروز العديد من الشخصيات البارزة التي لعبت أدوارًا حاسمة في تشكيل المشهد السياسي للبلاد. وقاد الرئيس المؤقت،

عبد القاسم صلاد حسن، ورئيس وزرائه، الدكتور علي خليف غلير، الجهود الأولية لإنشاء هيكل حكومي موحد في البلاد رغم هشاشة بنيته. وفي عام ٢٠٠٤، تم اختيار الرئيس عبد الله يوسف أحمد في المؤتمر الصومالي في كينيا؛ وهو ما شكّل علامة فارقة في رحلة البلاد السياسية، وعمل عن كثب مع رئيسي وزرائه علي محمد غيدي ونور حسن حسين؛ لتجاوز تحديات الحكم، ونقل الحكومة إلى مقديشو العاصمة. ولعبت محاكم الاتحاد الإسلامي، بقيادة شخصيات مثل الشيخ شريف شيخ أحمد وحسن طاهر اويس، دورًا محوريًّا في الديناميات السياسية للبلاد وتقلص دور أمراء الحرب. وأصبح الشيخ شريف لاحقًا الرئيس المؤقت في عام ٢٠٠٩، وعمل إلى جانب رئيسي وزرائه عمر عبد الرشيد ومحمد عبد الله فرماجو، والدكتور عبد الولي غاس؛ لتوجيه البلاد عبر بيئة سياسية معقدة.

ويعدّ عام ٢٠١٢ نقطة تحول بالنسبة للصومال، فقد تم انتخاب حسن شيخ محمود رئيسًا، وبدأ العالم رسميًا في الاعتراف بالصومال كدولة شرعية في عام ٢٠١٣. وشهدت فترة ولاية حسن شيخ محمود تعيين عدة رؤساء وزراء رئيسيين، منهم: عبدي فارح شردون، وعبد الولي شيخ أحمد، وعمر عبد الرشيد علي شرماركي. وفي عام ٢٠١٧، تمّ انتخاب الرئيس محمد عبد الله فرماجو رئيسًا للبلاد، وعمل مع رئيس وزرائه حسن علي خيري ومحمد حسين روبله. واستمرت جهود بناء الدولة مع إعادة انتخاب الرئيس حسن شيخ محمود في عام ٢٠٢٢ ورئيس وزرائه حمزة عبد بري في تعزيز الجهود في بناء الدولة. وتعتبر قصص هؤلاء القادة ورؤساء الوزراء، وغيرهم من الشخصيات الرئيسية، أساسًا لفهم تاريخ الصومال المعاصر. وتبقى جهودهم وتحدياتهم جزءًا لا يتجزأ من السرد المستمر لثقافة النخبة السياسية في الصومال ومحاولتها لاستعادة الدولة الصومالية. ومن الملاحظ أن السمة المشتركة بين هؤلاء القادة الصوماليين هي الثقافة السياسية النخبوية التي تستمر ضمن صفوف القادة السياسيين.

وبالنسبة للأفراد الملهمين والأفراد المفسدين، وعند التفكير في حياة كل منهم، لابد من الاعتراف بتعقيدات الطبيعة البشرية، سواء تم تذكرهم لأفعالهم المشرفة أو لأعمالهم المشؤومة، فكل منهم يمتلك مزيجًا من الفضائل والمساوئ، فلا يوجد خير مطلق أو شر مطلق؛ حيث تُشكّل كل شخص تجاربه وتحدياته واختياراته في مسيرة حياته الشخصية. ويتحدد التمييز الرئيسي بناءً على مدى تأثير سلوكهم وتصرفاتهم في أفعالهم. وتسمح لنا هذه النظرة بتقدير الدروس التي يمكننا تعلمها من حياة الآخرين. هذه النظرة المتوازنة تعمل كذكرى لإنسانيتنا المشتركة وإمكانية التأثير الإيجابي والسلبي داخل كل واحد منا. ومع ذلك، يقدم هذا الكتاب سردًا مركّزًا لثلاثة قادة لعبوا أدوارًا حيوية واستثنائية في تشكيل الدولة الصومالية كأعضاء مخلصين للمبادئ الأصلية لرابطة الشباب الصومالية أو حزبهم السياسي، ويقتصر نطاقه على أولئك الذين شغلوا أعلى المناصب في البلاد،

مثل: الرؤساء، ورؤساء الوزراء المعروفين بنزاهتهم واهتمامهم بالمبادئ الديمقراطية. يهدف التركيز على هؤلاء القادة الثلاثة إلى إحياء مسيرتهم العملية وسيرتهم الذاتية؛ حتى تظل نماذجَ يحتذي بها اللاحقون بعدهم، وباعتبار أنها ساهمت بشكل كبير في الصومال بعيدًا عن سرد فترات حكم أولئك الذين حكموا البلاد في أوقات مختلفة.

إن ظهور القادة الاستثنائيين في الصومال يمثل تحديًا كبيرًا؛ نظرًا للمشكلات السائدة في المشهد الاجتماعي والسياسي، ولكنه في الوقت ذاته أمر ممكن؛ نظرًا لوجود نماذج عملية قابلة للتطبيق والسير على نهجها. وغالبًا ما تؤثر القبلية المسيسة في ديناميات السلطة واتخاذ القرار؛ وهو ما يحد من إمكانية ظهور قادة حقيقيين ومحتملين من خلفيات متنوعة. إن التطور المحدود للثقافة الجمعية خارج الانتماءات القبلية، مثل: الأحزاب السياسية، ومنظمات المجتمع المدني القوية، يخلق بيئة؛ حيث لا يتم تطوير التعاون ووجهات النظر المتنوعة بالكامل. علاوة على ذلك، فإن نقص المؤسسات القوية التي تحدد وتدرب وتوجه القادة الصاعدين يشكل عائقًا أمام تنمية القيادة الاستثنائية. ونتيجة لذلك، فإن ظهور القيادة الاستثنائية في الغالب يصبح مسألة حظ واحتمالات دون وجود هياكل دعم مدروسة. وفي الغالب، يعتمد اختيار وتطوير القادة البارزين على الظروف غير القابلة للتنبؤ في السياق الصومالي.

وهذا الكتاب، الذي يتكون من ستة فصول، يقدم للطلاب المعنيين بتاريخ الصومال والسياسة وجهة نظر جديدة حول التاريخ والسياسة من خلال السير الذاتية لقادة صوماليين استثنائيين. وفي قلب هذه السردية تكمن حياة وإرث الشخصيات السياسية البارزة التي تشكل نماذج للأجيال الحالية والمستقبلية، وتشير إلى طرق ممارسة القيادة المبدئية. ويسعى هذا الكتاب في جوهره إلى كشف مناط الثقافة السياسية المعاصرة، كاشفًا عن آثارها الضارة على مجالات الحوكمة، والوحدة، والتماسك الوطني. من خلال عدسة مقارنة، يقارن الكتاب بين الروح السياسية السائدة والحالات التاريخية للقيادة التي تتميز بالتمسك بسيادة القانون، والمساواة بين المواطنين، والمبادئ الديمقراطية، والالتزام الثابت بالمثل الوطنية. ويقدم كل فصل منه نافذة إلى جانب مميز من هذه السردية، موفرًا رؤى عميقة في حياة وتحديات وانتصارات رجال الدولة النموذجيين الذين تركوا أثرًا دائمًا على نسيج بلدانهم. من بداياتهم المبكرة إلى لحظات القيادة، يُدعى القراء لاستكشاف واكتشاف التاريخ السياسي من خلال القيادة الرؤيوية. علاوة على ذلك، يتجاوز الكتاب مجرد سرد التاريخ، مستخرجًا دروسًا ومبادئ خالدة يمكن أن توجه وتلهم النقاش السياسي المعاصر. وبالإضافة إلى تقديم نموذج للقيادة النموذجية، يستكشف الكتاب الثقافة السياسية النخبوية السائدة التي تشكل تحديات كبيرة لبناء الدولة في الصومال، كما

يتجاوز هذا التحليل ليقدم خريطة طريق مفصلة لتحقيق المصالحة الشاملة والاستقرار الدائم في الصومال.

علاوة على ذلك، يقتصر نطاق هذا الكتاب على استكشاف حياة وإرث ثلاثة قادة استثنائيين في الصومال: الرئيس آدم عبد الله عثمان، ورئيس الوزراء عبد الرزاق حاج حسين، ورئيس الوزراء عبد الله عيسى محمود. إن بدء مسار جديد في استعادة الدولة الصومالية ليس قطعًا مع الماضي، بل هو استمرارية تدخل ضمن نطاق الاندماج مع تاريخنا المعروف بثرائه. ومن خلال الاعتراف وفهم القيادة الاستثنائية في الماضي، يمكننا المضي قدمًا مستفيدين من الحكمة التي اكتسبناها لتشكيل قيادة جديدة بارزة. يعمل ماضينا كجسر يربط بين أين كنا وأين نحن ذاهبون، وبهذه الطريقة، يرتبط البدء الجديد ارتباطًا وثيقًا بتجاربنا السابقة. وهذه الشخصيات القيادية تشترك في مسار تاريخي يبرز التزامهم العميق بالأمة وشعبها. وقد بدأت حياتهم كأيتام، وحصلوا على التعليم الأساسي وعادة القراءة، ثم انخرطوا في أول منظمة شبابية وطنية، نادي الشباب الصومالي. ومن المثير أن هؤلاء القادة الثلاثة يأتون من ثلاث مناطق متميزة ومفصولة جغرافيًّا في الصومال؛ وهو ما يعرض أصول الشخصيات البارزة في البلاد. وبشكل محدد، ينحدر هؤلاء القادة من بنادر، وهيران، ومجرتينيا، وهي ثلاث من المناطق الست الرئيسية في جنوب الصومال. ولقد أثرت خلفياتهم الفريدة والتراث الإقليمي بشكل كبير على أسلوبهم القيادي ونهجهم في الحكم، موفرة مزيجًا من الفروق الثقافية والرؤى في الديناميات المعقدة للمجتمع الصومالي. ونتيجة تفانيهم في مهمة، فقد تقلد جميع القادة الثلاثة بسرعة في صفوف الحزب مناصب كـ"رئيس" أو "أمين عام". ولا تزال مسيرتهم في العمل الحزبي والسياسي تلهم الأجيال الصومالية التالية، وتعمل كنموذج للذين يسعون إلى الحكم الجيد وتحسين البلاد.

والكتاب مصمم بصيغة ورقة أكاديمية فريدة تعزز قدرة القارئ على التفاعل مع الموضوع وفهمه واتخاذ قرارات مستنيرة بشأنه، وتم تصميم هذه الصيغة بعناية لتلبية احتياجات القراء المبتدئين والباحثين المتمرسين على حد سواء؛ وهو ما يوفر نهجًا منظمًا وسهلاً للمواضيع المعقدة. ويُبنى كل فصل على أساس ثابت، مقدمًا معلومات خلفية تظل موحدة طوال الكتاب. وتضمن هذه التكرارات المتعمدة تعزيز المفاهيم الأساسية بشكل مستمر؛ وهو ما يساعد القراء في استيعاب المادة بشكل أكثر شمولاً. ونتيجة لذلك، قد يلاحظ القراء وجود عناصر متداخلة وتكرارية في المعلومات الخلفية. ومع ذلك، فإن هذا التصميم المقصود يعزز فهم القارئ؛ وهو ما يجعل المحتوى أكثر تماسكًا وسهولة في الوصول. وسواء قام القراء باستكشاف الكتاب بالتسلسل أو الغوص في الفصول المستقلة، فإننا نأمل أن يجدوا المادة متاحة وقابلة للفهم، مدعومةً بإطار عمل مألوف ومتسق.

الفصل الأول يتناول تحديات القيادة السياسية، ويهدف إلى تعزيز فهم عميق للدور الحاسم للقادة في تشكيل وتقدم الأمم. ويُبدد الفصل الفكرة الخاطئة بأن التأثيرات الخارجية، أو الفقر، أو الانشقاقات الاجتماعية، أو إرث الاستعمار تكون وحدها مسؤولة عن مصير الأمة، مشددًا بدلاً من ذلك على التأثير الحاسم للقيادة. ويقدم الكتاب نظرة شاملة وموجزة حول نظريات القيادة من خلال تكثيف المفاهيم والمبادئ الرئيسية، ويزود القراء بالأدوات التحليلية اللازمة لتقييم وفهم ديناميات القيادة في السياق الصومالي وخارجه. ويتناول الفصل النظامين، الديمقراطي والحكم الاستبدادي، ويخلص إلى أن كليهما قد فشل. وفي الختام، يقترح الفصل جانبًا من نظام الحكم وطبيعة القيادة، التي تتجذر في الثقافة السياسية الصومالية الغالبة.

ويتناول الفصل الثاني سيرة وإرث عبد الله عيسى محمد، وهو شخصية بارزة في تاريخ السياسة الصومالية. وبصفته الأمين العام الأكثر خدمة لرابطة الشباب الصومالية وأول رئيس وزراء خلال فترة الوصاية من عام ١٩٥٦ إلى ١٩٦٠، كان تأثير عبد الله ممتدًا في سجلات الحكم الصومالي. ويفحص هذا الفصل السنوات التكوينية لعبد الله، متتبعًا صعوده داخل صفوف رابطة الشباب الصومالية ودوره في تحفيز النضال نحو الاستقلال. كانت سيرته الذاتية متشابكة مع تاريخ رابطة الشباب الصومالية والإدارة الإيطالية تحت الوصاية الأممية. وتسرد فترة ولايته كرئيس وزراء خلال المرحلة الحرجة من انتقال الصومال إلى السيادة والاستقلال رواية مثيرة للقيادة في وجه التحديات الهائلة. علاوة على ذلك، يتعمق الفصل في أسلوب قيادته، فلسفته السياسية ورؤيته لصومال موحد ومزدهر. ومن خلال وضع إنجازاته في سياق المشهد الاجتماعي والسياسي الأوسع في ذلك الوقت، يحصل القراء على فهم دقيق لتعقيدات وانتصارات الدولة الصومالية الناشئة.

ويستعرض الفصل الثالث سيرة الرئيس آدم عبد الله عثمان، أول رئيس للصومال وأب الأمة. وقد شملت فترة رئاسته سبع سنوات، من ١٩٦٠ إلى ١٩٦٧، والتي تميزت بخطوات الأمة المبكرة نحو بناء الدولة الموحدة، ويتتبع هذا الفصل رحلة آدم من بداياته المتواضعة كيتيم إلى قمة السلطة السياسية. ومن خلال البحث الدقيق والسرد الواضح، يُنقل القراء عبر اللحظات الحاسمة والتجارب التكوينية التي شكلت شخصية آدم وأسلوب قيادته. وكأول رئيس للصومال، تميزت فترة آدم بمبادرات جريئة نحو توطيد الهوية الوطنية، وتعزيز التنمية الاقتصادية، والتعامل مع تعقيدات العلاقات الإقليمية والدولية. ومن نشاطه المبكر في النضال من أجل الاستقلال إلى فترة رئاسته، تعد قصة حياة آدم دليلاً على المرونة والرؤية والتفاني الثابت في حكم القانون. ويقدم الفصل ثقافة الرئيس السياسية والعوامل التي شكلتها ثقافته السياسية المتميزة. علاوة على ذلك، يتناول الفصل معارضاته المتعددة، التي أدت في النهاية إلى التصويت ضده في عام ١٩٦٧. وفي الختام، يجيب الفصل

عن بعض الآراء النقدية حول الثقافة السياسية للرئيس في عدم حملته الانتخابية خلال انتخابات عام ١٩٦٧، مع افتراض أن ذلك كان سيتجنب التلاعب في أمر الانتخابات، واغتيال الرئيس عبد الرشيد، والانقلاب العسكري في عام ١٩٦٩.

ويتناول **الفصل الرابع** بشكل شامل حياة رئيس الوزراء عبد الرزاق حاج حسين وإرثه، وهو قائد إصلاحي معروف ببرامجه الطموحة وقراراته الحاسمة. وقد تركت قيادة عبد الرزاق أثرًا لا يُمحى على الحكم والمجتمع الصوماليين. ويتتبع هذا الفصل سيرة عبد الرزاق من سنواته الأولى حتى صعوده إلى أعلى مستويات السلطة السياسية. ومن خلال البحث والسرد المثير، يحصل القراء على رؤى حول التجارب التكوينية والدوافع التي شكلت شخصية عبد الرزاق وفلسفة قيادته. وبصفته رئيسًا للوزراء، قاد عبد الرزاق سلسلة من الإصلاحات الجريئة والمبتكرة لتحديث وتجديد مؤسسات وبنية الصومال التحتية. وشملت مبادراته مجموعة واسعة من المجالات، بما في ذلك التعليم والرعاية الصحية والزراعة والتنمية الاقتصادية؛ وذلك بهدف تحسين جودة الحياة لجميع الصوماليين. علاوة على ذلك، يتناول هذا الفصل أسلوب قيادة عبد الرزاق، مبرزًا براغماتيته، وقراره، واهتمامه بالتقدم. وعلى الرغم من مواجهته العديد من التحديات والعقبات، ظل الرزاق ثابتًا في سعيه لتحقيق التغيير الإيجابي؛ وهو ما أكسبه الإعجاب والاحترام من الأوساط المحلية والدولية.

أما الفصل الخامس فيستعرض تطور الثقافة السياسية للنخبة الصومالية، والتي تآكلت تدريجيًّا لتصل إلى نقطة الانهيار في عام ١٩٩١، وذلك مع انهيار الدولة. وتشمل الثقافة إرث تقاليد العشائر، والتراث الإسلامي، وأثر الحكم الاستعماري الإيطالي، والمبادئ التي شكلتها فترات الحكم العسكري، والآثار التي خلفها الصراع المدني، والصراع المستمر لتأسيس هياكل حكم مستقرة. ويقوم هذا الفصل بتحليل التفاعل المعقد لهذه العناصر، موضحًا كيف تداخلت على مر الزمن لتشكيل المواقف والسلوكيات وديناميات السلطة ضمن النخبة السياسية في الصومال. وتشكل الثقافة السياسية السائدة في الصومال عائقًا كبيرًا أمام جهود بناء الدولة في البلاد، وفي الوقت نفسه تتميز تلك الثقافة بممارسات ومعتقدات ومواقف متجذرة تعارض مبادئ الحكم الحديثة، وسيادة القانون، ومساواة المواطنين، والتماسك الوطني. ومن خلال فك طبقات التأثير، يحصل القراء على تقدير أعمق للطبيعة المتعددة الأبعاد للثقافة السياسية الصومالية والتحديات الكامنة في التنقل عبر تعقيداتها.

ويأتي الفصل السادس تتويجًا للبحث الموسع الذي قام به المؤلف نحو تعزيز المصالحة الشاملة وإقامة دولة صومالية قوية ومستقرة. واستنادًا إلى ثروة من التجارب الشخصية، والرؤى العلمية، والملاحظات العملية، يقدم هذا الفصل اقتراحات بناءة حول الطريق إلى

التقدم، داعيًا إلى نهج يتبنى الشمولية والحساسية الثقافية. وفي جوهره، يدعو هذا الفصل إلى التحول في كيفية تصور وتنفيذ جهود بناء الدولة في الصومال. ومن خلال تعزيز الحوار والفهم والمصالحة، يُفترض أنه يمكن صياغة إطار عمل جديد يتجاوز الانقسامات التاريخية ويعزز الوحدة في التنوع. علاوة على ذلك، يقدم هذا الفصل توصيات عملية لصانعي السياسات، والمساهمين، والعاملين في المجتمع المدني. ومن تعزيز هياكل الحكم التشاركي إلى الاستثمار في مبادرات التماسك الاجتماعي، تم تصميم الاستراتيجيات المقترحة لخلق بيئة مواتية للسلام والاستقرار والتقدم. وفي نهاية المطاف، يعد هذا الفصل دعوة للعمل؛ دعوة لتبني رؤية جديدة للصومال، مبنية على الشمولية والمرونة.

الفصل

١

نظريات انهيار الدولة والقيادة استكشاف تحديات القيادة في الصومال

"أعظم قائد ليس بالضرورة هو الذي يقوم بأعظم الأعمال، بل هو الذي يجعل الناس يقومون بأعظم الأعمال".

(**رونالد ريغان**، الرئيس السابق للولايات المتحدة الأمريكية)

"لست خائفًا من جيش من الأسود يقوده خروف؛ أخشى جيشًا من الخراف يقوده أسد".

(**الإسكندر الأكبر**)

"القيادة تتعلق بكيفية تصرفك الذي يحدث فرقًا. ويعرف القادة النموذجيون بأنهم إذا أرادوا الالتزام وأعلى المعايير، فيجب عليهم أن يكونوا نموذجًا للسلوك الذي يتوقعونه من الآخرين".

(اقتباس من كتاب "تحديات القيادة" لجيمس **كوزس وباري بوسنر**)

القيادة مفهوم معقد ومتعدد الأوجه، ويختلف تفسيره بين الأفراد والخبراء. إنه موضوع نقاش مستمر، مع وجهات نظر متناقضة من وجهات نظر ثقافية وجغرافية متنوعة. وبعيدًا عن التحدي المتمثل في تعريف القيادة، يوجد العديد من أساليب ونظريات القيادة؛ وهو ما يزيد من تعقيد فهم هذا المفهوم. وتركز بعض التعريفات على السمات المتأصلة؛ وهو ما يشير إلى أن القيادة فطرية ومحددة مسبقًا، بينما يؤكد البعض الآخر على تطوير القيادة من خلال الصفات المكتسبة ضمن السياقات الاجتماعية والثقافية والاقتصادية والسياسية[١].

إن القيادة أمر حيوي في بناء أو تحطيم الدول والمنظمات والشركات والمؤسسات[٢]. وإن القادة الاستثنائيين يحدثون فرقًا كبيرًا في تنمية دولهم وإنقاذها من هاوية الحرمان واليأس. إنهم يشعلون الحافز، ويلهمون، ويقدمون التوجيه، وينقلون الحكمة للآخرين؛ وهو ما يسهل نموهم وتحسينهم[٣]. ويصوغ هؤلاء القادة رؤية مقنعة، ويؤمنون بأهداف أتباعهم وأغراضهم. ويعمل هؤلاء القادة كقدوة من خلال أفعالهم وسلوكهم؛ وهو ما يحفز التحولات المجتمعية الإيجابية. وفي المقابل، يمكن أن تؤدي القيادة السيئة إلى سقوط دول بأكملها. فعندما يفتقر القادة إلى النزاهة والرؤية الصحيحة والقدرة على إلهام مواطنيهم وتوحيدهم، فإن قراراتهم قد تؤدي إلى عواقب وخيمة. وكثيرًا ما تؤدي القيادة الفاسدة أو غير الكفؤة إلى سوء الإدارة الاقتصادية، والاضطرابات الاجتماعية، وتآكل ثقة الجمهور. وقد يعطي مثل هؤلاء القادة الأولوية للمكاسب الشخصية على رفاهية الأمة؛ وهذا بدوره يؤدي إلى انتشار الفقر على نطاق واسع، وعدم المساواة، وتدهور نوعية الحياة. وفي أسوأ الحالات، يمكن أن تتصاعد أفعالهم إلى حروب أهلية؛ وهو ما يتسبب في معاناة هائلة وأضرار طويلة الأمد للبنية التحتية للبلاد ومعنويات شعبها. ويمكن أن نُصنف الصومال كدولة عانت من خذلان قادتها، وانحدرت إلى انهيار الدولة والحرب الأهلية التي طال أمدها.

١- Burns, James MacGregor. Leadership. New York: Harper & Row, 1978.

٢- Robert I. Rotberg, The Failure and Collapse of Nation-States: Breakdown, Prevention, and Repair, accessed February 16, 2024, https://assets.press.princeton.edu/chapters/s7666.pdf, 24–26. Also, Mandangu, E. T. C. "Leadership Can Build or Destroy a State." Social Sciences, Leadership, Nationalism, and State Building. Accessed April 14, 2024. https://www.academia.edu/9854728/ Leadership_can_build_or_destroy_a_state.

٣- Olatunbosun, T. O. "The Characteristics of Exceptional Leaders." Accessed April 15, 2024. https://www.academia.edu/9381172/The_Characteristic_of_Exceptional_Leaders. Also, Chaudhry, Rajive. Quest for Exceptional Leadership: Mirage to Reality. New Delhi: Response Books, 2011, 286.

كانت القيادة السياسية في الصومال محفوفة بالعديد من التحديات الناجمة عن التفاعل المعقد بين العوامل التاريخية، والاجتماعية، والسياسية، والاقتصادية. وفي بداياته، واجه الصومال أربع تحديات رئيسية: الإرث الاستعماري، والضعف الاقتصادي، وسياسة الصومال الكبرى، ونقص الموارد البشرية المدربة. علاوة على ذلك، تأتي في مقدمة هذه التحديات الحاجة إلى فهم أفضل لكيفية التوفيق بين المجتمع التقليدي ونظام الحكم الحديث[٤]. وبدلاً من ذلك، تم إقناع هؤلاء القادة باعتبار ثقافة عشيرتهم معيبة، في حين كان نموذج الحكم الغربي يتمتع بالجدارة ويستحق المحاكاة[٥]. خلال التشكيل الأول للحكومة الصومالية في عام ١٩٥٦ وبعد الاستقلال، صعدت النخبة السياسية الصومالية إلى السلطة مع تعليم رسمي قليل وخبرة إدارية محدودة[٦]. فيما أدى ضعف مؤسسات الحكم إلى تفاقم الوضع. ويشير هذا الميل إلى هياكل الحكم الهشة وانتشار الثقافة السياسية السامة المنتشرة لدى النخب السياسية والتي تتسم بالفساد، وعدم الكفاءة، والافتقار إلى المساءلة[٧]. ومن المؤكد أنه مع انتشار الأعراف المجتمعية، كان هناك دائمًا بعض القادة السياسيين من ذوي العزيمة التي لا تتزعزع، والذين يرتكزون بثبات على مبادئهم وقيمهم العزيزة[٨]. وقد ترك هذا الضعف في الحكم الصومال عرضة للاستغلال من قبل الجهات الخارجية والفصائل الداخلية التي تتنافس على السلطة والموارد.

٤- Ahmed Samatar, "The Curse of Allah: Civic Disempowerment and the Collapse of the Somali State," in The Somali Challenge: From Catastrophe to Renewal?, edited by Ahmed Samatar. Boulder, CO: Lynne Rienner, 1994, 138.

٥- Grew, Robert. "Modernization and Its Discontents." Accessed April 15, 2024. https://deepblue.lib.umich.edu/bitstream/handle/2027.42/67022/10.1177_000276427702100208.pdf;sequence=2. Also, Lerner, Daniel. The Passing of Traditional Society: Modernizing the Middle East. Glencoe, IL: Free Press, 1958. Also, Mazrui, Ali A. "From Social Darwinism to Current Theories of Modernization: A Tradition of Analysis." World Politics 21, no. 1 (October 1968): 69–83. Also, Tipps, Dean C. "Modernization Theory and the Comparative Study of Societies: A Critical Perspective." Comparative Studies in Society and History 15, no. 2 (March 1973): 199–226.

٦- Most politicians never attended formal school, and few had their education at the elementary level. See Mohammed Turunji, Somalia: The Untold History (1941–1969). London: LoolooxPress, 2015, 269.

٧- Abdullahi, Abdurahman. "Somali Elite Political Culture: Conceptions, Structures, and Historical Evolution." Somali Studies: A Peer-Reviewed Academic Journal for Somali Studies 5 (2020): 30–92.

٨- bA di Samatar, Africa's First Democrats: Somalia's Adan A. Osman and Abdirizak H. Hussein. Bloomington: Indiana University Press, 2016, 8.

علاوة على ذلك، شكّل الضعف الاقتصادي عقبة كبيرة أخرى أمام القيادة السياسية الفعالة[٩]. وورث الصومال وضعًا اقتصاديًّا من القوى الاستعمارية السابقة؛ وهو ما جعله يعتمد على المساعدات الخارجية والهبات من الدول الأجنبية[١٠]. وبعد الاستقلال في عام ١٩٦٠، تخلفت التنمية الاقتصادية، وفشلت في التوافق مع التدفق السكاني المتزايد إلى المدن الحضرية الباحثين عن عمل. وكانت التوقعات الاقتصادية للشعب الصومالي بعد الاستقلال مرتفعة للغاية، كما تم التعبير عنها في قصيدة غنائية شهيرة، مثل: "دعونا نحلب ناقتنا مانديق" (آن مالنو هشينا مانديق)[١١]. ومع ذلك، فقد تحطمت توقعاتهم بسبب نقص فرص العمل والتنمية الاقتصادية.

وكان التحدي الكبير الآخر هو الحدود التي لم يتم حلها، وغير المرسومة مع الدول المجاورة، وسعي الصومال لتحقيق سياستها الخاصة بالصومال الكبير. وكانت هذه السياسة تهدف إلى توحيد جميع المناطق التي يسكنها الصوماليون في القرن الإفريقي تحت دولة واحدة؛ وهو ما أدى إلى تفاقم التوترات الإقليمية. وقد لفتت النزاعات الإقليمية وطموحات الصومال انتباه القوى العظمى، الولايات المتحدة والاتحاد السوفييتي؛ حيث سعى كل منهما إلى توسيع نفوذه خلال الحرب الباردة[١٢]. وأدى التنافس الجيوسياسي الناتج إلى عسكرة القرن الإفريقي. وقدمت القوى العظمى الدعم العسكري لمختلف البلدان؛ وهو ما أدى إلى زيادة حدة الصراعات وزعزعة استقرار المنطقة. ولم يؤدِّ تدفق الأسلحة والمساعدات العسكرية من كل من الولايات المتحدة الأمريكية والاتحاد السوفييتي إلى تأجيج النزاعات المستمرة فحسب، بل أدى أيضًا إلى خلق بؤر اشتعال جديدة للصراع؛ وهو ما جعل القرن الإفريقي من أكثر المناطق اضطرابًا خلال هذه الفترة. ورغم أن الصراع مع الجيران متجذر في المظالم التاريخية المشروعة والتطلعات إلى الوحدة الوطنية، فإنه أدى إلى تعقيد عملية السلام والأمن في القرن الإفريقي، وتحويل الاهتمام والموارد الوطنية عن الأولويات المحلية للسكان[١٣].

٩- Ayoob, Mohammed. "The Horn of Africa: Regional Conflict and Superpower Involvement." Canberra Papers on Strategy and Defence no. 18 (1978): Australian National University. Accessed April 15, 2024. https://openresearch-repository.anu.edu.au/handle/1885/220448.

١٠- Abdullahi, Abdurahman. Making Sense of Somali History, Volume One. London: Adonis & Abey, 2017, 130

١١- Sahardid Mohamud Elmi penned this lyric and was sung on June 26, 1960, in Hargeisa, the Independence Day of Somaliland from British colonial rule.

١٢- Omar, Mohamed Omar, *The Road to Zero: Somalia's Self-Destruction* (London: Haan Associates, 1993), 45.

١٣- Omar, Mohamed Omar. The Road to Zero: Somalia's Self-Destruction. London: Haan Associates, 1993, 45.

علاوة على ذلك، أدى تبني النظام العسكري للاشتراكية إلى تقليص حرية التعبير، وقمع القيم الثقافية التقليدية، وإدخال نظام حكم استبدادي، كما دمر المبادرات الاقتصادية ومستحقات مساهمة القطاع الخاص في المؤسسات الاقتصادية المؤممة[١٤]. وبعد انهيار الدولة في عام ١٩٩١ وأثناء الحرب الأهلية، غمر الاقتصاد بسنوات من الصراع وعدم الاستقرار؛ وهو ما أعاق الجهود المبذولة لتوفير الخدمات الأساسية، وتوليد الإيرادات، وتعزيز النمو الاقتصادي. وبالإضافة إلى ذلك، يشكل صعود العشائرية السياسية تحديًا هائلاً آخر. إن السياسات القائمة على العشائرية والتي تستخدمها النخب السياسية، المتأصلة بعمق في المجتمع الصومالي، كثيرًا ما تطغى على المصالح الوطنية؛ وهو ما يؤدي إلى الشقاق والاستقطاب وعدم الاستقرار. وبدلاً من العمل من أجل الصالح العام، أعطت النخب السياسية الأولوية لمصالح الخدمة الذاتية من خلال إدامة الانقسامات وإعاقة الجهود الرامية إلى صياغة هوية وطنية موحدة.

وزادت الديناميكيات الجيوسياسية للحرب الباردة من تعقيد عبء القيادة السياسية في الصومال وتناقض المصالح بين التيارات والقوى السياسية المختلفة في البلاد بما في ذلك قوة الجيش. وتقع الصومال في منطقة ذات أهمية استراتيجية، وأصبحت ساحة صراع بين القوى العظمى المتنافسة التي تسعى إلى تعزيز مصالحها الاستراتيجية خلال حقبة الحرب الباردة[١٥]. وفي جوهر الأمر، فإن تحديات القيادة في الصومال متعددة الأوجه وعميقة الجذور، الأمر الذي يتطلب بذل جهود متواصلة لمعالجتها. فمن الحاجة إلى قيادة مختصة تتمتع بالبصيرة إلى تعزيز مؤسسات الحكم، وحل المشاكل الاقتصادية، وتخفيف السياسات القائمة على العشائر، والتعامل الصائب مع الحقائق الجيوسياسية المعقدة، وهكذا يظل الطريق إلى الصومال المستقر والمزدهر مليئًا بالعقبات. وفي خضم البيئة المضطربة التي اتسمت بها عملية بناء الدولة المتعثرة في الصومال، برز بعض الأمل من قادة استثنائيين تاريخيًّا تحدوا الصعاب. وعلى الرغم من أنهم تصارعوا مع نفس ضعف التعليم والخبرة مثل نظرائهم السياسيين، فإن هؤلاء القادة المتميزين يبرزون بسبب روحهم السياسية الفريدة والتزامهم الثابت بتحسين أمتهم. لقد ترك

١٤- Laitin, David D. "The Political Economy of Military Rule in Somalia." The Journal of Modern African Studies 14, no. 3 (1976): 449–68. Also, Harold D. Nelson (ed.), Somalia: A Country Study. Washington, DC: American University, 1982, 135–36.

١٥- الساحل الصومالي، نحو ٣٣٣٣، هو الأطول في البر الرئيسي لإفريقيا والشرق الأوسط. وتمر عبر مياهه الإقليمية نحو ٣٣ ألف سفينة تجارية سنويًّا. وتحمل هذه السفن ٢٦٪ من تجارة النفط العالمية و١٤-١٥٪ من التجارة الدولية، بتكلفة ٨٫١ تريليون دولار سنويًّا.
See Abdullahi, Making Sense of Somali History, 184, note 54. Also, Bell, J. Bowyer. The Horn of Africa: Strategic Magnet in the Seventies. New York: Crane, Russak, 1973.

هؤلاء الزعماء أمثلة جيدة لا تمحى من السياسة الصومالية؛ حيث جسدوا السمات الثقافية الإيجابية، والتصميم، والشعور العميق بالواجب تجاه شعبهم[16].

وهذا البحث يستكشف التحديات المحيطة بالقيادة السياسية في الصومال، بدءًا من خلفية الموضوع، واضعًا الصعوبات الكامنة في القيادة الصومالية في سياقها، كما يستكشف نظريات القيادة المختلفة، ويسلط الضوء على قابليتها للتطبيق في المشهد الاجتماعي والسياسي الفريد في الصومال. علاوة على ذلك، يتطرق البحث إلى المنظور الإسلامي للقيادة، مدركًا التأثير الكبير للمبادئ والقيم الإسلامية على المجتمع الصومالي. ومن خلال تحليل تقاطع التعاليم الإسلامية مع ممارسات القيادة المعاصرة، يسلط البحث الضوء على دور الإيمان في تشكيل نماذج القيادة في السياق الصومالي. ويتم من خلاله تقديم ملخص للسمات المميزة التي تميز القيادة في المجتمع الصومالي التقليدي. وأخيرًا، توضح هذه الدراسة الطبيعة المتعددة الأوجه للقيادة الصومالية، التي تتميز باتخاذ القرار بتوافق الآراء والقيادة الشاملة، ونموذج القيادة المناسب ونظام الحكم في البلاد.

الخلفية التاريخية

يمكن إرجاع بداية الدولة الحديثة في الصومال إلى عام ١٩٥٦، عندما تم إنشاء أول حكومة صومالية تحت الإدارة الإيطالية ووصاية الأمم المتحدة؛ وهو ما يمثل علامة بارزة في التطور السياسي في الصومال نحو الحكم الذاتي. وقد تحقق هذا النجاح بعد ١٣ عامًا من تأسيس نادي الشباب الصومالي على يد ١٣ شابًا صوماليًا كانوا يهدفون إلى إقامة صومال مستقل وموحد في عام ١٩٤٣ [17].

١٦-على الرغم من وجود العديد من القادة الجيدين غير المعروفين، البارزين من بينهم الرئيس آدم عبد الله، رئيس الوزراء عبد الرزاق، وأول رئيس وزراء عبد الله عيسى.

١٧-أكبر الرواد في رابطة الشباب الصومالية في عام ١٩٤٣ كان ياسين حاج عثمان، الذي كان يبلغ من العمر ٢٦ عامًا (١٩١٧-١٩٤٧). انظر:

I. M. Lewis, A Modern History of Somalia: Nation and State in the Horn of Africa. Boulder, CO: Westview Press, 1988, 121–29. Also, Christopher Barnes, "The Somali Youth League, Ethiopian Somalis, and the Greater Somalia Idea, c.1946–48." Journal of Eastern African Studies 1, no. 2 (2007): 287–305.

علاوة على ذلك، يبدو أن الرقم ١٣ يظهر في العديد من الأحداث في تاريخ الصومال. فقد أسس ١٣ شخصًا رابطة الشباب الصومالية، وأنشئت أول حكومة بعد ١٣ عامًا في عام ١٩٥٦ بعد تأسيس رابطة الشباب الصومالية في عام ١٩٤٣، وفي عام ١٩٦٩ تمكنت القوات المسلحة من السلطة بعد ١٣ عامًا من تأسيس أول حكومة. علاوة على ذلك، كانت قيادة البيان ١٣ شخصًا، واعترفت الحكومة الصومالية بعد ١٣ عامًا في عام ٢٠١٣ بعد إنشائها في عام ٢٠٠٠.

وكان تشكيل الدولة الصومالية، غير المألوفة لدى الصوماليين، مدعومًا من المستشارين والخبراء الإيطاليين حتى عام ١٩٦٠ .[١٨]

وبعد حصول الصومال على الاستقلال في عام ١٩٦٠، واجه الصومال العديد من التحديات الموروثة من ماضيه الاستعماري، بما في ذلك ضعف المؤسسات، وصعوبة الاندماج الكامل بين الجنوب والشمال، والنزاعات مع الدول المجاورة، والتخلف الاقتصادي. وكثيرًا ما تعارضت الموروثات الاستعمارية، مثل الهياكل المؤسسية واللغات، مع العادات والقيم المحلية السائدة في المجتمع. وعلى الرغم من التفاؤل والمثالية في البداية، تنامت خيبة الأمل بين المواطنين؛ حيث فشلت الحكومة في تلبية توقعات المواطنين. وقد غذت خيبة الأمل هذه ظهور نخبة سياسية فاسدة وأنانية ومنفصلة عن احتياجات الشعب وأولويات حياته، واتسعت الفجوة بين الرخاء الموعود والحقائق القاسية المتمثلة في عدم المساواة والركود الاقتصادي والاضطرابات الاجتماعية؛ وهو ما أدى إلى تعميق استياء المواطنين من الحكومة.

وفي عام ١٩٦٩، شهد الصومال تحولاً كبيرًا عندما استولى الجيش على السلطة، ووعد بالاعتماد على الكفاءة وإنهاء فساد النخب المدنية. في البداية، رحب الشعب الصومالي بالمجلس العسكري، وسرعان ما أظهر التكتيكات في ممارسة العمل السياسي، واختار القمع وسيلة للتعامل مع الجميع بما في ذلك رفاقه في الانقلاب. وعلى الرغم من الإصلاحات التي قام بها حكم العسكر إلا أنه فشل في الحفاظ على القيم الديمقراطية؛ وهو ما أدى إلى استمرار القمع[١٩]. ومن الناحية الجيوسياسية، انتقل الصومال من الدعم السوفييتي إلى الدعم الأمريكي بعد الحرب الصومالية الإثيوبية في عامي ١٩٧٧ و١٩٧٨. ونتج عن هذا التحول تفاقم الانقسامات القائمة؛ وهو ما أدى إلى عدم الاستقرار السياسي والعنف الدوري. كذلك تفاقم التدهور الاقتصادي في الثمانينيات مع فرض برامج التكيف

١٨- It was evident that none of the ministers had a formal education to manage the ministry. As a result, Italian administrator Anzilotti appointed Italian advisers and experts to each ministry. See the names of these advisers in Trunji, M. I. (2015). *Somalia: The Untold History (1941–1969)*. Looh Press, 269.

١٩- تم توثيق وحشية النظام العسكري بشكل مفصل
in Mohammed Haji Ingiriis, *The Suicidal State in Somalia: The Rise and Fall of the Siad Barre Regime, 1969–1991* (Lanham, MD: UPA, 2016).
فيما يتعلق بالدمار الذي لحق بالمناطق الشمالية.
See "Somalia: The Government at War with Its Own People—Testimonies about the Killings and Conflict in the North," Africa Watch Report (January 1990), accessed April 15, 2024, https://www.sahistory.org.za/sites/default/files/filepercent20uploads percent20/africa_watch_somalia_a_government_at_war_with_ibook4you.pdf.

الهيكلي المطروح من قبل صندوق النقد الدولي؛ وهو ما تسبب في انتشار الفقر والسخط (التكيف الهيكلي هو مجموعة من الإصلاحات الاقتصادية التي يجب على الدولة الالتزام بها للحصول على قرض من صندوق النقد الدولي والبنك الدولي). ومع تصاعد الصراع الداخلي، انهارت الدولة في عام ١٩٩١ ودخلت البلاد في حالة من الفوضى.

كان انهيار النظام العسكري في عام ١٩٩١ بمنزلة لحظة فاصلة في تاريخ الصومال؛ وهو ما دفع البلاد إلى الاضطرابات السياسية والحرب الأهلية والاضطرابات الاجتماعية المديدة. وأطلق تدمير الدولة وسقوط النظام العنان لوقوع موجة من الصراع على السلطة بين أمراء الحرب، ولقد عجلت هذه المرحلة من الاضطرابات بتدشين مرحلة من عدم الاستقرار اتسمت بالانقسامات السياسية، والعنف المتبادل بين المعارضة المسلحة. وبعد انهيار الدولة، تمّ انعقاد ١٢ مصالحة بين أمراء لحرب لمدة ١٠ سنوات بمساعدة المجتمع الدولي والدول الإقليمية. وأدت الانقسامات العميقة والتدخلات الخارجية وغياب الإجماع السياسي المتماسك إلى إعاقة جهود المصالحة واستعادة المؤسسات الممزقة على الرغم من التقدم البطيء في تحقيق السلام والاستقرار، وواجهت الصومال عقبات مستمرة في إقامة دولة مستدامة وحوكمة فاعلة.٢٠

ومنذ إعادة تأسيس الدولة الصومالية في عام ٢٠٠٠ في المؤتمر الصومالي الذي انعقد في جيبوتي، تناوبت ستة أنظمة على حكم الصومال، كل منها يحمل رؤيته الخاصة ومهاراته القيادية المتميزة.٢١ ومع ذلك، فإن الجهود المبذولة لتحقيق الاستقرار والحكم المثمر واجهت تحديات كبيرة. وبالطبع، فقد اتسمت الرحلة نحو تشكيل حكومة مستقرة وفاعلة في الصومال بصعوبات عديدة. وقد أدت الصراعات الداخلية المستمرة، التي تتراوح بين النزاعات العشائرية والجماعات المسلحة، مثل حركة الشباب ودَاعِش، إلى خلق بيئة من انعدام الأمن. ويشكل عدم الاستقرار السياسي عقبة كبيرة أخرى، مع وجود صراعات متكررة على السلطة بين الدول الأعضاء في الدولة والحكومة الفيدرالية. ويزيد الفساد من تعقيد الوضع وتآكل ثقة الجمهور واستنزاف الموارد التي تشتد الحاجة إليها من أجل التنمية والخدمات العامة. وتؤدي الضغوط الخارجية، بما في ذلك الديناميكيات الجيوسياسية الإقليمية والتدخلات الدولية، إلى تعقيد السيناريو المتقلب. لقد أعاقت هذه القضايا المتشابكة بشكل كبير تقدم الصومال نحو إنشاء جهاز دولة متماسك وفعال بالكامل. إن الطريق إلى تعافي الدولة الصومالية معقد

٢٠ عرض موجز للأحداث التي تلت انهيار الدولة عام ١٩٩١ ومحاولات المصالحة المختلفة يُشار إليه في
Abdurahman Abdullahi, *Making Sense of Somali History, vol. 2*
(Adonis & Abbey, 2018), 31–46.
٢١ رؤساء هذه الأنظمة الستة هم: عبدي قاسم صلاد، وعبد الله يوسف، وشيخ شريف أحمد، وحسن شيخ محمود، ومحمد عبد الله فرماجو، وحسن شيخ محمود.

وشاق، ويتطلب بذل جهود متواصلة ومتضافرة. وتشكل الإصلاحات الداخلية والدعم الدولي القوي أهمية بليغة للتغلب على هذه العقبات. وتتطلب التحديات المتعددة الأوجه التي يواجهها الصومال قادة استثنائيين يتمتعون برؤية استراتيجية وقدرات على حل المشكلات. ويجب على هؤلاء القادة أن يلهموا الثقة والتعاون بين مختلف الفصائل، وأن يعززوا الوحدة، ويدفعوا برنامج التنمية في البلاد إلى الأمام كما يجب عليها أيضًا أن تكون قادرة على تسخير الموارد المحلية والدولية بشكل فعال. وينبغي لها أيضا أن تعطي الأولوية للشفافية والمساءلة لمكافحة الفساد، وضمان استخدام الموارد بكفاءة ومساواة. ومن خلال هذه القيادة، يمكن للصومال أن يأمل في التغلب على العقبات التي يواجهها وتحقيق الاستقرار والتنمية الدائمين.

الإطار النظري الأول: فشل الدولة وانهيارها ودور القيادة

لقد شرع الباحثون من مختلف التخصصات الأكاديمية ووجهات النظر المتنوعة في السعي لكشف اللغز المحيط بالانهيار المحير للدولة القومية الصومالية. وفي قلب تحقيقهم يكمن السؤال المحير: لماذا شهدت الأمة الصومالية التي تمتلك كل المقومات الأساسية للوحدة مثل هذا الانهيار الدراماتيكي؟ والواقع أن الصومال قدمت دراسة حالة فريدة من نوعها؛ حيث يتألف سكانها في المقام الأول من الصوماليين المشهورين بتجانسهم العالي والتزامهم بالعقيدة الإسلامية[٢٢]. وعلى هذا النحو، فإن انهيار الدولة الصومالية يتحدى التفسيرات التقليدية؛ وهو ما يدفع الباحثين إلى الخوض في مجموعة من الأبعاد التاريخية والسياسية والاجتماعية والاقتصادية والثقافية بحثًا عن إجابات. ورغم أن تجانس الشعب الصومالي قد يوحي بوصفة طبيعية للوحدة، فإن الواقع كشف عن المزيد من التعقيدات[٢٣].

وغالبًا ما تستكشف الأبحاث حول فشل الدولة وانهيارها مفهوم قدرات الدولة ضمن التحليل السياسي المقارن[٢٤]. وقد طور الباحث جويل مغدل مجموعة من النظريات لدراسة

٢٢- رسم خرائط وتحليل للآراء المختلفة التي تفسر العوامل التي ساهمت في انهيار الدولة الصومالية.; see Abdurahman Abdullahi, Making Sense of Somali History, vol. 1 (Adonis & Abey, 2017), 183-196.

٢٣- «إما التجانس العرقي أو التنوع العرقي لا يتبع علاقة خطية مطلقة مع الأداء الاقتصادي؛ حيث توجد مجتمعات متجانسة ومتنوعة مزدهرة ومستقرة وغنية، كما توجد مجتمعات متجانسة ومتنوعة فقيرة وفوضوية ومتدهورة». هذه هي خلاصة كتاب Manuel Andres Sanchez Cardenas's "Ethnic and Cultural Homogeneity: An Obstacle for Development?" Northeastern University (Fall 2019), 18.
كما هو واضح، فإن التجانس الصومالي لا يساهم في وحدته بسبب الثقافة السياسية السامة التي تطورت خلال الفترة الاستعمارية، والتي تتحدى المعايير الثقافية والإسلامية للشعب الصومالي.

٢٤- يمكن تصنيف الدول حسب وضعها في النظام الدولي، أو قدراتها الاقتصادية، أو قيادتها. وبهذا، يتم تصنيفها على أنها ضعيفة وقوية، راديكالية ومحافظة، راعية وعميلة، حديثة وتقليدية، ومتقدمة ونامية.

خصائص الدول والمجتمعات الضعيفة والقوية. ويفترض **مغدل** أن الدولة يجب أن تمنح وضعًا سياسيًّا موحدًا للمواطنة لجميع الأفراد الخاضعين لولايتها القضائية، وتحافظ على سيطرتها المهيمنة على المجتمع. وهناك عدة عوامل حاسمة لبقاء الدولة، بما في ذلك القدرات التنظيمية لقادتها، وحجم السكان، والموارد المادية والبشرية المتاحة، والبيئة الدولية الأوسع^{٢٥}. ويمكن تصنيف الدول إلى دول واقعية ودول قانونية. الدول الواقعية "بحكم الواقع" لديها السلطة والقوة لحكم إقليم محدد وسكانه بشكل فعال، ويمكنها أداء الوظائف الأساسية للدولة. من ناحية أخرى، الدول القانونية معترف بها قانونيًّا من قبل الدول الأخرى، ولكن قد تفتقر إلى القدرة العملية على أداء وظائف الدولة^{٢٦}. وعلى الرغم من قصورها، فإنه لا يمكن للدول الأخرى التدخل في شؤونها دون موافقتها. ويتم تقييم قدرة الدولة من خلال قدرتها على "وصول المجتمع، وتنظيم العلاقات الاجتماعية، واستخراج الموارد، والاستيلاء على الموارد أو استخدامها بطرق محددة"^{٢٧}.

علاوة على ذلك، يجب أن تكون الدولة قادرة على تنظيم العلاقات الاجتماعية من خلال وضع القوانين والأعراف وإنفاذها. وينبغي لها أيضًا أن تكون قادرة على استخراج الموارد عن طريق جمع الضرائب وتعبئة الموارد الاقتصادية. وأخيرًا، يجب على الدولة تخصيص الموارد بشكل مناسب لتحقيق الأهداف المحددة. وتتفوق الدول القوية في هذه المجالات، بينما تكافح الدول الضعيفة لتحقيق هذه الأهداف. ويتم تقييم قدرات الدولة المقارنة على أساس قدرات الحكم هذه. إن أحد المؤشرات الرئيسية لأداء الدولة هو التسليم الفعال «**للسلع السياسية**». ويساعد إطار مغدل على تصنيف وفهم القدرات المتنوعة للدول، والتمييز بين تلك التي يمكنها أن تحكم بفاعلية، وتلك التي لا تستطيع فعل ذلك. ومن خلال تحليل هذه القدرات، يستطيع الباحثون تقييم العوامل التي تؤدي إلى قوة الدولة أو انهيارها بشكل أفضل.

ويمكن تلخيص "**السلع السياسية**" الأساسية في توفير الأمن وإنشاء نظام قضائي فعال والحفاظ عليه لدعم القانون والنظام. أما السلع الأخرى، فهي تقدم خدمات أساسية، مثل

انظر

See Kamrava, Mehran, *Understanding Comparative Politics: A Framework for Analysis*. Routledge, 1996,72.

٢٥−Joel S. Migdal, *Strong Societies and Weak States: State-Society Relations and State Capabilities in the Third World* (Princeton University Press, 1988), 21.

٢٦−R.H. Jackson & C.G. Rosberg, 'Sovereignty and Underdevelopment: Juridical Statehood in the African Crisis.' The Journal of Modern African Studies, vol. 24 (1), 1986, p. 1-31.

٢٧−Joel S. Migdal, *Strong Societies and Weak States*, 4

الرعاية الصحية والتعليم وحماية البيئة. علاوة على ذلك، تعمل السلع السياسية الأخرى على توفير البنية التحتية الأساسية وصيانتها، بما في ذلك الطرق والسكك الحديدية والمطارات والموانئ البحرية. ويجب على الدول أيضًا ضمان حسن سير التجارة من خلال إدارة العملة والأنظمة المصرفية[٢٨]. وتنعكس فاعلية الدولة في قدرتها على تسليم هذه السلع السياسية الهرمية. إن الدولة القوية تحمي مواطنيها وتوفر الخدمات الأساسية والبنية التحتية وبيئة اقتصادية مستقرة؛ وهو ما يعزز مجتمعًا يعمل بشكل جيد.

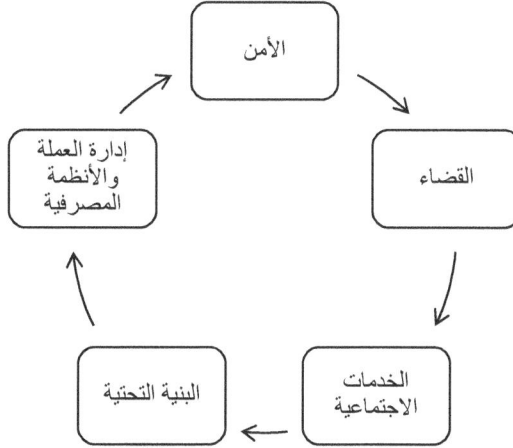

الشكل ١: العناصر الأساسية الخمس للدولة

في الدراسات التنموية والأمنية، يتم تقييم الدول من خلال سلسلة متواصلة، تتراوح بين "القوية"، و"الضعيفة"، و"الفاشلة"، و"المنهارة". وتتميز الدول القوية بقدرتها على "السيطرة على أراضيها وتقديم مجموعة كاملة وعالية الجودة من السلع السياسية لمواطنيها"[٢٩]. وتشمل المؤشرات الرئيسية لأدائها العالي "الناتج المحلي الإجمالي للفرد، ومؤشر التنمية البشرية لبرنامج الأمم المتحدة الإنمائي، ومؤشر مدركات الفساد لمنظمة الشفافية الدولية، وتقرير الحرية في العالم الصادر عن منظمة فريدم هاوس"[٣٠]. وتميل الدول القوية أيضًا إلى إظهار درجات أعلى في الخصائص الثماني الرئيسية للحكم الرشيد؛ وهي المشاركة، والتوجه نحو الإجماع، والمساءلة، والشفافية، والاستجابة، والفعالية والكفاءة،

٢٨- Robert I. Rotberg, *State Failure and State Weakness in a Time of Terror* (The World Peace Foundation: Brooking Institution Press, 2003), 2-4.

٢٩- Robert I. Rotberg, *Nation-state failure: A recurrence Phenomenon*? (www.cia.gov/nic/PDF_GIF_2020_Support/ 2003_11_06_papers/panel2_nov6.pdf), 3-5.

٣٠- Ibid., 2.

والإنصاف والشمول، واتباع سيادة القانون. ويضمن الحكم الرشيد أيضًا الحد من الفساد، ومراعاة آراء الأقليات، وسماع أصوات الفئات الأكثر ضعفًا في المجتمع في عملية صنع القرار. علاوة على ذلك، ينبغي للحكم الرشيد أن يستجيب لاحتياجات المجتمع الحالية والمستقبلية.

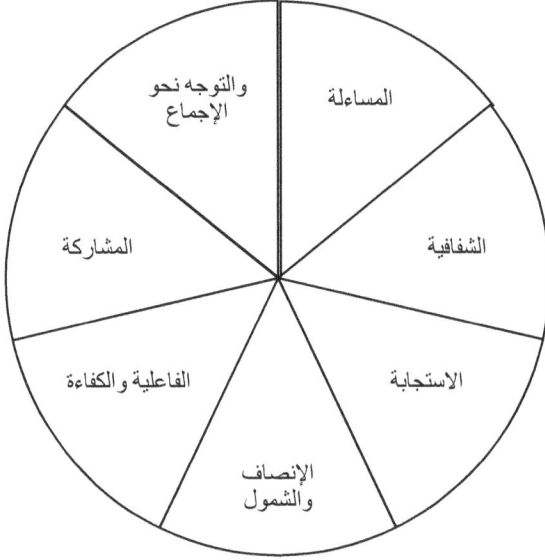

الشكل ٢: العناصر الثمانية للحكم الرشيد

يمكن تقسيم الدول الضعيفة إلى فئتين: الأولى الدول التي تتجه نحو القوة، والثانية تلك التي تتهاوى نحو الفشل. وتواجه المجموعة الأخيرة تحديات موضوعية، مثل القيود الجغرافية والمادية والاقتصادية، والقضايا الداخلية، مثل الافتقار إلى التماسك والقيادة غير الفاعلة. وتكافح هذه الدول الضعيفة من أجل حل التوترات العرقية أو الدينية أو اللغوية؛ وهو ما يؤدي إلى صراع واسع النطاق وانخفاض القدرة على توفير السلع السياسية الأساسية. ونتيجة لذلك، تتدهور البنية التحتية المادية، ويتصاعد الفساد، ويواجه المجتمع المدني القمع. ومن ناحية أخرى، تتواجد الدول الفاشلة على طرفين متطرفين: فإما أن تفقد قدرتها على العمل بشكل كامل، وإما أن تصبح في حالة قابلية دائمة في التدخل والقمع. في السيناريو الأول، تفشل الدولة في توفير السلع السياسية الأساسية، وتتنازل عن السيطرة لأمراء الحرب وغيرهم من الجهات الفاعلة غير التابعة للدولة، وتصبح المؤسسات مختلة وظيفيًا، في ظل سلطة قضائية ضعيفة وبيروقراطية غير خاضعة للمساءلة. وتنهار البنية

التحتية، وتراجع الخدمات الاجتماعية، وتراجع الآفاق الاقتصادية؛ وهو ما يؤدي إلى انتشار السخط وعدم الاستقرار الاقتصادي على نطاق واسع[٣١].

وتمثل الدولة المنهارة نهاية فشل الدولة، الذي يتميز بانهيار السلطة السياسية والقانون والنظام والتماسك الاجتماعي. ويحدث هذا الانهيار تدريجيًّا مع فقدان الدولة لشرعيتها وسيطرتها على أراضيها. وتتم إعادة تنظيم المجتمعات على أسس عرقية وثقافية، مع سيطرة العشائر المسلحة في كثير من الأحيان. وتحاول الجهات الفاعلة في الدولة الفرعية استعادة الوظائف، لكن التعافي الكامل يتطلب دعمًا خارجيًّا كبيرًا. إن التقدم من الضعف إلى الانهيار هو عملية تدريجية وتراكمية تشبه الأمراض الانتكاسية. وفي حين أن الدول قد تتعافى من الضعف أو الفشل بمساعدة خارجية، فإن الانهيار الكامل يمثل انهيارًا للنظام الاجتماعي والسياسي على نطاق واسع[٣٢]. لقد تحولت الصومال من دولة ضعيفة إلى دولة فاشلة ومنهارة في عام ١٩٩١.

الدول الفاشلة	الدول القوية
قدرات الدولة	
الدولة المنهارة	الدول الضعيفة

الشكل ٣: تصنيف قدرات الدولة

أ- المراحل المتتابعة لانهيار الدولة الصومالية

لقد كان فشل الدولة الصومالية وانهيارها في نهاية المطاف عبارة عن عمليات مطولة ظهرت معالمها من عام ١٩٦٩ إلى عام ١٩٩١. وقد تميزت هذه الفترة بسوء الإدارة السياسية، والهزائم العسكرية، والصعوبات الاقتصادية، وتصاعد الصراعات الداخلية. وعلى مدى عقدين من الزمن، أدت هذه القضايا المعقدة إلى تآكل قدرة الدولة على الحكم،

٣١- يتم التوسع في التعريفات والتفسيرات الجديدة الواردة في هذه الورقة بشكل أكبر بكثير في
Robert I. Rotberg, "The Failure and Collapse of Nation-States: Breakdown, Prevention, and Repair," in Robert I. Rotberg (ed.), *Why States Fail: Causes and Consequences* (Princeton 2004, 1-45).

٣٢- يمكن للدول المنهارة أن تتعافى من خلال العودة إلى وضع الدول الفاشلة إذا تمت استعادة قدرٍ كافٍ من الأمن لإعادة بناء المؤسسات وتعزيز شرعية الدولة المستعادة. فعلت لبنان ذلك بفضل الأمن السوري، وطاجيكستان بفضل روسيا، وسيراليون بفضل التدخل البريطاني. الصومال في عملية التعافي تحت بعثة الاتحاد الإفريقي في الصومال (أميصوم).
See Robert I. Rotberg. *Nation-state failure: A recurrence Phenomenon?*

وبلغت ذروتها بتفككها الكامل بحلول عام ١٩٩١. وبوسعنا أن نفهم فشل الدولة الصومالية وانهيارها من خلال تقسيم العملية إلى أربع مراحل متميزة. تتضمن كل مرحلة سلسلة من الأحداث والديناميكيات الحاسمة التي أدت مجتمعة إلى تفكك الحكومة المركزية في نهاية المطاف. بدأ الفشل الأول للدولة في عام ١٩٦٩ عندما شابت الانتخابات مزاعم واسعة النطاق بالتزوير والتلاعب؛ وهو ما أدى إلى تقويض ثقة الجمهور في العملية الديمقراطية برمتها واغتيال الرئيس عبد الرشيد علي شرماركي في ١٥ أكتوبر ١٩٦٩ وخلق فراغًا في السلطة، كما خلق حالة من عدم الاستقرار السياسي. ونتيجة لذلك، وفي ٢١ أكتوبر ١٩٦٩، قاد الجنرال محمد سياد بري انقلابًا عسكريًّا، أطاح بالحكومة المدنية. وكانت المرحلة الثانية من فشل الدولة هي الهزيمة في الحرب مع إثيوبيا (١٩٧٧/ ١٩٧٨)؛ وهو ما أثر بشدة على النخوة الوطنية ومعنويات الجيش ومشاعر الجمهور. وفي وقت لاحق، حاولت مجموعة من الضباط العسكريين الإطاحة بنظام الجنرال محمد سياد بري في ٩ أبريل ١٩٧٨، ولكن تم قمع الانقلاب بسرعة وإعدام ١٧ ضابطًا، وسجن مئات الأشخاص المتهمين بالتورط في العملية. ونتيجة لذلك، تمت إعادة تسمية الجبهة الصومالية للخلاص التي تأسست في عام ١٩٧٨ كأول معارضة مسلحة، إلى الجبهة الديمقراطية الصومالية للخلاص في عام ١٩٧٩؛ وهو ما سبق الظهور الأول للمقاومة المسلحة المنظمة ضد حكومة الجنرال محمد سياد بري.

أما المرحلة الثالثة، فكانت عندما بلغت الحرب الأهلية التي طال أمدها ذروتها في عام ١٩٨٨، وتم تدمير مدينتي هرغيسا وبرعو في الشمال بشكل بالغ[٣٣]. وتم قتل سكان هذه المدن وفروا إلى إثيوبيا والمناطق الريفية القريبة منها. بعد ذلك، تأسس الكونغرس الصومالي المتحد ومع الحركة الوطنية الصومالية أعلنوا حربًا غير منتظمة أنهكت في النهاية قوات الحكومة. وبلغت المرحلة الرابعة والأخيرة من الانهيار الكامل للدولة بلغت ذروتها في الإطاحة بنظام سياد بري في يناير ١٩٩١. وكان هذا الحدث بمنزلة التفكك الكامل للحكومة المركزية؛ وهو ما أدى إلى فراغ في السلطة ومزيد من تجزئة البلاد. وكما هو واضح في كل عقد تقريبًا، فقد حدثت تغييرات كبيرة وملموسة. تسلط هذه التغييرات الضوء على نمط متكرر؛ حيث تمثل كل عشر سنوات تحولاً واضحًا في مختلف جوانب الوضع. لقد أدت هذه التغييرات العقدية إلى إعادة تشكيل المشهد السياسي الصومالي باستمرار.

٣٣- An African Watch Report. Somalia: A Government at War with Its Own People: Testimonies about the Killings and Conflicts in the North, 1990.

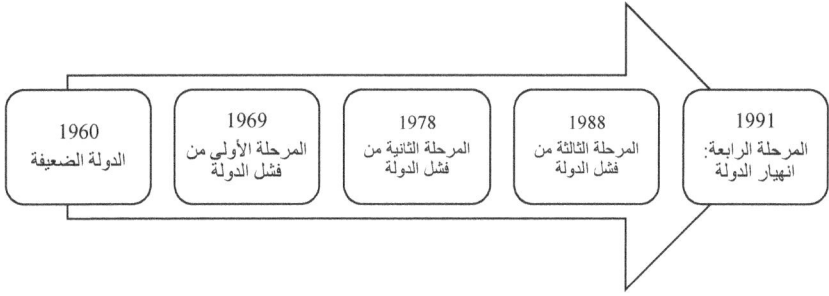

الشكل ٤: المراحل الأربعة لفشل الدولة وانهيارها

إن فهم انهيار الدول وظهور الصراعات يتطلب تحليلاً دقيقًا للقضايا الهيكلية طويلة الأجل، والعوامل التي تغذي الصراعات وتجعلها مستدامة، والمسببات المباشرة. ومن خلال دراسة هذه الطبقات، يمكننا أن نفهم بشكل أفضل مدى تعقيد الصراعات داخل الدول والأسباب المتنوعة التي تقوم عليها. ويرتبط انهيار الدولة دائمًا بالصراع، والذي يمكن تصنيفه إلى ثلاثة أنواع رئيسية: الأسباب الأصلية، والأسباب العملياتية، والأسباب الفعالة القريبة.

الأسباب الأصلية هي ظروف متجذرة بعمق، وهي القضايا التأسيسية طويلة المدى التي يعود تاريخها إلى تكوين المجتمع أو الدولة. وهي تشمل المظالم التاريخية، وأوجه عدم المساواة البنيوية، والانقسامات الاجتماعية العميقة الجذور. علاوة على ذلك، فإنها تتضمن عوامل موضوعية تخلق بيئة مناسبة للصراع عندما تقترن بعوامل ذاتية، مثل طموحات القيادة أو التوترات العرقية. وتؤدي الأسباب العملياتية إلى تفاقم الصراع واستمراريته؛ وهو ما يزيد من احتمالية حدوثه وحدته. وهم غالبًا ما يضخمون الأسباب الأصلية، بما في ذلك الصعوبات الاقتصادية، والقمع السياسي، والظلم الاجتماعي. ويرتبط تأثير الأسباب العملياتية ارتباطًا مباشرًا بخطورة الأسباب الأصلية وطبيعتها الواسعة الانتشار. كلما كانت الأسباب الأصلية أكثر أهمية وانتشارًا، كلما أصبحت الأسباب العملياتية أكثر قوة. أما الأسباب الفعالة التقريبية، فهي آليات الزناد؛ أي الأحداث أو الظروف المباشرة التي تشعل الصراع. إنهم بمنزلة محفزات لاندلاع الصراعات داخل الدول والصراعات الأهلية. وتشمل الأمثلة الاغتيالات السياسية أو الأزمات الاقتصادية أو التغييرات المفاجئة في السياسة.

ب- وجهات نظر حول انهيار الدولة الصومالية

لقد تم تحليل انهيار الدولة الصومالية من خلال وجهات نظر علمية مختلفة؛ حيث سلط كل منها الضوء على العوامل المساهمة المختلفة. وعلى الرغم من أن العلماء يركزون

غالبًا على عناصر محددة، إلا أنهم يعترفون عمومًا بمجموعة من الأسباب المترابطة. وتشمل المواضيع الرئيسية التي تم تحديدها في البحث العلمي حول انهيار الدولة الصومالية ما يأتي :

- نهاية الحرب الباردة وسحب المساعدات الخارجية: أدت نهاية الحرب الباردة إلى انخفاض كبير في المساعدات والدعم الأجنبي، الذي كان حاسمًا لاقتصاد الصومال وجيشها. أدى هذا الانسحاب من المساعدة الدولية إلى ترك الدولة ضعيفة ماليًّا وسياسيًّا. وكانت الحرب الباردة وانسحاب المساعدات الخارجية باعتبارهما عاملين رئيسيين لانهيار الدولة محط اهتمام العديد من الباحثين، بما في ذلك تيرينس ليونز، ووالترس. كلارك وروبرت غوسيندي، وأحمد سمتر، وكين مينكهاوس، وجون برندرغاست.[٣٤]

- الوحدوية الصومالية والحرب مع إثيوبيا: ترجع جذور الوحدوية الصومالية إلى الحقيقة التاريخية المتمثلة في أن الأراضي التي يسكنها الصوماليون في القرن الإفريقي تم احتلالها وتقسيمها بين أربع قوى أجنبية خلال التدافع الأوروبي نحو إفريقيا. وكانت هذه القوى هي إيطاليا وبريطانيا وفرنسا والإمبراطورية الإثيوبية. وبتشجيع من خطة بيفين، استوعب القوميون الصوماليون مفهوم "الصومال الكبير"، الذي قام على إعادة توحيد السكان الصوماليين في خمس مناطق مختلفة، ممثلة بالنجوم البيضاء الخماسية في العلم الصومالي. وأدت جهود الصومال لتوحيد جميع الأراضي الصومالية إلى صراعات مع إثيوبيا المجاورة في الأراضي الصومالية بإثيوبيا، والمعروفة بـ"حرب أوغادين"، التي استنزفت الموارد وزعزعت استقرار المنطقة برمتها.[٣٥]

٣٤- Terrence Lyons and Ahmed Samatar, *Somalia: State Collapse, Multilateral Intervention, and Strategies for Political Reconstruction* (Washington: The Brooking Institution Occasional Paper, 1995), 1; Walter S. Clarke and Robert Gosende, "Somalia: Can a Collapsed State Reconstitute itself"? In Robert I. Rotberg (ed.), *State Failure and State Weakness in a Time of Terror* (Washington: Brooking Institution Press, 2000), 129-158; Ahmed Samatar, "The Curse of Allah: Civic Disembowelment and the collapse of the State in Somalia" in Ahmed Samatar (ed.), *The Somali Challenge: From Catastrophe to Renewal*? (Lynne Rienner Publishers, 1994), 117; Ken Menkhaus, "US Foreign Assistance Somalia: Phoenix from the Ashes?" Middle Eastern Policy, l:5, 1997, 126; Ken Menkhaus and John Prendergast, "Governance and Economic Survival in Post-intervention Somalia" in CSIS Africa Note, No.172 (May 1995).

٣٥- John T. Fishel, *Civil Military Operations in the New World* (Praeger, 1997), 189; Joseph K. Nkaisserry, The Ogaden War: An Analysis of Its Causes and Its Impact on Regional Peace and the Horn of Africa. USAWC Strategic Research Project, US Army War College Carlisle Barracks, Pennsylvania, 1997. Available from file:///C:/

- البدائية والعشائرية السياسية المتفشية: الصومال أمة من العشائر تبحث عن دولة، ويمكن استخدام نظام العشيرة سلبًا أو إيجابًا في بناء الأمة، كما يمكن استخدامه كأداة للصراع أو كآلية للسلام وحل النزاعات. ولقد لعبت الولاءات والتنافسات العشائرية العميقة الجذور دورًا مهمًّا في المشهد السياسي؛ وهو ما أدى إلى إساءة استخدام العامل العشائري من قبل النخب السياسية، وساهمت تلك التوظيفات السياسية لقضية العشائر الصراعات المتكررة بين العشائر المتنافسة على السلطة. وأنصار هذا التوجه هم آي إم لويس، وسعيد سمتر، وآنا سيمونز، وأوكبازغي يوهانس[٣٦].

- الفساد الأخلاقي والانحلال الثقافي: أدى انتشار الفساد وتآكل القيم الثقافية إلى إضعاف الأسس الأخلاقية للدولة؛ وهو ما ساهم في الحكم غير الفعال وفقدان ثقة الجمهور. لقد أثبت التاريخ البشري أنه عندما يصبح المجتمع فاسدًا أخلاقيًّا، ويسود الجشع والأنانية، يصبح المجتمع متقلبًا، وتنزلق الأمة نحو الانهيار. ويمكن تلخيص المنظور الإسلامي لنشوء وسقوط الدول والحضارات فيما يأتي: الظلم الذي يخلق الخلاف وعدم وجود آلية تصحيحية للنهي عن المنكر والأمر بالمعروف؛ وهو ما ينتج عنه الانحطاط الأخلاقي الشخصي والاجتماعي (الفساد)[٣٧].

- الإفراط في استنزاف الموارد: أدى إرهاق الدولة في الإنفاق العسكري والمشاريع الطموحة دون تخطيط اقتصادي مستدام إلى ضغوط مالية واستنزاف للموارد المحدودة. وكان السفير محمد عثمان هو الباحث الوحيد الذي تناول عامل الإرهاق المفرط للموارد الضئيلة؛ حيث فحص المبادئ التوجيهية لسياسة القيادة تجاه الوحدة الصومالية وانتقدها

Users/Abdurahman/Downloads/ADA326941%20(1).pdf (accessed on February 2, 2017)

٣٦- I. M. Lewis, *Blood, and Bone: The Call of Kinship in Somali Society* (Lawrenceville, Nj: Red Sea Pres, 1994), 233; Said S. Samatar, "Unhappy Masses and the Challenges of Political Islam in the Horn of Africa." Available from www.wardheernews.com/March_05/05 (accessed on February 2, 2017); Okbhazghi Yohannes, *The United States and the Horn of Africa: An Analytical Study of Pattern and Process* (Westview Press, 1997), 225.

٣٧- هناك العديد من الآيات في القرآن الكريم والأحاديث النبوية التي تتناول الظلم. على سبيل المثال قوله تعالى: ﴿لَقَدْ أَرْسَلْنَا رُسُلَنَا بِالْبَيِّنَاتِ وَأَنزَلْنَا مَعَهُمُ الْكِتَابَ وَالْمِيزَانَ لِيَقُومَ النَّاسُ بِالْقِسْطِ﴾ (الحديد: ٢٥). القسط: العدل.

وقوله تعالى في سورة النحل: ﴿إِنَّ اللَّهَ يَأْمُرُ بِالْعَدْلِ وَالإِحْسَانِ وَإِيتَاءِ ذِي الْقُرْبَى وَيَنْهَى عَنِ الْفَحْشَاءِ وَالْمُنْكَرِ وَالْبَغْيِ يَعِظُكُمْ لَعَلَّكُمْ تَذَكَّرُونَ﴾ (النحل: ٩٠). وجاء في الحديث القدسي: «يا عبادي، إني حرمت الظلم على نفسي وجعلته بينكم محرمًا فلا تظالموا» [رواه مسلم].

بكل احترام بشأن خطة تحديد أولويات الأهداف الوطنية. ويرى أن الإفراط في التوسع يقلل من قدرة الدولة من خلال القيام بالعديد من المهام التي لا يمكن تنفيذها بسرعة كبيرة[٣٨].

- عوامل انتقائية: يدرك العديد من العلماء أن الانهيار كان بسبب مجموعة من العوامل المختلفة، وتشمل هذه العوامل: التأثيرات الخارجية، والصراعات الداخلية على السلطة، والتحديات الاقتصادية، والديناميات الاجتماعية. ومن بين مؤيدي هذا الموقف براد بري، وجيوجي كالي كيث، وإيدا روسو موكيندي، وأحمد سمتر، وحسين آدم[٣٩].

ويميل معظم العلماء إلى التركيز على الأسباب الثانوية للانهيار بناءً على أهدافهم البحثية وتخصصاتهم. فعلى سبيل المثال، يؤكد علماء السياسة على دور العشائرية السياسية وفشل الحكم، يركز الاقتصاديون على سوء الإدارة الاقتصادية والإفراط في استخدام الموارد، بينما يسلط المؤرخون الضوء على المظالم التاريخية والموروثات الاستعمارية. ويمكن فهم انهيار الدولة الصومالية من خلال تصنيف العوامل المساهمة في ثلاث فترات تاريخية، تسلط كل منها الضوء على قضايا مختلفة أدت إلى إضعاف الدولة تدريجيًّا.

الأسباب الأصلية: أولاً: كان المجتمع الصومالي مجزأ إلى دويلات صغيرة قائمة على العشائر دونما وجود للمؤسسات الوطنية الموحدة أو القيادة الجماعية، وذلك قبل تأسيس الدولة الحديثة. ثانيًا: قامت القوى الاستعمارية بتقسيم الأراضي الصومالية إلى خمسة أجزاء، ومنحت إثيوبيا جزءًا كبيرًا منها، الأمر الذي أدى إلى خلق نزاعات إقليمية دائمة. ثالثًا: أدى ضعف التنمية الاقتصادية والموارد البشرية المدربة لتحل محل البيروقراطية الاستعمارية إلى إعاقة الحكم الفعال. ومهدت هذه الأسباب الأصلية الطريق لدولة ضعيفة ومجزأة في وقت الاستقلال في عام ١٩٦٠.

الأسباب العملياتية: أولاً: عانت الدولة الصومالية الجديدة من عدم الاستقرار السياسي، ويرجع ذلك إلى حد كبير إلى إرث التفتت الاستعماري والمنافسات العشائرية المستمرة. ثانيًا: أدت الصعوبات الاقتصادية المستمرة، بما في ذلك الاعتماد على

٣٨- Mohamed Osman Omar, *The Road to Zero: Somalia's self-destruction* (HAAN associates, 1992), 45.

٣٩- George Kaly Kieth, and Ida Rousseau Mukenge, *Zones of Conflict in Africa: Theories and Cases* (Praeger, 2002), 124; Hussein M. Adam, "Somalia: Militarism, Warlordism or Democracy?" Review of African Political Economy, 54 (1992): 11-26; Hussein M. Adan, "Somalia: A Terrible Beauty Being Born?" In I. William Zartman (ed.), *Collapsed States: The Disintegration and Restoration of Legitimate Authority* (London: Lynne Reinne, 1995), 69-89; David Rawson, "Dealing with Disintegration: US Assistance and Somali State' in The Somali Challenge: From Catastrophe to Renewal? Edited by Ahmed Samatar (London: Lyne Rienner Publisher, 19994), 147-178, 150.

المساعدات الخارجية وعدم كفاية البنية التحتية، إلى زيادة زعزعة استقرار الدولة. ثالثا: أدى اتباع السياسات الوحدوية، وخاصة الصراع مع إثيوبيا، إلى استنزاف الموارد وتفاقم الانقسامات الداخلية. وأصبحت نقاط الضعف التي تعاني منها الدولة الصومالية أكثر وضوحًا خلال هذه الفترة؛ وهو ما أدى إلى مزيد من التدهور.

الأسباب المباشرة: أولاً: هزيمة الجيش الصومالي في الحرب الصومالية الإثيوبية في عامي ١٩٧٧–١٩٧٨ أضعفت الوضع العسكري والاقتصادي للدولة. ثانيًا: أدى القمع المتزايد والفشل في معالجة القضايا الاقتصادية والاجتماعية إلى ظهور جماعات المعارضة المسلحة. وثالثًا: أدى تضافر هذه العوامل إلى الإطاحة بنظام الجنرال محمد سياد بري في عام ١٩٩١؛ الأمر الذي أدى إلى التفكك الكامل للحكومة المركزية، وما أعقب ذلك من حرب أهلية.

الشكل ٥: تصنيف عوامل انهيار الدولة

وفي الختام، فإن المسؤولية الأساسية عن انهيار الدولة الصومالية تقع بشكل مباشر على عاتق القيادة داخل الصومال نفسها. والأسباب الكامنة وراء هذا الانهيار هي في الغالب أسباب داخلية، وتمتد جذورها إلى السلوكيات المدمرة وطموحات النخب في البلاد. ولقد انخرط هؤلاء القادة في منافسة شرسة على السلطة السياسية؛ وهو ما أدى إلى تعزيز ثقافة سياسية سامة تتميز بالاستبداد والفساد المستشري والعشائرية والاعتماد على الرعاية الأجنبية. ومع بدء تعثر الدولة، فشل النظام الحاكم وقادة جماعات المعارضة المسلحة في اتخاذ إجراءات فعالة لمنع الانهيار الوشيك. وأدى عدم قدرتهم على التعاون وإيجاد الحلول إلى تفاقم الوضع وتفكك الدولة عام ١٩٩١. وكان انهيار الدولة الصومالية بمنزلة نقطة تحول مهمة في تاريخ الأمة. لم يكن ذلك يعني سقوط حكومة ما بعد الاستعمار فحسب، بل كان يعني أيضًا تفكك الهوية الوطنية التي تم بناؤها منذ بداية الحركة الوطنية وما بعد الاستقلال.

عام ٢٠٠٠: التحول النموذجي في بناء الدولة الصومالية

لقد شهد نموذج بناء الدولة ثلاث تحولات في تاريخ الصومال الحديث. حدث التحول الأول عام ١٩٦٩ عندما انتقلت البلاد من النظام الديمقراطي الليبرالي إلى الحكم العسكري واعتنقت المبادئ الاشتراكية. أما التحول المحوري الثاني، فقد حدث في عام

٢٠٠٠ عندما تبنت الصومال تقاسم السلطة العشائرية بصيغة ٤٫٥، واعترفت بالإسلام كمبدأ توجيهي مركزي لنظام الدولة. وحدث تحولان كبيران في عام ٢٠٠٠، وفيها قبلت النخب السياسية، التي كانت تدعي القضاء على العشائرية منذ بداية حركة التحرير في عام ١٩٤٣- قبلت بالعامل العشائري، كما تم عكس اتجاه علمانية الدولة بقبول الإسلام مرجعًا نهائيًّا لجميع القوانين. وتمثل التحول الثالث في اعتماد النظام الفيدرالي في عام ٢٠٠٤ كجزء من إعادة تشكيل الدولة الصومالية المتطورة. جاءت هذه الخطوة ردًّا على الإخفاقات الملحوظة للأنظمة الديمقراطية الموروثة والحكم العسكري، والتي لم تتمكن من توفير الاستقرار أو دمج المجتمع الصومالي المتنوع بشكل فعال. ومن خلال تحقيق اللامركزية في السلطة ودمج الهياكل العشائرية التقليدية والمبادئ الإسلامية في الحكم، يدعو أنصار هذا النهج الجديد إلى شكل أكثر شمولاً ومرتكزًا على المستوى المحلي لبناء الدولة.

ومع ذلك، استمرت التحديات التي بلغت ذروتها خلال مؤتمر السلام والمصالحة الصومالية في جيبوتي عام ٢٠٠٠. وأكدت الصيغة ٤٫٥، التي خصصت التمثيل السياسي على أساس هوية العشيرة، كيف تغلغلت ديناميكيات العشيرة في هياكل الحكم الصومالية التي ركزت عليها لسنوات[٤٠]. وفي خضم الحلول المقترحة التي لا تعد ولا تحصى للأزمة الصومالية، دافع الخبراء الغربيون عن الأساليب الليبرالية لحل الصراعات وتعافي الدولة. ويؤكد هذا النهج على مبادئ الديمقراطية وحقوق الإنسان والحكم الشامل باعتبارها ركائز أساسية لإعادة بناء الدولة المنهارة. ولكن، في تناقض صارخ مع وجهات النظر الغربية هذه، دعا الإسلامويون إلى اتباع نهج مختلف جوهريًّا، مؤكدين أن تطبيق الشريعة الإسلامية يحمل المفتاح اللازم لحل الأزمة الصومالية وتعزيز الوحدة بين المسلمين. ورغم أن هذا المفهوم صحيح من الناحية النظرية، إلا أن العلماء الإسلامويين ومن هم في السلطة لم يتوصلوا إلى برامج وعمليات ومقاربات وإجماع وسياسات محددة لتطبيق الشريعة. لقد اقتصر الأمر بشكل أساسي على الخطابة والدعوة.

ما تأثير الإسلامويين على القيادة والحكم؟

ومن الأمور المركزية من وجهة نظر الإسلامويين الاعتقاد بأن الالتزام بالشريعة واجب إسلامي وحل مقبول للمجتمع. ويجادلون بأن الشريعة توفر إطارًا شاملاً للحكم يشمل

٤٠- خلال مؤتمر السلام والمصالحة الصومالي في جيبوتي عام ٢٠٠٠، تم اعتماد نظام الحصة القبلية المعروف باسم «٤٫٥». الرقم أربعة يمثل حصة متساوية للقبائل الأربعة الكبرى: ديغيل ومريفله دير، ودارود، وهويي، والنصف يمثل تجميع القبائل الأقليات الأخرى.

جوانب العدالة والأخلاق والرعاية الاجتماعية، وبالتالي يقدم نهجًا شاملاً لمعالجة القضايا المعقدة التي تواجه المجتمع الصومالي. ويُنظر إلى تطبيق الشريعة على أنه نهج موحد يتجاوز الانقسامات العشائرية، ويعزز الهوية الجماعية بين المسلمين. ويحد من التشرذم والخلاف الذي يعاني منه المجتمع الصومالي[٤١].

ومن الناحية النظرية، فإن صحة هذه الحجة ثابتة. إن أساس اعتماد الإسلام كإطار أساسي لحل النزاعات راسخ بعمق في سجلات التاريخ الإسلامي، ويجد دعمًا قويًّا من مصدرين رئيسيين: القرآن والسنة النبوية[٤٢]. ومع ذلك، فإن التطبيق العملي لهذه المبادئ أبعد ما يكون عن البساطة؛ لأنه يتطلب فهمًا عميقًا للمنهجيات والمقاربات الإجرائية، مقرونًا بتفاني السلطة الشرعية. ويتطلب تنفيذ مثل هذا التحول النموذجي التنقل الدقيق أو الآمن عبر المواقف الاجتماعية والسياسية المعقدة، وإنشاء آليات تضمن الالتزام الحقيقي بالقيم الإسلامية. في الواقع، يقدم الإسلام حلولاً مميزة تختلف عن الكثير من أولئك الذين يدعون الترويج لتنفيذه[٤٣]. وهذا التحديد أمر بالغ الأهمية في تمييز التطبيق الحقيقي للتعاليم الإسلامية من التأكيدات السطحية. إن الالتزام الحقيقي بالإسلام يستلزم الفهم الشامل وتجسيد مبادئه عقيدة وعملا. على العكس من ذلك، فإن المطالبات البسيطة بالدعوة لتنفيذ الشريعة تحتاج إلى صدق لتتوافق مع الجوهر الحقيقي للقيم الإسلامية. ولذلك، لابد من التمييز بين أولئك الذين يتمسكون بتعاليم الإسلام بصدق، وأولئك الذين يعتنقونها بشكل سطحي لدوافع أو أجندات مختلفة.

كان صعود اتحاد المحاكم الإسلامية في عام ٢٠٠٦ بمنزلة لحظة فاصلة في تاريخ الصومال الحديث عندما سيطرت مجموعات مختلفة من الإسلامويين وأنصارهم على مقديشو والمناطق المحيطة بها؛ الأمر الذي هدّد الحكومة الانتقالية التي اتخذت من

٤١– هناك العديد من الآيات والأحاديث النبوية تدور حول هذه المسألة، من ذلك ما تقدمه لنا الآية الكريمة في سورة التوبة من فهم شامل، وهي قوله تعالى: ﴿وَالْمُؤْمِنُونَ وَالْمُؤْمِنَاتُ بَعْضُهُمْ أَوْلِيَاءُ بَعْضٍ ۚ يَأْمُرُونَ بِالْمَعْرُوفِ وَيَنْهَوْنَ عَنِ الْمُنكَرِ وَيُقِيمُونَ الصَّلَاةَ وَيُؤْتُونَ الزَّكَاةَ وَيُطِيعُونَ اللَّهَ وَرَسُولَهُ ۚ أُولَٰئِكَ سَيَرْحَمُهُمُ اللَّهُ ۗ إِنَّ اللَّهَ عَزِيزٌ حَكِيمٌ﴾ (التوبة: ٧١).

٤٢– افتتاح مكة بعد ثماني سنوات من هجرة المسلمين والحروب الأهلية المستمرة يعتبر مثالًا على العدالة الانتقالية في التاريخ الإسلامي. قام النبي محمد- صلى الله عليه وسلم- بتطبيق نهج مماثل للتقنيات الحالية؛ حيث فرض عفوًا عامًّا، وقام بمحاكمة بعض الأفراد، والعفو عن آخرين، وإصلاح المؤسسات الظالمة. هذه العملية ساهمت في تعزيز الأخوة والمساواة والقيم والمبادئ المشتركة للجميع. انظر:
Abdurahman Abdullahi, Recovering the Somali State: The Role of Islam, Islamism, and Transitional Justice (London: Adonis & Abey, 2018), 123–26.

٤٣– Abdurahman Abdullahi, "Theorizing Islam and Islamists: Critical Conceptions and Cultural Challenges," in Theorizing Somali Society: Hope, Transformation, and Development, vol. 1, ed. Abdulkadir Osman Farah and Mohamed A. Eno (Authors Press, 2022), 122–50.

بيدوة مقرًّا لها[٤٤]. وأدى هذا التحدي إلى تدخل عسكري إثيوبي لمنع انهيار الحكومة الانتقالية التي رعوها ودعموها[٤٥]. ويعد هذا الحادث دليلًا على فشل الخطاب الليبرالي في إرساء الاستقرار والحكم في الصومال؛ وهو ما مهد الطريق أمام الإسلامويين لتأكيد نفوذهم. ومع تصاعد التوترات وانتعاش الإسلامويين المسلحين، حدث تطور مهم في عام ٢٠٠٩ عندما جرت عملية المصالحة في جيبوتي بين تحالف إعادة تحرير الصومال والحكومة. وقد تأسس تحالف إعادة تحرير الصومال في إريتريا في سبتمبر ٢٠٠٧، كخليفة لاتحاد المحاكم الإسلامية خلال الاحتلال العسكري الإثيوبي للصومال. وفي مؤتمر المصالحة بجيبوتي، تم تشكيل حكومة ائتلافية كبيرة بين الجانبين[٤٦]. كان هذا بمنزلة لحظة مفصلية في السياسة الصومالية؛ حيث جمعت بين مختلف الفصائل، بما في ذلك عناصر الحكومة والمعارضة، مع تحالف مع اتحاد المحاكم الإسلامية[٤٧]. وتم انتخاب شيخ شريف، الزعيم السابق لاتحاد المحاكم الإسلامية، رئيسًا للبلاد؛ وهو ما يرمز إلى وقوع تحول كبير في ديناميكيات السلطة. ومع ذلك، كان تشكيل الحكومة الائتلافية أمرًا صعبًا. وعلى الرغم من تولي شيخ شريف منصب الرئاسة، شنت حركة الشباب وحزب الإسلام- وهما من الجماعات المسلحة المرتبطة باتحاد المحاكم الإسلامية- هجومًا عنيفا ضد الحكومة التي يرأسها زعيمهم السابق[٤٨]. وكان طرفا طيف الصراع من فصائل اتحاد المحاكم الإسلامية التي كانت تدعي الإسلاموية بسبب تفسيرها المختلف للإسلام.

ولم تظهر إدارتا الرئيس شيخ شريف (٢٠٠٩–٢٠١٢) والرئيس حسن شيخ محمود (٢٠١٢–٢٠١٧)، المرتبطتين بالجماعات الإسلاموية، أي اختلاف عن الأنظمة السابقة رغم حرصهما على نشر المبادئ الإسلامية. وظل أداء هذه الإدارات في تحقيق الحكم

٤٤– Cedric Barnes and Harun Hassan, "The Rise and Fall of Mogadishu's Islamic Courts," Journal of Eastern African Studies 1, no. 2 (2007): 151–60.

٤٥– Zeray W. Yihdego, "Ethiopia's Military Action against the Union of Islamic Courts and Others in Somalia: Some Legal Implications," International and Comparative Law Quarterly 56, no. 3 (July 2007): 666–76.

٤٦– يرجى الاطلاع على نسخة من اتفاقية جيبوتي الموقعة بين الحكومة الانتقالية الصومالية (GFT) والاتحاد من أجل الاختيار والإنقاذ (SRA).
Available from https://peacemaker.un.org/sites/peacemaker.un.org/files/SO_080609_Agreement%20between%20the%20TFG%20and%20the%20ARS%20-%20Djibouti%20Agreement.pdf (Accessed on June 16, 2024).

٤٧– Apuuli Phillip Kasaija, "The UN-led Djibouti Peace Process for Somalia, 2008–2009: Results and Problems," accessed August 24, 2010, 261–82.

٤٨– Sheikh Sharif Sheikh Ahmed, elected president of Somalia in Djibouti in 2009, was the leader of the Islamic Courts Union, to which al-Shabaab belonged.

الرشيد أقل من المستوى المتوقع. وأثار أداء النظامين للشيخ شريف وحسن شيخ محمود جدلاً واسعًا حول قدرة الإسلامويين على تطبيق خطابهم وقيمهم الإسلامية في الحياة الحقيقية. وقد واجهت الإدارتان تحديات توطيد السلطة وسط كارثة أمنية متقلبة اتسمت بالصراع المستمر مع الجماعات المسلحة. واستمرت أيضًا معالجة الانقسامات المجتمعية العميقة والتغلب على إرث الصراع وعدم الاستقرار. وعلى هذه الخلفية، فمن الواضح أن الثقافة السياسية بين النخب الصومالية لا يوجد بها اختلاف يذكر، وأن الاختلاف الأيديولوجي المزعوم يبدو سطحيًّا.

ومن المنظور الإسلامي، هناك علاقة حيوية بين القيادة الأخلاقية واستقرار المجتمعات؛ وهو ما يسلط الضوء على التأثير الضار للحكام غير الأخلاقيين. ويحث على أهمية نوعية القيادة والحكم، والدعوة إلى الصدق والنزاهة والعدالة بين أولئك الذين يشغلون مناصب السلطة[٤٩]. وقد تناول العديد من العلماء الترابط بين رفاهية الناس وقادتهم. وعلى سبيل المثال، يكتسب السؤال الذي طرحه الباحث النيجيري تشينوي أتشيبي بشأن المشاكل التي تعاني منها نيجيريا أهمية كبيرة؛ حيث إن الأمر كله يتعلق بالزعامة. ويتناول تحقيق أتشيبي بشكل نقدي العوامل الأساسية التي تعوق تقدم نيجيريا نحو الاستقرار والتنمية. وأكد على دور القيادة السياسية في بناء الدول أو تحطيمها، قائلاً: "إن مشكلة نيجيريا هي ببساطة وبشكل مباشر فشل القيادة"[٥٠]. علاوة على ذلك، يؤكد عالم السياسة البارز نعوم تشومسكي أن "الدول الفاشلة هي نتيجة لقيادة غير فعالة". علاوة على ذلك، فهو يؤكد أن "الدولة الفاشلة هي بمنزلة شهادة مأساوية على فشل الحكم"[٥١]. يخلص روبرت آي. روبرتج، الباحث في فشل الدولة، إلى ذلك بصراحة؛ حيث يقول: "إن أخطاء القيادة عبر التاريخ دمرت الدول لتحقيق مكاسب شخصية؛ وفي العصر المعاصر، تستمر أخطاء القيادة في تآكل الأنظمة السياسية الهشة في إفريقيا، وآسيا، وأوشيانيا، والتي تعمل بالفعل على أعتاب الفشل"[٥٢].

٤٩– عَنْ أَبِي هُرَيْرَةَ- رَضِيَ اللَّهُ عَنْهُ- قَالَ: قَالَ رَسُولُ اللَّهِ- صَلَّى اللَّهُ عَلَيْهِ وَسَلَّمَ: «إِذَا ضُيِّعَتْ الْأَمَانَةُ فَانْتَظِرْ السَّاعَةَ»، قَالَ: كَيْفَ إِضَاعَتُهَا يَا رَسُولَ اللَّهِ؟ قَالَ: «إِذَا أُسْنِدَ الْأَمْرُ إِلَى غَيْرِ أَهْلِهِ فَانْتَظِرْ السَّاعَةَ» [رواه البخاري].

٥٠– Chinwe Achebe, The Trouble with Nigeria (Haiman Educational Publishers, 1983), 1.

٥١– 30 Best Failed States Quotes. Available from Noam Chomsky, Failed States: The Crisis of Political Development in the Twenty-First Century. Published in 2006 (accessed on June 25, 2024).

٥٢– Robert I. Rotberg, "Failed States, Collapsed States, Weak States: Causes and Indicators," accessed on April 5, 2024, https://www.brookings.edu/wp-content/uploads/2016/07/statefailureandstateweaknessinatimeofterror_chapter.pdf, 22.

مذكرة حول تطبيق الشريعة

وإدراكًا للتعقيدات الصومالية، شرع هذا المؤلف في مشروع بحثي لنقد وجهات النظر السائدة في الدراسات الصومالية. لقد تعمق في نظرية العلاقات بين الدولة والمجتمع التي تقوم على حقيقة أن المجتمع يوفر دعمًا حاسمًا لفعالية الدولة وأن الدولة ضرورية للعمل الجماعي في المجتمع. علاوة على ذلك، تم فحص القيادة الصومالية من خلال دراسة الثقافة السياسية النخبوية. ويستخدم هذان الموضوعان كوحدات تحليل لشرح أزمة الدولة الصومالية[٥٣]. ومن خلال التحليل، اتضح أن مؤسسات الدولة الصومالية ونخبها همشت المجتمع من خلال اتباع نهج التحديث الأوروبي؛ وهو ما خلق صراعًا بين الحداثة والتقاليد. وقد أنتج هذا المشروع دولة تتعارض مع مجتمعها: الإسلام وبنية العشيرة وثقافتها. هذا بالإضافة إلى أن نتائج دراسات الثقافة السياسية للنخب الصومالية، التي قارنت بين النخب العلمانية ذات العقلية الليبرالية والإسلامويين، خلصت إلى أن التمييز الهادف يجب أن يرتكز فقط على إنجازاتهم في معايير الحكم الرشيد[٥٤]. ومن خلال التعمق في الفهم المتطور لثقافة النخبة السياسية الصومالية، صاغ المؤلف منظورًا شاملاً للمصالحة الصومالية نأمل أن يلقي بعض الضوء على إمكانية إنشاء دولة مستقرة[٥٥]. إدراكًا لارتباط السبب الجذري لانهيار الدولة الصومالية وتحديات إعادة تأسيسها بالقيادة السياسية الاستثنائية والمؤسسات المناسبة بين الدولة والمجتمع، فقد تعمق المؤلف في التاريخ الصومالي لتحديد القادة الذين أحدثت ثقافاتهم النخبوية المتميزة اختلافات ملموسة في بناء الدولة. وقد أظهرت النخب السياسية الصومالية ثقافة سياسية مشتركة ومتشابهة؛ سواء ادعوا الديمقراطية أو الدكتاتورية أو الإسلاموية، وكانت الأدلة الاستدلالية النهائية هي فشل

٥٣—Joel Migdal, State in Society: Studying How States and Societies Transform and Constitute Each Other (New York: Cambridge University Press, 2001); Peter Evans, Embedded Autonomy (Princeton: Princeton University Press, 1995); Atul Kohli, "State, Society and Development," in Political Science: The State of the Discipline, ed. Ira Katznelson and Helen Milner (New York: Norton, 2002), 84–117. Abdullahi A. "Somali Elite Political Culture: Conceptions, Structures, and Historical Evolution," Somali Studies: A Peer-Reviewed Academic Journal for Somali Studies 5 (2020). Also, Abdullahi A. "Revisiting Somali Historiography: Critique and Idea of Comprehensive Perspective," Journal of Somali Studies: Research on Somalia and the Greater Horn of African Countries 5, no. 1–2.

٥٤—United Nations Economic and Social Commission for Asia and the Pacific, "What Is Good Governance?" accessed April 16, 2024, https://www.unescap.org/sites/default/files/good-governance.pdf.

٥٥—Abdullahi 'Baadiyow' A., "Theorizing Stability of the Somali State: In the Light of the Comprehensive Perspective of Somali Studies," Somali Studies: A Peer-Reviewed Academic Journal for Somali Studies 8 (2023): 11–55.

إقامة دولة صومالية قابلة للبقاء على مدى أكثر من ٦٨ عامًا، باستثناء السنوات الأولى التكوينية التي لم تنجح أيضًا في الاستمرار.

ومن ثم، كان من الضروري أن نلاحظ أن الأهداف والقيم الواردة في الإسلام تتقاطع بشكل وثيق مع المبادئ التي تتمسك بها الدول غير الإسلامية في سعيها لتحقيق الحكم الرشيد[٥٦]. وتتوافق مسؤوليات الدولة الحديثة مع الالتزام بسيادة القانون، والمساواة بين المواطنين، والعمليات الديمقراطية في اختيار القيادة السياسية، وتوفير العدالة، وتوفير الفرص الاقتصادية، والنهوض بتنمية البنية التحتية، وضمان خدمات اجتماعية قوية[٥٧]. تاريخيًّا، ازدهرت الدول التي نجحت في التعامل مع هذه القضايا، ويعيش سكانها في سلام وحرية، بغضِّ النظر عن انتماءاتهم الدينية. وبالتالي، فإن جوهر الأمر لا يكمن في مجرد التأكيدات البلاغية التي تستشهد بالإسلام والإشارات الفارغة إلى الآيات القرآنية والأحاديث النبوية، أو إضافة مسمى "الإسلامية" إلى اسم الدولة، بل إن السؤال المحوري يدور حول القدرة على ترجمة خطابهم إلى حلول عملية وملموسة تتماشى مع المبادئ والقيم التي يعتنقها الإسلام. ويتطلب هذا التحول من مجرد المواقف الأيديولوجية إلى التنفيذ العملي للسياسات والممارسات التي تتوافق مع جوهر التعاليم الإسلامية، وبالتالي تعزيز التقدم والانسجام المجتمعي.

ويتطلب التطبيق الفعال للشريعة خلق فهم مشترك وإجماع حول معنى تطبيق الشريعة في نظام الدولة الحديثة الحالي والعالم المعولم. وهذا يعني تنمية نهج شامل متجذّر في فهم دقيق لثلاث مراحل مترابطة: أولاً: الفهم العميق للنصوص التأسيسية للإسلام- القرآن والسنة النبوية- إلى جانب التفسيرات المتنوعة التي يقدمها خبراء الشريعة في الماضي والحاضر. ويفصح هذا المنهاج عن جوهر المبادئ الإسلامية، ويكشف عن مجموعة من التفسيرات القابلة للتكيف مع السياقات المجتمعية المختلفة.

ثانيًا: يصبح الفهم الدقيق لخصوصية مجتمع الدولة أمرًا ضروريًّا، يشمل عاداته وأعرافه وديناميكياته الاقتصادية وعلاقاته المجتمعية وأحواله السياسية التي تدرس في مواد

٥٦- See Islamicity index Mehmet Ata Az, "European Values and Islam," in The Idea and Values of Europe: From Antigone to the Charter of Fundamental Rights, ed. Angelo Santagostino (Cambridge Scholars Publishing, 2020), 41–64. Also, Scheherazade S. Rehman and Hossein Askari, "How Islamic are Islamic Countries?" Global Economy Journal 10, no. 2 (2010): 1–40. Available from Islamicity-index.org/wp/latest-indices-2022/ (accessed on April 12, 2024).

٥٧- Robert I. Rothberg, State and State Weakness in the Time of Terror (World Peace Foundation: Brookings Institution Press, 2003), 2–4. Also, Abdullahi A., Making Sense of Somali History, vol. 1 (London: Adonis & Abey, 2019), 172.

العلوم الاجتماعية. باختصار، هذا يعني "اعرف الإسلام- واعرف السياق". وإدراكًا للعلاقة التكافلية بين الشريعة والأطر المجتمعية، يجب على الممارسين تحديد العادات المجتمعية التي تتوافق بشكل متناغم مع مبادئ الشريعة؛ وهو ما يسهل دمجها في الممارسة القانونية.

ثالثًا: يتطلب التطبيق العملي للشريعة إنشاء الأطر المؤسسية اللازمة، وتنمية الموارد البشرية المدربة، وصياغة السياسات الإجرائية اللازمة[٥٨]. وهذه الآليات ضرورية لترجمة المعرفة النظرية إلى إجراءات ملموسة تدعم سلامة الشريعة وتعزز في الوقت نفسه التماسك المجتمعي والتقدم. ولا ينبغي أن يقتصر تطبيق الشريعة على المسائل القانونية، بل يجب أن يشمل كامل جسد المجتمع والدولة من خلال تعزيز القيم الأخلاقية والأخلاق. ومن خلال الاهتمام بهذه الخطوات الثلاث المتشابكة، يمكن تطبيق الشريعة بحكمة، لتكون بمنزلة منارة إرشادية للحوكمة الأخلاقية والازدهار المجتمعي.

| فهم عميق للمصادر الأساسية للإسلام (القرآن والسنة النبوية ومختلف تفسيرات العلماء). | فهم المجتمع، عاداته، ثقافاته، أوضاعه الاقتصادية... إلخ. | تطوير المؤسسات، الموارد البشرية المؤهلة، السياسات. |

الشكل ٦: المستويات الثلاثة الضرورية للتطبيق العملي للشريعة

الإطار النظري الثاني: نظرة عامة على نظريات القيادة

نظرًا للدور المحوري الذي يلعبه القادة في تشكيل مصير الأمم، يواجه الصومال تحديات كبيرة في بناء الدولة، والتي ترتبط بشكل معقد بقيادته. وللتعمق في هذا الخطاب، فمن الضروري تقديم لمحة عامة عن نظريات القيادة المختلفة. ومن خلال استكشاف نظريات القيادة المتنوعة هذه، يمكننا أن نفهم بشكل أفضل الديناميكيات المعقدة في جهود بناء الدولة في الصومال والدور الحاسم الذي تلعبه القيادة في التغلب على هذه التحديات وتعزيز التنمية المستدامة.

ويتضمن استكشاف نظريات القيادة الخوض في نظريات مختلفة لتوضيح سبب نجاح بعض القادة بينما يتعثر آخرون. وتعد هذه النظريات بمنزلة أطر تقدم مبادئ توجيهية

٥٨- Abdullahi A., "The Application of Sharia in Somalia," accessed April 17, 2024, https://www.scribd.com/document/15419600/The-application-of-Sharia-in-Somalia.

ورؤى حول ديناميكيات القيادة الفعالة والعوامل المؤثرة عليها. ويمكن تصنيف تلك النظريات، بشكل عام، إلى ثماني فئات رئيسية: نظريات الاحتمالية، ونظريات الصفات، ونظريات السلوك، ونظريات العلاقات، ونظريات السلطة، ونظريات الظرفية، ونظريات المشاركة، ونظريات المعاملات[٥٩]. وتفترض نظريات الطوارئ أن القيادة الفعالة تعتمد على عوامل وسياقات ظرفية؛ وهو ما يشير إلى أن المواقف المختلفة تتطلب أساليب قيادة مختلفة[٦٠]. وتركز نظريات السمات على تحديد الخصائص والصفات الفطرية التي تؤهل الأفراد للقيادة الفعالة، مع التركيز على السمات الشخصية مثل الذكاء والكاريزما والنزاهة[٦١]. وتدرس النظريات السلوكية سلوكيات القادة وأفعالهم؛ وهو ما يشير إلى أن بعض السلوكيات تؤدي إلى نتائج قيادية أكثر فاعلية[٦٢].

أما نظريات العلاقات، فتؤكد على أهمية العلاقات الشخصية والعلاقات بين القادة والأتباع، لافتة إلى أن العلاقات القوية تساهم في القيادة الفعالة[٦٣]. وتتعمق نظريات القوة في مصادر وديناميكيات القوة ضمن سياقات القيادة، وتستكشف كيف يمارس القادة السلطة والتأثير على الآخرين، بينما تقترح النظريات الظرفية أن القيادة الفعالة تتوقف على الظروف والمتطلبات المحددة للموقف، وتدعو إلى استراتيجيات القيادة التكيفية[٦٤]. وتدعو

٥٩- Kendra Chery, “The Major Leadership Theories: The Eight Major Theories of Leadership,” accessed April 13, 2024, https://reachingnewheightsfoundation.com/rnhf-wp/wp-content/uploads/2016/12/8-Leadership-Theory.pdf.

٦٠- B. Harney, “Contingency Theory,” in Encyclopedia of Human Resource Management ed. S. Johnstone and A. Wilkinson (Edward Elgar, 2023), 470. Also, Roya Ayman, Martin M. Chemers, and Fred Fiedler, “The Contingency Model of Leadership Effectiveness: Its Levels of Analysis,” The Leadership Quarterly 6, no. 2 (1995): 147–67.

٦١- Rekha Kanodia and Arun Sacher, “Trait Theories of Leadership,” International Journal of Science Technology and Management 5, no. 12 (2016), accessed April 12, 2024, http://www.ijstm.com/images/short_pdf/1480489811_537ijstm.pdf. Also, Yang Zhang, “Rethinking Trait Theory Analysis of the Impacts of Trait Level on Leadership,” in ICEMCI 2022: AEBMR 231 (2023): 852–57.

٦٢- Niam Sinno, “A Behavioral Approach to Understanding Leadership Effectiveness,” master’s thesis, Harvard Extension School, 2018. Also, Raveen Purohit, “Review on Study of Behavioral Approach to Leadership,” International Journal of Scientific and Research Publications 11, no. 1 (2021).

٦٣- A. L. Cunliffe and M. Eriksen, “Relational Leadership,” Human Relations 64, no. 11 (2011): 1426–49. Also, R. Martin, “Relationship as a Core of Effective Leadership,” Low-Intensity Conflict & Law Enforcement 13, no. 1 (2013): 76.

٦٤- D. Meier, “Situational Leadership Theory as a Foundation for a Blended Learning Framework,” Journal of Education and Practice 7, no. 10 (2016), accessed from www.iiste.org.

النظريات التشاركية إلى إشراك الأتباع في عمليات صنع القرار، وتفترض أن إشراك الأتباع يعزز الالتزام والمشاركة[٦٥]. وتركز نظريات المعاملات على التبادلات بين القادة والأتباع، كما تركز على دور المكافآت والحوافز في تحفيز الأتباع لتحقيق الأهداف التنظيمية[٦٦]. وبشكل عام، تقدم نظريات القيادة المتنوعة رؤى قيمة حول طبيعة القيادة، وتسلط الضوء على التفاعل المعقد بين الخصائص الفردية والسلوكيات والعلاقات والعوامل الظرفية في تشكيل نتائج القيادة الفعالة.

النظريات الأربعة الرئيسية للقيادة

من بين العديد من النظريات، تبرز أربع نظريات ذات أهمية خاصة: نظريات الرجل القوي، ونظريات الطوارئ، والنظريات السلوكية، ونظريات المعاملات.

نظرية الرجل القوي: تؤكد **نظرية** الرجل القوي أن القادة يمتلكون صفات متأصلة تميزهم عن عامة الناس؛ وهو ما يشير إلى أن هذه السمات فطرية، ولا يمكن تطويرها بالكامل من خلال التعليم أو الممارسة وحدها. ويؤكد هذا المنظور أن الأفراد ذوي القدرات الاستثنائية والفهم العميق للقيادة يقودون التغيير التاريخي. ووفقًا لنظرية الرجل القوي، يظهر هؤلاء الأفراد الاستثنائيون باعتبارهم المهندسين الأساسيين للأحداث المحورية والحركات التحويلية عبر التاريخ. وتبجل وجهة النظر هذه المواهب الطبيعية والخصائص الفطرية التي يتمتع بها هؤلاء القادة، وتؤكد على قدرتهم الفريدة على تشكيل مسار الشؤون الإنسانية[٦٧].

نظرية القيادة **الظرفية**: وهذه تقترح أن أسلوب القيادة الأكثر فاعلية يختلف باختلاف الظروف والسياق. وتشير هذه النظرية إلى أنه لا يوجد نهج واحد يناسب الجميع في القيادة، وما ينجح في موقف ما قد يكون أقل فاعلية في موقف آخر. علاوة على ذلك، فإنهم يقولون إن نجاح القائد في نوع معين من المنظمات أو المواقف لا يضمن النجاح في سياق تنظيمي مختلف. وضمن إطار نظرية الظرفية، تعتمد فاعلية تصرفات القائد على

٦٥- Humaans, "Participative Leadership: Meaning and Best Practices," accessed April 13, 2024, https://humaans.io/hr-glossary/participative-leadership.

٦٦- E. E. Jaqua, "Transactional Leadership," American Journal of Biomedical Science & Research 14, no. 5 (2021): 399–400.

٦٧- "Great Man Theory," accessed from https://digitalcommons.imsa.edu/cgi/viewcontent.cgi?article=1013&context=core. Also, Bert Alan Spector, "Carlyle, Freud, and the Great Man Theory More Fully Considered," Volume 12, Issue 2 (2015), first published online on February 19, 2015.

عوامل مختلفة، مثل: طبيعة المهمة، وخصائص الأتباع، والسياق المحدد الذي تمارس فيه القيادة[٦٨].

النظرية السلوكية: وتلك تعتمد على فكرة أن نجاح الفرد يتشكل في المقام الأول من خلال أفعاله وسلوكياته؛ وهو ما يمثل خروجًا عن النظرة الحتمية لنظرية الرجل القوي. وعلى النقيض من الاعتقاد بأن القيادة هي سمة فطرية يمتلكها عدد قليل من الأشخاص، فإن النظريات السلوكية تؤكد أن مهارات القيادة الفعالة يمكن اكتسابها وتطويرها بمرور الوقت؛ وهو ما يعني ضمنًا أن القادة يُصنعون ولا يولدون. وتحول النظرية السلوكية التركيز من السمات المتأصلة إلى الأفعال والسلوكيات التي يمكن ملاحظتها؛ وهو ما يشير إلى أنه يمكن تنمية فاعلية القيادة من خلال الممارسة والتعلم المتعمدين. وبدلاً من التركيز على السمات العقلية أو الجسدية أو الاجتماعية للقادة، تؤكد هذه النظريات على أهمية دراسة وفهم السلوكيات التي تساهم في القيادة الفعالة. وقد يحتاج القادة إلى تكييف سلوكياتهم بناءً على متطلبات المواقف والمهام والأتباع المختلفة[٦٩].

نظرية القيادة المعاملاتية: وتدور حول مفهوم أن القيادة الفعالة تكون أكثر نجاحًا عندما تعمل ضمن أنظمة وهياكل راسخة تؤكد على تبادل المكافآت والعقوبات. ويرى المدافعون عن هذا الإطار النظري أن الأنظمة الاجتماعية تعمل بكفاءة أكبر عندما يكون هناك تسلسل قيادي واضح ومحدد؛ حيث يمارس القادة السلطة، ويقدمون الحوافز للامتثال، في حين ينفذون أيضًا عواقب عدم الامتثال. في قلب نظرية المعاملات توجد فكرة أن القيادة هي معاملات، تنطوي على تبادل بين القادة والأتباع. ويضع القادة توقعات وأهدافًا ومعايير واضحة، ويقدمون مكافآت للأفراد الذين يستوفون هذه التوقعات أو يتجاوزونها أثناء تطبيق التدابير التصحيحية أو العقوبات على أولئك الذين يقصرون. ويؤكد هذا النهج المعاملاتي للقيادة على أهمية الحفاظ على النظام والمساءلة والالتزام بالقواعد والإجراءات المعمول

٦٨- Amghar, Abderrahim. "Revisiting the Contingency Theories of Leadership: Key Features, Meanings, and Lessons." 2022. Also, Vroom, Victor H., and Arthur G. Jago. "The Role of the Situation in Leadership." The American Psychologist 62, no. 1 (2007): 17-24. More, Cherry, K. (2018). Situational leadership theory. Available at: https://www.Verywellmind.com/what-isthe-situational–theory-of-leadership-2795321.Accessed on April 16, 2024. Furthermore, Shonhiwa, D. C. (2016). An Examination of the Situational Leadership Approach: Strengths and Weaknesses. Crosscurrents: International Peer-Reviewed Journal on Humanities & Social Sciences, 2(2), 35-40.

٦٩- Harrison, C. (2018). Leadership Theory and Research. Palgrave Macmillan, Cham. Also, Fleenor, J. W. (2006). Trait Approach to Leadership. Encyclopedia of Industrial and Organizational Psychology. Thousand Oaks, CA: Sage Publications, 830-832.

بها داخل البيئات التنظيمية. علاوة على ذلك، تسلط نظريات المعاملات الضوء على أهمية سلوكيات القيادة المعاملاتية، مثل: مراقبة الأداء، وتحديد توقعات واضحة، وتقديم التغذية الراجعة، وإدارة المكافآت والعقوبات[٧٠].

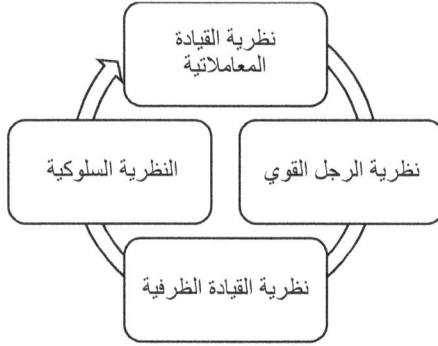

الشكل ٧: نظريات القيادة الأربعة الأكثر أهمية

إلى جانب الخوض في نظريات القيادة، يعد استكشاف السمات الأساسية المرتبطة غالبًا بالقادة الفاعلين أمرًا ضروريًّا. هذه السمات هي عناصر أساسية تسهم في قدرة القائد على إلهام وتحفيز وتوجيه الآخرين نحو الأهداف المشتركة. وتتمثل السمات الرئيسية التي تنسب عادة للقادة الناجحين في الصدق والشجاعة والموقف الإيجابي والثقة ومهارات الاتصال الفعالة. والصدق هو سمة أساسية للقيادة. ويعطي القادة الفاعلون الأولوية للشفافية والنزاهة في تصرفاتهم وقراراتهم. إنهم يبنون الثقة بين أعضاء فريقهم من خلال كونهم صادقين ومباشرين وأخلاقيين في سلوكهم. علاوة على ذلك، يتمتع القادة الفاعلون بالشجاعة والمرونة عند مواجهة التحديات والشكوك. إنهم يتبنون التغيير ويتحملون المخاطر المحسوبة، ويلهمون الثقة ويحشدون أعضاء فريقهم للتغلب على العقبات. علاوة على ذلك، يقوم القادة الفاعلون بتنمية المواقف الإيجابية والتفاؤل والحماس داخل فرقهم. إنهم يتعاملون مع النكسات باعتبارها فرصًا للنمو ويحافظون على نظرة متفائلة حتى في الظروف الصعبة. بالإضافة إلى ذلك، يتمتع القادة الفاعلون بالثقة بالنفس، وهي سمة مميزة تمكن القادة من اتخاذ قرارات جريئة والتعامل مع التعقيدات المختلفة بثقة. القادة الواثقون يلهمون الثقة والمصداقية، ويمكّنون الآخرين من الإيمان برؤيتهم وقدراتهم.

٧٠- Northouse, Peter G. Leadership: Theories and Practices. London: Sage, 2004. Also, Brymer, Emma, and Gray, Tom. "Effective Leadership: Transformational or Transactional?" Journal of Outdoor and Environmental Education 10 (2006): 13–19.

يجب أن يكون القادة الفاعلون متواصلين ممتازين. ومهارات الاتصال القوية ضرورية للقادة للتعبير بوضوح عن رؤيتهم وأهدافهم وتوقعاتهم. ويستمع المتصلون الفاعلون بنشاط، وينقلون المعلومات بإيجاز، ويعززون الحوار المفتوح؛ وهو ما يضمن شعور أعضاء الفريق بالاستماع والتقدير والفهم[٧١]. علاوة على ذلك، فإن الأصالة من السمات المتميزة للقادة الاستثنائيين الذين يظلون مخلصين لقيمهم ومعتقداتهم ومبادئهم. ويقوم القادة الحقيقيون ببناء العلاقة والمصداقية من خلال إظهار الإخلاص والتعاطف والاهتمام الحقيقي برفاهية أعضاء فريقهم[٧٢]. ومن خلال تجسيد هذه السمات، يزرع القادة ثقافة الثقة والاحترام والتعاون داخل فرقهم؛ وهو ما يضع الأساس للنجاح الجماعي والتميز التنظيمي. علاوة على ذلك، تعمل هذه الصفات الأساسية كمبادئ توجيهية تمكن القادة من التغلب على التحديات المعقدة، وإلهام الابتكار، وإحداث تغيير إيجابي في مجالات نفوذهم.

الصدق في البقاء على القيم والمعتقدات والمبادئ.
النزاهة تمكّن من إعطاء الأولوية للشفافية والنزاهة لتأسيس الثقة.
الشجاعة تمكن القادة من اتخاذ قرارات جريئة.
الموقف الإيجابي يزرع التفاؤل والحماس.
الثقة تمكن القادة من اتخاذ قرارات جريئة بثقة.
التواصل الفعال يوضح رؤيتهم وأهدافهم وتوقعاتهم.

الشكل ٨: السمات الأساسية للقائد الفعال

أساليب القيادة

يمكن تصنيف أساليب القيادة إلى عدة أنواع متميزة: استبدادية أو ديمقراطية أو تشاركية، عدم التدخل أو حرية التصرف، وأبوية[٧٣]. في القيادة الاستبدادية، يمتلك القائد كل سلطة اتخاذ القرار، ويمارس السيطرة على الفريق دون الحصول على مدخلات أو

٧١- Northouse, Peter G. Leadership: Theories and Practices. London: Sage, 2004. Also, Brymer, Emma, and Gray, Tom. "Effective Leadership: Transformational or Transactional?" Journal of Outdoor and Environmental Education 10 (2006): 13–19.

٧٢- Johnson, Hannah. "Authentic Leadership Theory: The State of Science on Honest Leaders." Missouri State University. Also, Shahin, Dr. Amany I. "Powerful Insights of Authentic Leadership." International Review of Management and Business Research Vol. 9, Issue 1, March 2020.

٧٣- Cherry, Kendra. "Leadership Styles." Accessed April 16, 2024, from http://psychology.about.com/od/leadership/.

تعليقات. وعادة ما يتخذ القائد القرارات من جانب واحد. وداخل القيادة الاستبدادية، قد يتم استخدام تكتيكات التلاعب، مثل خلق وهم بمشاركة الأتباع في صنع القرار، بينما يحتفظ المستبد بالسيطرة الكاملة على النتيجة[٧٤]. ومن ناحية أخرى، تشجع القيادة الديمقراطية أو التشاركية التعاون والمشاركة من أعضاء الفريق في عمليات صنع القرار. ويسعى القادة في هذا الأسلوب إلى التماس مدخلات وأفكار وآراء فريقهم؛ وهو ما يعزز الشعور بالشمولية والتمكين. علاوة على ذلك، تتضمن سياسة عدم التدخل أو القيادة الحرة الحد الأدنى من التدخل من القائد؛ وهو ما يسمح لأعضاء الفريق بالعمل بشكل مستقل مع القليل من التوجيه أو الإشراف.[٧٥] وفي حين أن هذا النهج يمكن أن يعزز الإبداع والابتكار، فإنه قد يؤدي أيضًا إلى الافتقار إلى الهيكل والمساءلة إذا لم تتم إدارته بشكل فعال. وأخيرًا، تتبنى القيادة الأبوية نهجًا أبويًّا؛ حيث تعمل كمقدم رعاية أو مرشد للموظفين. في حين أن القائد قد يشرك أتباعه في عملية صنع القرار إلى حد ما، إلا أن السلطة النهائية لا تزال تقع على عاتق القائد. وغالبًا ما يؤكد هذا الأسلوب على رفاهية ورفاهية الأتباع، ولكنه قد يؤدي أيضًا إلى الاعتماد على القائد في التوجيه والإرشاد.

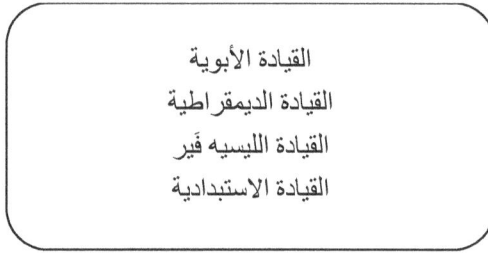

القيادة الأبوية
القيادة الديمقراطية
القيادة الليسيه فَير
القيادة الاستبدادية

الشكل ٩: أنماط القيادة

القيادة هي تفاعل ديناميكي بين الأفراد، ويختلف من شخص لآخر. ولا يتعلق الأمر فقط بما يعتقد القادة أنهم يفعلونه، بل يتعلق أيضًا بتلبية توقعات أتباعهم (٧٦).

٧٤- Jaafar, Syaiful Baharee, Noraihan Mamat Zambi, and Nor Fathimah Fathil. "Leadership Style: Is it Autocratic, Democratic, or Laissez-Faire?" ASEAN Journal of Management and Business Studies 3, no. 1 (2021): 01-07.

٧٥- نفس المصدر، ص ٤.

٧٦- Zarate, Rodrigo A. "What Followers Want from Their Leaders: An Analytical Perspective." December 2009. Accessed on April 16, 2024, from https://www.researchgate.net/publication/262431070_What_Followers_Want_from_Their_Leaders_An_Analytical_Perspectivas.

خصائص القادة المُعجب بهم عالميًا من ١٩٨٧-٢٠١٧:

سجلت الخصائص الأربعة التالية أعلى نسبة بين ١٩ خاصية تم قياسها عالميًّا. حصلت الأمانة على نسبة ٨٤٪، والكفاءة على ٦٦٪، والإلهام على ٦٦٪، والنظرة المستقبلية على ٦٢٪ (٧٧).

الأمانة: **هي السمة الأكثر قيمة في القادة**، وتتصدر قائمة الخصائص القيادية. ويعطي الناس الأولوية للصدق في العلاقة بين القائد والمواطن؛ لأنه يشكل أساس الثقة. وسواء في المعركة، أو في مجلس الإدارة، أو في القيادة السياسية، أو في أي مكان آخر، يريد الأفراد قادة جديرين بالثقة، وصادقين وأخلاقيين ومعنويين. وغالبًا ما يساوي الناخبون بين النزاهة والأصالة والصدق. وتعتمد الثقة على أن القادة المؤمنين يتمتعون بشخصية أصيلة ونزاهة راسخة؛ وهو ما يجعل الصدق ضروريًّا لإلهام الثقة والمتابعة.

الكفاءة: وتعد **أمرًا حيويًا**؛ لأنه من غير المرجح أن يتبع الأتباع بإخلاص شخصًا يفتقر إلى المهارات اللازمة. وعندما يُنظر إلى القادة على أنهم غير أكفاء، يرفض الناس الفرد ومنصبه. وتظهر الكفاءة القيادية من خلال سجل حافل من الإنجازات وتحقيق الأهداف؛ وهو ما يلهم الثقة في قدرة القائد على قيادة الدولة أو المنظمة بفاعلية. وهذه الثقة تشجع على الاتباع وتعزز أداء الأتباع الذين يثقون في توجيهات القائد.

الإلهام: يجب على القادة إلهام وإظهار الحماس والطاقة والإيجابية تجاه المستقبل. إن حماس القائد وشغفه بإمكانيات المستقبل ينقلان إيمانًا أقوى بهذه الإمكانيات للآخرين. ويميل الناس أكثر إلى الإيمان بالرسالة عندما يشعرون بأن المتحدث يؤمن بها حقًّا. وعلى العكس من ذلك، فإن الافتقار إلى الحماس والطاقة يمكن أن يولد اليأس والسلبية بين الأتباع. وقد يواجه القادة الذين يفشلون في الإلهام بكلمات التشجيع والتفاؤل والإثارة صعوبة في تحفيز فرقهم لتقديم أفضل ما لديهم.

النظرة المستقبلية: وتعد واحدة من أكثر سمات القيادة المرغوبة. ويتوقع الناس أن يمتلك القادة إحساسًا بالتوجيه والاهتمام بالدولة والمؤسسات ومستقبل المنظمة. وتميز هذه الخاصية القادة؛ لأنها تتوافق مع قدرتهم على تصور المستقبل، وهو جانب رئيسي يتم تسليط الضوء عليه في أفضل حالات القيادة الشخصية. ويتميز القادة بتركيزهم على تحسين المستقبل بدلاً من الحفاظ على الوضع الراهن.

٧٧- James Kouzes and Barry Posner, The Leadership Challenges: How to Make Extraordinary Things Happen in Organization. Sixth Edition. John Wily &sons, 2017, 30.

الصدق	الكفاءة
ماذا يريد الناس من القائد؟	
الإلهام	والتفكير المستقبلي

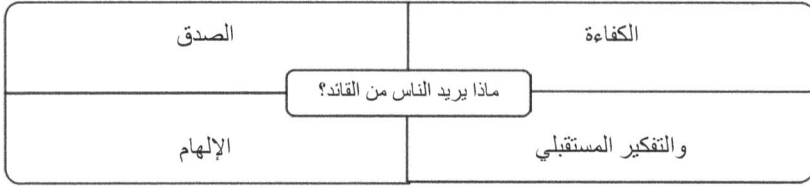

الشكل ١٠: توقعات الناس من قادتهم

وفي الختام، الأمانة والكفاءة والإلهام والتفكير المستقبلي هي الصفات الأساسية التي يبحث عنها الناس في القادة، وهي الصفات التي سيتبعونها عن طيب خاطر. وهذه المجموعة من الصفات تُعرف بمصداقية المصدر، والتي يتم تحديدها من خلال الجدارة بالثقة والخبرة والديناميكية. وعلى سبيل المثال، هناك العديد من التعبيرات الشائعة التي يستخدمها الناس للتعبير عن الاعتراف بالمصداقية، منها: يمارس ما يوعظون به، سهل في الحديث، تتوافق أفعاله مع أقواله، يدعم أقوالهم بالعمل، يتابع التزاماتهم، يفي بوعوده، ويفعل ما يقول.

المنظور الإسلامي للقيادة

إن القيادة الحالية في الصومال غير فعالة، وهي متورطة في أزمة عميقة تمتد إلى ما هو أبعد من مجرد العجز السياسي. إن هذه الأزمة نتاج عوامل متعددة، لكن أهمها هو ضعف القيادة السياسية ووجود نقص كبير في التوجيه الفكري[78]. وتخلق أوجه القصور المزدوجة هذه أزمة قيادة هائلة يتردد صداها عبر جميع مستويات المجتمع. وقد أدى العجز في القيادة الفكرية إلى الحاجة إلى المزيد من التفكير الابتكاري، والخطاب النقدي، والمشاركة العلمية. لقد أدى غياب التوجيه الفكري إلى ترك المجتمعات على غير هدى، وغير قادرة على الإبحار في القضايا المعقدة التي تواجهها بحكمة وبصيرة.

78- Noam Chomsky, "The Responsibility of Intellectuals" (New York: The New Press, 2017). Also, Anna Yu. Karpova, "The Political Role of Intellectuals" (Tomsk Polytechnic University, June 2016), accessed April 15, 2024, from https://www.researchgate.net/. Also, Murad Wilfried Hofmann, "On the Role of Muslim Intellectuals," accessed April 16, 2024, from file:///C:/Downloads/ojsadmin,+AJISS+14-3-2+Reflections.pdf. Also, Abdolkarim Soroush, "The Responsibilities of the Muslim Intellectual in the 21st Century" (January 30, 2005), accessed April 15, 2024, from https://nawaat.org/2005/01/30/the-responsibilities-of-the-muslim-intellectual-in-the-21st-century/.

الشعب الصومالي مسلم بطبيعته، وقد اكتسبت الصحوة الإسلاموية زخمًا منذ الستينيات. وكان تأثير الصحوة الإسلاموية واضحًا في اعتماد إطار قانوني في عام ٢٠٠٠؛ وهو ما عزز وجود الإسلام باعتباره المرجع النهائي لجميع قوانين الدولة[٧٩]. وعلى الرغم من الحضور الواضح للممارسات والرموز الإسلامية في جميع أنحاء المجتمع الصومالي، فإن التنفيذ الفعال للقيم الإسلامية لا يزال بحاجة إلى الكثير من التحسين. وينبغي للقيادة المستلهمة من الإسلام أن تستمد سلطتها من الالتزام بالنصوص المقدسة، والمبادئ الأخلاقية، والتوجيه الإلهي، مع التأكيد على الحكم الأخلاقي والسلامة الروحية. ومع ذلك، فإن التفاوت بين الخطاب والفعل يسلط الضوء على التعقيدات الكامنة في سد الفجوة بين المثل الدينية والحكم العملي.

إن القرآن دليل عميق، يوضح العديد من الصفات المطلوبة من القائد من خلال آيات مختلفة. ومع ذلك، فإن أربع سمات قيادية أساسية- الموثوقية، والمعرفة، والقوة، والجدارة بالثقة- مستمدة من قصص النبيين يوسف وموسى. فرواية النبي يوسف تؤكد على ضرورة الموثوقية والمعرفة؛ حيث تحمل التجارب المختلفة بتصميم لا يتزعزع، وقد اعتمد النبي يوسف على حكمته للتغلب على الشدائد[٨٠]. وعلى العكس من ذلك، فإن قصة النبي موسى تسلط الضوء على أهمية القوة والأمانة في القيادة. ووُصفت شخصية موسى بأنها قوية وموثوقة؛ وهو ما أكسبه مسؤولية قيادة شعبه للخروج من الاضطهاد ونحو التحرير[٨١]. وفي جميع مناحي القرآن، هناك تأكيد ثابت على أهمية المرونة في مواجهة التحديات، والسعي وراء المعرفة باعتبارها حجر الزاوية للهداية، وتنمية القوة الداخلية والخارجية للتغلب على العقبات، والسمة التي لا غنى عنها متمثلة في أن تكون جديرًا بالثقة في كل شيء. وهذه التعاليم تعد مبادئ خالدة للقادة الطموحين؛ حيث توجههم نحو طريق النزاهة والحكمة وخدمة الآخرين.

إن الخطاب المحيط بالتفاوت بين الزعماء السياسيين المسلمين ونظرائهم من غير المسلمين يخضع لقدر كبير من التدقيق. ويتعامل العديد من علماء المسلمين مع النصوص الإسلامية لتوضيح التوصيات والتوجيهات التي يقدمها القرآن والأحاديث النبوية

٧٩- راجع المادة الثانية من الميثاق الذي تم اعتماده في عام ٢٠٠٠، والدستور الصومالي المؤقت لعام ٢٠١٢. وتنص هذه المادة على ما يلي: ١ر١. الدين الرسمي للدولة هو الإسلام. ٢ر٢. يُحظر نشر أي ديانات غير الإسلام داخل البلاد. ٣ر٢. يجب أن تلتزم جميع القوانين بالمبادئ والأهداف العامة للشريعة الإسلامية.

٨٠- تصف الآية الكريمة المحادثة بين النبي يوسف- عليه السلام- وملك مصر، في قوله تعالى: ﴿قَالَ اجْعَلْنِي عَلَى خَزَائِنِ الْأَرْضِ إِنِّي حَفِيظٌ عَلِيمٌ﴾ (يوسف: ٥٥).

٨١- بعد أن غادر النبي موسى- عليه السلام- مصر ووصل إلى مدين وساعد بنات النبي شعيب- عليه السلام- قالت إحدى البنات لوالدها: ﴿يَا أَبَتِ اسْتَأْجِرْهُ ۖ إِنَّ خَيْرَ مَنِ اسْتَأْجَرْتَ الْقَوِيُّ الْأَمِينُ﴾ (القصص: ٢٦).

فيما يتعلق بالحكم. ومع ذلك، فإن جوهر الأمر يكمن في التطبيق العملي لهذه التعاليم من قبل القادة السياسيين داخل المجتمعات الإسلامية. وفي الوقت الحاضر، يعاني العديد من الدول الإسلامية من عجز في الحكم، ولا ترقى تلك الدول إلى مستوى المثل العليا التي يتبناها الإسلام. فبدلاً من تجسيد مبادئ العدالة والمساءلة والإنصاف، غالبًا ما تتصارع هذه الدول مع الأنظمة القمعية والحكم الاستبدادي والهياكل شبه الديمقراطية. وتتناقض هذه الحقائق بشكل صارخ مع جوهر الحكم الرشيد الذي تطالب به التعاليم الإسلامية.

ولا يمكن إنكار أن الدول الديمقراطية المشهورة بمهارتها في تنفيذ أطر الحكم القوية قد حصدت فوائد الاستقرار والازدهار الاقتصادي والتنمية الشاملة في مختلف القطاعات. إن تمسك هذه البلدان بمبادئ، مثل: العدالة، والشفافية، وسيادة القانون، والمساواة، يعكس المبادئ الأخلاقية التي يدعو إليها الإسلام. ويكمن التفاوت في القيم والأساليب المتبعة لتطبيقها. وفي حين تعتمد الدول الديمقراطية عادة على الأدلة التجريبية والتحليل العقلاني لتشكيل هياكل حكمها، يتم تشجيع المسلمين على استخلاص المبادئ المتعلقة بمجتمعهم من التعاليم المنصوص عليها في النصوص الإسلامية المقدسة وتفسيرها بشكل صحيح وموضوعي. وتقدم هذه النصوص التوجيه الأخلاقي، وتؤكد على العدالة والمساءلة والمعاملة المنصفة لجميع المواطنين. ويمكن للدول المسلمة أن تستفيد من تجارب الدول المتقدمة في تعزيز ممارسات الحوكمة الرشيدة في بلدانها. قال النبي صلى الله عليه وسلم: "الحكمة ضالة المؤمن، أنى وجدها فهو أحق بها." (سنن الترمذي).

وقد ظهرت على مر السنين نظريات القيادة المختلفة من خلال التحقيقات والأبحاث المكثفة، بدءًا من نظرية الرجل **القوي** إلى نظريات القيادة الظرفية والسلوكية والمعاملات، وتمت دراسة هذه النظريات وتطبيقها في مجتمعات متنوعة، بغض النظر عما إذا كانت مسلمة أو غير مسلمة. وبالمثل، فإن السمات الأساسية وأساليب القيادة التي تحدد القادة الفاعلين تظل متسقة عبر الثقافات. والسؤال هو: ما الفرق بين المنظور الإسلامي والمنظور العلماني للقيادة؟ أحد الفروق البارزة في فلسفة القيادة الإسلامية هو المطالبة بالقيادة الخادمة والتقية والسلوك الأخلاقي؛ وهو ما تم التأكيد عليه في العديد من الأحاديث النبوية وآيات القرآن الكريم[٨٢]. في التعاليم الإسلامية، لا تقتصر القيادة على ممارسة السلطة أو تأكيد الهيمنة، بل تتعلق بخدمة احتياجات المجتمع والتمسك بالمعايير الأخلاقية العالية التي تحركها القيم الإسلامية مع الأخذ في الاعتبار الدنيا والآخرة.

٨٢- يتناول القرآن الكريم جميع معايير القيادة الصالحة. على سبيل المثال، وفيما يتعلق بالنزاهة، نذكر قوله تعالى: يقول: ﴿وَلَا تَبْخَسُوا النَّاسَ أَشْيَاءهُمْ﴾ (الشعراء: ١٨٣)، وفيما يتعلق بالعدل، قوله تعالى: ﴿يَا أَيُّهَا الَّذِينَ آمَنُوا كُونُوا قَوَّامِينَ لِلَّهِ شُهَدَاءَ بِالْقِسْطِ﴾ (المائدة: ٨)، وفيما يتعلق بالمسؤولية، قوله تعالى: ﴿وَالَّذِينَ إِذَا أَنفَقُوا لَمْ يُسْرِفُوا وَلَمْ يَقْتُرُوا وَكَانَ بَيْنَ ذَٰلِكَ قَوَامًا﴾ (الفرقان: ٦٧).

إن مفهوم القيادة الخادمة متجذر بعمق في تعاليم الإسلام؛ حيث يُتوقع من القادة إعطاء الأولوية لرفاهية ناخبيهم فوق مصالحهم. وتسلط الأحاديث النبوية الضوء على السلوك المثالي للنبي محمد- صلى الله عليه وسلم- الذي جسد التواضع والرحمة ونكران الذات في نهجه القيادي. وتعتبر أفعاله نموذجًا للقادة المسلمين؛ حيث تؤكد على أهمية التواضع والتعاطف وخدمة الآخرين. وهذا المفهوم متجذر أيضًا في جميع المجتمعات الدينية[٨٣]. وقد تم تسليط الضوء على هذا المفهوم على أنه يمارسه النبي محمد- صلى الله عليه وسلم- حيث ذكر أن "سيد القوم خادمهم". علاوة على ذلك، يؤكد القرآن على المسؤوليات الأخلاقية الكامنة في الأدوار القيادية، كما يؤكد على أهمية العدالة والإنصاف والنزاهة[٨٤]. والقادة مدعوون إلى التمسك بهذه القيم في تفاعلاتهم مع الآخرين، وضمان العدالة والمساءلة في عمليات الحكم وصنع القرار. ومن خلال الالتزام بمبادئ القيادة الخادمة والسلوك الأخلاقي، يستطيع القادة المسلمون تنمية الثقة وتعزيز الوحدة وتعزيز رفاهية مجتمعاتهم.

وفي ختام هذه النقطة، لابد من التمييز بين الإسلام، الدين العالمي المقدس، وأفعال أتباعه؛ حيث يتم الخلط بين هذه الفروق في كثير من الأحيان. ويجد الإسلام أساسه في مصدرين رئيسيين: القرآن والسنة النبوية، وهما بمنزلة المبادئ التوجيهية للمؤمنين. ومع ذلك، فإن تفسير الإسلام في بعض القضايا وتطبيقه يمكن أن يختلف بين الأفراد والمجتمعات المسلمة. وينشأ التعقيد من اندماج الثقافات المجتمعية والحداثة الغربية والتعاليم الإسلامية؛ وهو ما يؤدي في كثير من الأحيان إلى الارتباك فيما يتعلق بجوهر الإسلام النقي. ويمكن لمزج الممارسات الثقافية مع المبادئ والقيم الإسلامية أن يحجب المبادئ الأساسية للإسلام؛ وهو ما يجعل من الصعب تمييز التعاليم الأصيلة من الأعراف الثقافية.

علاوة على ذلك، فإن أداء الحكم في العديد من الدول المسلمة الحديثة غالبًا ما ينحرف عن التعاليم الإسلامية. إن تأثيرات ما بعد الاستعمار، بما في ذلك التشريعات الاستعمارية والقيم والممارسات الثقافية التقليدية، غالبًا ما تحل محل تطبيق المبادئ الإسلامية في الحكم أو تضعفه. وينتج عن هذا الخليط من التأثيرات نظام هجين قد لا يتوافق بشكل كامل مع أهداف الإسلام الأخلاقية والمعنوية. وعلى الرغم من هذه

٨٣- Robert K. Greenleaf, On Becoming a Servant-Leader (San Francisco: Jossey-Bass Publishers, 1996); Robert et al.: A Journey into the Nature of Legitimate Power & Greatness (Mahwah, NJ: Paulist Press, 1977).

٨٤- انظر: قوله تعالى في سورة النساء: ﴿يَا أَيُّهَا الَّذِينَ آمَنُوا كُونُوا قَوَّامِينَ بِالْقِسْطِ شُهَدَاءَ لِلَّهِ وَلَوْ عَلَىٰ أَنفُسِكُمْ أَوِ الْوَالِدَيْنِ وَالْأَقْرَبِينَ ۚ إِن يَكُنْ غَنِيًّا أَوْ فَقِيرًا فَاللَّهُ أَوْلَىٰ بِهِمَا ۖ فَلَا تَتَّبِعُوا الْهَوَىٰ أَن تَعْدِلُوا ۚ وَإِن تَلْوُوا أَوْ تُعْرِضُوا فَإِنَّ اللَّهَ كَانَ بِمَا تَعْمَلُونَ خَبِيرًا﴾ (النساء: ١٣٥).

التحديات، تظل القيم والأخلاق الأساسية للإسلام هي الأهداف النهائية للمؤمنين. وهذه القيم، بما في ذلك العدالة والرحمة والنزاهة والمساواة، هي بمنزلة مبادئ توجيهية للمسلمين في سلوكهم الشخصي والمجتمعي. ومع ذلك، فإن الفجوة بين المثالية والواقع غالبًا ما تكون واضحة، مع تأخر المجتمعات المسلمة في تجسيد هذه القيم بشكل كامل مقارنة بالمجتمعات الأخرى.

الحكم في الصومال: تجارب من نظامين

لقد واجه الصومال العديد من التحديات التي أدت إلى عدم الاستقرار والتَّفَتُّت لفترة طويلة. وما حدث ينطوي على دراسة التفاعل المعقد بين العوامل التاريخية، والسياسية والاجتماعية والاقتصادية. والتاريخ مختبر واسع تتكشف فيه تجارب الأمم، ويسفر عن دروس لا تقدر بثمن حول ما نجح وما تعثر في تطورها التاريخي. إنه مستودع للتجارب الإنسانية، يوثق التجارب والانتصارات والهزائم. ومن خلال دراسة التاريخ، تكتسب المجتمعات نظرة ثاقبة للعوامل التي شكلت مصائرها؛ وهو ما يمكنها من الإبحار في تعقيدات الحاضر ورسم مسار المستقبل. وفي مختبر الماضي هذا يتم كشف نجاحات الدول وإخفاقاتها؛ وهو ما يقدم رؤى عميقة حول آليات التقدم والتراجع. ومن خلال تحليل هذه الأنماط التاريخية، يمكن للمجتمعات تمييز المواضيع المتكررة وتحديد المبادئ الأساسية التي تساهم في التقدم المجتمعي أو التدهور. علاوة على ذلك، يقدم التاريخ دراسات حالة؛ وهو ما يسمح للمجتمعات بعقد أوجه التشابه بين أحداث الماضي والتحديات المعاصرة. ومن خلال دراسة الاستراتيجيات التي استخدمتها الأجيال السابقة للتغلب على الشدائد أو تحقيق الرخاء، تستطيع الأمم استخلاص دروس قيّمة قابلة للتطبيق في سياقاتها.

وبناء على ذلك، يتطرق هذا البحث إلى فترتين متميزتين من التاريخ الصومالي اتسمتا بأنظمة حكم متناقضة: الفترة الأولى، وهي التي تميزت بديمقراطية الأغلبية، والأخرى هي التي هيمن عليها حكم «الرجل القوي». ومن خلال دراسة هاتين الفترتين المتناقضتين من التاريخ الصومالي، يمكننا الحصول على نظرة ثاقبة لأشكال الحكم المتنوعة التي شكلت مسار البلاد والعوامل الاجتماعية والسياسية التي أثرت على توازن القوى بين المثل الديمقراطية والميول الاستبدادية.

أ- حكم الأغلبية الديمقراطية (١٩٥٦-١٩٦٩)

يستكشف هذا التحليل التاريخي الأحداث في الصومال خلال حكم رابطة الشباب الصومالي منذ عام ١٩٥٦ حتى الانقلاب العسكري في عام ١٩٦٩. وكحزب حاكم،

تبنى رابطة الشباب الصومالي نهج الأغلبية في الحكم؛ وهو ما أدى إلى هامشية الأحزاب السياسية الأخرى، وأدى في النهاية إلى ضعفها واختفائها[٨٥]. وبدلًا من تعزيز روح الشمولية والتعاون من خلال بناء التحالفات، استوعب "رابطة الشباب الصومالي" قادة من الأحزاب المعارضة في صفوفه في عام ١٩٥٩؛ وهو ما أدى إلى إضعاف أحزاب المعارضة[٨٦]. ومن خلال احتكار السلطة واستبعاد الأصوات المعارضة، أدى حزب رابطة الشباب الصومالي إلى خنق التعددية السياسية، وأعاق تطوير نظام قوي متعدد الأحزاب. وبدلاً من تعزيز المنافسة والنقاش الصحيين، عمل هذا النهج على توحيد السلطة داخل حزب واحد؛ وهو ما أدى إلى الحد من سبل الوصول إلى وجهات نظر بديلة. علاوة على ذلك، أدى استيعاب زعماء المعارضة في صفوف رابطة الشباب الصومالي إلى تقويض نزاهة تلك الأحزاب وتآكل قدرتها على العمل بشكل مستقل.

وبالإضافة إلى ذلك، وبدون أي معارضة خارجية قوية لرابطة الشباب الصومالي، بدأت التمردات الداخلية داخل الحزب تزداد. وقد سمح عدم وجود تحديات خارجية كبيرة بظهور التوترات والخلافات المستمرة داخل الحزب؛ وهو ما أدى في النهاية إلى نزاعات داخلية. هذه الانقسامات الداخلية نمت بما يكفي لتفتت الحزب إلى فصائل ذات أيديولوجيات أو تفضيلات قيادية مختلفة. بدوره واجه الحزب الحاكم انقسامات داخلية؛ حيث ظهرت أحزاب متفرقة، مثل: الاتحاد الكبير الصومالي، والكونغرس الوطني الصومالي، وحزب العمل الديمقراطي. وقد ظهرت هذه الفصائل الجديدة بسبب عدم الرضا داخل الحزب، وكانت بقيادة شخصيات مؤثرة، مثل: الحاج محمد حسين، والشيخ علي جمعالي، وعبد الرزاق حاج حسين، الذين كانوا من رواد رابطة الشباب الصومالي. وسعت هذه الجماعات المعارضة إلى توضيح رؤى بديلة لمستقبل الأمة وتحدي هيمنة الفرقة السائدة داخل رابطة الشباب الصومالي.

تحول حزب رابطة الشباب الصومالي إلى حزب واحد وصل إلى ذروته عندما تولى محمد إبراهيم عغال القيادة بعد انضمامه للحزب في عام ١٩٦٦. وكان صعود محمد إبراهيم عغال إلى السلطة بمنزلة تحول كبير عن مبادئ تأسيس الحزب؛ حيث تم التخلي عن أخلاقياته وقيمه تحت قيادته. وفي عام ١٩٦٩، وصل تآكل العمليات الديمقراطية إلى مفترق طرق حين اغتيل الرئيس عبد الرشيد، بعد انتخابات مزورة بشكل كبير، وشكل هذا الحدث المأساوي

٨٥- اختفت الأحزاب السياسية نهائيًا عندما انضم جميع أعضاء البرلمان من الأحزاب السياسية التي شاركت في انتخابات عام ١٩٦٩ إلى حزب الاتحاد الصومالي الشعبي، باستثناء حزب الدمقراطيين الصوماليين بقيادة عبد الرزاق حاج حسين.

٨٦- على سبيل المثال، في عام ١٩٥٩، قدم حزب الاتحاد الصومالي الشعبي عضوية لعبد القادر زوبي ومحمد عبد نور جوجي، العضوين البارزين في حزب الدستور المستقل (SMDH).

انقلابًا سياسيًّا؛ وهو ما أدى إلى انقلاب عسكري على الحكومة. وفشل حزب رابطة الشباب الصومالي في الاستمرار بعد نحو ١٣ عامًا و٦ أشهر في السلطة (فبراير ١٩٥٦- أكتوبر ١٩٦٩)

ب- الحكم نظام العسكري الاستبدادي (١٩٩١-١٩٦٩)

رعت الصومال في حكم الرجل القوى خلال النظام العسكري بقيادة الجنرال محمد سياد بري، الذي سعى إلى تأسيس نظام اشتراكي وسن تحولات مجتمعية شاملة. وتحت قيادة محمد سياد بري، نفذت الحكومة سياسات تهدف إلى مركزية السلطة بشكل صارم وفرض نهج من أعلى إلى أسفل في الحكم، مع التأكيد على سيطرة الدولة على القطاعات الرئيسية للاقتصاد والمجتمع. وقد أدى إدخال الاشتراكية والسعي إلى التحول المجتمعي الجذري إلى تفاقم التوترات القائمة بين الدولة والمجتمع، وتعارض فرض الحكومة للمبادئ الأيديولوجية مع المبادئ الإسلامية والأعراف المجتمعية والقيم والممارسات الثقافية المتأصلة بعمق داخل المجتمع الصومالي. علاوة على ذلك، انتهكت السياسات التي تم إقرارها في ظل نظام محمد سياد بري حقوق المواطنين، والمبادئ الديمقراطية، وحرية الدعوة إلى الإسلام؛ الأمر الذي أدى إلى تفاقم الصراع بين الدولة والمجتمع.

من ناحية أخرى، أثار تطبيق قانون الأسرة العلماني اضطرابات واشتباكات مع العلماء؛ وهو ما أدى إلى إعدام مأساوي لعشرة من العلماء وسجن المئات في عام ١٩٧٥[٨٧]. ولم تؤد هذه التدابير القمعية إلى تآكل سيادة القانون فحسب، بل أدت أيضًا إلى تنفير قطاعات كبيرة من السكان وتأجج الصراعات الداخلية، وكذلك الاستياء والمقاومة ضد النظام. هذا بالإضافة إلى تعارض فرض المُثُل الاشتراكية مع العقيدة الإسلامية، التي تتمتع بنفوذ كبير في المجتمع الصومالي. وأثارت محاولات الحكومة علمنة وتقويض المؤسسات الإسلامية غضبًا شديدًا بين المسلمين المتدينين، وكثفت المعارضة للنظام. وكشف الصراع بين الدولة والمجتمع الذي أعقب ذلك عن التوترات العميقة التي تغلي تحت سطح المجتمع الصومالي.

وفي عام ١٩٧٦، عزز النظام العسكري قبضته على السلطة من خلال إنشاء نظام الحزب الواحد، مثل النظام المدني ما قبل العسكري. ومع ذلك، فإن فرض حكم الحزب الواحد في ظل الاشتراكية أدى إلى تفاقم التصدعات الاجتماعية القائمة، وأشعل سلسلة من ردود الفعل للأحداث التي أدت في النهاية إلى سقوط النظام. ونتيجة لذلك، ظهرت جماعات المعارضة المسلحة العشائرية، التي تتحدى شرعية النظام الحاكم وتسعى إلى

٨٧- Abdullahi Abdullahi, "Women, Islamists, and the Military Regime in Somalia: The New Family Law and Its Implications," in Milk and Peace, Drought and War: Somali Culture, Society and Politics, ed. Markus Hoehne and Virginia Luling (London: Hurst, 2010), 137-160.

تأكيد مصالحها السياسية والاجتماعية. وكان ظهور المعارضة المسلحة القائمة على العشائر بمنزلة إشارة إلى تفتيت المجتمع الصومالي على أسس عشائرية. وفي عام ١٩٩١، بعد ٢١ عامًا من الحكم الاستبدادي، تمت الإطاحة بالنظام العسكري في نهاية المطاف على يد جماعات المعارضة المسلحة العشائرية؛ وهو ما أدى إلى انهيار الدولة وإغراق الصومال في فترة طويلة من الحرب الأهلية وعدم الاستقرار السياسي.

إن المسار التاريخي للدولة الصومالية هو بمنزلة دليل على أوجه القصور في نظام الأحزاب السياسية ذات الأغلبية وحكم الرجل القوى. وقد أثبتت نماذج الحكم هذه عدم فاعليتها واستدامتها؛ وهو ما ساهم في نهاية المطاف في زعزعة الاستقرار، والصراع، والتفتت المجتمعي. ويتعين علينا أن نتناول السؤال الجوهري: ما مصدر تحديات بناء الدولة في الصومال؟ هل كان ذلك راجعًا إلى هيمنة حزب سياسي ذي أغلبية، أو تركز السلطة في يد "الرجل القوى"، هل المشاكل متأصلة في قيادة الأمة أو نظام الحكم فيها، أم إن هناك تفاعلاً معقدًا بين الاثنين؟ علاوة على ذلك، لابد من النظر في كيفية تفاعل نظام الحكم مع المجتمع وثقافته السياسية النخبوية. هل يؤدي إطار الحكم إلى تفاقم الانقسامات المجتمعية القائمة، أم إنه يوفر الفرص لتركيز السلطة بين مجموعة مختارة؟ إن فهم العلاقة المعقدة بين النظام السياسي الصومالي والقيادة والمجتمع ككل سوف يشكل أهمية بالغة في تحديد الأسباب الجذرية وراء عدم الاستقرار المستمر في البلاد.

ومع ذلك، وعلى الرغم من دروس التاريخ، فإن عناصر ثقافة النخبة السائدة لا تزال موجودة في المشهد السياسي الصومالي المعاصر؛ وهو ما يثير المخاوف بشأن احتمال أن يعيد التاريخ نفسه. ولا تزال ثقافة النخبة السياسية الراسخة التي ميزت الفترات السابقة من الحكم الصومالي تؤثر على المؤسسة السياسية الحالية. وتميل طبقة النخبة السياسية هذه، التي تتألف غالبًا من أفراد مؤثرين يتمتعون بسلطة اقتصادية واجتماعية وسياسية كبيرة، إلى إعطاء الأولوية للمصالح الذاتية الضيقة على احتياجات المجتمع الأوسع. علاوة على ذلك، فإن تكرار أنماط الحكم المألوفة بين النخبة السياسية الصومالية الحالية يسلط الضوء على خطر تكرار أخطاء الماضي. وعلى الرغم من الإخفاقات الواضحة للأغلبية وحكم الرجل القوى، فإن بعض الفصائل داخل المؤسسة السياسية تظل مترددة في تبني أساليب بديلة للحكم. وفي الواقع، وكما يقول المثل، فإن تكرار العملية نفسها سيؤدي بلا شك إلى نتيجة واحدة.

جـ- انهيار ديمقراطية الأغلبية والحكم الاستبدادي

ولا يرتكز نظام الأغلبية ولا حكم الرجل القوى على الثقافة الصومالية التقليدية أو المبادئ الإسلامية. وعلى هذا النحو، لابد من التعمق في التقاليد الصومالية للبحث عن

حل مصمم بشكل فريد للسياق الصومالي ومستنير بقيم ومعتقدات السكان الأصليين. وبالاعتماد على الثقافة والتراث الصومالي الغني، يمكننا الكشف عن الرؤى والأساليب التي تقدم استجابة خاصة بالصومال لأزمة الدولة والحكومة. ويتميز التقليد الصومالي بالتشاور وبناء التوافق والسلاسة في اتخاذ القرار الجماعي، وهي مبادئ متجذرة بعمق في نسيج المجتمع الوطني.

تاريخيًّا، اعتمدت المجتمعات الصومالية على المنتديات التقليدية، مثل: الشير (التجمع)، والحير (القانون العرفي) لحل النزاعات ومعالجة المظالم واتخاذ قرارات جماعية[٨٨]. وتجسد هذه المؤسسات الأصلية روح الشمولية والحكم التشاركي؛ وهو ما يسمح لجميع أفراد المجتمع بأن يكون لهم صوت في المسائل التي تؤثر عليهم. علاوة على ذلك، فإن المبادئ الإسلامية، التي لها تأثير كبير على الثقافة والهوية الصومالية، تؤكد على مبادئ العدالة والمساواة والمساءلة في الحكم. ويوفر القرآن الكريم وتعاليم النبي محمد- صلى الله عليه وسلم- إطارًا للحوكمة الأخلاقية التي تعطي الأولوية لرفاهية المجتمع وتدعم حقوق جميع الأفراد[٨٩]. ويدعو الإسلام إلى الاستشارة في جميع الشؤون بين الأطراف المعنية. قال الله تعالى في كتابه الكريم: ﴿وَالَّذِينَ اسْتَجَابُوا لِرَبِّهِمْ وَأَقَامُوا الصَّلَاةَ وَأَمْرُهُمْ شُورَىٰ بَيْنَهُمْ وَمِمَّا رَزَقْنَاهُمْ يُنفِقُونَ﴾ (الشورى: ٣٨).

علاوة على ذلك، فإن الحل الخاص بالصومال على وجه التحديد من شأنه أن يعترف بأهمية بناء الإجماع وتعزيز الوحدة بين المجتمعات المتنوعة، وتجاوز الانقسامات العشائرية والخصومات السياسية. وسوف يستفيد من صمود الشعب الصومالي وسعة حيلته وتسخير حكمته الجماعية وبراعته في رسم الطريق نحو أمة أكثر استقرارًا وازدهارًا واتحادًا.

ومن المنظور الثقافي، يتعمق ابن خلدون في ديناميكيات الحكم المعقدة في العمل الرائد "مقدمة التاريخ"، مع التركيز بشكل أساسي على سيكولوجية المجتمعات البدوية. ويلاحظ بذكاء أن النخب السياسية تلتزم بالقواعد والأعراف في المجتمعات القائمة على العشائر؛ حيث يتنافس كل منها على المناصب القيادية. وهذا الصراع المستمر على السلطة والهيمنة، المتأصل في ديناميكيات العشائر، يؤدي في كثير من الأحيان إلى عدم الاستقرار والصراع داخل هذه المجتمعات. ومع ذلك، يرى ابن خلدون أن اعتماد الإسلام كرسالة

٨٨- Abdullahi Abdullahi, "Somali Elite Political Culture: Conceptions, Structures, and Historical Evolution," Somali Studies: A Peer-Reviewed Academic Journal for Somali Studies 5 (2020): 30–92, 59–60.

٨٩- "Constitution of Medina," article 16, written by Prophet Muhammad in 622 CE, accessed April 19, 2024, from https://static1.squarespace.com/static/5097fe39e4b0c49016e4c58b/t/5c8153eeec212d7117477f8f/1551979503244/Constitution-Medina.pdf.

توجيهية من المبادئ والقيم يمكن أن يوحد داخل المجتمعات القائمة على العشيرة. إن الإسلام، الذي يؤكد على العدالة والمساواة والمساءلة، يوفر إطارًا للحكم يتجاوز الولاءات العشائرية ويعزز التماسك بين المجموعات المتنوعة[٩٠]. علاوة على ذلك، يرى ابن خلدون أن الإسلام يحل التوترات والتنافسات المتأصلة في المجتمعات القائمة على العشيرة من خلال توفير قانون أخلاقي مشترك يحكم العلاقات بين الأشخاص والتفاعلات المجتمعية. ومن خلال الالتزام بالمبادئ الإسلامية، تستطيع النخب السياسية التخفيف من الطبيعة المنقسمة للسياسات العشائرية والعمل على تحقيق الصالح العام للمجتمع[٩١].

وفي المجتمع القائم على العشيرة، غالبًا ما يكون السعي وراء القيادة مدفوعًا بالحوافز الاقتصادية والرغبة في تعزيز هيبة العشيرة. ويتنافس الأفراد على المناصب القيادية لممارسة السلطة السياسية، وتأمين المزايا الاقتصادية، ورفع مكانة عشيرتهم داخل التسلسل الهرمي الاجتماعي. ومع ذلك، فإن الأنظمة السياسية القائمة، سواء اتسمت بحزب سياسي يملك الأغلبية أو بحكم، تميل إلى تفضيل عشائر معينة على حساب أخرى؛ وهو ما يؤدي إلى استمرار الإقصاء والتهميش.

وكثيرًا ما تشكل العشائر المهمشة داخل المجتمع الصومالي تحالفات مع جهات فاعلة خارجية تسعى إلى تحدي النظام القائم أو دعم الفصائل القادرة على ممارسة النفوذ على السياسة الصومالية. وتتشابك هذه الظاهرة بشكل عميق مع المشاركة التاريخية لإثيوبيا في دعم جماعات المعارضة المسلحة داخل الصومال[٩٢]. وقد لعب دعم إثيوبيا لفصائل معينة دورًا محوريًّا في تشكيل المشهد السياسي في الصومال وتفاقم التوترات القائمة بين العشائر. ويعكس الدعم الخارجي للعشائر المهمشة حسابات استراتيجية تهدف إلى تعزيز مصالحها السياسية ومعالجة المظالم الناجمة عن الإقصاء والتهميش داخل النظام السياسي الصومالي. ومن خلال التوافق مع الجهات الفاعلة الخارجية، تسعى هذه العشائر إلى تعزيز نفوذها السياسي وإسماع أصواتها على الساحة الوطنية. ومع ذلك، فإن الاعتماد على الدعم

٩٠- Ibn Khaldun, The Muqaddimah: An Introduction to History (Princeton University Press, 1980), 302.

٩١- Ibid.

٩٢- عمت الصومال وإثيوبيا مجموعات المعارضة المسلحة في كل بلد. على سبيل المثال، دعمت الصومال جبهة التحرير الشعبية الإريترية (FLPE) والجبهة الشعبية لتحرير تيغراي (FLPT)، بينما دعمت إثيوبيا الجبهة الديمقراطية للإنقاذ الصومالية (FDSS)، والحركة الوطنية الصومالية (MNS)، والكونغرس الوطني الصومالي (CNS). انظر:
See Abdullahi, Making Sense, vol. two, 20-21.
، علاوة على ذلك، دعمت إثيوبيا مجموعات مسلحة معارضة للحكومة الصومالية التي أُنشِئت في جيبوتي عام ٢٠٠٠.

الخارجي لمعالجة المظالم الداخلية يسلط الضوء على الحاجة الملحة إلى تطوير نظام سياسي شامل جديد يستوعب المصالح والتطلعات المتنوعة لجميع العشائر الصومالية. ويجب أن يرتكز مثل هذا النظام على الشمولية والإنصاف والحكم الديمقراطي، وتوفير منصة للمجتمعات المهمشة للمشاركة بشكل هادف في العملية السياسية والمساهمة في عمليات صنع القرار.

البحث عن النظام الأفضل للحكم والقيادة

ولكي يتمكن الصومال من تحقيق الاستقرار الدائم والوحدة الوطنية، فإن الأمر يتطلب إصلاحين مترابطين: إنشاء نظام حكم يحترم تراثه الثقافي والإسلامي الفريد، وظهور قيادة استثنائية ملتزمة بهذه القيم. وينبغي لنظام الحكم المناسب أن يكون شاملاً ثقافيًّا، متماشيًا مع المبادئ الإسلامية المتجذرة بعمق في المجتمع الصومالي. هذا بالإضافة إلى أن القيادة الاستثنائية أمر بالغ الأهمية لتقدم واستقرار أي دولة، خاصة إذا كان على هذه القيادة أن تعيد بناء دولة منهارة، دولة مزقتها الحرب مثل الصومال. وتتميز هذه القيادة بأفراد ليسوا فقط مؤهلين تأهيلاً عاليًا ومكرسين للقيم المجتمعية، بل قادرون أيضًا على تنفيذ معايير الحكم الرشيد واعتماد سياسات تنمية اجتماعية واقتصادية فعالة.

السعي نحو نظام مناسب للحكم وقيادة استثنائية

إن الصومال- تلك الدولة ذات التاريخ الغني والثقافة الموحدة- واجهت العديد من التحديات على مدى العقود الماضية، بما في ذلك انهيار الدولة، والصراع المدني، وعدم الاستقرار السياسي، والتفتت الاجتماعي. ومع ذلك، يظل السعي لتحقيق الاستقرار والوحدة الوطنية هدفًا رئيسيًّا للقادة والمواطنين الصوماليين. ويتطلب تحقيق هذه الرؤية نهجًا شاملاً يتناول الأبعاد السياسية والاقتصادية والاجتماعية. ولقد نجح تقاسم السلطة على أساس صيغة (٤ر٥) في تخفيف حدة الصراع وتمكين إنشاء الدولة في عام ٢٠٠٠. إلا أن تقاسم السلطة العشائري على أساس عملية الاختيار فشل في إنتاج حكم فعال، وافتقر إلى أوراق اعتماد ديمقراطية. لقد كان إجراءً مؤقتًا للمصالحة وإشراك العشائر في تشكيل مؤسسات الدولة الوطنية[٩٣]. إن تطوير إطار للوحدة الوطنية يحافظ على تقاسم السلطة ينطوي على خلق نظام سياسي؛ حيث تتعاون المجموعات المتنوعة في الحكم؛ وهو ما يضمن سماع واحترام

٩٣- Abdurahman Abdullahi, “Reflections on Somalia’s Political Deadlock: The Need for a New Political Deal,” accessed June 1, 2024, https://www.academia.edu/88431391/Reflections_on_Somalias_Political_Deadlock_The_Need_for_a_New_Political_Deal. Also, Abdurahman Abdullahi, “The Death of Arta Political

جميع الأصوات. ويعزز هذا النهج الاستقرار والشمول والتعاون، وهو أمر ضروري للدول ذات المناظر الاجتماعية أو العشائرية أو السياسية المعقدة. فهل يستطيع الصومال تطوير نظام ديمقراطي؛ حيث تتنافس الأحزاب السياسية، بدلا من العشائر أثناء الانتخابات، وتشكل حكومة ائتلافية كبرى بعد ذلك؟

لقد تم اقتراح مفهوم هذا النظام في عامي ١٩٥٦ و١٩٥٩ من قبل رئيس البرلمان آدان عبد الله[٩٤]، وبحكمته أدرك أن نظام الأغلبية في المجتمعات العشائرية لا يساهم في استقرار وشمولية العملية السياسية المختلفة. وفي مثل هذا النظام، سيتم تضمين جميع الأحزاب في الحكومة الائتلافية بما يتناسب مع تمثيلها في البرلمان. ولقد فشل نظام حزب الأغلبية في الصومال، وبالتالي لا ينبغي أن يتكرر. وبدلاً من ذلك، سيقود حزب الأغلبية الحكومة، بينما يكون الآخرون جزءًا من الحكومة بناءً على قوتهم البرلمانية، وسيشمل هذا الإطار عدة عناصر أساسية؛ فمن خلال الانتخابات، ينبغي للأحزاب السياسية المختلفة أن تقوم بحملات وتتنافس على مقاعد في البرلمان، ويجب أن تكون الدائرة الانتخابية من الولايات الفيدرالية الأعضاء، كما يجب أن يتمتع النظام الانتخابي بتمثيل نسبي بحد أدنى ٥٪ من الأصوات، وتعد هذه المرحلة التنافسية حاسمة للسماح للناخبين بالتعبير عن تفضيلاتهم، ولضمان تمثيل وجهات النظر السياسية المختلفة في الحكومة. ويقلل هذا النظام من حساسيات العشيرة ويتيح الشمولية. وأيًا كان نظام الحكم الذي سيتم اعتماده، سواء كان رئاسيًا أو برلمانيًا، بعد الانتخابات، فإن تشكيل الحكومة يجب أن يعكس التمثيل النسبي للأحزاب في البرلمان. وهذا يعني أنه إذا فاز حزب ما بنسبة ٣٠٪ من المقاعد، فإنه سيشغل نحو ٣٠٪ من المناصب في الحكومة الائتلافية. وسيتولى حزب الأغلبية، الحائز على أكبر عدد من المقاعد، زمام المبادرة في تشكيل الحكومة. لكن بدلاً من الحكم منفردًا أو تشكيل ائتلاف مع حزب واحد أو حزبين آخرين، سيتم العمل على إشراك جميع الأحزاب البرلمانية في الحكومة بشرط تحقيق مجموعة من المتطلبات.

ويهدف هذا النهج الشامل إلى ضمان التمثيل والاستقرار على نطاق واسع. وعند تشكيل الحكومة، يجب على حزب الأغلبية أن يأخذ في الاعتبار دائمًا الشمول العشائري مع الموازنة بين حصص الأحزاب السياسية بالتشاور مع قادة أحزاب الائتلاف. ومن خلال إشراك جميع الأطراف في الحكومة، يسعى هذا النظام إلى تعزيز الاستقرار السياسي وتقليل احتمالية الصراع. فهو يشجع التعاون وبناء الإجماع بين مختلف الجهات

Deal PDF," accessed June 1, 2024, https://www.academia.edu/87581583/The_death_of_Arta_Political_deal_pdf?uc-sb-sw=34087464.

٩٤- Trunji, Adan Abdulle, 174.

السياسية الفاعلة؛ وهو ما قد يكون ذا أهمية خاصة في سياق مثل الصومال؛ حيث تتطلب الانقسامات التاريخية والتحديات المستمرة حكمًا شاملاً. ويمكن لحكومة ائتلافية شاملة أن تعزز الشعور بالوحدة الوطنية والهدف المشترك. فهو يبعث برسالة مفادها أن جميع الأصوات السياسية مهمة، وأن الحكم هو جهد جماعي لخدمة مصالح جميع المواطنين.

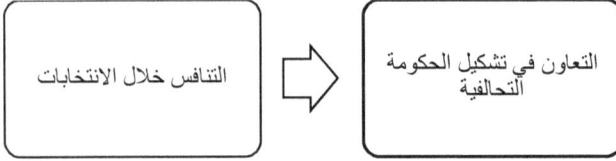

الشكل ١١: عملية التنافس والتعاون

د- ما النموذج المناسب للقيادة؟

هذا هو السؤال الأكثر أهمية في عصرنا، والذي يحتاج إلى إجابة من الأكاديميين والعلماء وصناع السياسات. إن تحديد نموذج القيادة الأكثر ملاءمة للصومال يستلزم التوافق مع روح الثقافية القائمة على اتخاذ القرار بالإجماع والمشاركة النشطة، وهو إطار يتوافق بطبيعته مع المبادئ الإسلامية. ويتطلب ذلك اعتماد إطار قانوني جديد يضمن الأحزاب السياسية القائمة على الشمولية وحياد الرئيس الوطني ورؤساء الولايات الأعضاء الفيدراليين باعتبارهم كبار شيوخ جميع العشائر، على التوالي. بعد انتخابهم، يتنصلون من عضويتهم في أي أحزاب سياسية ويتصرفون كقادة رئيسيين لجميع المواطنين. ومن خلال تجسيد الحياد وعدم التحيز، يستطيع الرؤساء تجاوز الانقسامات الحزبية وتمثيل المصالح الجماعية لكل الصوماليين، وتعزيز الشعور بالوحدة والثقة؛ وهو أمر بالغ الأهمية لتحقيق التقدم والاستقرار الوطني. وعلى هذا النحو، يجب أن يكون الرؤساء فوق المشاحنات السياسية، ويجب انتخابهم لفترة ولاية واحدة مدتها ٧ سنوات من قبل البرلمانات. وفي هذا المكان، اعتبر الرئيس آدان أن ٧ سنوات كافية لشغل المنصب، ويجب أن يقود شخص جديد البلاد. وقد اعتمد عدد قليل من الدول فترة ولاية واحدة مدتها ٧ سنوات للرئيس[٩٥].

وتدعو هذه المواقف إلى استكشاف أكثر عمقًا، ووجود خطاب أكاديمي مستنير لحل القضايا المستمرة، لاسيما فيما يتعلق باعتماد أنظمة خارجية أثبتت عدم فاعليتها في

٩٥- انظر: قائمة حدود الولاية السياسية. متوافرة من:
https://en.wikipedia.org/wiki/List_of_political_term_limits
(تم الوصول إليها في ١ يونيو ٢٠٢٤). هذه الدول هي أرمينيا وإسرائيل.

الصومال. ومن الواضح أن مجرد استقدام النماذج الأجنبية دون التكيف مع الوضع القائم قد أدى إلى إخفاقات متكررة في الواقع الصومالي. ولذلك، هناك حاجة إلى نهج محلي أكثر دقة للاستفادة من المعرفة والتقاليد والقيم المحلية لتطوير حلول مستدامة مصممة خصيصًا للظروف الفريدة للصومال. وكما أكد مارتن دورنبوس وجون ماركاكيس، فإن "السمات الخاصة للصومال تتطلب تفكيرًا أصيلاً وغير تقليدي لتطوير الحلول المؤسسية المناسبة[٩٦]. "علاوة على ذلك، أوصوا بأنه "يجب على الصوماليين أن ينظروا إلى ثقافتهم وتقاليدهم السياسية لإيجاد حل لمشاكلهم"[٩٧]. ومن خلال الانخراط في التحليل والنقاش الدقيق، يستطيع الباحثون وصناع السياسات تحديد الأسباب الجذرية لهذه الإخفاقات، ووضع استراتيجيات مبتكرة تتناسب مع الواقع الصومالي.

وينبغي تعريف القيادة الاستثنائية من خلال تاريخ من النزاهة، ورؤية وطنية شاملة، والتزام لا يتزعزع بدعم القانون. ويجب أن يتمتع القائد المثالي بالخبرة الكافية، وأن تكون لديه القدرة على حكم مجتمع منقسم بشكل فعال. وهذا ينطوي على فهم عميق للديناميكيات والتقاليد الفريدة لهذا المجتمع والقدرة على تعزيز الوحدة بين مجموعاته المتنوعة. ويجب على القائد أيضًا تنفيذ سياسات تحترم التراث الثقافي وتحافظ عليه مع تعزيز التقدم والتنمية. علاوة على ذلك، يجب على القائد إظهار مهارات استثنائية في بناء الإجماع والتوسط في النزاعات، والتأكد من أن مبادئ الإنصاف والعدالة توجه جميع القرارات والإجراءات. ولا تعني القيادة الاستثنائية الدعوة إلى قيادة رجل قوي أو قائد يعرف كل شيء، بل تعني وجود قادة موهوبين في جميع المؤسسات الحكومية والاجتماعية يلتزمون بقوانين البلاد، وينبغي أن تعكس قيادتهم التفاني في الشمولية والشفافية وتمكين جميع أفراد المجتمع؛ وهو ما يتيح النمو المستدام والانسجام داخل المجتمع. وفي المقام الأول من الأهمية، ينبغي للقيادة الاستثنائية أن تتمتع بسجل حافل من القيم الديمقراطية، واللياقة، والالتزام بقانون الأرض، واحترام وتعزيز حقوق المواطنين.

الخاتمة:

يؤكد هذا البحث أن التحدي الأساسي لبناء الدولة الصومالية يكمن في قيادتها السياسية ونظام الحكم. وهو يقدم لمحة شاملة عن المسار التاريخي للدولة الصومالية منذ عام ١٩٥٦، ويدرس حالات المد والجزر في الحكم من خلال أنظمة مختلفة، بما

٩٦- Martin Doornbos and John Markakis, What Went Wrong in Somalia? In Mohamed Saleh and Lennard Wohlgemuth, Crisis Management and Politics of Reconciliation in Somalia. Statements from Upsala Forum, 17-19 January 1994, 17

٩٧- Ibid.

في ذلك إطار الحزب السياسي ذو الأغلبية، وحكم الرجل القوي، والفترات التي تميزت بالحكم الإسلاموي. ومن خلال التحليل الدقيق، يصبح من الواضح أن القيادة السياسية والنظام الحكومي المتبع لم يتمكنا بعد من معالجة القضايا الأساسية التي تعاني منها عملية بناء الدولة الصومالية. وعلى الرغم من الاختلافات بينهما، فإن هناك خيط مشترك يظهر في ثقافة الحكم السياسية للنخبة الصومالية، والتي تميل إلى إعطاء الأولوية للمصالح الذاتية الضيقة على الرفاهية الأوسع للأمة. وبالنظر إلى هذا التحليل، تخلص هذه الدراسة إلى أن تكرار ثقافات سياسية مماثلة، تؤدي إلى فشل الدولة. وبدون وجود إصلاحات حقيقية تعالج الأسباب الجذرية لفشل الحكم، فإن الصومال سيظل في دوامة من عدم الاستقرار. ولذلك، فمن الضروري التحرر من قيود نماذج الحكم الماضية ورسم مسار جديد نحو قيادة شاملة وخاضعة للمساءلة. وقد قدمت هذه الدراسة أيضًا استكشافًا سريعًا لنظريات القيادة المختلفة ومجموعة متنوعة من أساليب القيادة. ويتعمق التحليل الدقيق في المفاهيم المتطورة للقيادة، ويدرس كيف شكلت الأطر النظرية المختلفة فهمنا لممارسات القيادة الفعالة.

وبالاعتماد على الأدبيات الأكاديمية والأبحاث التجريبية، يتنقل هذا البحث عبر نظريات القيادة، بما في ذلك، على سبيل المثال لا الحصر: نظرية السمات، والنظرية السلوكية، ونظرية الظرفية، ونظريات القيادة المعاملاتية. هذا بالإضافة إلى نظرية القيادة الخادمة- وهي نوع من القيادة المتوقعة من القائد المسلم- التي تؤكد على التزام القائد بخدمة احتياجات الآخرين. ولتحديد هذه الأطر النظرية، يدرس البحث أيضًا الآثار العملية لأنماط القيادة المختلفة، مثل: القيادة الاستبدادية، والقيادة الديمقراطية، والقيادة المعاملاتية، والقيادة الأبوية.

وتتعمق هذه الدراسة أكثر في وجهات النظر الإسلامية والتقليدية حول القيادة؛ حيث تسلط الضوء على أهمية الانفصال بين نظام الأحزاب السياسية ذات الأغلبية، وحكم الرجل القوي، والقيم الراسخة للإسلام والثقافة السياسية لنظام العشائر الصومالية. وفي حين أن نماذج الحكم هذه كانت سائدة على مدى السنوات الأربع والستين الماضية منذ الاستقلال في عام ١٩٦٠، فإن هذا البحث يرى أنها ليست متأصلة في التعاليم الإسلامية أو الثقافة الصومالية التقليدية. وتتميز القيادة في المنظور الإسلامي بمبادئ القيادة الخادمة والسلوك الأخلاقي، كما تسلط هذه الدراسة الضوء على التركيز على التواضع والرحمة والإدارة في التعاليم الإسلامية، وتتناقض مع الميول الأنانية والاستبدادية التي لوحظت في أساليب القيادة الصومالية. هذا بالإضافة إلى أن هذه الدراسة تؤكد على الحاجة إلى نهج قيادي مصمم خصيصًا للسياق الثقافي في الصومال. وتشكل المعايير الثقافية التقليدية والمبادئ الإسلامية هياكل الحكم وسلوكيات القيادة بشكل كبير في المجتمع القائم على العشيرة. ويدعو البحث إلى اتباع نهج هجين يستمد من التقاليد

الصومالية الغنية والأخلاق الإسلامية وتجارب الدولة الحديثة. ويستلزم هذا النهج الهجين في التعامل مع القيادة الجمع بين الممارسات الثقافية التقليدية، مثل: بناء الإجماع، وصنع القرار المجتمعي، مع الأساليب الحديثة لبناء الدولة ومبادئ العدالة والمساواة والمساءلة التي تتبناها التعاليم الإسلامية ودساتير الدول الحديثة. ومن خلال دمج هذه العناصر المتنوعة، يستطيع الصومال تطوير نظام سياسي وتنمية نخب سياسية أكثر توافقًا مع احتياجات شعبه وتطلعاته.

وفي الختام، يقدم البحث تحليلاً نقديًّا لنظامي الحكم السائدين في الصومال: النظام الديمقراطي الأغلبية، والنظام العسكري الاستبدادي. وبناءً على هذه الانتقادات، يقدم البحث اقتراحات مبتكرة لتحسين نظام الحكم في الصومال، الدعوة إلى إطار سياسي أكثر شمولاً وتمثيلاً يضمن تنافس جميع الأحزاب السياسية خلال الانتخابات والتعاون في تشكيل الحكومة من خلال بناء حكومة ائتلافية كبيرة. بالإضافة إلى ذلك، يقترح البحث شروطًا مسبقة محددة لتعيين القادة للتأكد من أن القادة محايدون ومؤهلون وملتزمون بالمبادئ الديمقراطية ويسعون إلى تحقيق وحدة الأمة والعمل على الاستجابة لمطالب واحتياجات المواطنين.

الفصل

٢

عبد الله عيسى محمود.. أول رئيس وزراء الصومال حياته وتراثه وثقافته السياسية

"أظهر عبد الله عيسى شجاعة وكرامة ملحوظتين عندما ألقى رسالة حاسمة نيابة عن رابطة الشباب الصومالي إلى الجمعية العامة للأمم المتحدة في عام ١٩٤٩. وفي خطابه، انتقد بشدة الأمم المتحدة لقرارها وضع الصومال تحت الإدارة الإيطالية من خلال وصاية الأمم المتحدة. وهو ما اعتبره هو وكثيرون آخرون خيانة لتطلعات الصوماليين إلى الحكم الذاتي والاستقلال. كان يُنظر إليه على نطاق واسع على أنه سياسي مهذب وهادئ معروف بتفانيه الذي لا يتزعزع في المبادئ القومية لرابطة الشباب الصومالي. لقد كرس نفسه لخدمة بلاده بصفته أمينًا عامًّا لرابطة الشباب الصومالي ورئيسًا للوزراء ووزيرًا ودبلوماسيًّا، مجسدًا باستمرار سيادة القانون وحقوق المواطنين ومُثُل الديمقراطية".

(محمد الترنجي.. مؤلف وخبير في التاريخ الصومالي ١٩٤١-١٩٦٩)

"يبدو أن هناك اتجاهين سياسيين ظهرا داخل الحزب (رابطة الشباب الصومالي)، الاتجاه الأول له جذور مدنية وقومية عميقة، وكانت الشخصيات

الرئيسية فيه هي: آدم عبد الله عثمان، وعبد الرزاق حاج حسين، وعبد الله عيسى محمود. أما الاتجاه الثاني، فكان نحو الطائفية والانتهازية".

(عبدي سمتر.. أول الديمقراطيين في إفريقيا)

«أهم إنجاز لعبد الله عيسى كمبعوث خاص لرابطة الشباب الصومالي في الأمم المتحدة كان إقناع سفير جمهورية هايتي إميل سانت لوت بمعارضة خطة بيفين- سفورزا، التي كانت تهدف إلى وضع الصومال تحت الإدارة الإيطالية غير المحدودة. وعلى الرغم من دعم القوى الكبرى لعودة إيطاليا، نجح عبد الله عيسى في تأمين شرطين: تحديد فترة الوصاية بعشر سنوات، وإنشاء لجنة استشارية تابعة للأمم المتحدة".

(الدكتور عبد الرحمن باديو)

المقدمة

يتميز عبد الله عيسى محمود (١٩٢١-١٩٨٨) بدوره القيادي المستمر في السنوات الأولى من التحرر الوطني للصومال، وإخلاصه الدائم لمبادئ وقيم رابطة الشباب الصومالي، وهو حزب رائد في سعي الصومال من أجل الاستقلال. وظل هذا التفاني صامدًا منذ عضويته في نادي الشباب الصومالي عام ١٩٤٤ في مدينة بلدويني إلى جانب زملائه آدم عبد الله عثمان (١٩٠٨–٢٠٠٧) والشيخ على جمعالي (١٩٠٥–١٩٧٩). بعد تطوير النادي إلى حزب رابطة الشباب الصومالي في عام ١٩٤٧، تم انتخابه نائبًا للأمين العام للحزب، ثم انتخب أمينًا عامًّا خلفًا للمحترم ياسين حاج عثمان أحد مؤسسي نادي الشباب الصومالي وأول أمين عام له، والذي وافته المنية في العام نفسه في مدينة جوهر[٩٨]. ومن عام ١٩٤٧ إلى عام ١٩٥٦، شغل عبد الله عيسى منصب الأمين العام لرابطة الشباب الصومالي لما يقرب من عقد من الزمن؛ حيث قاد الرابطة خلال الأوقات المضطربة بعزمه وتصميمه الثابتين. وكانت قيادته فعالة في حشد الدعم لاستقلال الصومال وحشد رابطة الشباب الصومالي نحو هدف مشترك؛ وهو تقرير المصير. لقد دافع بلا كلل أو ملل عن توحيد جميع الصوماليين تحت أربع قوى (إيطاليا، وبريطانيا، وفرنسا، وإثيوبيا). وقد عزز سعيه الدؤوب لتحقيق وحدة الصومال واستقلاله إرثه كواحد من الشخصيات البارزة في سجلات القومية الصومالية. علاوة على ذلك، فإن روحه التواقة للنضالات التحررية ألهمت أجيالاً خلال حقبة الحركة الوطنية من أجل الحرية والاستقلال.

دخل عبد الله عيسى التاريخ في عام ١٩٥٦ كأول رئيس وزراء صومالي خلال الإدارة الإيطالية تحت وصاية الأمم المتحدة[٩٩]. ولقد أبحر في هذه البيئة السياسية المعقدة؛ حيث بدأت ظهور العشائرية السياسية وأخذت تمارس نفوذها وتبرزه. وعلى الرغم من دعوة رابطة الشباب الصومالي إلى نظام حكم غير عشائري، فإن الاختبار العملي الأول لمبدئها كان من الممكن أن يكون أكثر فاعلية؛ حيث زُعم أن بعض كبار أعضاء الحزب استسلموا

٩٨- I. M. Lewis, A Pastoral Democracy: A Study of Pastoralism and Politics Among the Northern Somali of the Horn of Africa (LIT Verlag and Münster 1999, 304); Abdurahman Abdullahi, Making Sense of Somali History, Volume Two (Adonis and Abbey 2018, 84).

٩٩- Paolo Tripodi, The Colonial Legacy in Somalia: Rome and Mogadishu: From Colonial Administration to Operation Restore Hope (London: Macmillan Press, 1999); Robert L. Hess, Italian Colonialism in Somalia (Chicago: The University of Chicago Press, 1966).; Mohamed Trunji, Somalia: The Untold History (1941-1969), 2nd ed. (Looh Press 2020, 266); Abdi Samatar, Africa's First Democrats: Somalia's Adan A. Osman and Abdirizak H. Hussein (Indiana University Press, 2016, 66).

للمحسوبية[١٠٠]. ولقد اصطدم إنشاء نظام سياسي قائم على الجدارة مع الولاءات العشائرية الراسخة، الأمر الذي أدى تدريجيًّا إلى تآكل المبادئ التأسيسية لرابطة الشباب الصومالي. وأخطأ القضاء المثالي على العشائرية في التجربة الأولى للدولة الصومالية، كما عبر محمد ترنجي: "عاش عبد الله عيسى وزميله في حزب رابطة الشباب الصومالي فترة طويلة بما يكفي لإدراك مدى عدم واقعية توقع استئصال القبلية"[١٠١]. علاوة على ذلك، تعاملت الحكومة والحزب مع تزايد نفوذ الاتجاه اليساري لبعض السياسيين الذين أثاروا التوترات بين الإيطاليين وحزب وحكومة رابطة الشباب الصومالي؛ وهو ما أدى إلى طرد رئيس الحزب حاج محمد حسين من الحزب[١٠٢]. وبينما كان عبد الله عيسى يتصارع مع نظام الحكم الجديد، سلطت التوترات بين المثل السياسية والانتماءات العشائرية الضوء على المهمة الهائلة المتمثلة في توجيه الصومال نحو مستقبل موحد وشامل.

وبعد الاستقلال، تم تعيين عبد الله عيسى وزيرًا للخارجية في حكومة رئيس الوزراء عبد الرشيد علي شرماركي (١٩٦٠-١٩٦٤). ويأتي تعيينه في إطار روح الوحدة الوطنية وبناء ائتلاف كبير يضم أبرز الشخصيات السياسية في الحكومة[١٠٣]. وخلال فترة ولاية عبد الله عيسى وزيرًا للخارجية، عمل مبعوثًا للصومال إلى الساحات الدولية، ممثلاً للأمة في المحافل الدولية. ومع تمسكه والتزامه بتعزيز مصالح الصومال على الساحة العالمية، انخرط ديبلوماسيًّا لتأمين الدعم لتحقيق حق تقرير المصير لشعب الصومال وسلامة أراضيه. وفي هذه الاجتماعات، أوضح عبد الله موقف الصومال بشأن قضايا مختلفة تتراوح بين السيادة والنزاعات الإقليمية مع إثيوبيا وكينيا وفرنسا إلى تحقيق الاستقرار الإقليمي والتنمية الاقتصادية. وأكد حضوره ظهور الصومال كدولة ذات سيادة ولها صوت متميز في تشكيل مسار الشؤون الإفريقية والدولية، كما تولى مناصب وزارية مختلفة في جميع الحكومات المدنية حتى أطاح بها الانقلاب العسكري عام ١٩٦٩.

وتتشابك السيرة الذاتية لعبد الله عيسى مع رابطة الشباب الصومالي، وتعكس تطلعات جيله ونضالاته وانتصاراته. ففي السنوات المضطربة التي أعقبت الحرب العالمية الثانية، كانت الصومال تحت سيطرة قوى استعمارية مختلفة، فقدم عبد الله عيسى، بصفته الأمين العام لرابطة الشباب الصومالي، قدم صوته لدعوة حق تقرير المصير لشعب الصومال على المنصات الوطنية والدولية، ولاقت مناشداته الحماسية صدى في العديد من المنتديات؛ حيث حشدت الدعم لاستقلال الصومال في أعقاب الحرب العالمية الثانية.

١٠٠- Samatar, Africa's First Democrats, 62-3.

١٠١- Trunji, The Untold History, second edition, 25.

١٠٢- Samatar, Africa's First Democrats, 64. Trunji, the Untold History, 300-3001.

١٠٣- Ibid., 384-5.

والجدير بالذكر أن عبد الله عيسى لعب دورًا محوريًّا في تشكيل الخطاب المحيط بمصير الصومال. وكان عبد الله عيسى ضمن وفد رابطة الشباب الصومالي في جلسة استماع لجنة الأمم المتحدة في مقديشو في يوليو ١٩٤٨[١٠٤]. وتم إرساله إلى الأمم المتحدة كمبعوث لرابطة الشباب الصومالي في عام ١٩٤٨، وقد دعمه الشتات الصومالي في نيويورك ماليًّا[١٠٥]. وتمت مناقشة مصير المستعمرات الإيطالية السابقة في مؤتمرات القوى الأربع منذ عام ١٩٤٦، ومن خلال دبلوماسيته الماهرة، دافع عن سيادة الصومال. وتوجت هذه الجهود بإصدار قرار توافقي في الجمعية العامة للأمم المتحدة يقضي بتسليم الصومال إلى الإدارة الإيطالية تحت وصاية الأمم المتحدة لمدة عشر سنوات[١٠٦]. وخلال هذه الفترة، لم تكن إيطاليا عضوًا في الأمم المتحدة، واتُخذ هذا القرار ضد رغبات رابطة الشباب الصومالية التي طالبت بوصاية جماعية من القوى الأربع أو على الأقل إحدى هذه القوى. ومع ذلك، تم إرفاق ثلاثة شروط لصالح الصومال بعودة إيطاليا: الوصاية الأممية، فترة محدودة مدتها ١٠ سنوات، ومجلس استشاري تابع للأمم المتحدة[١٠٧].

وهناك فجوة كبيرة في تاريخ مساهمات عبد الله عيسى القيمة في النضال الوطني من أجل الاستقلال؛ وهو ما يستدعي المزيد من التحقيق الأكاديمي. وكانت الأدبيات التي توثق نضاله من أجل استقلال الصومال محدودة للغاية. وإني لأرى أن التعمق في إرثه وثقافته السياسية أمر ضروري لإحياء الهوية الوطنية الصومالية وتعزيز جهود بناء الدولة. ولقد شكل نموذجه القيادي خلال المراحل الجنينية من سعي الصومال للسيادة مسار تاريخ الأمة بعمق. ومع مواجهة الصومال لبناء الدولة، واستعادة الهوية الوطنية منذ الانهيار الكامل للدولة في عام ١٩٩١، يصبح استكشاف إرث عبد الله عيسى، وتاريخ حياته، ومساهماته أمرًا بالغ الأهمية. وبالتالي، يملأ هذا البحث الفجوة التاريخية من خلال تجميع المعلومات المتاحة وإجراء مقابلات مع الأشخاص الذين عرفوا عبد الله عيسى[١٠٨].

١٠٤– Helen Chapin Metz, ed., Somalia: A Country Study (Washington: GPO for the Library of Congress, 1992, 27).

١٠٥– 120 Somalis lived in New York, and they financially supported Abdullahi Isse. Abdulkadir Qurabe, Jama Aburas, Ismael Ahmed anjeer, Haji Sitten Yusuf, and two other men. Abdirizak Haji Hussein, *My Role in the Foundation of the Somali Nation-State: A Political Memoir*, ed. Abdisalam Ise-Salwe (Trenton, NJ: The Red Sea Press, 2017), 103-104.

١٠٦– Samatar, Africa's First democrats, 48; Trunji, the Untold History, 157-8.

١٠٧– Samatar, Ibid.

١٠٨– Ali Hashi Dhoore, Salad Osman Roble, and Ambassador Abdisalam Dhabancad I interviewed in May and June 2024, Mogadishu and through telephone.

ويتناول هذا الفصل ثقافة عبد الله عيسى السياسية والعوامل التي شكلت نظرته للعالم، متتبعًا حياته من الطفولة إلى دوره المهم في تشكيل السياسة والدبلوماسية الصومالية، كما يتعرض لنشأة عبد الله عيسى المبكرة، ويلقي نظرة على التأثيرات والتجارب التي شكلت ثقافته المبكرة. وتعد مشاركة عبد الله عيسى في حركة التحرير جانبًا محوريًّا من سيرته، وذلك من خلال انضمامه إلى نادي الشباب الصومالي وحزب رابطة الشباب الصومالي، ويتميز بشكل خاص بفترة توليه منصب الأمين العام للرابطة. ويستكشف البحث كذلك صعود عبد الله عيسى إلى منصب أول رئيس وزراء للصومال من عام ١٩٥٦ إلى عام ١٩٦٠. علاوة على ذلك، يعرض فترة توليه وزارة الخارجية (١٩٦٠-١٩٦٤)، مسلطًا الضوء على رؤيته الدبلوماسية ومساهماته في جدول أعمال العلاقات الدولية للصومال. وأخيرًا، يتناول البحث دور عبد الله عيسى في الحقائب الوزارية المختلفة حتى تولى الجيش السلطة في عام ١٩٦٩. وفي النهاية، يستعرض البحث الفصل الأخير من الخدمة العامة لعبد الله عيسى وعمله دبلوماسيًّا في الدول الإسكندنافية (١٩٧٤–١٩٨٨)، موفرًا فهمًا لعمله الدبلوماسي.

سيرة ذاتية مختصرة لعبد الله عيسى

وُلد عبد الله عيسى في عام ١٩٢١ في مدينة أفغوي، التي تبعد نحو ٣٠ كم جنوب مقديشو؛ حيث كانت تعيش والدته[١٠٩]، كان والده محمود بدار شيخًا محترمًا في عشيرته، وتوفي قبل ولادته بسبب الملاريا. وبطبيعة الحال، قامت والدته مريم ديني أحمد بتربيته. وينحدر والده من مدينة هوبيو الساحلية، وينتمي إلى عشيرة هبر جدير/ سعد، بينما تنحدر والدته من بلدة عبودواق، وتنتمي إلى عشيرة مريحان/ ريرديني[١١٠]. ويتزامن تاريخ ميلاد عبد الله عيسى مع نهاية حركة الدراويش التي قادها محمد عبد الله حسن[١١١]. وربما يشير تقارب

١٠٩- Salah Mohamed Ali, Huddur & the History of Southern Somalia (Nahda Bookshop Publisher, 2005, 487–488); Abdulahi et al. Souare, eds., Somalia at the Crossroads: Challenges and Perspectives in Reconstituting a Failed State (Adonis & Abbey 2007, 10); Jama Mohamed Ghalīb, The Cost of Dictatorship: The Somali Experience (L. Barber Press, 1995, 41).

١١٠- Mohamed Ingriis, "A Brief Biographic Lecture on Abdullahi Isse," YouTube video, accessed April 4, 2024, https://youtu.be/vwcukLSEaD0.

١١١- Abdisalam Issa-Salwe, "The Failure of The Daraawiish State: The Clash Between Somali Clanship and State System" (paper presented at the 5th International Congress of Somali Studies, December 1993).; Abdi Sheik Abdi, Divine Madness: Mohammed Abdulle Hassan (1856–1920) (London: Zed Books Ltd., 1993).

التاريخين إلى تحقق قدر الله في استمرار النضال الصومالي ضد الاستعمار بوسائل مختلفة، وظهور جيل جديد يواصل النضال من أجل تحرير الصومال من نير الاستعمار.

وكان لعبد الله أخ غير شقيق من جهة والدته، وهو أب لابنتين وابن واحد. عاشت والدته معه حتى وفاتها، بينما كان سفيرًا في السويد. وعلى الرغم من أن نسب عبد الله يعود إلى أسلافه من عشيرة هبر جدير/سعد في ولاية غلمدغ الفيدرالية في الصومال، إلا أن نشأته في المراكز الحضرية (أفجوي، مقديشو، ومركة) في منطقة بنادر أكسبته صفات ثقافية مختلفة.

وكان مشهورًا بموقفه المتحفظ وتواضعه ومدنيته وطبعه اللطيف واحترامه؛ وهو ما يتناقض مع الثقافة البدوية السائدة المرتبطة بمعظم السياسيين[١١٢]. وكان يُعرف باسم «بدار»، وهو لقب والده. بدأ تعليمه في مدرسة ابتدائية إيطالية بمقديشو؛ حيث تعلم اللغة الإيطالية، وفي الوقت نفسه التحق بمدرسة قرآنية. ويعتبر تعليم الأطفال القرآن في الطفولة المبكرة ثقافة شائعة في الصومال كمرحلة أولية من التعليم الإسلامي التقليدي[١١٣].

في أكتوبر ١٩٢٢، استولى الفاشيون بقيادة موسوليني على السلطة في إيطاليا؛ وهو ما أطلق حقبة جديدة من القومية المتطرفة والطموح الإمبريالي. كان نظام موسوليني مصممًا على توسيع نفوذ إيطاليا وسمعتها على المسرح العالمي، وكان من أهدافه الرئيسية إنشاء "الصومال الكبرى". ولتحقيق هذه الرؤية، عينت الحكومة الفاشية الإيطالية ماريا دي فيكي حاكمًا للصومال الإيطالي. وصل دي فيكي في ١٥ ديسمبر ١٩٢٣، وكان مكلفًا بتنفيذ سياسات موسوليني الاستعمارية. وقام بمد الحكم الإيطالي المباشر على السلطنات الشمالية الشرقية (هوبيو ومجرتين)[١١٤]. وخلال الفترة الفاشية، تم منح الصوماليين حق الوصول إلى التعليم الأساسي فقط؛ وهو ما يعكس السياسات القمعية والقيود المفروضة على تطورهم الفكري[١١٥].

١١٢– نظرًا لأن عائلة عبدالله جاءت من منطقة مدج المعروفة بأهلها المحاربين، فقد تأثرت أخلاقه بثقافة بَنادِر الحضرية التي تتميز بالأخلاق اللطيفة والتمدن.

١١٣– Salah Mohamed, Huddur & the History of Southern Somalia, 487–488. Jama Mohamed Ghalīb, *The Cost of Dictatorship: The Somali Experience* (L. Barber Press, 1995, 41).

١١٤– “The Majeerteen Sultanates,” accessed July 1, 2024, http://www.mudugonline.com/MajertainSaltanates/Sultanate.htm

١١٥– Sylvia Pankhurst, Ex-Italian Somaliland (London: Watts, 1951), 121; Robert Hess, Italian Colonialism (Chicago: University of Chicago Press, 1966, 169-170).

مع تجمع غيوم الحرب العالمية الثانية، بقي عبد الله عيسى مشغولاً في مدرسته[116] في عمر ١٨ سنة، وحصل على وظيفة كاتب بريد في مدينة مركة الساحلية من عام ١٩٣٩ إلى عام ١٩٤١. بعد ذلك، عاد إلى مقديشو وعمل في دائرة الشؤون الاقتصادية خلال الأشهر الأخيرة من الحكم الإيطالي في الصومال. جاءت رياح التغيير إلى منطقة القرن الإفريقي مع الاحتلال العسكري البريطاني للصومال الإيطالي في إبريل ١٩٤١ خلال الحرب العالمية الثانية؛ حيث أصبحت جميع الأراضي الصومالية- باستثناء جيبوتي- تحت الإدارة البريطانية. وخلال الاضطرابات التي تلت ذلك، تم إعفاء عبد الله عيسى من مهامه الرسمية، وحصل على وظيفة كاتب بريد في بولوبرتي، ثم دخل في مجال الأعمال التجارية في المطاعم في بلدوين. وهكذا، بدأ الفصل الجديد في حياته الحافلة بالأحداث، والذي تميز بروح المبادرة[117].

انضم عبد الله عيسى إلى نادي الشباب الصومالي خلال الإدارة العسكرية البريطانية للصومال في عام ١٩٤٤، وفي الوقت نفسه الذي انضم فيه آدم عبد الله عثمان وشيخ علي جمعالي[118]. وتحقيقًا لتطلعات جيل جديد من القادة الصوماليين، جسد عبد الله عيسى صفات ثقافية صبغت هذه الحقبة: الشباب، الذكاء، الميل للتعليم الذاتي، الثقة الراسخة، والإصرار العنيد. وفي سن السادسة والعشرين، انتخب عضوًا في اللجنة المركزية وأمينًا عامًّا، متحملاً مسؤولية توجيه رابطة الشباب الصومالي نحو أهدافها السامية بعد وفاة ياسين حاج عثمان، أحد مؤسسي نادي الشباب الصومالي وأمينه العام في عام ١٩٤٧. تجاوز تأثيره الحدود الوطنية؛ حيث قام بمهمات ديبلوماسية إلى باريس ونيويورك، ممثلاً رابطة الشباب الصومالي، ومدافعًا عن حقوق الشعب الصومالي في تقرير المصير والاستقلال[119]. وأبرزت فترة عمله مبعوثًا لرابطة الشباب الصومالي لدى مجلس الوصاية التابع للأمم المتحدة من عام ١٩٤٨ إلى عام ١٩٥٤ مهارته الديبلوماسية والتزامه الثابت بالنهوض بقضية الصومال على الساحة العالمية.

١١٦- Smith Hempstone, The New Africa (London: Faber and Fabe, 1961,145).

١١٧- Ibid.

١١٨- انضم عبدالله عيسى وعدن عبدالله إلى حزب الشباب الصومالي في الوقت نفسه، وحملا رقمين متتاليين، ١٢٩ و١٣٠ على التوالي.
Samatar, Africa's First Democrats, 27 (Samatar made a mistake by writing 29 and 30). Mohamed Trunji, President Adan Abdulla, 2023, 39. I have interviewed Trunji and ensured that the member number is correct

١١٩- Samatar, Africa's First Democrats, 46-7.

صنع عبد الله عيسى التاريخ في عام ١٩٥٦ كأول رئيس وزراء صومالي خلال الإدارة الإيطالية تحت وصاية الأمم المتحدة[١٢٠]. ولقد مثّل تعيينه علامة بارزة في تطور السياسة الصومالية نتيجة لانتخابات البرلمان الأولى في البلاد، وتم انتخاب عبد الله عيسى من مقديشو كعضو في أول برلمان صومالي.

ظهرت رابطة الشباب الصومالي كحزب الأغلبية في هذه الانتخابات؛ حيث حصلت على ٤٣ مقعدًا من أصل ٦٠ مقعدًا متنافسًا عليها[١٢١]، وهذا يعني أن رابطة الشباب الصومالي حصلت على ٨٢٠,٣٣٣ صوتًا من أصل ٣٦١,٦٠٨ صوتًا (٥٤٫٩٪)، بينما حصلت الأحزاب الأخرى مجتمعة على ٥٤١,٢٧٤ صوتًا، ما يعادل (٤٥٫١٪)، لكنها كانت متفرقة؛ وهو ما أسفر عن حصولها على ١٧ مقعدًا فقط[١٢٢]. وقد أدى فوز رابطة الشباب الصومالي إلى إجبار المسؤول الإيطالي إنريكو أنزيلوتي على التكيف مع الحزب الذي كانت له علاقة متوترة معه سابقًا.

ومع ذلك، فإن هذه الحقبة الجديدة كانت تعد تحديًا كبيرًا؛ حيث تقاطعت ثقافة المجتمع التقليدية التي تعتمد على التضامن العشائري مع المؤسسات السياسية الحديثة القائمة على المواطنة وسيادة القانون. وأعيد انتخاب عبد الله عيسى كعضو في البرلمان في عام ١٩٥٩ من مدينة بلدويني، وتم تأكيد فترة ولايته كرئيس للوزراء. وقد واجه تحديات ومسؤوليات متعددة إلى جانب منصبه كرئيس للوزراء، مثل: معارضة كبار أعضاء رابطة الشباب الصومالي الذين عارضوا توازن العشائر العملي وتوسيع مجلس الوزراء[١٢٣]. وتحت قيادته، تم تطوير الدستور الصومالي المؤقت الأول[١٢٤]. وظلت هذه الوثيقة الأساسية مؤقتة حتى تم التصديق عليها في استفتاء عام، كما تمت مناقشة وتأكيد الوحدة بين محمية أرض الصومال والصومال تحت الإدارة الإيطالية. ومع استقلال الصومال في يوليو ١٩٦٠، تم تعيين عبد الله عيسى وزيرًا للخارجية، مستفيدًا من خبرته الواسعة[١٢٥]. أخذته مساعيه الدبلوماسية بعيدًا؛ حيث مثّل الصومال في منتديات دولية مرموقة، مثل: الأمم المتحدة، ومنظمة الوحدة الإفريقية، وحركة عدم الانحياز. وبعد حرب ١٩٦٤ مع إثيوبيا، قاد عبد الله

١٢٠- Trunji, The Untold History, 266.

١٢١- Trunji, the Untold History, 264

١٢٢- Parties that gained seats were SYL (43), HDMS (13), SDU (3), and Marehan party (1). See Samatar, 59.

١٢٣- Trunji, the Untold History, 339.

١٢٤- Paoli Contini, The Somali Republic: An Experiment in Legal Integration (London: F. Cass & Company, 1969).

١٢٥- Saadia Touval, Somali Nationalism: International Politics and the Drive for Unity in the Horn of Africa (Lincoln: iUniverse, 1999, 113).

عيسى الوفد الصومالي إلى الخرطوم؛ حيث جرت المحادثات بين الصومال وإثيوبيا تحت رعاية منظمة الوحدة الإفريقية[١٢٦].

وبعد انتهاء الانتخابات العامة في مارس ١٩٦٤، عاد عبد الله عيسى إلى الجمعية الوطنية ممثلاً عن مدينة بلدويني. وانضم إلى الحكومات اللاحقة وزيرًا للصحة والعمل والطب البيطري (حكومة عبد الرزاق)، ووزيرًا للصناعة والتجارة (حكومة عغال) حتى الانقلاب العسكري عام ١٩٦٩. ومع ذلك، شهدت الساحة السياسية في الصومال تغييرات جذرية مع صعود المجلس الثوري العسكري الذي استولى على السلطة، واحتجز عبد الله عيسى مع سياسيين بارزين آخرين، وأطلق سراحه بعد ثلاث سنوات في عام ١٩٧٣. وعينت الحكومة العسكرية سياسيين وسفراء بارزين، وعُين عبد الله عيسى سفيرًا للصومال في الدول الإسكندنافية (النرويج والسويد والدنمارك) في عام ١٩٧٤[١٢٧]. وفي المؤتمر الافتتاحي لمنظمة الشباب الثورية الصومالية الذي عقد في مقديشو في ١٥ مايو ١٩٧٧، كرم الجنرال محمد سياد عبد الله عيسى بميدالية ذهبية مرموقة تقديرًا لمساهماته البارزة وتفانيه في خدمة قضية الأم[١٢٨].

ولقد واصل عبد الله عيسى تمثيل الصومال بامتياز على الساحة الدولية كسفير. وفي عام ١٩٨٦، وبعد مسيرة طويلة ومميزة في السياسة والدبلوماسية، اختار عبد الله التنحي عن المنصب العام. وتقاعد إلى روما؛ حيث تبنى حياة هادئة[١٢٩]. وقد انتهى الفصل الأخير من مساهمة عبد الله عيسى الوطنية الرائعة في مارس ١٩٨٨ عندما توفي في روما. تم نقل رفاته إلى مقديشو؛ حيث وُوري الثرى في المقبرة الوطنية بجوار الرئيس عبد الرشيد علي شرماركي. وحظي بجنازة رسمية حضرها أفراد عائلته وأصدقاؤه وقدامى رابطة الشباب الصومالية والرئيس آدم عبد الله والرئيس محمد سياد والمسؤولون الحكوميون[١٣٠].

شهدت رحلة حياة عبد الله عيسى على الاحترام العميق الذي كان يحظى به من كل من عرفه. طيلة حياته، بنى علاقات قائمة على التفاهم المتبادل والتعاون، متجنبًا خلق

١٢٦- كانت القوات الصومالية والقوات الإثيوبية غير قابلة للمقارنة. وكان لدى الصومال ٥٠٠٠ جندي و٥٠٠٠ من قوات الشرطة، بينما كان لدى إثيوبيا ٧٥٠٠٠ من القوات المدربة والمجهزة جيدًا بواسطة الولايات المتحدة الأمريكية. وعلى الرغم من ذلك، فإن القوات الصومالية أدت أداءً جيدًا في هذه الحرب بسبب خبرتها في مناطق الحرب، والتي كانت منطقة مأهولة بالسكان الصوماليين.
. Abdirizak, a Political Memoir, 170.

١٢٧- من السياسيين البارزين الآخرين الذين تم تعيينهم كسفراء: مايكل مريانو، سفيرًا إلى زامبيا؛ ادن إسحاق، سفيرًا إلى باكستان؛ ومحمد إبراهيم عقال، سفيرًا إلى الهند (١٩٧٦-١٩٧٨).

١٢٨- كان صلاد عثمان روبلي، الرئيس السابق لمنظمة الشباب الثوري الصومالي، حاضرًا خلال مراسم منح عبد الله عيسى الميدالية الذهبية. قابلته في مقديشو في ٣ يونيو ٢٠٢٤.

١٢٩- كان علي حاشي، قريبًا مقربًا، يرافقه إلى روما. قابلته في مقديشو في ٣ يونيو ٢٠٢٤.

١٣٠- Trunji, President Adan Abdulle, 166.

الأعداء. كان تركيزه موجهًا بشكل فردي نحو خدمة وطنه وحكومته بإخلاص وتفانٍ بالغين. ويعكس عبد الله عيسى الرئيس آدم عبد الله في التجنب المتعمد لخلق الأعداء، وإظهار الأخلاق الحميدة، والالتزام بسيادة القانون. وتعكس ثقافة هذين القائدين التزامًا عميقًا بمبادئ رابطة الشباب الصومالية وتجسيدها للقيم الأساسية؛ وهو ما يجسد مثل الوحدة والتقدم والفخر الوطني. لقد كان تفانيهم في مبادئ رابطة الشباب الصومالية بمنزلة نور مرشد، يؤثر في قراراتهم وتنفيذ سياساتهم، متجاوزين الانقسامات القبلية والإقليمية.

السياق الأول: نظرة عامة وتحليل لتاريخ حزب رابطة الشباب الصومالي

من القرن الثالث عشر حتى القرن السابع عشر، كانت الصومال، مثل العديد من الأمم الأخرى، تضم دولتين مركزيتين، دولة آجوران ودولة عدل. كانت دولة آجوران صومالية بالكامل، وحكمت جنوب الصومال، ودافعت ببسالة عن الأراضي الصومالية من التدخلات الأجنبية، مثل: البرتغاليين والقبائل الأورومية الغازية. من ناحية أخرى، كانت دولة عدل شارك فيها الصوماليون بشكل كبير في الدفاع عن الأراضي المسلمين في منطقة القرن الإفريقي من إمبراطورية إثيوبيا. ومع ذلك، انهارت كلتا الدولتين في القرن السابع عشر. ومنذ ذلك الحين، بقي الصوماليون مقسمين إلى سلطنات عشائرية صغيرة لمدة تقارب ٢٠٠ عام، وقد جعلهم ضعفهم وعدم وحدتهم السياسية عرضة للاستعمار من قبل القوى الأوروبية والإمبراطورية الإثيوبية في القرن التاسع عشر. وعندما استولت إيطاليا وبريطانيا وفرنسا وإثيوبيا على الأراضي الصومالية، خرجت مقاومة متقطعة قادها في البداية العلماء قبل السياسيين.[١٣١] ومع ذلك، اكتسبت هذه المقاومة زخمًا مع ظهور حركة الدراويش بقيادة السيد محمد عبد الله حسن، والتي استمرت لمدة عقدين. قام الحاكم الفاشي للصومال الإيطالي، سيزار ماريا دي فيكي، بتنفيذ عملية عسكرية في عام ١٩٢٣. وقد أشرف ذلك الحاكم على حملة وحشية أشار إليها باسم ''حرب التهدئة في الصومال''، والتي هدفت إلى إقامة حكم إيطالي مباشر على جميع أنحاء جنوب الصومال. ومن أكثر الأعمال فظاعة وقعت في شهر أكتوبر ١٩٢٦، عندما قامت القوات الإيطالية بمذبحة حوالي ١٠٠ شخص كانوا قد لجأوا إلى مسجد في بلدة مركا.[١٣٢]

وبحلول عام ١٩٢٧، كانت المقاومة الصومالية الأولى ضد الاستعمار قد انهارت مع الغزو الإيطالي لمملكة مجيرتين في ولاية بونتلاند الحالية بالصومال. ومنذ ذلك الحين،

١٣١– Abdullahi, Making Sense of Somali History, volume one, 90.
١٣٢– Tom Behan, The Italian Resistance: Fascists, Guerrillas, and the Allies (London: Pluto Press, 2009, 13).

وجد القادة التقليديون أنفسهم إما مندمجين، أو متعاونين أو مهمشين من قبل القوى الاستعمارية. وقد امتدت تلك الفترة ١٥ عامًا، من ١٩٢٧ إلى ١٩٤٣، والتي وصفت بأنها فترة "الارتباك" للشعب الصومالي.[١٣٣] وبعد تجريدهم من قيادتهم التقليدية، تم تجنيد الصوماليين في كثير من الأحيان في صراعات مثل الحرب الإيطالية الإثيوبية والحرب العالمية الثانية؛ حيث خدموا كمحاربين ووقود للمدافع.[١٣٤] أدت هذه الحقبة من الشدائد إلى نمو الوعي الوطني الصومالي، وتجمع الصوماليون حول منظمات وطنية جديدة. وفي الوصاية الصومالية البريطانية، كانت هناك منظمات المجتمع المدني موجودة منذ عام ١٩٢٥، لكن الأحزاب السياسية كانت محظورة. وفي المقابل، كانت جميع المنظمات محظورة في الصومال الإيطالي، الذي احتلته بريطانيا في عام ١٩٤١ خلال الحرب العالمية الثانية، وقد تم تأسيس نادي الشباب الصومالي، وتحول النادي إلى حزب كامل الأهلية في عام ١٩٤٧ تحت الاسم الجديد "رابطة الشباب الصومالي"؛ وهو ما مثل تحولاً كبيرًا نحو جهود منظمة ومنسقة لاستعادة استقلال الصومال وتشكيل هوية وطنية موحدة.

وكان تأسيس نادي الشباب الصومالي في مقديشو من قبل ١٣ شابًا صوماليًّا في ١٥ مايو ١٩٤٣، ممثلين خلفيات ومهن متنوعة. كان من بينهم أفراد يعملون لحسابهم الخاص، وعلماء، وأفضل الصوماليين تعليمًا هم الذين كانوا على دراية تامة بالديناميكيات العالمية المتغيرة خلال سنوات الحرب العالمية الثانية المضطربة. لقد سعى هذا الفريق المؤسس إلى تعبئة الشباب الصومالي نحو قضية مشتركة للتحرر. ويعد اندلاع الحرب العالمية الثانية لحظة فاصلة في الشؤون الدولية مع ظهور ميثاق الأطلسي الذي كان لصالح الشعوب المقهورة. وتمت صياغة الميثاق من قبل الرئيس الأمريكي فرانكلين د. روزفلت ورئيس الوزراء البريطاني ونستون تشرشل؛ حيث عبر الميثاق عن مبادئ الحرية وتقرير المصير وتفكيك الاستعمار.[١٣٥] ومثَّل ميثاق الأطلسي أملًا للأراضي المستعمرة في إفريقيا وآسيا وأمريكا اللاتينية التي كانت ترزح تحت الهيمنة الأوروبية. وتم دمج مبادئ الميثاق في ميثاق الأمم المتحدة في عام ١٩٤٥. واستغل مؤسسو نادي الشباب الصومالي المبادئ التي أيدها ميثاق الأطلسي كمصدر إلهام لطموحاتهم في الحرية من الاستعمار.

١٣٣– Abdullahi, Making Sense of Somali History, 91.

١٣٤– Ibid., ٩٢. أسفرت الحرب الإيطالية الإثيوبية الثانية عن سقوط ٣٥٩,٤ قتيلًا من القوات الإيطالية: ٣١٣,٢ إيطاليًا، و٨٦,١٠ إريتريًا، و٥٠٧ صوماليين وليبيين، و٤٥٣ عاملاً إيطاليًا. وتقدر الخسائر بين الكثير من العسكريين والمدنيين الإثيوبيين، بسبب القنابل الإيطالية، بما يصل إلى ٢٧٥,٠٠٠.
See Clodfelter, Michael. Warfare and Armed Conflicts: A Statistical Encyclopedia of Casualty and Other Figures, 1492–2015, 4th ed. Jefferson, North Carolina: McFarland, 2017.

١٣٥– Ibid., 120.

وهكذا، عكس تأسيس نادي الشباب الصومالي روح العصر وبشر بفصل جديد في الكفاح الصومالي من أجل الاستقلال.

الخلفية الاجتماعية والاقتصادية لنظام الفاشية الإيطالي، والاضطرابات الناجمة عن الحرب العالمية الثانية، والتوقعات لنظام جديد ما بعد الحرب تحت الإدارة العسكرية البريطانية كانت كلها عوامل محفزة للمشاركة السياسية الصومالية. وكانت بريطانيا قد استولت على جنوب الصومال في يناير ١٩٤١، بينما تمت استعادة أرض الصومال البريطانية بعد ذلك بشهرين.[١٣٦] وتزامن تشكيل نادي الشباب الصومالي مع حالات عدم اليقين في زمن الحرب وارتفاع عدد السكان بسبب تدفق الجنود المسرحين في المراكز الحضرية. وازدادت شعبية نادي الشباب الصومالي وبلغ عدد أعضائه نحو ٢٥,٠٠٠ بحلول عام ١٩٤٦م،[١٣٧] وشمل أعضاء النادي التجار والشباب من مختلف المهن ذات الرواتب الشهرية، مثل: كتبة الحكومة، وخدم المنازل، والمساعدين الطبيين، وأعضاء الدرك الصومالي. وبحلول عام ١٩٤٧، كان حوالي ٦٠-٨٠ ٪ من الدرك الصومالي المتمركزين في مقديشو من أعضاء النادي.[١٣٨] وكانت هذه السياسة مخالفة للقواعد التقليدية التي تستبعد الأفراد العسكريين والبيروقراطيين من الانضمام علنًا إلى الأحزاب السياسية للحفاظ على حيادهم.[١٣٩] ومع ذلك، كانت هذه الاستثناءات ممكنة؛ لأن نادي الشباب الصومالي كان يُعتبر حليفًا قيمًا للإدارة العسكرية البريطانية. وتم تشكيل هذه الشراكة في أعقاب الانهيار السريع للقوات الاستعمارية الإيطالية في عام ١٩٤١ عندما وجدت الإدارة العسكرية البريطانية نفسها في حالة تأسيس مستعجل وافتقار إلى الخبرة في جنوب الصومال. ونظرت السلطات البريطانية إلى نادي الشباب الصومالي بإيجابية، ولكن مع تحفظ واحد: قسم الولاء في النادي الذي يتطلب من الأعضاء التخلي عن الانتماء العشائري وتحديد الهوية فقط كصوماليين؛ وهو ما يتعارض مع تفضيل البريطانيين للحكم غير المباشر من خلال الهياكل العشائرية.[١٤٠]

١٣٦- Mohamed Issa-Salwe Abdisalam, The Collapse of the Somali State: The Impact of the Colonial Legacy (London: Haan Associates, 1996).

١٣٧- Helen Chapin Metz, ed. *Somalia: A Country Study*, 26.

١٣٨- كان هناك تباين كبير في نسبة أعضاء الدرك في حزب الشباب الصومالي (LYS). تشير بعض الأدبيات إلى ٦٠٪، بينما تشير أخرى إلى ٧٥٪، أما محمد مختار فيقول إنها تصل إلى ٨٠٪.
Mohamed Mukhtar, Historical Dictionary of Somalia: African Historical Dictionary Series, No. 87, new ed. (The Scarecrow Press, 2003, 150). For 60%, see Abdullahi, Making Sense of Somali History, vol. one, 132.

١٣٩- Ibid., 125.

١٤٠- Cedric Barnes, "The Somali Youth League, Ethiopian Somalis and the Greater Somalia Idea, c.1946–48," Journal of Eastern African Studies 1, no. 2 (2007): 277-

في عام ١٩٤٦، ووسط مناقشات حول مصير المستعمرات الإيطالية السابقة في مؤتمر السلام بباريس، اقترح وزير الخارجية البريطاني إرنست بيفن مفهوم الصومال الكبرى تحت الحكم البريطاني بشرط قبول إثيوبيا.[١٤١] ومع ذلك، رد إمبراطور إثيوبيا هيلا سيلاسي فورًا بالرفض. وأعلنت الحكومة الفاشية الإيطالية الفكرة نفسها أثناء سعيها لتحقيق "الصومال الكبرى" خلال غزوها لإثيوبيا في عام ١٩٣٥ [١٤٢]. وكان هذا المفهوم يهدف إلى تحسين الظروف الاجتماعية والاقتصادية للبدو الصوماليين مع خدمة المصالح البريطانية في شرق إفريقيا. وتم تداول هذه الفكرة منذ فترة طويلة داخل الدوائر الاستعمارية ووجدت صدى بين الاستراتيجيين الإمبرياليين والضباط الاستعماريين المثاليين. وكانت الخطة تتصور توحيد جميع الأراضي الصومالية تحت الإدارة البريطانية، ويفضل أن يكون ذلك تحت وصاية الأمم المتحدة.[١٤٣] ومع ذلك، واجه هذا الاقتراح معارضة فورية من الولايات المتحدة والاتحاد السوفييتي وفرنسا لأسباب مختلفة. وطالبت إثيوبيا بالأراضي الصومالية كجزء من التوسع المستمر لإمبراطوريتها في الأراضي الصومالية للوصول إلى المحيط الهندي والبحر الأحمر. ومع ذلك، أُحبطت جهود إثيوبيا منذ القرن التاسع عشر في ثلاث مناسبات. وفي عام ١٩٠٥، هزمت القوات الصومالية التابعة لعشيرة الموبلين عثمان بتعاون مع قبائل أخرى مثل شيدلي الجنود الإثيوبيين بالقرب من منطقة بلعد، على بعد حوالي ٣٠ كيلومترًا شمال مقديشو.[١٤٤] ثانيًا: احتلت القوى الاستعمارية الأوروبية المناطق الساحلية في الصومال؛ وهو ما منع تقدم إثيوبيا نحو المحيط. ثالثًا: بعد هزيمة إيطاليا في حرب القرن الإفريقي، طالبت إثيوبيا بصلات تاريخية مع الصومال، لكنها فشلت في استعادته كجزء

29, 280; Samatar, Africa's First Democrats, 40.

١٤١– خطة بيفن التفصيلية للصومال الكبرى،

see Mohamed Osman Omar, The Scramble in the Horn of Africa: History of Somalia (1827-1977), 500; Trunji, President Adan Abdulle, 40.

١٤٢– خدم أكثر من ٤٠,٠٠٠ جندي صومالي في الحرب، بشكل رئيسي كوحدات قتالية. وقد دعموا أكثر من ٨٠,٠٠٠ إيطالي كانوا يخدمون إلى جانبهم في بداية الهجوم.

See Harold D. Nelson, Somalia, a Country Study (U.S. Government Printing Office, 1982, 24); Hamish Ion and Elizabeth Jane Errington, eds., Great Powers and Little Wars: The Limits of Power (Bloomsbury Academic 1993, 179).

١٤٣– Samatar, Africa's First Democrats, 48.

١٤٤– لا تتوافر سجلات حول هذه الحرب، وتفتقر إلى التوثيق. ومع ذلك، أطلقت العشيرة على اليوم الذي هزموا فيه الإثيوبيين أخيرًا «إثنين الأحباش». مات مئات الشباب للدفاع عن الأرض من الهدف الإثيوبي المتمثل في الاستيلاء على منطقة بنادير.

See Lee V. Cassanelli. The Shaping of Somali Society: Reconstructing the History of a Pastoral People, 1600-1900. Philadelphia: University of Pennsylvania Press, 1980, 200.

من الإمبراطورية الإثيوبية خلال المناقشات حول مستقبل المستعمرات الإيطالية السابقة. ونادي الشباب الصومالي، الذي تفاعل مع اقتراح بيفن، دافع بحماس عن قضية الصومال الكبرى. وعلى الرغم من عدم تأييد الفكرة رسميًّا، فقد دعمت السلطات البريطانية ضمنيًّا الجهود الصومالية نحو التنظيم السياسي لهذا الغرض. وحفز الخطاب الدولي المتغير حول تقرير المصير إعادة تنظيم نادي الشباب الصومالي؛ وهو ما أدى إلى تحوله إلى رابطة الشباب الصومالي في ١ إبريل ١٩٤٧م[١٤٥] وبرزت رابطة الشباب الصومالي كمنظمة سياسية منضبطة وفعالة يغذيها الأمل الصادق في تحقيق الصومال الكبرى.

ووسط المشهد السياسي المتغير الذي شهد تحول نادي الشباب الصومالي إلى كيان سياسي رسمي يتمثل في رابطة الشباب الصومالي، توفي أمين عام لرابطة الشباب الصومالي ياسين حاج عثمان، وقد ترك فراغًا بوفاته المبكرة في يونيو١٩٤٧ [١٤٦]. وكان عبد الله عيسى صديقًا لياسين حاج عثمان في مقديشو وشارك في الشعور المناهض للاستعمار.[١٤٧] وقبل ثلاثة أشهر من وفاته، أوصى ياسين بتعيين عبد الله عيسى أمينًا عامًّا لرابطة الشباب الصومالي.[١٤٨] وتحمل عبد الله عيسى المسؤولية بإصرار وعزم، وتولى منصب الأمين العام في يونيو ١٩٤٧. وعند صعوده إلى منصب القيادة داخل الرابطة، ورث عبد الله عيسى ليس فقط مسؤوليات سلفه، بل أيضًا تطلعات وأحلام الحركة الوطنية الصومالية المتنامية. وعند تكليفه بمهمة قيادة رابطة الشباب الصومالي خلال مرحلة حرجة في تاريخ الصومال، جلب عبد الله عيسى التزامًا بمبادئ تقرير المصير والوحدة الوطنية. وفي سجلات التاريخ السياسي الصومالي، تذكر وفاة ياسين حاج عثمان وصعود عبد الله عيسى إلى قيادة الرابطة كدليل على مرونة وتصميم الشعب الصومالي.

تميزت رابطة الشباب الصومالي عن الأحزاب السياسية الأخرى من خلال خمسة عوامل رئيسية عززت قوتها، وهي:

أولاً: حصلت على دعم الإدارة العسكرية البريطانية؛ وهو ما وضعها استراتيجيًّا كمدافع عن القوى السياسية المناهضة للإيطاليين في الصومال.[١٤٩]

١٤٥– تاريخ تأسيس حزب رابطة الشباب الصومالي (LYS)؛ حيث كان اسمه ودستوره الجديد، في ١ إبريل ١٩٤٧. وتعتبر بعض الأدبيات أن هذا التاريخ هو ١٩٤٦ خطأ يحتاج إلى تصحيح.

See the official announcement of SYL in the Somalia Courier as Quoted by Trunji Untold History, 15.

١٤٦– Ibid.,

١٤٧– مقابلة مع علي حاشي طوري، صديق وقريب لعبد الله عيسى. مقديشو، ١٥ إبريل ٢٠٢٤.

١٤٨– Ibid.

١٤٩– I.M. Lewis, The Modern History of Somaliland, from Nation to State (New York: Frederick A. Prager, 1965, 122).

ثانيًا: كانت مستدامة ماليًّا؛ لأنها جمعت رسوم العضوية بشكل منهجي من الأفراد في جميع أنحاء منطقة الصومال، بما في ذلك الأفراد الذين يعملون في الإدارة البريطانية والدرك.[١٥٠]

ثالثًا: تميزت قيادة رابطة الشباب الصومالي بتعليم وخبرة أفضل خلال عصرها؛ وهو ما منحها ميزة واضحة في التعامل مع القضايا المعقدة للحركة الوطنية.

رابعًا: لاقت أيديولوجية الحزب صدى لدى الناس بدعوتها لتوحيد جميع الصوماليين تحت راية دولة صومالية كبرى، مستغلة التطلعات العميقة للوحدة الوطنية.

خامسًا: عندما يقتضي الأمر، كانت رابطة الشباب الصومالي تحافظ على ميليشيا للدفاع عن الحزب، والتعامل مع أعداء رابطة الشباب الصومالي، واتخاذ إجراءات قسرية ضد القوى الاستعمارية عند الحاجة[١٥١].

ويتضح تاريخ رابطة الشباب الصومالي عبر ثلاث مراحل متميزة، كل منها يتضمن تحولات مهمة في مسار الحزب والمشهد السياسي الأوسع في الصومال. المرحلة الأولى، من تأسيسها كونها حركة وطنية في عام ١٩٤٣ إلى عام ١٩٥٦، شهدت بروز رابطة الشباب الصومالي كحركة قوية تدافع عن استقلال الصومال ووحدته. وخلال هذه الفترة، حشدت رابطة الشباب الصومالي دعمًا واسعًا بين الشعب الصومالي، متجمعة حول الهدف المشترك للتحرر من الحكم الاستعماري وإقامة دولة صومالية ذات سيادة. وتميزت السنوات الأولى للحزب بالنشاط المتحمس، والتعبئة الشعبية، وجدول أعمال شامل، والتزام حماسي بمبادئ تقرير المصير.

وعند الانتقال إلى المرحلة الثانية، من عام ١٩٥٦ إلى عام ١٩٦٧، نجد أن رابطة الشباب الصومالي أصبحت الحزب الحاكم بعد استقلال الصومال. ولقد وجد الحزب وقادته الكبار أنفسهم أمام اختبار حاسم تحدى بشكل مباشر خطابهم المعلن لرفض القبلية والدعوة إلى المساواة بين جميع الصوماليين والعمل نحو توحيد الشعب الصومالي. وبينما شهدت تلك الفترة ضعف المبادئ والقيم المعلنة، وصراعات داخلية على السلطة، وتصاعد القبلية السياسية، وتحديات كثيرة، تعاملت رابطة الشباب الصومالي مع تعقيدات حكم دولة مستقلة حديثًا.

١٥٠– سمحت الإدارات العسكرية البريطانية لأفضل الشرطة المتعلمين والموظفين المدنيين بالانضمام إلى حزب الشباب الصومالي، على خلاف سياسة فصل الخدمة المدنية عن الأحزاب السياسية؛ لأنهم اعتبروا أن حزب الشباب الصومالي معادٍ للإيطاليين ومتقدم.
Lewis, The Modern History of Somaliland, 122.

١٥١– Truni, The Untold History, 17.

وكانت المرحلة الثالثة مميزة بفترة تولي رئيس الوزراء محمد إبراهيم عغال قيادة رابطة الشباب الصومالي، الذي انضم إلى الحزب في عام ١٩٦٦. وفيها فقدت رابطة الشباب الصومالي بوصلة توجيهها وانجرفت نحو ميول استبدادية. سعى محمد إبراهيم عغال إلى نظام الحزب الواحد؛ وهو ما يعكس مسار العديد من الدول الإفريقية بعد الاستقلال. وأكد هذا التحول نحو الاستبداد على الدوافع الشخصية للبحث عن السلطة، وأثار استياء داخل صفوف الحزب. وصف إ.م. لويس حكومة عغال بأنها:

> "الفساد الرسمي والمحسوبية، وبدت تلك الأمور مزدهرة على نطاق غير معروف من قبل في الجمهورية... ولكن لم يكن هناك أي علامة على أن (رئيس الوزراء) أو الرئيس كانوا منزعجين بشكل مفرط من استمراره"[١٥٢].

ومع ذلك، أخذ مسار رابطة الشباب الصومالي منعطفًا غير متوقع مع اغتيال الرئيس عبد الرشيد علي شرماركي والانقلاب العسكري الذي تلاه في عام ١٩٦٩. مثَّل هذا الحدث نهاية الحزب الوطني بعد ٢٢ عامًا من استمراره؛ وهو ما رمز إلى نقطة تحول عميقة في السياسة الصومالية. وأعاد الانقلاب تشكيل الصومال؛ وهو ما أدخل البلاد في فترة من الاضطرابات السياسية وعدم اليقين التي استمرت لعدة عقود. وأصبح إرث رابطة الشباب الصومالي، التي كانت في يوم من الأيام منارة للوطنية الصومالية، الآن شهادة على تعقيدات وتحديات بناء الدولة بعد الاستعمار في إفريقيا.

منذ تأسيسها، أظهرت رابطة الشباب الصومالي الديمقراطية الداخلية من خلال مؤتمراتها السنوية، ومدة السنة الواحدة للجنة المركزية، والانتخابات الديمقراطية لمسؤولي الحزب، بما في ذلك رئيس الحزب.[١٥٣] كانت هذه الآليات المؤسسية دعائم هيكل الحكم في الحزب؛ وهو ما عزز الشفافية واتخاذ القرار الجماعي. وبينما قد يبدو التجديد السنوي للجنة المركزية كمصدر محتمل لعدم الاستقرار، فقد لعب دورًا حاسمًا في توحيد الحزب وضمان استمراريته. ووفرت هذه المؤتمرات فرصة لظهور قيادات جديدة مجهزة للتعامل مع البيئة السياسية المتغيرة. ومن خلال تبني تداول القيادة، أظهرت رابطة الشباب الصومالي التزامها بالمرونة المؤسسية والتكيف مع الظروف المتغيرة. ومن عام ١٩٤٧ حتى عام ١٩٦٠، انتخب الحزب سبعة رؤساء وخمسة أمناء عامين؛ وهو ما يعكس ثقافة تجديد القيادة الديناميكية. ولقد خدم عبد الله عيسى كأمين عام لرابطة الشباب الصومالي تحت ثلاثة رؤساء: الحاج محمد حسين (١٩٤٧-١٩٥١)، والحاج فارح علي عمر (١٩٥٢)،

١٥٢- Helen Chapin Metz (edited), Somalia: A Country Study, 4th ed, 1992. 45.

١٥٣- انظر: قائمة اللجنة المركزية من Trunji, President Adan Abdulle, 199-209.

وآدم عبد الله عثمان (١٩٥٣-١٩٥٦).[١٥٤] وفي عام ١٩٦٠، عزز الحزب التزامه بالحكم الديمقراطي بإلغاء منصب الرئيس والاحتفاظ بمنصب الأمين العام. وخلال السنوات الثماني التالية (١٩٦٠-١٩٦٨)، تم انتخاب أربعة أمناء عامين؛ وهو ما أبرز استمرار التركيز على تداول القيادة والمسؤولية المشتركة.[١٥٥] غياب قائد مهيمن داخل رابطة الشباب الصومالي عزز بيئة سياسية أكثر ديناميكية وشمولية؛ حيث لم يكن لأي فرد موقف لا يمكن الاستغناء عنه في السلطة. وبدلاً من ذلك، كانت انتقالات القيادة موجهة بالعمليات الديمقراطية والإرادة الجماعية لأعضاء الحزب.

يوضح محمد ترونجي ببراعة التراجع التدريجي لرابطة الشباب الصومالي. ويبرز مغادرة العديد من الشخصيات المرموقة في الحزب، بما في ذلك الرئيس السابق الحاج محمد حسين، والحاج فارح علي عمر، وعبد الرزاق حاج حسين، وشيخ علي جمعالي، في ظل موقف الرئيس آدم عبد الله عثمان الحيادي تجاه جميع الفصائل. ويتأسف ترونجي على اختطاف الحزب لأيديولوجيته الوطنية الفخورة السابقة، واصفًا المرحلة الثالثة من رابطة الشباب الصومالي بقوله:

"فقد الحزب حماسه الوطني وقيمه وسمعته، وتحول إلى منظمة تشبه المافيا في أيدي

عناصر عديمة الضمير تهدف إلى السعي وراء السلطة والجشع للثروة".

وأضاف أن:

"القيم الوطنية للحزب اختطفتها الفصائلية والانقسامات الطائفية داخل الحزب نفسه؛ وهو ما مهد الطريق للأسف للجيش للاستيلاء على السلطة".[١٥٦]

ويعتبر انهيار رابطة الشباب الصومالي بعد الانقلاب العسكري منذ أكثر من ٢٢ عامًا ظاهرة تاريخية مهمة تستحق الدراسة المتأنية. في البداية، كان انهيار الحزب نتيجة لتراجع في أيديولوجيته الأساسية؛ حيث تم حل المعايير الصارمة للعضوية واتباع نهج متساهل نحو الشمولية؛ وهو ما سمح للأفراد الانتهازيين بالتسلل إلى صفوفه لتحقيق مكاسب شخصية فقط. وقد أدى هذا التآكل التدريجي للمعايير والقيم إلى إضعاف رابطة الشباب الصومالي من الداخل. ومع رحيل أعضاء الحزب البارزين واحدًا تلو الآخر، بسبب خيبة الأمل من

١٥٤- Ibid.
١٥٥- Ibid.
١٥٦- Trunji, The Untold History, 20.

انحرافه عن مبادئه الأصلية، تولى نوع جديد من الأفراد السيطرة تدريجيًّا، متجاهلين مبادئ وسياسات الحزب التأسيسية. ونتيجة لذلك، خضعت رابطة الشباب الصومالي لتحول جذري؛ وهو ما جعل مرحلتها الأولى فقط تستحق الاحتذاء ونموذجًا للأجيال الجديدة.

وعلى الرغم من وجود العديد من الأخطاء خلال فترة حكمها من ١٩٥٦ إلى ١٩٦٧، تمت مشاهدة الانهيار الكامل للحزب بعد عام ١٩٦٧، وتم تحويل الحزب إلى أداة للإقصاء والمحسوبية والممارسات الانتخابية الفاسدة، متجاهلاً مبادئه التوجيهية وسياساته وتاريخه الطويل في النضال من أجل إقامة ممارسات الحكم الجيدة.

وفي الختام، خلال فترة ٢٢ عامًا من وجود رابطة الشباب الصومالي، كان لعبد الله عيسى حضور مستمر؛ حيث تم انتخابه سنويًّا لمدة ١٠ سنوات استثنائية. هذه الاستمرارية تؤكد الثقة والاعتماد اللذين منحتهما له اللجان المركزية المتعاقبة لرابطة الشباب الصومالي، والتي تغيرت نفسها كل عام خلال هذه السنوات العشر. وبالفعل، يصبح تاريخ عبد الله مرتبطا بتاريخ رابطة الشباب الصومالي وصولاً إلى استقلال الصومال في عام ١٩٦٠. وسواء كان أمينًا عامًّا لرابطة الشباب الصومالي أو أول رئيس وزراء حتى عام ١٩٦٠، فقد ظهر عبد الله عيسى كشخصية مركزية في النضال من أجل استقلال الصومال. وكان التزامه وقيادته حاسمين في توجيه رابطة الشباب الصومالي خلال السنوات العاصفة التي سبقت الاستقلال، متجاوزًا التحديات الداخلية والضغوط الخارجية بمرونة وعزم. وليس من المبالغة التأكيد على أن مسار حياة عبد الله يعكس مسار رابطة الشباب الصومالي نفسها، مجسدًا رحلة الحزب من حركة تحرير مبكرة إلى منارة أمل لاستقلال الصومال. وخلال فترة ولايته أمينًا عامًّا ولاحقًا أول رئيس وزراء، نجد أن مختلف الحقائب الوزارية تجسد استمرار تطلعات ونضالات عبد الله عيسى.

السياق الثاني: الصومال تحت الإدارة الإيطالية والوصاية الأممية

بعد هزيمة إيطاليا الفاشية في الحرب العالمية الثانية، خصوصًا في مسرح العمليات في القرن الإفريقي عام ١٩٤١، تولت الإدارة العسكرية البريطانية السيطرة على معظم الأراضي الصومالية، باستثناء جيبوتي التي ظلت تحت السيطرة الفرنسية. وقامت الإدارة البريطانية بتفكيك الكثير من البنية التحتية الاقتصادية التي أنشأتها إيطاليا خلال الحقبة الفاشية.[١٥٧] من ناحية أخرى، شجعت السلطات البريطانية على الحريات الفردية وشجعت على تشكيل المنظمات السياسية التي كانت تتناقض بشكل حاد مع السياسات التقييدية

١٥٧– المشاريع المدمرة تشمل خط السكك الحديدية الذي يربط مقديشو - أفجوي - جوهر، جسر أفجوي، وإنتاج الملح في مناجم حافون، ماجيان، وقندلا.
See Paolo Tripodi, The Colonial Legacy in Somalia, 45.

للحكم الفاشي الإيطالي السابق. وقد تميزت فترة ما بعد الحرب بمداولات واسعة النطاق وغالبًا مثيرة للجدل بين القوى الحليفة الرئيسية الأربعة، وهي: الولايات المتحدة، والاتحاد السوفييتي، والمملكة المتحدة، وفرنسا، بشأن مصير المستعمرات الإيطالية السابقة. وكانت هذه المناقشات مدفوعة بمصالح جيوسياسية متباينة ورؤى مختلفة لمستقبل هذه المناطق؛ وهو ما أدى إلى عملية تفاوض مطولة وصنع قرار بشأن الحكم والسيادة على الأراضي المتضررة.

وبعد سنوات من الخلاف حول مستقبل الصومال الإيطالي السابق، السفير الهايتي السيد إميل سانت- لو في الأمم المتحدة صوت ضد اتفاقية بيفين- سفورزا التي اقترحت إعادة الصومال إلى إيطاليا دون وصاية الأمم المتحدة ودون تحديد فترة زمنية.[١٥٨] من ناحيته، وصف عبد الله عيسى هذه الاتفاقية بأنها "بقاء الاستعمار من أسوإ نوع".[١٥٩] وغيرت بريطانيا علاقاتها مع رابطة الشباب الصومالية واصطفت مع إيطاليا. وأرسل عبد الله عيسى برقية إلى رابطة الشباب الصومالية بشأن دور بريطانيا قائلاً: "تنوي بريطانيا الإمبريالية المشهورة اقتراح إعادة الحكم الإيطالي المكروه في الصومال مرة أخرى".[١٦٠] وبدلًا من ذلك، تمت الموافقة على اقتراح إعادة الصومال إلى إيطاليا تحت وصاية الأمم المتحدة لمدة عشر سنوات.[١٦١] وبالإضافة إلى ذلك، اقترحت الهند وباكستان إنشاء مجلس استشاري من ممثلين من مصر والفلبين وكولومبيا.[١٦٢] وتم تبني هذا الاقتراح من خلال القرار رقم ٢٨٩ للأمم المتحدة من قبل الجمعية العامة في اجتماعها رقم ٢٥٠ في ٢١ نوفمبر ١٩٤٩.[١٦٣] وفي تحليله لاتفاقية الوصاية، يعتبر محمد ترونجي الصومال حالة فريدة من نوعها للوصاية للآتي: أولاً: كانت هذه أول حالة يتم فيها تكليف قوة استعمارية سابقة مهزومة (إيطاليا)، ليست عضوًا في الأمم المتحدة، بإدارة مستعمرتها السابقة.[١٦٤] ثانيًا: تحديد فترة زمنية

١٥٨- إيرنيت بيفين كان وزير خارجية المملكة المتحدة خلال حكومة العمل بعد الحرب من عام ١٩٤٥ إلى ١٩٥١، وكارلو سفورزا كان وزير خارجية إيطاليا في الفترة من عام ١٩٤٧ إلى ١٩٥١.

١٥٩- Trunji, the Told History, second edition, 146.

١٦٠- Ibid., 156.

١٦١- Samatar, Africa's First Democrats, 48.

١٦٢- Ibid.

١٦٣- Mohamed Osman Omar, The Road to Zero: Somalia's Self-Destruction (Personal reminiscence. HAAN Associates, 1992, 14).

١٦٤- في ١٤ ديسمبر ١٩٥٥، وقّعت إيطاليا ميثاق الأمم المتحدة وأصبحت عضوًا في المنظمة.
See Pietro Pastorelli, Italy's Accession to the United Nations Organization. Available from https://www.diplomatie.gouv.fr/IMG/pdf/ONU_pietro_pastorelli.pdf (accessed on July 1, 2024).

قدرها عشر سنوات للإدارة كان تميزًا آخر. ثالثًا: إنشاء مجلس استشاري للأمم المتحدة للإشراف على السلطة الإدارية ميز وصاية الصومال عن الحالات الأخرى[١٦٥].

وبدأت الإدارة الإيطالية للصومال في الأول من إبريل ١٩٥٠؛ حيث نشرت ٥٠٠,٦ جندي تحت قيادة جيوفاني فورناري. كان ذلك قبل ثمانية أشهر من التوقيع الرسمي على اتفاقية الوصاية، التي دخلت حيز التنفيذ في ٢ نوفمبر ١٩٥٠ [١٦٦]. في بداية المهمة، أوضح جوزيبي بروساسكا، نائب وزير الخارجية، نوايا إيطاليا قائلاً: "عدنا لنثبت أننا قادرون على افتتاح سياسة جديدة في إفريقيا، ليست سياسة استغلال بعد الآن، بل تعاون"[١٦٧]. كانت الظروف العامة في الصومال صعبة للغاية. من بين سكان يبلغ عددهم ١٫٢٤٢ مليون، وكان هناك فقط ٠٠٠,٢٠ شخص يعيشون في بيوت حجرية. ونسبة الأمية ٠٫٦٪ فقط، وكان هناك طبيب واحد لكل ٠٠٠,٦٠ شخص.[١٦٨] ولخّصت الأمم المتحدة أهداف إنشاء صومال مستقل في خمسة نقاط رئيسية:

(١) إنشاء وتطوير منظمة حكومية إقليمية.

(٢) التنمية الاقتصادية والمالية.

(٣) تحسين التعليم.

(٤) التقدم الاجتماعي والرفاهية.

(٥) نقل السلطة من الإدارة إلى الحكومة المحلية[١٦٩].

وقد تميزت السنوات الثلاث الأولى بتحديات كبيرة واضطرابات. وشهدت السنوات الأولى من الحكم الإدارة صراعات شديدة مع رابطة الشباب الصومالية؛ حيث تم تقليص وإبعاد أو سجن العديد من مسؤولي رابطة الشباب الصومالية الذين كانوا ذا نفوذ سابقًا تحت الحكم البريطاني من قبل الإيطاليين. هذه الاستراتيجية التهميشية أدت إلى مظاهرات

١٦٥- Trunji, President Adan Abdulla, 41

١٦٦- Paolo Tripodi, "Back to the Horn: Italian Administration and Somalia's Troubled Independence," The International Journal of African Historical Studies 32, no. 2–3 (1999): 359–380.

١٦٧- Angelo Del Boca, "The Myths, Suppressions, Denials, and Defaults of Italian Colonialism," in A Place in the Sun: Africa in Italian Colonial Culture from Post-Unification to the Present, ed. Patrizia Palumbo (Berkeley: University of California Press, 2003, 17-37).

١٦٨- Patrizia Palumbo, ed., A Place in the Sun: Africa in Italian Colonial Culture from Post-Unification to the Present (Berkeley: University of California Press, 2003, 30).

١٦٩- Reviglio della Veneria, M., "The United Nations, Italy and Somalia: A 'Sui Generis' Relation 1948-1969," MA thesis, Utrecht Universiteit, 2014, 31.

واسعة، قمعتها الحكومة بصرامة.[١٧٠] ورفضت السلطات الإيطالية التي هيمن عليها الضباط الفاشيون السابقون التعاون مع رابطة الشباب الصومالية؛ وهو ما أدى إلى استمرار التوترات والمقاومة، وشكلت مشهدًا سياسيًّا مشحونًا خلال فترة الوصاية[١٧١].

ولتحضير الصومال للحكم الذاتي، أنشأت الإدارة الإيطالية مجلسًا إقليميًّا لتمثيل مجموعة واسعة من مصالح المجتمع في عام ١٩٥١. وتألف المجلس الإقليمي من ٣٥ عضوًا، ٢٨ منهم كانوا صوماليين؛ وكانت هناك "هيئة مركزية استشارية وتمثيلية تتحمل مسؤوليات جميع الأنشطة الحكومية، باستثناء السياسة الخارجية والسياسة".[١٧٢] وكان آدم عبد الله، نائب رئيس المجلس الإقليمي ممثلاً لرابطة الشباب الصومالية، له دور محوريّ في تحسين العلاقات مع الإيطاليين. وظهرت أول علامة واضحة على هذا التحسن في العلاقات في ١٥ مايو ١٩٥٣، خلال الاحتفال بالذكرى العاشرة لرابطة الشباب الصومالية. وفي هذه المناسبة المهمة، ألقى الدكتور بينيرديلي، وهو المسؤول السياسي للإدارة الإيطالية، خطابًا ترحيبيًّا تم استقباله بحرارة؛ وهو ما رمز إلى عهد جديد من التعاون[١٧٣]. ورغم هذه التطورات الإيجابية، حافظ عبد الله عيسى على موقف صارم ضد إيطاليا. كان هذا الموقف متناقضًا بشدة مع الأحزاب السياسية الصومالية الأخرى، التي أعربت عن رضاها عن تقدم الصومال خلال السنوات الثلاث الأولى من الحكم الذاتي[١٧٤].

في خطوة استراتيجية، حاول السفير الإيطالي في الأمم المتحدة إبعاد عبد الله عيسى من الولايات المتحدة، لكن هذه الجهود باءت بالفشل.[١٧٥] وبدلًا من ذلك، قررت رابطة الشباب الصومالي استدعاء عبد الله عيسى إلى الصومال، وتم استبداله بعبدالرزاق حاج حسين كجزء من سياسة جديدة للرابطة للتعاون مع الإدارة الإيطالية.[١٧٦] ومع ذلك، حاول الإيطاليون، المصممون على تأخير عودة عبد الله عيسى حتى بعد الانتخابات البلدية المقررة في ٢٨ مارس ١٩٥٤، استضافته في روما خلال رحلته إلى مقديشو. لكن هذه الخطة فشلت أيضًا؛ وهو ما سمح لعبد الله عيسى بالعودة إلى الصومال كما هو مخطط له[١٧٧].

وأُجريت أول انتخابات بلدية في جميع أنحاء الصومال في ٢٨ مارس ١٩٥٤؛ وهو ما يمثل علامة فارقة في التطور السياسي للإقليم. وبرزت رابطة الشباب الصومالية كقوة

١٧٠- Tripodi, The colonial legacy in Somalia, 46.

١٧١- Ibid., 57. Angelo del Boca, 30.

١٧٢- Tripodi, The colonial legacy in Somalia, 58.

١٧٣- Trunji, Untold History, 234.

١٧٤- Ibid, 235.

١٧٥- Ibid, 236.

١٧٦- Ibid, 236.

١٧٧- Ibid, 237.

سياسية مهيمنة؛ حيث فازت بـ ١٤١ من أصل ٢٨١ مقعدًا متنافسًا، محققةً انتصارًا حاسمًا يبرز شعبيتها ونفوذها على مستوى البلاد.[١٧٨] وقد أدى هذا النجاح الانتخابي إلى تحول ملحوظ في العلاقة بين رابطة الشباب الصومالية والإدارة الإيطالية. واعترافًا بالدعم الواسع والنفوذ السياسي لرابطة الشباب الصومالية، أقرت الإدارة الإيطالية بضرورة التعاون مع رابطة الشباب الصومالية لحكم الإقليم بفاعلية. دفع هذا الإدراك الإدارة الإيطالية إلى تبني نهج أكثر تعاونًا وتصالحًا تجاه رابطة الشباب الصومالية. من ناحية أخرى، أدركت رابطة الشباب الصومالية أهمية الحفاظ على علاقة بناءة مع الإدارة الإيطالية. واعترفت بأن العمل جنبًا إلى جنب مع الإدارة الإيطالية من شأنه أن يعزز موقفها السياسي ويعزز قدرتها على التأثير في الانتقال نحو الحكم الذاتي والاستقلال في نهاية المطاف.

وفي ١٢ أكتوبر ١٩٥٤، رُفع العلم الصومالي ذو اللون السماوي مع النجمة البيضاء جنبًا إلى جنب مع العلم الإيطالي ثلاثي الألوان على المكاتب الحكومية. وبحلول ذلك الوقت، تم إحراز تقدم كبير في قطاع الأمن والإدارة المدنية في الصومال، وكان هناك اتجاه ملحوظ نحو تمكين الصوماليين ومشاركتهم. ويعكس هذا التحول في التركيبة السكانية داخل الإدارة المدنية جهدًا متعمدًا لتوزيع السلطة وتعزيز الحكم المحلي، بما يتماشى مع الطموحات الأوسع للحكم الذاتي والاستقلال. وفي بداية عام ١٩٥٦، كان هناك أكثر من ٥,٠٠٠ موظف، منهم ٣٨٠,٤ من الصوماليين و٦٢١ فقط من الإيطاليين[١٧٩].

وشهد قطاع الخدمات الاجتماعية أيضًا تقدمًا كبيرًا خلال هذه الفترة، مع تحسينات ملحوظة في التعليم ومبادرات التدريب. وفي حين كان التقدم واضحًا في المجال الاجتماعي، ظل التطور الاقتصادي مصدر قلق ملح، مع جهود جارية لسد الفجوات القائمة وتحفيز النمو. واعترافًا بأهمية التقدم الاقتصادي، قدمت إيطاليا دعمًا حيويًّا لتعزيز ميزانية الإدارة؛ وهو ما سهّل مشاريع البنية التحتية ومبادرات الاستثمار لتعزيز الازدهار الاقتصادي. ومع ذلك، استمرت التحديات، لاسيما فيما يتعلق بالنزاعات الحدودية غير المحلولة مع إثيوبيا المجاورة، والتي استمرت في تشكيل عقبة كبيرة أمام الاستقرار والتعاون الإقليميين. وظلت معالجة هذه القضية القديمة أولوية للإدارة الصومالية، بينما كانت تسعى إلى حماية السيادة الوطنية وسلامة الأراضي.

كان عبد الله عيسى مبعوث الرابطة إلى نيويورك؛ حيث كان يسعى للحصول على حق تقرير المصير والوحدة للصومال وضد عودة الإيطاليين إلى الصومال تحت أي ظرف. وبقي هناك من عام ١٩٤٨ حتى عام ١٩٥٤، وكان عبد الرشيد علي شرماركي هو القائم بأعمال

١٧٨- Samatar, Africa's First Democrats, 58.

١٧٩- Tripodi, The Colonial Legacy in Somalia 75.

الأمين العام.[١٨٠] وقد تم استبدال عبد الله عيسى بعبدالرزاق حاج حسين كإشارة إلى تغيير العلاقات مع إيطاليا. وعند وصوله، وجد أن العلاقات بين رابطة الشباب الصومالية والإدارة الإيطالية قد تحسنت تحت حكم الحاكم أنزيلوتي. وتم حجب هذه المعلومات عن الجمهور خوفًا من تأثيرها على سمعة رابطة الشباب الصومالية كحركة مناهضة للإيطاليين. وشعر عبد الله عيسى بالاستياء من هذه العلاقات الودية مع إيطاليا، وبقي بعيدًا عن الحزب لفترة معينة، وتم تعيين محمود يوسف مورو نائبًا له[١٨١].

ومع ذلك، برز عبد الله عيسى كشخصية محورية في السياسة الصومالية. وفي انتخابات البرلمان عام ١٩٥٦، انتخب عبد الله عيسى من مقديشو؛ حيث حصل على ١٥٨٫٧ صوتًا، مقارنةً بيوسف عقال الذي حصل على ٣٨٢ صوتًا، وعثمان أحمد روبلي الذي حصل على ٨٨٢ صوتًا[١٨٢]، ثم تم ترشيحه كأول رئيس وزراء، وكُلف بتوجيه الأمة خلال فترة الانتقال والتوطيد. وبعد تعيينه رئيسًا للوزراء، عزز علاقته مع الإيطاليين وعمل بشكل وثيق معهم؛ وهو ما يتناقض مع موقفه الصارم المبكر، إشارة إلى نهج عملي ومرن في السياسة[١٨٣].

الثقافة السياسية لعبد الله عيسى

يُظهر التاريخ أن تقدم أي مجتمع يعتمد على أفعال نخبته السياسية. وتشير الثقافة السياسية للنخبة إلى معتقدات وقيم وعادات المشاركين المؤثرين داخل النظام السياسي. ويتميز المشهد السياسي السائد في الصومال أساسًا بسيطرة السياسة القائمة على العشائر، وتجارة العمليات الانتخابية، والتزوير الانتخابي، والاعتماد الكبير على الدعم الخارجي. ومع ذلك، وفي ظل هذه الثقافة السائدة، يقف بعض الأفراد داخل النخبة الحاكمة كمنارات لنهج مغاير؛ نهج يعزز الحكم الرشيد، ويدعم سيادة القانون، ويدعو إلى المساواة بين المواطنين، ويعارض بشدة الفساد. من بين هذه المجموعة المتميزة شخصيات، مثل: عبد الله عيسى، والرئيس آدم عبد الله، وعبد الرزاق حاج حسين. وتجسد هذه الشخصيات معًا نوعًا نادرًا من القيادة؛ قيادة تتجاوز الانتماءات العشائرية الضيقة، وتُعلي من شأن الرفاهية الجماعية للأمة.

إن ولاء عبد الله عيسى لرابطة الشباب الصومالية طوال تاريخها، الذي امتد على مدى ٢٢ عامًا، هو شهادة على التزامه الثابت بقيم الحزب على الرغم من التحديات والخلافات

١٨٠- Abdirizak, a political memoir, 65

١٨١- Trunji, Untold History, second edition, 249.

١٨٢- Ibid., 261

١٨٣- Ibid., 267

المصادفة في عمل الحزب. وفي فترة عمله، تميزت الحياة الحزبية بالاضطرابات السياسية والتحالفات المتغيرة، وثبت على موقفه على الرغم من مشاهدته مغادرة أو طرد العديد من رفاقه القدامى في الحزب. ولم يكن ولاؤه لرابطة الشباب الصومالية مجرد مسألة راحة، بل كان مبدأً عميقًا متجذرًا في إيمانه برؤية الحزب للصومال. حتى في لحظات الخلاف أو عدم الرضا عن أداء الحزب، ظل عبد الله عيسى مخلصًا، معترفًا بأهمية الحفاظ على الوحدة والتضامن داخل الصفوف. وفيما يلي تتضح الحلقات التي تشهد على استمراره في هذه الثقافة السياسية في أدواره المختلفة داخل الحزب والحكومة.

الثقافة السياسية لعبد الله عيسى كأمين عام رابطة الشباب الصومالية

أظهرت فترة عبدا لله عيسى الطويلة كأمين عام الثقة التي وضعها فيه أعضاء اللجنة المركزية لرابطة الشباب الصومالية والتزامه بمبادئ الحزب. وظل عبد الله عيسى رمزًا للثبات خلال فترة عمله التي امتدت لعقد من الزمن. وذلك على الرغم من التغيرات المستمرة في تشكيل اللجنة المركزية، وبقيت قيادته عنوانًا للاستمرارية والتماسك في السعي الدائم لتحقيق أهداف رابطة الشباب الصومالية. وشهدت اللجنة المركزية سلسلة من التحولات؛ حيث شهدت ٧ إعادة تشكيلات في السنوات العشر الأولى. وخلال هذه السنوات العشر، انضم ١١١ فردًا إلى اللجنة المركزية لرابطة الشباب الصومالية؛ وهو ما يؤكد دعمهم لعبد الله عيسى. وتعكس هذه اللجان المركزية السبعة ثقته وقدرته على تحقيق برنامج رابطة الشباب الصومالية.[١٨٤] كما تبرز قدرته على العمل مع اللجان المتعاقبة موثوقيته ودوره الفاعل في تعزيز أهداف الحزب. علاوة على ذلك، يتجلى الطابع الديناميكي لرابطة الشباب الصومالية خلال فترة ولاية عبد الله من خلال إدراج ٤٥ عضوًا جديدًا إلى اللجنة المركزية[١٨٥]. ولتوضيح الثقافة السياسية لعبد الله، من الضروري التعمق في الحلقات والأحداث التي تصور بوضوح سلوكه ونهجه في الدبلوماسية وميوله السياسية. وتتمثل واحدة من هذه القصص في دوره الكبير في الضغط من أجل حق تقرير المصير وتحقيق الوحدة للصومال.

ولقد كان وصول لجان القوى الأربع إلى الصومال في ٣ يناير ١٩٤٨، بداية جلسات الاستماع التي تهدف إلى قياس رغبات الشعب الصومالي بشأن إدارة أراضيهم. وأرسلت رابطة الشباب الصومالية، التي كانت قلقة من هذه الإجراءات، عبد الله عيسى إلى باريس للضغط ضد احتمال عودة إيطاليا إلى الصومال. وبقي عبد الله في نيويورك لفترة تزيد على

١٨٤– اطلع على قائمة اللجنة المركزية لـ LYS منذ إنشائها في عام ١٩٤٧ حتى نهايتها في عام ١٩٦٩. عند تحليل أعضائها خلال عشر سنوات (١٩٤٧–١٩٥٦)، تم إنتاج ١١١ عضوًا.
Trunji, Legacy, 199-202.

١٨٥– تم إنتاج هذه الأرقام من خلال تحليل قائمة اللجان المركزية لـLYS.، المرجع نفسه.

أربع سنوات (١٩٤٨-١٩٥٤) كمبعوث لرابطة الشباب الصومالية لدى الأمم المتحدة. وقد بدأ رحلته إلى المملكة المتحدة؛ حيث استقبله بعض أعضاء رابطة الشباب الصومالية بحرارة[١٨٦]. وعلى الرغم من رفض تأشيرة الدخول إلى باريس بهدف المشاركة الفاعلة في اجتماع الوصاية الذي عقد في باريس، الا ان شخصا صوماليا يدعى علي نور، الذي كان يعيش في لندن، قام بتهريب عبد الله عيسى إلى باريس؛ حيث كانت القضية الصومالية محور النقاش بين المجتمعين.[١٨٧] وعلى الرغم من منعه من مخاطبة اللجنة، انتقل عبد الله إلى نيويورك. وفي الأمم المتحدة، قدمت الخطة النهائية لخطة بيفن- سفورزا التي تؤيد إدارة إيطاليا للصومال تحت وصاية الأمم المتحدة بدون تاريخ محدّد. ووصف عبد الله عيسى خطة بيفن- سفورزا لرابطة الشباب الصومالي التي نظمت مظاهرة ضخمة في ٥ أكتوبر ١٩٤٩ التي قتل في أثنائها على الأقل خمسة أشخاص وأصيب ١٢ آخرون.[١٨٨] تحدى السفير الهيتي، السيد إميل سانت- لو، تعليمات بلاده للتصويت على خطة بيفن- سفورزا.[١٨٩] اختلف سفير جمهورية هايتي مواقف الدول الأمريكية اللاتينية الأخرى المعروفة بدعمها لإعادة إيطاليا إلى أراضيها الإفريقية السابقة. وكان سفير جمهورية هايتي صديقًا لعبد الله عيسى، وكان على دراية جيدة بمحنة الشعب الصومالي. ووعده لعبد الله عيسى بدعم الصومال. قد تكون متأثرًا بالقرارات التي اتخذت للمستعمرات الإيطالية السابقة الأخرى، مثل: إريتريا وليبيا، ونقص الدعم لقضية الصومال.

يعد التصويت الإيجابي لسفير هيتي أحد نجاحات عبد الله عيسى في كسر مشروع بيفين- بفورزا لإعادة الصومال إلى إيطاليا دون شروط مرفقة. علاوة على ذلك، اقترحت الهند وباكستان إنشاء مجلس استشاري يضم مصر والفلبين وكولومبيا. وخلال الدورة العادية الرابعة في ٢١ نوفمبر ١٩٤٩، تبنت الجمعية العامة للأمم المتحدة بأغلبية ساحقة

١٨٦—Samatar,

١٨٧—Ibid

١٨٨—تُسمى هذه الحادثة «طغح تور» في التاريخ الصومالي، وتمت إقامة نصب تذكاري ضخم في المكان الذي واجهت فيه القوات البريطانية.
Abdirizak, A Political Memoir, 68-69.

١٨٩—تم تكريم السفير إميل سانت لوت بوسام النجمة الصومالية من قبل رئيس الصومال، آدم عبد الله، في ٢٦ أغسطس ١٩٦١، كما تم تعيينه مستشارًا للسفارة الصومالية في نيويورك.
Mohamed Trunji, a Haitian Diplomat who, openly defied his government to Support the Somali cause at the UN. November 23, 2022. Available from https://www.hiiraan.com/op4/2022/nov/188832/haitian_diplomat_who_openly_defied_his_government_to_support_the_somali_cause_at_the_un.aspx (accessed on April 3, 2024)

قرار وضع الصومال تحت وصاية إيطاليا.[١٩٠] وبقي عبد الله في نيويورك لمدة عامين تقريبًا (يناير ١٩٤٨–٢١ نوفمبر ١٩٤٩) قبل اعتماد القرار النهائي للأمم المتحدة. وبعد ذلك، بقي في نيويورك لمدة عامين تقريبًا حتى عام ١٩٥٤، يقدم التماسات بلا كلل إلى الأمم المتحدة؛ وهو ما يظهر ولاءه لحزبه وتفانيه في مبادئ تحرير الصومال من الاستعمار.

وخلال فترة ولايته أمينًا عامًّا، أظهر عبد الله عيسى ثقافة سياسية مميزة تميزت بتفانيه في تعزيز الثقة داخل اللجنة المركزية لرابطة الشباب الصومالية. وكان التزامه بمبادئ رابطة الشباب الصومالية، لاسيما أهمية الوحدة الصومالية، واضحًا في أفعاله وأسلوب قيادته. قاد إيمان عبد الله عيسى بهذه المبادئ نهجه في بناء علاقات متماسكة وفعالة داخل المنظمة؛ وهو ما ساهم في نجاح واستمرارية مهمة رابطة الشباب الصومالية. وساعد تركيزه على الثقة والوحدة في ترسيخ سمعته كقائد يعطي الأولوية لرفاهية بلاده وشعبه.

الثقافة السياسية لعبد الله كرئيس للوزراء

تم استدعاء عبد الله عيسى إلى الصومال في عام ١٩٥٤ بعد التقارب بين رابطة الشباب الصومالي والمدير الإيطالي في الصومال، وخلفه عبد الرزاق حاج حسين، الذي تبنى رؤية جديدة للتعاون مع إيطاليا. وعند عودته، شعر عبد الله بخيبة أمل من تصالح رابطة الشباب الصومالي مع إيطاليا، واختار أن يبتعد عن المشاركة في اللجنة المركزية لرابطة الشباب الصومالي.[١٩١] ومع ذلك، تم إقناعه في النهاية واستأنف واجباته العادية داخل الحزب. وقد أوصت جميع الفصائل السياسية بشكل جماعي بتعيين عبد الله عيسى رئيسًا للوزراء. وكان آدم عبد الله عثمان من مؤيديه الأقوياء، والذي امتنع عن التصويت على اقتراح رابطة الشباب الصومالي بتعيين آدم لمنصب رئيس الوزراء، وبدلاً من ذلك أيد عبد الله عيسى.[١٩٢] وبدعم من هذه الثقة الواسعة النطاق من الطيف السياسي، قام إنريكو أنزيلوتي، الإداري، بتعيين عبد الله عيسى رئيسًا لوزراء الحكومة الصومالية بعد فوز رابطة الشباب الصومالي بانتخابات ما أسماه أحمد خيري "الديمقراطية التجريبية"[١٩٣]. وبعد

١٩٠– United Nations, Draft Trusteeship Agreement for the Territory of Somaliland under Italian Administration: Special Report of the Trusteeship Council, General Assembly Official Records: Fifth Session, Supplement No. 10 (A/1294) (Lake Success, New York, 1950)

١٩١– Samatar, Africa's First Democrats, 57.

١٩٢– Abdirizak, a Political Memoir, 113.

١٩٣– Ahmed Ali M. Khayre, "Somalia: An Overview of the Historical and Current Situation," Social Science Research Network, 2016, 15. https://www.academia.edu/24800571/ (accessed April 30, 2024).

تعيينه رئيسًا للوزراء، اعتبر توحيد جميع الأراضي الصومالية أولوية لحكومته. وكما يروي آي إم لويس، فقد صرح عبد الله عيسى أمام جلسة البرلمان بما يلي:

> "وأوضح عبد الله عيسى أن برنامج حكومته أمام البرلمان الصومالي أعطى المركز الأول لتوحيد الأراضي الصومالية. الصومال، فقد قال للجمعية إنهم من عرق واحد، ويعتنقون الدين نفسه، ويتكلمون لغة واحدة. إنهم يسكنون منطقة شاسعة تشكل بدورها وحدة جغرافية محددة جيدًا. ويجب أن يعلم الجميع أن حكومة الصومال سوف تبذل قصارى جهدها، بالوسائل القانونية والسلمية، التي هي من صلاحياتها الديمقراطية لتحقيق هذه الغاية: اتحاد الصوماليين يشكل صومالًا عظيمًا واحدًا"[١٩٤].

أسلوب قيادة عبد الله عيسى يمكن توصيفه بشكل أفضل بأن قيادته توافقية؛ حيث يتكيف نهجه استنادًا إلى الظروف والسياق المحدد. ويُعرف قادة التوافقية بمرونتهم وقدرتهم على تخصيص استراتيجيات القيادة لتناسب احتياجات الوضع. وتحليل ثقافة عبد الله عيسى السياسية المبكرة كرئيس وزراء صومالي أول في عام ١٩٥٦ مدفوع بقيادته التوافقية، التي تتطلب المرونة والعملية والحزم عند الضرورة. وتوليه منصب رئيس الوزراء وتوجيه مجلس الوزراء شكل تحولاً عميقًا لعبد الله عيسى ورفاقه. تميزت رحلتهم بفارق بارز: إنهم أفراد متعلمون بشكل ذاتي بشكل كبير ينتقلون في أراضٍ غير مألوفة في مجال الحكم مع موارد اقتصادية محدودة.[١٩٥] وكان التحول من الحركات الوطنية المثالية إلى حكم المجتمعات القبلية يشكل تحديًا فريدًا، بدون سابقة لإدارة الدولة الحديثة. ومع هذا الانتقال كانت الحاجة ملحة لتحقيق توازن حساس بين المثل الطموحة والواقعيات العملية التي تحكم مجتمعات متنوعة وغالبًا ما تكون متفتتة.

في البداية، تم اختيار مجلس الوزراء الافتتاحي بعناية من صفوف رواد رابطة الشباب الصومالية، مستمدًا أساسًا من الهوية والدارود؛ وهو ما أدى إلى تهميش التمثيل عن باقي الفصائل والتيارات السياسية.[١٩٦] وأثارت هذه الحصرية في التمثيل مخاوف حول الشمولية والحكم العادل؛ وهو ما دفع إلى مناقشات حول ضرورة توسيع التمثيل لتعزيز الوحدة الوطنية والتماسك. على الرغم من اقتراح رئيس البرلمان آدم عبد الله لتشكيل حكومة ائتلافية مع

١٩٤– I. M. Lewis, A Modern History of the Somali: Revised, Updated & Expanded, 4th ed. (Ohio University Press, 2002, 161).

١٩٥– Paolo Tripodi, "Back to the Horn, 369.

١٩٦– تألفت الحكومة من ثلاثة وزراء، بمن فيهم رئيس الوزراء من عشيرة الهوية (٢ من هبر جدير/سعد، واحد من هوادلي)، ووزيران من دارود (مجيرتين)، ووزير واحد من در.

حزب سياسي آخر، رفضت اللجنة المركزية لرابطة الشباب الصومالية. واتهم حزب دستور مستقل الصومالي الحكومة بمحاباة الرحالة وإقصاء سكان المزارعين في المناطق الجنوبية. وأصبحت ثقافة عبد الله عيسى السياسية بارزة، عند ما أدرك أهمية التعامل مع الشكاوى والمشاعر القبلية داخل المشهد السياسي. وباستجابته بشكل عملي لهذه القضايا، قام بتغيير سياسي كبير عن طريق تشكيل مجلس الوزراء المكون من ١٥ عضوًا في عام ١٩٥٩. ووضع التركيز في هذا الوقت على تحقيق توازن قبلي، مع تعيينات مستمدة من هوية ودارود وديجل وميرفلي؛ وهو ما يعكس حكومة أكثر شمولاً وتمثيلية.[١٩٧] وفي الواقع، لم يكن ما ظهر تمثيلاً حقيقيًّا للأحزاب السياسية، بل كان انعكاسًا للانتماءات القبلية داخل رابطة الشباب الصومال، والتي كانت تهدف إلى تقاسم السلطة بين القبائل، وهمشت فعليًّا أهمية الأحزاب السياسية وأيديولوجياتها. هذا النهج اختزل المشهد السياسي إلى مجرد توازن لمصالح القبائل، بدلاً من تعزيز حوار سياسي صحي قائم على القضايا.

وكان من الممكن أن تكون الاستراتيجية الأكثر فاعلية هي تشكيل حكومة ائتلافية تدمج الأحزاب السياسية بشكل حقيقي، مع مراعاة واحترام الهوية القبلية. مثل هذا الائتلاف كان سيسمح بهيكل حوكمة أكثر قوة وشمولية؛ حيث يمكن للأحزاب السياسية التعاون بشأن القضايا الوطنية مع الحفاظ على وعي بديناميات القبائل. وكان من شأن هذا النهج أن يعزز المؤسسات السياسية ويشجع على هوية وطنية أكثر توحيدًا، بدلاً من ترسيخ الانقسامات القائمة على الولاءات القبلية. وبالفعل، لم يتم تمثيل الفئات الأقلية والنساء في مجلس الوزراء. هذا الإغفال يبرز فجوة حرجة في تكوين الحكومة، ومع ما تعكسه الاختلافات المجتمعية الأوسع في المشاركة السياسية والتمثيل، أثارت المرونة في الشمولية القبلية غضب بعض أعضاء رابطة الشباب الصومالية البارزين الذين انتقدوا الحكومة لعدم القدرة، والأعداد الكبيرة، وتوازن القبيلة.[١٩٨] وقد أصر عبد الله عيسى على موقفه وطرد اللجنة المركزية هؤلاء الأعضاء من الحزب. ومع ذلك، تم تهدئة الوضع من خلال المصالحة والوحدة بين الأعضاء في الحزب[١٩٩].

وخلال هذه الفترة، ظهرت ظاهرة ملحوظة، وهي مطالبة القبائل أعضاءها بتمثيلها في البرلمان بدلا من تمثيل الأحزاب السياسية أو الدوائر الانتخابية؛ وهو ما يعكس عدم فهمهم لأنظمة الدولة الحديثة والسياسة، ويدل على القدرة المنخفضة على التعليم

١٩٧- لم يكن أعضاء حزب LYS، وخاصة أعضاء دارود، راضين عن الوزراء الجدد في المجلس؛ وهو ما خلق صدعًا داخل حزب LYS، وأصبح هذا الصدع يمتد على أساس عشائري بين الهوية ودارود. وتم حل هذا النزاع من خلال آليات حل النزاعات التقليدية، وعاد الحزب للتوحد مرة أخرى.

١٩٨- Samatar, Africa's First Democrats, 72. Trunji, the Told History, volume two, 339.

١٩٩- Abdirizak, a Political Memoir, 126-130.

والقدرة لدى الناس بشكل عام. علاوة على ذلك، بدت رغبة تولي المناصب الوزارية أكثر تحديًا، مع تردد كبير بين الأفراد المعنيين، بسبب الأهلية التعليمية المطلوبة لهذه الأدوار. وعلاوة على ذلك، بالنسبة لأولئك الذين وافقوا على الانضمام إلى مجلس الوزراء، كانت فاعليتهم مدعومة بتوجيه المستشارين الإيطاليين الذين كانوا يقدمون تقارير مباشرة إلى المسؤول الإيطالي. واستبدلوا بخبراء يعملون ويقدمون تقارير إلى الوزراء الصوماليين بعد عام ٢٠٠. ويصف تقرير سري من القنصلية البريطانية العامة في مقديشو عام ١٩٥٧ قدرات الصوماليين في إدارة الدولة الحديثة؛ حيث يقول:

> "عندما قرر المسؤول تشكيل حكومة صومالية، كان من الصعب أن يتم العثور
> على ستة أعضاء صوماليين من الجمعية التشريعية يكفون للبدء في مهمة أن
> يصبحوا وزراء، وإذا استقالوا اليوم، فإنه من الصعب تقريبًا العثور على ستة
> آخرين"٢٠١.

علاوة على ذلك، واجهت حكومة عبد الله عيسى تحديات عديدة تتطلب اتخاذ إجراءات حاسمة تتجذر في الأطر القانونية أو اللجوء إلى آليات تسوية النزاعات التقليدية. وأظهر عبد الله عيسى مرونة ملحوظة في التنقل في هذه التعقيدات، مع التركيز غالبًا على الهدف الرئيسي للوحدة الوطنية فوق كل شيء آخر. وعندما بدت الإجراءات القانونية الرسمية غير عملية أو غير كافية لمعالجة القضايا العاجلة، كان عبد الله على استعداد للتعامل مع آليات تسوية النزاعات التقليدية.

وعلى سبيل المثال، واجه عبد الله عيسى صراعات متكررة مع وزير الداخلية حاج موسى بقر؛ وهو ما استدعى منه التعامل مع تسويات حساسة واتخاذ إجراءات حاسمة. الحادثة الأولى نشأت عندما عين حاج موسى بقر ابن عمه حاج موسى سمتر مديرًا للسجن المركزي في مقديشو دون أخذ موافقة من مجلس الوزراء. وعلى الرغم من أن رئيس الوزراء حذر حاج موسى من هذا الإغفال، امتنع عن عكس هذا التعيين. وقد وقع النزاع الثاني عندما قاوم حاج موسى بقر التعاون مع رئيس الوزراء المؤقت الشيخ علي جمعالي في مواجهة تدخل حاج محمد حسين، رئيس رابطة الشباب الصومالية، في شؤون الحكومة أثناء رحلة رئيس الوزراء الخارجية. وامتنع حاج موسى عن العمل في وزارته وأثر على وزير المالية، صالح عبدي محمود، الذي ينتمي إلى العشيرة نفسها. وردًا على ذلك، تولى رئيس الوزراء بحزم مسؤولية وزارتي الداخلية والمالية، ونقل على الفور أولئك

٢٠٠- Trunji, the Untold History, volume two, 269.
٢٠١- quoted by Trunji, Ibid.

128

الذين دعموا حاج موسى بقر إلى مناطق مختلفة، مثل حاكم مقديشو. ومع ذلك، وبعد جهود المصالحة، وافق حاج موسى بقر على استئناف مهامه؛ وهو ما دفع رئيس الوزراء إلى عكس أوامره، وبالتالي تفجير الأزمة[٢٠٢].

أما الحادث الثالث، فقد وقع عندما أعاد حاج موسى بقر بشكل منفرد فتح مكاتب رابطة الصومال الكبرى وحزب بنادر في مقديشو، والتي كانت قد أُغلقت بأمر حكومي بسبب اتهامات بالعنف وإثارة النظام العام.[٢٠٣] وكانت رابطة الصومال الكبرى مرتبطة بحاج محمد حسين، رئيس رابطة الشباب الصومالية السابق المطرود من الحزب بسبب أيديولوجيته اليسارية. وردًا على ذلك، طالب رئيس الوزراء باستقالة حاج موسى بقر أو هدد بالاستقالة، مشيرًا إلى موقفه الثابت ضد التنازل عن المبادئ.[٢٠٤] وقد وقع حدث ملحوظ آخر في عام ١٩٥٩، بعد تشكيل مجلس الوزراء الكبير المتوازن من القبائل؛ حيث تم طرد ثلاثة عشر عضوًا من رابطة الشباب الصومالية الذين عارضوا الحكومة من الحزب؛ فقط ليتم استعادتهم لاحقًا من خلال آلية تسوية نزاعات تقليدية. وتؤكد مثل هذه الحوادث براعة عبد الله عيسى في التنقل في ديناميات سياسية معقدة واستعداده للتسوية للحفاظ على الاستقرار والوحدة، كما تظهر تقديره للواقعية في التعامل مع المجتمع القبلي والتزامه الثابت بالحفاظ على نزاهة مؤسسات الحكومة والمبادئ، حتى في وجه التحديات الداخلية.

تقييم الأجندات السياسية لعبد الله عيسى كرئيس للوزراء

من المؤشرات البارزة على قيادة عبد الله عيسى مؤشر التعامل الماهر مع ثلاث قضايا رئيسية، وهي: الأولى صياغة الدستور المؤقت، وما ينطوي على استشارات واسعة مع خبراء قانونيين وأصحاب مصلحة سياسية ومستشارين دوليين، والثانية إجراء انتخابات بلدية ووطنية في عام ١٩٥٩، والثالثة مشروع الصومال الكبير وتوحيد الجزء الجنوبي تحت الإدارة الإيطالية مع محمية بريطانيا للصومال. بالإضافة إلى ذلك، يجب بناء مؤسسات الدولة وتعزيز قدرات المسؤولين العامين وأجهزة الأمن بموجب إدارة الإيطالية في إطار التكليف الأممي للولاية الاستشارية.

٢٠٢- Trunji, The Untold History, volume two, 332-4.

٢٠٣- Samatar, Africa's First democrats, 67.

٢٠٤- Ibid., 68.

صياغة الدستور المؤقت

فيما يتعلق بتطوير دستور صومالي مؤقت، بدأ مجلس الوزراء وقادة الجمعية التشريعية في صياغة دستور يكون جاهزًا قبل تاريخ استقلال الصومال. وتم تشكيل لجنتين لتحقيق هذا المشروع: لجنة سياسية برئاسة رئيس البرلمان آدم عبد الله عثمان، ورئيس الوزراء عبد الله عيسى، ولجنة فنية برئاسة البروفيسور جوزيبي أوريليو كوستانزو. وقد تضمنت هذه اللجنة الفنية خبراء دوليين من الأمم المتحدة ودول أخرى مثل مصر. واستخدمت اللجنة دساتير مختلفة موجودة كمراجع، خاصة النموذج الدستوري الإيطالي؛ نظرًا لتأثيره على النظام القانوني في الصومال الذي أدارته إيطاليا تحت الانتداب الأممي. وتم تحويل الجمعية التشريعية بعد ذلك إلى جمعية تأسيسية للموافقة على الدستور ومعالجة الشؤون التشريعية. وبناءً على توصية الأمم المتحدة، تم تضمين ممثلين من جميع الأحزاب السياسية القائمة والمنظمات الاجتماعية الأساسية في الجمعية التأسيسية لضمان التمثيل الأوسع. وعلى الرغم من تردد الحكومة الأولي، تم قبول الاقتراح.[٢٠٥] ولقد أدخلت اللجنة السياسية مبدأً مهمًّا، ألا وهو اعتماد الإسلام كمصدر أساسي للقوانين الدولة؛ وهو ما منح الدستور طابعًا إسلاميًّا مميزًا. وفيما يتعلق بشكل الحكومة، دعم حزب ديجل وميرفلي لنظام فيدرالي بينما دعم حزب رابطة الشباب الصومالي وغيره من الأطراف نظام حكم مركزي وحدوي. وعندما عقدت مؤتمر الصومال الكبير في مقديشو في ١٦-٢٣ أبريل ١٩٦٠، تم التوصل إلى اتفاق، جاء فيه: "يجب أن تتحد المنطقتان في ١ يوليو ١٩٦٠. وستكون الجمهورية الجديدة دولة موحدة وديمقراطية وبرلمانية، وسيتم دمج الهيئة التشريعية للكيانين الصوماليين: الجنوبي والشمالي في مجلس وطني".[٢٠٦] وتم تسليم مشروع الدستور إلى الوفد من محمية أرض الصومال لمراجعته من قبل جمعيتهم التشريعية، وتم دمج تعليقاتهم في الدستور.[٢٠٧] ووافقت الجمعية التأسيسية على مشروع الدستور في ٢١ يونيو ١٩٦٠، قبل أكثر من أسبوعين من استقلال الصومال في ١ يوليو[٢٠٨].

الانتخابات الديمقراطية

تنفيذًا لتفويضها المتعلق بدمقرطة الإقليم الخاضع لإدارتها، نظّمت الإدارة الإيطالية أول انتخابات بلدية في عام ١٩٥٤، والتي مثّلت محطة بارزة في مجال الحكم المحلي،

٢٠٥- Truni, President Adan, 68.
٢٠٦- Poalo Contini, the Somali Republic, 8.
٢٠٧- اقترحت الجمعية في أرض الصومال المادتين ٨٨ و٨٩، وتم إدراجهما في الدستور.
See Samatar, Africa's Democrats, 83.
٢٠٨- bid. Truni, President Adan, 68.

حيث برزت رابطة الشباب الصومالي كقوة سياسية مهيمنة بحصولها على ١٤١ مقعدًا من أصل ٢٨١، مما ساهم في تحسين العلاقات بينها وبين الإدارة الإيطالية.٢٠٩ ولعب إنريكو أنزيلوتي، أحد الإداريين الإيطاليين، دورًا محوريًا في هذا التقارب رغم مغادرته الصومال عام ١٩٥٨ ونيله تقديرًا واسعًا من الحكومة الصومالية لدوره في إرساء بيئة ديمقراطية وسلمية.٢١٠ وفي عام ١٩٥٦، شكّل انطلاق عملية «الصوملة» نقطة تحوّل كبيرة تمثلت في استبدال الموظفين الإيطاليين بمسؤولين صوماليين، وأُنشئت هيئة تشريعية من ٧٠ مقعدًا خُصص منها عشرة للأقليات، ما أتاح للرابطة التي حصدت ٤٣ مقعدًا تشكيل أول حكومة صومالية برئاسة عبد الله عيسى، رغم احتفاظ رئيس إدارة الوصاية بحق النقض المطلق.٢١١ ومن التطورات المهمة أيضًا منح النساء الصوماليات حق التصويت الكامل في انتخابات أكتوبر ١٩٥٨ البلدية.٢١٢ تلتها الانتخابات البرلمانية الثانية في مارس ١٩٥٩، والتي بدأت بمقاطعة شاملة من الأحزاب، لكن بعضها أنهى المقاطعة، باستثناء الحزب الدستوري المستقل الصومالي وعصبة الصومال الكبرى، بينما تمكنت رابطة الشباب من الفوز بـ٨٣ مقعدًا من أصل ٩٠ في المجلس التشريعي الموسع.٢١٣ وقد واجهت العملية الانتخابية انتقادات من المجلس الاستشاري الأممي، والقنصل العام الأمريكي، و١٣ عضوًا بارزًا من داخل الرابطة، إلا أن الإداري الإيطالي ماريو دي ستيفانو نجح في تسوية الأزمة دعمًا للرابطة، فيما لجأت الرابطة إلى الأساليب الصومالية التقليدية لحل الخلافات الداخلية، ما يؤكد استمرارية دور الممارسات المحلية في إدارة الأزمات السياسية.٢١٤ ومع ذلك، فإن النخبة السياسية الصومالية افتقرت إلى النضج اللازم لبناء نظام ديمقراطي مستقر وبنية حزبية فعالة، مما دفعها إلى الاعتماد المتواصل على الأساليب التقليدية التي اعتادتها وتقبلتها لحل الأزمات

٢٠٩- Tripodi, Paolo, *Back to the Horn*.

٢١٠- In recognition of his efforts, he became the only Italian dignitary to receive the prestigious Somali Star, the nation's highest award, upon Somalia's independence in 1960. His legacy also lives on in Mogadishu, where a neighborhood was named Quartier Anzilotti in his honor. Mohamed Aden Sheikh, *Back to Mogadishu: Memoirs of a Somali Herder* (Barkin Publishing 2021), 60–61.

٢١١- The ten seats were allocated to Italians, Pakistanis, Indians, and Arabs. See Abdurahman Abdullahi, *Making Sense of Somali History*, Volume One (Adonis & Abbey 2017), 136.

٢١٢- Abdullahi, *Making Sense of Somali History*, volume two, 196.

٢١٣- Lewis, I.M. *A Modern History of the Somali: Revised,* 145.

٢١٤- Trunj, *The Untold History*, 399–444

أجندة الصومال الكبير وتوحيد الجنوب والشمال

كان الصومال الكبير من أولويات حزب رابطة الشباب الصومالية وحكومة عبد الله عيسى، كما أشار لذلك في برنامج حكومته في عام ١٩٥٦. ولتحقيق هذه الأجندة، دعا عبد الله عيسى كبار الشخصيات من أرض الصومال في سبتمبر ١٩٥٨، وسافر وفد من أرض الصومال إلى مقديشو لمناقشة الوحدة المحتملة بين الإقليمين. واتفق كلا الجانبين على ضرورة توحيد أجزاء الصومال المقسمة، معبرين عن الطموح المتزايد نحو الوحدة الوطنية.[٢١٥] ودعم وزير الاستعمار البريطاني لرغبات الشعب الصومالي، مشيرًا إلى خطوة نحو الحكم الذاتي. بالإضافة إلى ذلك، زار حاكم صومالاند، دوغلاس هول، مقديشو، والتقى بقادة حركة الشباب الصومالي ورئيس الوزراء عبد الله عيسى. وأعرب عن تأييد حكومته لتوحيد الصومال.[٢١٦] هذا التفاعل على المستوى العالي أكد الدعم المتزايد لعملية التوحيد من الكيانات المحلية والدولية. وبحلول نوفمبر ١٩٥٨، زار وفد برئاسة رئيس البرلمان آدم عبد الله عثمان هرغيسا لقياس الرأي المحلي تجاه التوحيد. ووجدوا دعمًا قويًّا من بين السكان، مؤكدين الرغبة الواسعة في صومال موحد. هذه الاستجابة الواعدة أكدت مزيدًا من جهود التوحيد، وأشارت إلى رؤية مشتركة لمستقبل موحد للشعب الصومالي.[٢١٧]

وقد سافر وفد من أرض الصومال إلى لندن للمشاركة في مناقشات عالية المستوى حول مستقبل منطقتهم مع مراقبين من الصومال الجنوبي.[٢١٨] وخلال هذه المحادثات، تم اتخاذ قرار مهم، وهو: تحديد تاريخ استقلال أرض الصومال ٢٦ يونيو ١٩٦٠. وشارك وفد بقيادة رئيس البرلمان آدم عبد الله عثمان، في احتفالات استقلال أرض الصومال.[٢١٩] وتم تحديد هذه المعلمة التاريخية لتتماشى تمامًا مع التاريخ المخطط لاستقلال الجزء المدار بالإيطالية من الصومال، والمحدد له ١ يوليو ١٩٦٠ر.[٢٢٠] وتم اختيار هذا التوقيت الاستراتيجي لتيسير الانتقال السلس إلى إنشاء الجمهورية الصومالية، موحدًا الإقليمين السابقين المنفصلين إلى دولة ذات سيادة واحدة. وبعد تحقيق الاستقلال، جسدت وحدة

٢١٥– Samatar, Africa's First Democrats, 81.

٢١٦– Ibid., 80

٢١٧– Ibid.

٢١٨– مثّل عبد القادر زوبو ومحمد يوسف مورو حزب LYS في المفاوضات النهائية للوفد الشمالي مع الحكومة البريطانية، والتي قررت أن يكون الاستقلال في ٢٦ يونيو ١٩٦٠. Ibid., 83-4.

٢١٩– Ibid.

٢٢٠– هذا التاريخ متأخر بشهرين عن السنوات العشر المحددة لمنح الاستقلال للصومال عندما نحسب من تاريخ تولي إيطاليا إدارة الصومال في الأول من إبريل ١٩٥٠، كما كان مبكرًا بأربعة أشهر عندما وقعنا على اتفاقية الوصاية الرسمية في الثاني من نوفمبر ١٩٥٠.

الجزأين من الصومال ميلاد الجمهورية الصومالية. وقد لقي هذا الحدث ترحيبًا كبيرًا وآمالاً عالية في مستقبل الأمة. وفي ١ يوليو، انتخب حاج بشير إسماعيل (١٩١٢-١٩٨٤) لتكون المتحدث المؤقت، وتم انتخاب آدم عبد الله رئيسًا مؤقتًا للصومال. وفي ٢٦ يوليو، انتخب جامع عبد الله غالب رئيسًا للبرلمان، كما تم تعيين عبد الرشيد علي شرماركي رئيسًا للوزراء في ١٢ يوليو ١٩٦٠. وبالفعل، كان عبد الرشيد من بين القلائل الذين كانوا مؤهلين تعليميًّا بين المتنافسين على رئاسة الوزراء؛ حيث حصل على منحة دراسية ودرس علم السياسة في جامعة سابينزا بروما[٢٢١].

ثقافة عبد الله عيسى السياسية (١٩٦٠-١٩٦٩)

على عكس بعض التوقعات، لم يُعيّن عبد الله عيسى رئيسًا للوزراء للجمهورية الصومالية الجديدة المستقلة في عام ١٩٦٠. وكان هذا يعد مفاجأة بالنظر إلى خبرته الواسعة كأمين عام لرابطة الشباب الصومالية وفترته كأول رئيس للوزراء لإدارة الوصاية التابعة للأمم المتحدة على الإدارة الإيطالية منذ عام ١٩٥٦. وتؤكد مبادئ رابطة الشباب الصومالية على عدم التركيز على انتماءات العشائر، والتي كان من الممكن أن تدعم تعيين عبد الله عيسى. وخلال فترة ولايته في المنصب في عام ١٩٥٦، اكتسب عبد الله عيسى خبرة كبيرة بعد تشكيل حكومة غير مبنية على العشيرة.[٢٢٢] لذلك، قام بمراجعة تكوين الحكومة في عام ١٩٥٩ بهدف تمثيل كل العشائر الرئيسية بعدما أظهرت الرؤية الرومانسية لرابطة الشباب الصومالية عدم قابليتها للتطبيق في المجتمع الصومالي المبني على العشيرة. لكن هذا النهج تعرض لانتقادات من بعض قيادات رابطة الشباب الصومالية الذين كانوا يفتقرون إلى خبرة في الحكم، ولكن أظهروا التزامهم بأفكار رابطة الشباب الصومالية. وبناءً على هذه العوامل، خاصةً أن عبد الله عيسى ينتمي إلى العشيرة نفسها التي ينتمي إليها الرئيس آدم عبد الله، فإن تعيينه رئيسًا للوزراء غير مناسب لتجنب اتهامات محتملة بالمحسوبية أو التحيز داخل الحكومة الجديدة. وقد تكون هناك أسباب أخرى بالإضافة إلى عوامل العشيرة التي منعت عبد الله عيسى من ترشحه رئيسًا للوزراء.

٢٢١- Europa Publications Limited, p.970.

٢٢٢- لم يأخذ رئيس الوزراء عامل العشيرة بعين الاعتبار عند تشكيل المجلس الأول للوزراء. وكانت حكومته تتألف من ستة وزراء: ثلاثة هوية، ووزيران دارود، ووزير در. وكان اثنان من وزراء الهوية من فرع سعد من هبر جدير (عبد الله عيسى وحاج فرح علي)، والشيخ علي جمالي (حوادلي). بينما كان الوزيران الدارود من فرع مجيرتين (حاج موسى بوقر، صالح عبدي محمود). أما الوزير عن فرع در، فكان محمد عبدينور (جوجي).
Trunji, the Untold History, second edition, 266-269.

ويطرح سؤال نفسه حول سبب عدم تعيين الرئيس آدم محمد إبراهيم عغال، الشخصية البارزة بين السياسيين في أرض الصومال، رئيسًا للوزراء، وقدمت عدة أسباب تعترض طريق تعيينه، منها:

أولاً: كانت الصومال تعمل وفقًا لنظام برلماني، ولم يكن عغال منتميًا إلى حزب رابطة الشباب الصومالية الحاكم. وقد أدى عدم انتمائه لحزب إلى تحديات في العمل بفاعلية مع البنية الحكومية الحالية والتحالفات السياسية.

ثانيًا: كان يحتاج عغال إلى المزيد من الخبرة في أوضاع السياسية الجنوبية؛ حيث كان تدريبه وخبرته السياسية قد جرت أساسًا في أرض الصومال. وهذا بدوره يجعل من الصعب عليه التنقل في تعقيدات البيئة السياسية الوطنية الأوسع.

ثالثًا: كان رئيس البرلمان المنتخب ينتمي إلى عشيرته؛ وهو ما قد يكون تم تنسيقه من قبل أولئك الذين يطمحون لمنع تعيين عغال رئيسًا للوزراء.

تجمعت هذه العوامل معًا لتسهم في قرار عدم تعيين محمد إبراهيم عغال رئيسًا للوزراء على الرغم من مكانته القيادية في أرض الصومال. ومن الواضح أنه بعد أن اكتسب خبرة في سياسات الجنوب، تم تعيينه أخيرًا في منصب رئيس الوزراء في عام ١٩٦٧.

وفي خطوة استراتيجية، شكّل رئيس الوزراء عبد الرشيد حكومة ائتلافية وعيّن عبد الله عيسى وزيرًا للخارجية ومحمد إبراهيم عغال وزيرًا للدفاع، وشيخ على جمعالي وزيرًا للصحة والعمل، وعبد الرزاق حاج حسين وزيرًا للداخلية في حكومته الأولى. وبينما تم إدراج عبد الله عيسى على استحياء، فقد سمحت هذه القرارات لعبدالرشيد بجمع المرشحين الرئيسيين لمنصب رئيس الوزراء، معززًا الشعور بالتعاون والتسوية. ومن خلال تقديم مناصب بارزة لهذين الشخصيتين المؤثرتين، سعى عبد الرشيد إلى توحيد الحكومة، وإنشاء حكومة ،وحدة وطنية. وقد ساعد هذا النهج في تأمين دعم مختلف الفصائل داخل البرلمان، وأكد التزامه بالحكم الشامل والاستقرار. ويعد إدراج عبد الله عيسى ومحمد إبراهيم عغال في الحكومة أساسًا قويًّا للتعامل مع التحديات المبكرة للجمهورية الصومالية المستقلة حديثًا. وأظهر ذلك إخلاص عبد الرشيد في تعزيز التعاون بين وجهات النظر السياسية المتنوعة.

ومنذ عام ١٩٦٠، شغل عبد الله عيسى مناصب وزارية مختلفة في عدة حكومات، مع استراحات قصيرة فقط خلال فترة ولايته. خلال هذه السنوات، اكتسب سمعة كسياسي عملي ومبدئي، وكان مخلصًا جدًا لحزب رابطة الشباب الصومالي على الرغم من اختلافه أحيانًا مع قراراته. وعلى سبيل المثال، عارض عبد الله عيسى، كوزير للخارجية، فكرة قطع العلاقات مع بريطانيا بسبب قضية منطقة الحدود الشمالية، أحد الأجزاء الصومالية، الملحقة

بكينيا. لكنه التزم بتوجيهات رئيس الوزراء.[٢٢٣] وعلى عكس بعض أقرانه الذين تركوا الحزب بسبب الخلافات، بقي عبد الله عيسى ملتزمًا برابطة الشباب الصومالي؛ وهو ما يدل على إخلاصه لرؤية الحزب على المدى الطويل. ومن الأمثلة الأخرى لعبد الله عيسى ان صديقه شيخ علي جمعالي كانت لديه علاقة صعبة في العمل مع رئيس الوزراء عبد الرشيد، ولكنه كان دائمًا ملتزمًا بقوانين الحكومة وسياساتها. ورفض عندما ضغطت مجموعته على رفض السفر للمشاركة في استقلال تنغانيكا لإحراج رئيس الوزراء. وكما ذكر للرئيس آدم، قال عبد الله عيسى: "لقد قاومت الضغط لأنني لا أستطيع أن أفعل ذلك دون أن أستقيل أولاً من الحكومة"[٢٢٤]. وكوزير للشؤون الخارجية، قدم عبد الله عيسى الصومال في محادثات الخرطوم بين الصومال وإثيوبيا بعد الصدام الحدودي في عام ١٩٦٤.[٢٢٥] ولقد كان مشهورًا بنزاهته وشخصيته الأخلاقية القوية. وكان معروفًا بسلوكه اللائق، والالتزام بالقانون، ونزاهته. ولنهجه العادل في الحكم صارت له شخصية محترمة بين زملائه والجمهور. وشدّد عبد الله عيسى على ضرورة تحقيق وحدة الصومال وتطويره، وكانت جهوده غالبًا ما تركز على تعزيز الانسجام والتقدم. وتميز إرثه بتفانيه في الخدمة العامة والتزامه المستمر بتحسين وضع الصومال.

العوامل التي شكّلت الثقافة السياسية لعبد الله عيسى

نشأ عبد الله عيسى يتيمًا، وكانت تربيته تحت رعاية والدته تشكل بشكل كبير شخصيته وصموده. وكانت تجاربه المتنوعة؛ من العمل مع الإيطاليين إلى مغامراته في ريادة الأعمال، قد منحته مهارات عملية ورؤى في جوانب مختلفة من الحياة. وكانت فترة توليه منصب الأمين العام لرابطة الشباب الصومالي فترة طويلة أتاحت له فهمًا عميقًا للحكم والقيادة، خاصة خلال الانتقال الصعب من حركة إلى حزب حاكم. وكانت له تجربة مع الثقافة السياسية الأمريكية، وقضى أربع سنوات في نيويورك منحته منظورًا عالميًّا عن الديمقراطية والديبلوماسية. بالإضافة إلى ذلك، أتاحت له رحلاته إلى المملكة المتحدة وفرنسا التعرف إلى الثقافة الأوروبية والأنظمة السياسية؛ وهو ما أثرى رؤيته للعالم. ومن خلال هذه التجارب، تمكن من التنقل في المشهد السياسي المعقد ببراعة ونهج متنوع. وقد أسهم شغفه بالقراءة في إثراء سفره؛ وهو ما منحه معرفة وآراءً عميقة عن العالم وتفاصيله.

٢٢٣- Abdirizak, A Political Memoir, 451.

٢٢٤- نقل ترونجي من يوميات آدم عبد الله.
See Trunji, The Untold History, second edition, 403.

٢٢٥- كان التوازن العسكري مائلًا بشكل كبير نحو إثيوبيا. كان لدى الصومال ٥,٠٠٠ جندي و٥,٠٠٠ شرطي، بينما كانت لإثيوبيا ٧٠,٠٠٠ قوة مجهزة جيدًا تدربت من قبل الولايات المتحدة الأمريكية
See Abdirizak, a Political memoir, 170.

نشأته يتيمًا وتربيته تحت رعاية والدته

كانت النظرة السياسية والقيم التي شكلت شخصية عبد الله عيسى مستمدة بشكل كبير من قصة حياته، التي تشمل طفولته الصعبة كونه يتيمًا. ربته والدته كأم وحيدة؛ وهو ما جعل لديه إحساسًا قويًّا بالصمود والتعاطف العميق مع الذين يواجهون الصعوبات. وشكلت هذه التربية نهجه في المشاركة السياسية، مع تعزيز فهم عميق للقضايا الاجتماعية والتزام بدعم مصالح الشرائح المهمشة والضعيفة. وقد محته تجاربه الهادئة منظورًا فريدًا عن الحكم، مع التأكيد على أهمية الرأفة والشمولية والعدالة الاجتماعية. وقد أدت مواجهته المبكرة للمحن إلى تعزيز دافعه لتنفيذ سياسات تعزز الفرص المتكافئة. ونتيجة لذلك، تتميز مسيرته السياسية بالتركيز على خلق فرص عادلة وتعزيز المجتمع؛ حيث يُسمع صوت الجميع ويُحترم.

خبرته في العمل مع الإيطاليين

شملت رحلة سيرة عبد الله عيسى العمل كموظف كاتب إلى جانب الإيطاليين في مركا، تجربة منحته نظرات قيمة حول ممارسات الأعمال الأوروبية والهياكل التنظيمية. هذا التعرض المبكر لثقافة العمل الدولية قدم له منظورًا فريدًا عن الكفاءة والاحترافية، وأهمية الالتزام بالعمليات المنظمة. وفي وقت لاحق، تولى عبد الله عيسى دورًا في قسم الاقتصاد في مقديشو؛ حيث غمر نفسه في طرق العمل الأوروبية بشكل أعمق. وهذه البيئة سمحت له بفهم أساليب إدارة الأموال والحوكمة المختلفة؛ وهو ما أثرى معرفته بالأعمال العالمية والممارسات الإدارية. هذه التجارب وسعت آفاق عبد الله عيسى وجهزته بمجموعة متنوعة من المهارات، بما في ذلك الاتصال عبر الثقافات وتقدير وجهات النظر المتنوعة. وقد ساعدته معرفته بثقافة العمل الأوروبية في التعامل مع الحالات المعقدة بذهنية تحليلية؛ وهو ما فتح الباب لإنجازاته لاحقًا في مجالاته المهنيةوالسياسية.

مشروعاته في ريادة الأعمال

بعدما تولت الإدارة العسكرية البريطانية السيطرة على الصومال من الإيطاليين في عام ١٩٤١، عاش عبد الله عيسى تحولاً كبيرًا في مسار حياته عندما فقد وظيفته. لكن هذه الضربة كانت بداية فصل جديد بالنسبة لعبد الله عيسى؛ حيث خاض مغامرة في ريادة الأعمال من خلال إنشاء مشروع مطعم في بلدة بلدويني. وفي دوره الجديد، اندمج عبد الله عيسى بسرعة في المجتمع التجاري المحلي، وأقام شبكة علاقات مع أفراد كثيرين من خلفيات متنوعة. هذه الشبكة لم توسع فقط من منظوره على المشهد

الاقتصادي والثقافي في بلدويني، ولكن أيضًا عمقت فهمه للاحتياجات والجوانب التي تحتاج إلى التركيز. وأصبح اهتمامه مركزًا للاجتماعات المحلية والحوار؛ وهو ما سمح لعبد الله عيسى ببناء علاقات مع رجال الأعمال والتجار وقادة المجتمع. هذه التفاعلات منحته نظرات قيمة على التحديات والفرص في الاقتصاد المحلي، وشكلت مستقبله المهني. وكان لتسليط الضوء على تكييفه واستدامته دور حاسم في مساره المهني والسياسي لاحقًا.

وفي بلدوين، انطلق عبد الله عيسى في رحلته السياسية عندما انضم إلى نادي الشباب الصومالي، وهي لحظة محورية في حياته السياسية، وشكلت بداية مشاركته في الحركة الوطنية لاستقلال الصومال. وأظهر قراره بالانضمام إلى نادي الشباب الصومالي التزامه بالقضية ورغبته في المساهمة في النضال الأوسع من أجل تقرير المصير في البلاد.

إن ارتباط عبد الله عيسى بنادي الشباب الصومالي جعله يتعاون بشكل وثيق مع شخصيات رئيسية في الحركة القومية الصومالية. وكجزء من نادي الشباب الصومالي، شارك عبد الله عيسى بنشاط في أنشطة الحركة ومبادراتها لتوحيد الصوماليين عبر مختلف المناطق والقبائل في منطقة القرن الإفريقي. ومن خلال مشاركته مع المنظمة، صقل مهاراته القيادية وطوّر فهمًا أعمق للديناميكيات السياسية في السعي من أجل الاستقلال. لقد أرست مشاركة عبد الله عيسى في نادي الشباب الصومالي الأساس لمساهماته المستقبلية في السياسة الصومالية؛ وهو ما وفر له منصة للدفاع عن مصالح مجتمعه وأمته.

فترة عمله أمينًا عامًا للرابطة الشباب الصومالية

تم تشكيل هوية عبد الله عيسى السياسية وقيمه بشكل عميق من خلال فترة عمله الطويلة أمينًا عامًّا لرابطة الشباب الصومالية. وخلال فترة توليه هذا الدور المؤثر، أصبحت حياته مترابطة بشكل وثيق مع المبادئ والقيم الأساسية للحزب، والتي تدعو إلى مساواة جميع المواطنين وسيادة القانون. وكان التزام رابطة الشباب الصومالية بالقضاء على القبلية وتعزيز الوحدة عبر الصومال له صدى عميق لدى الآخرين. لقد تبنى مبادئ المنظمة التي تروج لهوية وطنية متماسكة، تتجاوز الانقسامات العشائرية، وتدعو إلى الانسجام والتعاون بين المجموعات المختلفة.

وساعد تفانيه لهذه القضية في كسب احترام وإعجاب الآخرين بنهجه الشامل، كما غرس لعبد الله عيسى مع الرابطة الشباب الصومالية قيمًا ديمقراطية قوية، تؤكد على أهمية التمثيل العادل والحكم التشاركي. وقد قاده التزامه بهذه المبادئ إلى توجيه قراراته السياسية وأفعاله؛ وهو ما جعله قائدًا يقدر الشفافية والمساءلة وحماية الحقوق الفردية. ولقد

ذاع صيت عبد الله عيسى كرجل دولة مبدئي ومخلص، يضع الخير العام فوق المصالح الشخصية من خلال دوره القيادي في رابطة الشباب الصومالية. وكان التزامه الثابت برؤية الحزب بمنزلة الأساس لمساهماته اللاحقة في السياسة الصومالية.

تجربته التي امتدت لأربع سنوات في نيويورك

بدأت رحلة عبد الله عيسى الدولية عبر أوروبا، ووصلت في النهاية إلى نيويورك؛ حيث شغل منصب مبعوث رابطة الشباب الصومالية إلى مجلس الوصاية التابع للأمم المتحدة لمدة تقارب أربع سنوات متتالية. وفي تلك الفترة، دافع بحماس عن حق تقرير المصير واستقلال الشعب الصومالي. واتهم إيطاليا بسوء إدارة وإخضاع الصومال تحت إدارتها؛ وهو ما جلب معاناة أمته إلى انتباه المجتمع الدولي. وخلال فترة وجوده في نيويورك، وسع عبد الله عيسى شبكته العالمية، وأقام علاقات دولية حيوية واتصالات مهمة. وقد كان لتفاعلاته مع الدبلوماسيين المهنيين وتعرضه لتفاصيل الدبلوماسية الدولية دور عظيم في إثراء فهمه للثقافة المدنية والحكم الدولي. وعمقت هذه التجربة تقديره لمبادئ، مثل: الدبلوماسية، واحترام وجهات النظر المختلفة، والالتزام بالبروتوكولات العالمية. وتتماشى جهوده الدبلوماسية بشكل وثيق مع القيم التي نشأ عليها في منطقة بنادر المعروفة بمعاييرها العالية من التحضر والتواضع. ومنحته تنشئته والانخراط الدولي منظورًا دقيقًا حول القضايا العالمية والتزامًا بالدفاع عن مكانة الصومال العادلة على الساحة العالمية. وبينما كان يتنقل في عالم العلاقات الدولية المعقد، اكتسب عبد الله عيسى احترام زملائه وثقتهم به. وقد عززت هذه التجارب من سمعته كمدافع قوي عن استقلال أمته.

إدارة الفترة الانتقالية الصعبة لرابطة الشباب الصومالي

لعب عبد الله عيسى دورًا حاسمًا في إدارة التحول الصعب لرابطة الشباب الصومالي من حركة شعبية إلى الحزب الحاكم. وقد تطلب هذا التحول قيادة ماهرة وصنع قرار استراتيجي؛ حيث حولت رابطة الشباب الصومالي تركيزها من الدعوة إلى الاستقلال إلى حكم الدولة. وخلال هذه الفترة، واجه عبد الله عيسى تعقيدات العشائرية السياسية المتنامية داخل صفوف النخبة في رابطة الشباب الصومالي والمشهد السياسي الأوسع. وشكل هذا التشرذم تحديًا كبيرًا للوحدة الوطنية والحكم. وقد اعتمد عبد الله عيسى على فهمه العميق لآليات حل النزاعات التقليدية لمعالجة هذه الانقسامات. وسمح له اعتماده على هذه الأساليب بالتوسط في النزاعات وتجاوز الأزمات داخل الحكومة والمجتمع. وبصفته رئيس وزراء الإدارة الوليدة، قاد عبد الله عيسى مجلس الوزراء الذي

كان في كثير من الأحيان يحتاج إلى المزيد من الخبرة؛ وهو ما شكل عقبات إضافية أمام الحكم الفاعل. وعلى الرغم من هذه التحديات، فقد أظهر مرونة وقدرة على التكيف بشكل ملحوظ. وعلمته فترة ولايته أهمية التعاطف والواقعية والسياسة الشاملة كأدوات حيوية للحفاظ على الاستقرار وتعزيز التعاون داخل الحكومة. وقد اتسم نهج عبد الله عيسى في القيادة بقدرته على تحقيق التوازن بين المصالح المتنافسة وإعطاء الأولوية للمصلحة العامة للأمة. وساعد تركيزه على الشمولية والتعاون في سد الانقسامات وبناء الأساس لحكومة أكثر تماسكًا واستقرارًا. ومن خلال تجاربه، برز عبد الله عيسى كرجل دولة أعطى الأولوية لرفاهية الصومال وشعبه على المدى الطويل؛ وهو ما مهد الطريق لقادة المستقبل ليتبعوا خطاه.

عادات القراءة

كان عبد الله عيسى، مثل الرئيس آدم وعبد الرزاق، يقدِّر بشدة القراءة والتعليم الذاتي. إن تفانيه في التعلم المستمر شحذ ذكاءه ووسع نظرته إلى العالم. وقد سمح له هذا المنظور الموسع بالتسامي فوق الخلافات السياسية المحلية والتعامل معها بشكل متوازن ومنصف. ولقد مكنه نهجه الشامل من التعامل مع التحديات بشكل مدروس وبصير؛ وهو ما قاده إلى معالجة القضايا من مكان الحكمة والفهم.

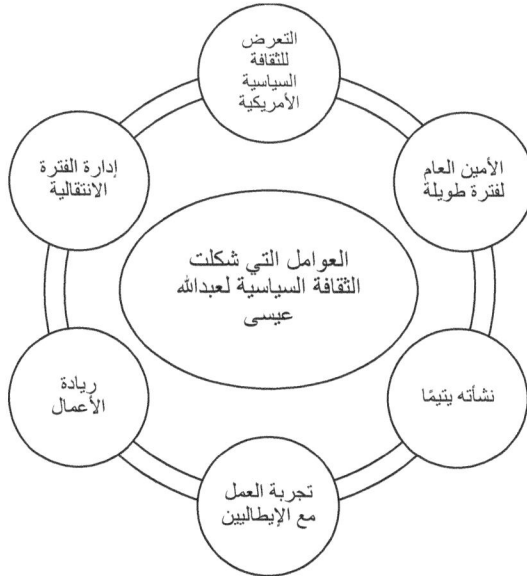

الشكل ١٢: العوامل التي شكلت الثقافة السياسية لعبد الله عيسى

الأحداث التاريخية المهمة المتعلقة بعبدالله عيسى

سياسة تحديد سن الرئيس في الدستور الصومالي

كانت إحدى المهام الرئيسية للحكومة في عهد رئيس الوزراء عبدالله عيسى هي صياغة الدستور المؤقت للصومال المستقلة. وفي السنوات الثلاث الأخيرة من فترة الوصاية، بُذلت جهود كبيرة لإعداد دستور دولة صومالية مستقلة. وفي سبتمبر ١٩٥٧، تم تعيين لجنة فنية من الخبراء لصياغة الدستور الأولي الذي يتكون من ١٤١ مادة والمرفق بتعليق من ٣١٦ صفحة. وبعد ذلك، وبمساعدة أحد خبراء القانون الدستوري، أعد وزير الدولة للشؤون الدستورية محمد شيخ أحمد غبيو مسودة منقحة ومختصرة تتكون من ٦٤ مادة. بعد ذلك تمت مراجعة هذه المسودة المنقحة بشكل شامل من قبل لجنة صياغة سياسية تتألف من خمسين عضوًا صوماليًّا. ووافقت اللجنة على مشروع دستور جديد يتكون من ١٠٠ مادة، وقد عرضته على الجمعية التأسيسية التي تضم تسعين نائبًا في المجلس التشريعي وعشرين عضوًا صوماليًّا إضافيًّا.

وحدد مشروع الدستور الذي أعدته الحكومة ثلاثة شروط رئيسية لأهلية المرشحين للرئاسة في الصومال: يجب أن يكون المرشح سليل عائلة صومالية منذ جيلين على الأقل، ومسلمًا، وعمره ٣٥ عامًا على الأقل. في حين أن الشرطين الأولين لم يكونا مثيرين للجدل، إلا أن شرط السن أثار جدلاً كبيرًا في الجمعية التأسيسية في عام ١٩٥٩. وقدم وزير الدستور مشروع النص، الذي تضمن في البداية شرط السن ٣٥ عامًا. إلا أن آراء أعضاء اللجنة السياسية والجمعية التأسيسية كانت متباينة. وأيد البعض خفض الحد الأقصى للسن إلى ٣٠ عامًا، في حين دعا آخرون إلى ٤٠ عامًا أو أكثر، مستشهدين باعتبارات دينية ومتعلقة بالنضج. وفي نهاية المطاف، حددت الجمعية التأسيسية الحد الأدنى للسن بـ ٤٥ عامًا، كما تضمنت شرطًا إضافيًّا وهو ألا يكون الرئيس متزوجًا أثناء فترة ولايته من امرأة أجنبية.

وتم التكهن بأن متطلبات السن في الدستور مرتبطة بشكل استراتيجي بالمرشحين المتوقعين لرئاسة الصومال المستقل. وبحلول عام ١٩٦٠، كان العديد من الشخصيات البارزة مرشحين محتملين لأعلى منصب، ولكل منهم أعمار مختلفة يمكن أن تؤثر على أهليتهم بموجب متطلبات السن الدستورية المختلفة. على سبيل المثال، عبد الله عيسى ولد عام ١٩٢١، وسيكون عمره ٣٩ عامًا بحلول عام ١٩٦٠. وإذا تم تحديد شرط السن عند ٣٥ عامًا، فسيكون مؤهلاً، لكن ترشيحه قد يتعرض للخطر إذا كان أعلى. وكان مولد آدم عبد الله في عام ١٩٠٨، وبلغ من العمر ٥٢ عامًا بحلول عام ١٩٦٠. وكان يلبي بشكل مريح أكثر متطلبات السن صرامة؛ وهو ما يجعله مرشحًا قويًّا. أما شيخ علي جمعالي فقد ولد عام ١٩٠٥، وبلغ من العمر ٥٥ عامًا بحلول عام ١٩٦٠. ومثله كمثل آدم عبد الله،

تجاوز بسهولة الشرط العمري في القانون؛ وهو ما يعزز قدرته على البقاء كمنافس رئاسي. وولد عبد الرشيد علي شرماركي عام ١٩١٩، وبلغ من العمر ٤١ عامًا بحلول عام ١٩٦٠. وفي حين أنه كان مؤهلاً بموجب شرط ٣٥ عامًا، إلا أن الحد الأعلى للسن، مثل ٤٥ عامًا، قد يؤدي إلى استبعاده من السباق.

ونظرًا لهؤلاء المرشحين المحتملين، اكتسب النقاش حول الحد الأدنى لسن الرئاسة أهمية سياسية كبيرة. ومن شأن خفض الحد العمري أن يكون في صالح القادة الأصغر سنًّا، مثل: عبد الله عيسى، وعبد الرشيد علي شرماركي؛ وهو ما قد يتوافق مع رؤية لقيادة أكثر شبابًا. وعلى العكس من ذلك، فإن رفع الحد العمري من شأنه أن يفيد الشخصيات الأكبر سنًّا والمعروفة، مثل: آدم عبد الله، والشيخ علي جمعالي، اللذين يتمتعان بخبرة واسعة، ويمكنهما توفير الاستقرار والاستمرارية. ومن ثم، فإن القرار المتعلق بشرط السن لم يكن مجرد مسألة مبدأ، بل كان خطوة تكتيكية لها آثار بعيدة المدى على القيادة المستقبلية للصومال.

ومن المثير للاهتمام أن الجدل حول السن المطلوبة للرئاسة كان متشابكًا بشكل عميق مع الولاءات السياسية والمرشحين المتوقعين لهذا الدور. وكان أولئك الذين دافعوا عن حد أدنى للسن يميلون إلى أن يكونوا من أنصار رئيس الوزراء عبد الله عيسى، الذي بلغ ٣٩ عاما في عام ١٩٦٠. وعلى العكس من ذلك، أيد أنصار آدم عبد الله عثمان، الذي كان يبلغ من العمر ٥٢ عامًا بحلول عام ١٩٦٠، تحديد حد أعلى للسن. واقترح بعض الأعضاء رفع شرط السن الرئاسي إلى ٤٠، بدافع من المعتقدات الإسلامية، بأنه السن الذي بعث فيه النبي محمد- صلى الله عليه وسلم. وكان من بين المؤيدين البارزين عبد الرشيد علي شرماركي، وحاج موسى سمتر، وطاهر نور عقال.

وشدد عبد الرشيد علي شرماركي على السلطات الكبيرة التي يتمتع بها رئيس الدولة ودوره الموحد، داعيًا إلى اشتراط سن أعلى من المناصب الدستورية الأخرى. وأشار إلى أن العلماء يعتبرون سن الأربعين "سن النضج"؛ وهو ما يدل على النضج. ومع ذلك، شعر شرماركي بأنه حتى سن الأربعين قد يكون صغيرًا جدًّا، مؤكدًا أن القادة الأكبر سنًّا سيكونون أقل عرضة للسعي وراء المصالح الأنانية على حساب رفاهية الأمة. وقد أضفى هذا على حجتهم لونًا إسلاميًّا وصدىً ثقافيًّا.

ولقد أتاح اعتماد سن أعلى للمرشحين الرئاسيين المحتملين فرصة لا منازع معها لانتخاب آدم عبد الله رئيسًا مؤقتًا للصومال. وانتُخب آدم عبد الله رئيسًا بالتزكية في عام ١٩٦٠، ومن المرجح أن ذلك أثر على الرئيس ليعين عبد الرشيد علي شرماركي، الذي دعا إلى رفع السن، رئيسًا لوزراء الجمهورية المستقلة الجديدة في عام ١٩٦٠. وبالإضافة إلى

ذلك، كان عبد الرشيد مؤهلاً لهذا المنصب بسبب تعليمه وعشيرته التي تنتمي إلى دارود، وكان تعيينه جزءًا من تقاسم السلطة العشائرية.

معارضة عبد الله عيسى لآدم عبد الله عام ١٩٦١

طرحت هذا السؤال على محمد ترنجي، وهو مؤرخ خبير في تلك الفترة. لقد قمت بإعادة صياغة رده هنا. وبعد الانتخابات السياسية عام ١٩٥٩؛ حيث حصلت رابطة الشباب الصومالي على أغلبية المقاعد البرلمانية، شهد الحزب انقسامًا داخليًّا إلى فصيلين. "لقد كان الفصيلان منقسمين إلى حد كبير على أساس عشائري"؛ وهو ما يعكس ديناميكيات اجتماعية وسياسية أعمق تحسبًا لانتخاب رئيس الدولة المستقبلي.[٢٢٦]

وكان أحد الفصائل يقوده عبد الله عيسى، ويحظى بدعم كبير من أفراد عشيرة الهوية. ومن بين الشخصيات الرئيسية في هذه المجموعة حاج فارح، وشيخ على جمعالي، وحاج براكي. ودعم هذا الفصيل بقوة شيخ علي جمعالي في الانتخابات الرئاسية في يونيو ١٩٦١؛ حيث شعر بأن آدم عبد الله عثمان قد "تخلى" عن عشيرته وجذوره في الهوية. أما الفصيل الآخر داخل رابطة الشباب الصومالي، فكان بقيادة نواب الدارود المنتخبين حديثًا، بمن فيهم عبد الرشيد علي شرماركي، وعبد الرزاق حاج حسين، وياسين نور حسن.

وقد دعمت هذه المجموعة آدم عبد الله عثمان في الانتخابات الرئاسية عام ١٩٦١؛ وهو ما سلط الضوء على المنافسة داخل الحزب بين أعضاء هوية ودارود. وقد أبرز التنافس بين هذه الفصائل التفاعل المعقد بين الولاءات العشائرية والطموحات السياسية؛ وهو ما أثر على استراتيجيات وتحالفات رابطة الشباب الصومالي أثناء تنظيمها وتنافسها على السلطة داخل الدولة الصومالية الوليدة. وكان عبد الله عيسى جزءًا من هذا القسم، على الرغم من أنه لم يكن متشددًا، وظل دائمًا مخلصًا لمبادئ رابطة الشباب الصومالي. وهكذا، وبما أن منافسيه دعموا آدم عبد الله، وعارضت مجموعته إعادة انتخاب آدم عبد الله، فقد انضم إلى مجموعته في عام ١٩٦١.

الخاتمة

كانت حياة وسيرة عبد الله عيسى متشابكة بشكل عميق مع تاريخ رابطة الشباب الصومالي؛ وهو ما جعله شخصية محورية خلال اللحظات الحاسمة في مسيرة المنظمة. وهو صاحب أطول مدة من بين الذين شغلوا منصب الأمين العام خلال نضال الحركة من أجل تقرير المصير، وخلالها لعب عبد الله عيسى دورًا كبيرًا في الدعوة إلى توحيد جميع

٢٢٦- Interview with Mohamed Issa Trunji on June 4, 2024.

الصوماليين ومعارضة عودة إيطاليا إلى الصومال كسياسة لرابطة الشباب الصومالي، كما أمضى أربع سنوات في نيويورك، ممثلاً لرابطة الشباب الصومالي في الوصاية الأممية. وكانت مهمته تعزيز تطلعات رابطة الشباب الصومالي على الساحة الدولية، والتفاوض والدفاع عن حقوق واستقلال الشعب الصومالي. وأسفرت جهوده عن تحقيق نصر جزئي لرابطة الشباب الصومالي عندما عادت إيطاليا إلى الصومال تحت وصاية الأمم المتحدة في فترة محددة بعشر سنوات، وإرسال لجنة الوصاية الأممية. وكان التزام عبد الله عيسى الثابت والديبلوماسية الاستراتيجية الحاسمة في تأمين هذا الحل الوسط، خطوة حاسمة نحو تحقيق الأهداف الأوسع لتقرير المصير والاستقلال الصومالي.

وكان ترشيح عبد الله عيسى كأول رئيس وزراء للصومال في عام ١٩٥٦ أظهر الثقة والاحترام الذي كان يحظى به بين النخب السياسية الصومالية وحزبه، رابطة الشباب الصومالي، كما كان تعيينه محوريًّا في تاريخ الصومال الذي كان يستعد للاستقلال في عام ١٩٦٠. ويعكس قرار تعيينه بالإجماع التقدير العالي للمجتمع السياسي لقيادته ومهاراته الديبلوماسية والتزامه بوحدة وتقرير المصير للصوماليين. وكرئيس للوزراء، سعى عبد الله عيسى إلى تأسيس قاعدة سياسية مستقرة للأمة، قائدًا الحكومة الانتقالية خلال هذه الفترة المهمة. ومع ذلك، تميزت فترة ولايته بتحديات الانتقال من حركة رابطة الشباب الصومالي إلى حزب حاكم أو حزب الأغلبية. وكشفت هذه الانتقالية عن التباين بين مثالية رابطة الشباب الصومالي وواقع العمل داخل مجتمع قائم على القبائل بشكل عميق. وواجه عبد الله عيسى انقسامات داخلية داخل الحزب عندما اكتسب الحزب السلطة؛ وهو ما أدى إلى تحدي وحدته والمبادئ الأساسية للقومية والشمولية، كما أن النهج الاستبعادي لرابطة الشباب الصومالي تجاه الأحزاب السياسية الأخرى قيد التعددية السياسية وهمش الأصوات البديلة. وتضمنت قيادة عبد الله عيسى تحقيق التوازن بين مثالية الوحدة والتقدم مع واقع مجتمع متأثر بالولاءات القبلية. وكانت مقاربته الدقيقة وجهوده لتجاوز هذه التحديات حاسمة في قيادته خلال هذه الفترة التحويلية.

وخلال فترة ولاية عبد الله عيسى التي امتدت لأربع سنوات كرئيس للوزراء، تعامل مع ثلاث قضايا محورية في تشكيل مستقبل الصومال. وكانت قيادته أساسية في صياغة الدستور المؤقت، وإدارة انتخابات عام ١٩٥٩، والإشراف على مشروع الصومال الكبرى الطموح لتوحيد محمية أرض الصومال البريطانية والصومال الجنوبي. وتميزت فترة ولايته بقدرته على التنقل عبر هذه التحديات المعقدة مع التركيز على خلق دولة صومالية مستقرة وموحدة ومستقلة، وأثرت إسهاماته خلال هذه الفترة في مسار الأمة وسعيها للحكم الذاتي.

وبعد أن نالت الصومال استقلالها، كرّس عبد الله عيسى نفسه لخدمة بلاده بتولي أدوار قيادية عبر وزارات حكومية متعددة. وشغل مناصب رئيسية في ثلاث حكومات متعاقبة- تلك التي قادها عبد الرشيد علي شرماركي (١٩٦٠-١٩٦٤)، وعبد الرزاق حاج حسين (١٩٦٤-١٩٦٧)، ومحمد إبراهيم عقال (١٩٦٧-١٩٦٩)؛ وهو ما أظهر خبرته المتنوعة والتزامه بتقدم بلاده. وبعد الانقلاب العسكري في الصومال عام ١٩٦٩، واجه عبد الله عيسى نقطة تحول كبيرة في مسيرته وحياته، فإلى جانب العديد من زملائه، تم اعتقاله من قبل النظام العسكري الجديد، وقضى فترة في السجن حتى عام ١٩٧٣. وبعد إطلاق سراحه في عام ١٩٧٣، تم تعيينه سفيرًا للصومال في الدول الاسكندنافية في عام ١٩٧٤. واستمرت فترة ولايته كسفير حتى عام ١٩٨٦؛ وهو ما يشير إلى قضائه أكثر من عقد من الخدمة المخلصة في المجال الدبلوماسي. وفي عام ١٩٨٦، انتهت مسيرته الدبلوماسية، وانتقل في النهاية إلى روما؛ حيث وافته المنية في عام ١٩٨٨. كانت وفاته خسارة كبيرة للصومال؛ حيث كان رجل دولة محترمًا قد كرس حياته لتقدم بلاده. وتكريمًا لخدمته، نظمت الحكومة الصومالية جنازة رسمية له في مقدشو.

الفصل

٣

الرئيس آدم عبد الله عثمان نموذج للقيادة الاستثنائية

"على مدار حياتي، لم أطلب أبدًا من أحد أن ينتخبني، ولن أفعل ذلك الآن؛ لأن الرئاسة هي منصب ثقة، وتتطلب قدرًا كبيرًا من المسؤولية. ويجب أن يُترك انتخاب رئيس الجمهورية لقرار أعضاء البرلمان الذين هم وحدهم المسؤولون عن انتخاب رجل عادل من أجل مصلحة البلاد والمواطنين".

(اقتباس لعبدي سمتر عن قول الرئيس آدم عبدالله عثمان في كتاب

"أول ديمقراطي إفريقيا: آدم أ. عثمان وعبدالرزاق ح. حسين"، ص ١٧٤).

"رجل معتدل وعملي، كان واحدًا من أكثر الشخصيات حساسية وحكمة ظهرت على الساحة السياسية. وكان متعلمًا بقدر أفضل من معظم الصوماليين في ذلك الوقت، وأضفى إحساسًا جديدًا من التفاني والحماسة

الوطنية إلى مكتب الحزب. كان رجلاً سابقًا لعصره وأثر فيه بشكل كبير، كما فعل مع كل من تعامل معه".

(اقتباس لرئيس الوزراء عبدالرزاق حاج حسين، من قبل محمد ترنجي في كتاب "الرئيس آدم"، ص ١٤٨).

"تميز (الرئيس آدم) بصفتين أساسيتين عن بقية أعضاء حزبه: أولاً: كان فوق الفصائل المتناحرة داخل الحزب الحاكم. ثانيًا: كان يحتقر الممارسة الفاسدة لشراء الناخبين، كما في الانتخابات الرئاسية التي خاضها في عام ١٩٦١، ومرة أخرى بعد ست سنوات".

(محمد عيسى تورنجي، مؤلف كتاب "الرئيس آدم عبد الله: حياته وإرثه"، ص iiix).

"كان الرئيس آدم عبد الله عثمان " أول وآخر رئيس حكم صومالي موحد، ذي سيادة وديمقراطية. حكم وأنهى فترته بحكمة واجتهاد، وسلم السلطة بالسلم، وعاش ومات في وطنه كمواطن عادي، بكرامة وشرف. لتكن ذاكرته وإرثه عزاءً وأملاً."

(د. حسن كينان، ١٨ نوفمبر ٢٠٢٣).

المقدمة

إن الدور الكبير للقادة في بناء أو تدمير الدول معترف به على نطاق واسع. فهم يستغلون صفاتهم ومناصبهم وسلطتهم وقوتهم لتشكيل رؤية وتقديم اتجاه أو المساهمة في عجز الحكم، والصراعات الداخلية، والقمع، والإجرام[٢٢٧]، وتعيش الأمم التي تباركت بقادة فضلاء من ذوي الرؤية والتطور، بسلام وازدهار. وعلى العكس، تغرق الأمم التي تُحكم من قادة بلا رؤية ولا نزاهة في الأزمات والفقر والصراعات المستمرة. قال رسول الله- صلى الله عليه وسلم: " إذا ضيعت الأمانة فانتظر الساعة"، قيل: "كيف إضاعتها يا رسول الله؟" قال: "إذا أسند الأمر إلى غير أهله فانتظر الساعة". "فانتظر الساعة" تُفسر عمومًا كتحذير من الانحلال المجتمعي الوشيك والفوضى أو نهاية الزمان (يوم القيامة (.

وفي العمل الأدبي الشهير "المشكلة مع نيجيريا"، يجرؤ الباحث النيجيري شينوا أتشيبي على القول بأن التحدي الأساسي في نيجيريا يكمن في نقص القيادة. وكتب: "المشكلة مع نيجيريا هي ببساطة وفقط فشل القيادة. فلا يوجد في الأساس شيء خطأ في أرض نيجيريا، أو مناخها، أو مائها أو هوائها أو أي شيء آخر. إنما المشكلة النيجيرية تكمن في عدم استعداد أو عدم قدرة قادتها على الارتفاع إلى مستوى المسؤولية، إلى تحدي المثال الشخصي الذي هو سمة القيادة الحقيقية"[٢٢٨]. ويرى أن نيجيريا تمتلك القدرة على التغلب على مشكلاتها العميقة الجذور، بما في ذلك التعصب القبلي، ونقص الوطنية، والتفاوت الاجتماعي، وثقافة الوساطة المنتشرة، ونقص الانضباط المتفشي، والفساد المستشري، بشرط أن يرشدها قادة أكفاء وخلوقون. وقد شخَّص أتشيبي المرض الحقيقي لجميع الدول الإفريقية، بما في ذلك الصومال.

في إفريقيا ما بعد الاستقلال والدول العربية، التي تنتمي الصومال إلى كل منهما، وتشكل جسرًا بينهما، لوحظ اتجاه قيادي نحو القمع ومعاملة الدول كممتلكات شخصية بشكل عام[٢٢٩] .ومع ذلك، تمكن عدد قليل من القادة الجديرين بالثناء، وعلى رأسهم

٢٢٧- Robert I. Rotberg, The Failure and Collapse of Nation-States: Breakdown, Prevention, and Repair, available from https://assets.press.princeton.edu/chapters/s7666.pdf (accessed February 16, 2024), 24-26.

٢٢٨- Chinua Achebe, The Trouble with Nigeria (Heineman 1984, 1).

٢٢٩- Jackson Robert and Karl Rosberg classified African leaders into Princes, Prophets, autocrats, and Tyrants. See Jackson Robert and Karl Rosberg, Personal Rule in Black Africa (University of California Press, 1982). See more on Marsha Prepstein Posusney and Michele Penner Angrist, eds., Authoritarianism in the Middle East: Regimes and Resistance (London: Lynne Rienner Publishers, 2005); Nicola et al. in the Arab World (London: Lynne Rienner Publishers, 2006); Nic Cheeseman

الرئيس آدم عبد الله عثمان، من إنشاء دول مستقرة رغم التحديات الهائلة[٢٣٠] .ووسط سمعة الصومال بالحكم العسكري، وانهيار الدولة، والحرب الأهلية الطويلة، وعدم الاستقرار المستمر، كان من الضروري كشف العصر الديمقراطي للصومال ورئيسه المتميز "آدم عبد الله عثمان". إن التعمق في الصفات الفريدة التي تميزه عن معاصريه أمر بالغ الأهمية لتقديمه كنموذج يُحتذى للجيل الجديد من النخب السياسية الصومالية، كما أوضح محمد ترونجي بوضوح: "معظم الجيل الحالي يجدون أنه من غير المفهوم أن قادة صوماليين بمثل هذا المستوى العالي من الكفاءة كانوا موجودين في التاريخ الحديث"[٢٣١].

ظهر آدم عدن عبد الله (١٩٠٨-٢٠٠٧) بشكل بارز خلال الكفاح من أجل استقلال الصومال، مُظهِرًا صفاته القيادية المبكرة داخل حزب رابطة الشباب الصومالي.[٢٣٢] وكانت قدراته القيادية واضحة منذ فترة الوصاية التابعة للأمم المتحدة (١٩٥٠-١٩٦٠)؛ حيث خدم كعضو في المجلس الإقليمي الذي أُنشئ في عام ١٩٥١، ليصبح نائب رئيسه ورئيس حزب رابطة الشباب الصومالي (١٩٥٣–١٩٥٦)[٢٣٣] . وكانت اللجان المركزية لرابطة الشباب الصومالي تُنتخب كل عام. وكان الرؤساء المتعاقبون للحزب خلال الفترة (١٩٤٧-١٩٦٠)، هم: حاج محمد حسين (١٩٤٧-١٩٥٠)، حاج فارح علي عمر (١٩٥٢)، آدم عبد الله عثمان (١٩٥٣-١٩٥٦)، عبد الرزاق حاج حسين (١٩٥٦)، حاج محمد حسين (١٩٥٧)، آدم عبد الله عثمان (١٩٥٨)، شيخ عيسى محمد (١٩٥٩). بعد ذلك أُلغي منصب رئيس الحزب في عام ١٩٦٠، وتبنى الحزب منصب الأمين العام فقط.[٢٣٤] وعندما فاز الحزب في أول انتخابات برلمانية في عام ١٩٥٦، انتُخب آدم رئيسًا للبرلمان.

---

and Jonathan Fisher, Authoritarian Africa: Repression, Resistance, and the Power of Ideas (Oxford: Oxford University Press, 2021).

٢٣٠– انتقد عبدي سمتر التعميم الكامل لكل القادة الأفارقة بأنهم مثل الأمراء والأنبياء والمستبدين والطغاة، مقدمًا قادة الصومال في الفترة ما بعد الاستعمار من ١٩٦٠ إلى ١٩٦٧ كنموذج قيادي مختلف.
See Abdi Samatar, Africa's First Democrats: Somalia's Adan A. Osman and Abdirizak H. Hussein (Bloomington: Indiana University Press, 2016), 8.

٢٣١– Mohamed Isse Turunji, President Adan Abdulla: His Life & Legacy (Looh Press, 2023, xiii),

٢٣٢– Dr. Cedric Barnes, "The Somali Youth League, Ethiopian Somalis, and the Greater Somalia Idea, c.1946–48," Journal of Eastern African Studies 1, no. 2 (2007): 277-291.

٢٣٣– Gilbert Ware, "Somalia: From Trust Territory to Nation, 1950-1960," Phylon 26, no. 2 (2nd Quarter, 1965): 173-185.

٢٣٤– كان الأمناء العامون لحزب رابطة الشباب الصومالي للشباب كما يلي: الشيخ محمود محمد فرح (١٩٦٠-١٩٦٢)، ياسين نور حسن (١٩٦٣)، عبد الرزاق حاج حسين (١٩٦٤-١٩٦٧)، وأخيرًا، في عام ١٩٦٨، اعتمد حزب رابطة الشباب الصومالي زعيمًا للحزب بجانب الأمين العام. وتم انتخاب محمد إبراهيم عقال زعيمًا للحزب، وعلي محمد هرابي أمينًا عامًا.

وخلال هذه الفترة، تألقت حنكته السياسية في التعامل مع السلطة الإيطالية المديرة، وإدارة الاستقطاب السياسي داخل الحزب، ومصالحة السياسيين الذين يستخدمون القبلية كأداة سياسية، والتعامل مع النزعات اليسارية[٢٣٥].

وكان تطبيق حوكمة الدولة الحديثة والانتخابات الديمقراطية إلى المجتمع التقليدي الصومالي في الخمسينيات مشروعًا جديدًا وغير مألوف في السياق الثقافي الصومالي. ومع تغير البيئة السياسية، ظهرت الانقسامات القبلية المُسيَّسة بشكل واضح، حتى بين أعضاء حزب رابطة الشباب الصومالي.[٢٣٦] وبصفته رئيس البرلمان ورئيس الحزب المُنتخب في ١٩٥٨-١٩٥٩، ثم رئيس الجمهورية الصومالية في عام ١٩٦٠ وست سنوات حتى ١٩٦٧، لعبت نزاهة آدم عبد الله دورًا حيويًّا في تأسيس الدولة الصومالية. وتحت قيادته، مرت البلاد بسنوات صعبة بعد الاستقلال، مركزة على توحيد محمية الصومال البريطانية والصومال الإيطالي، والسعي السلمي لمشروع الصومال الكبير، وتعزيز الديمقراطية، ووضع إطار للحكم. علاوة على ذلك، وخلال فترة رئاسة ادم، تمكنت الصومال من إدارة التنافس بين القوى العظمى في منطقة القرن الإفريقي خلال الحرب الباردة. وشاركت الصومال بنشاط مع مختلف المنظمات للتعامل مع هذا الوضع، مثل: الانضمام إلى حركة عدم الانحياز في عام ١٩٦١، ورابطة العالم الإسلامي في عام ١٩٦١، ومنظمة الوحدة الإفريقية في عام ١٩٦٣ [٢٣٧]. واستضافت الصومال المؤتمر السادس للمؤتمر الإسلامي في عام ١٩٦٦، وأوصت بإنشاء منظمة التعاون الإسلامي.

الرئيس آدم عبد الله، الذي يُطلق عليه غالبًا "أبو الأمة"، برز كرمز للقيادة الصومالية الاستثنائية ورائد في الديمقراطية الإفريقية.[٢٣٨] وقد نال إشادة واسعة لتفانيه في المبادئ

٢٣٥- بينما كان معظم السياسيين متوافقين مع الأعراف السياسية لإدارة السلطة الإيطالية، ظهرت شخصيات جديدة على الساحة السياسية تعبر عن أيديولوجيات اشتراكية متزايدة. وكان أبرزهم الحاج محمد حسين، رئيس حزب رابطة الشباب الصومالي، الذي دعا بعد عودته من مصر إلى أيديولوجية الناصرية. تم طرده من الحزب في عام ١٩٥٨.

٢٣٦- Samatar, Abdi. Africa's First Democrats. pp. 63-64.

٢٣٧- Al-Ghamdi, Hassna. "Muslim World League: A Historical Look at Establishment, Goals and Projects." International Journal of Humanities and Social Science 11, no. 1 (January 2021). Somalia hosted the Congress's sixth conference in 1966. Bacik, Gokhan. "The Genesis, History, and Functioning of the Organization of Islamic Cooperation (OIC): A Formal-Institutional Analysis." Journal of Muslim Minority Affairs 31, no. 4 (December 2011): 594-614. Sesay, Amadu. The African Union: Forward March or About Face-Turn? Uppsala: Universitetstryckeriet, 2008.

٢٣٨- أشار الرئيس الثاني لجمهورية الصومال، فخامة عبد الرشيد علي شرماركي، إلى الرئيس آدم عبد الله بأنه «أبو الأمة» في خطابه الإذاعي في الأول من يوليو عام ١٩٦٠، ومنحه البرلمان اللقب نفسه.

الديمقراطية، وسيادة القانون، والشمولية السياسية. ميزته ثقافته السياسية الفريدة عن معظم النخب السياسية الصومالية المتورطة في الانقسام السياسي القبلي والطموحات الذاتية والدافعة للسلطة، قبوله بخسارة الانتخابات في عام ١٩٦٧ ونقل السلطة بشكل سلمي لرئيس منتخب ديمقراطيًّا جعل اسمه محفورًا كأول رئيس ديمقراطي إفريقي.[٢٣٩] وعلى عكس العديد من قادة حركات التحرير الإفريقية، لم يكن آدم عبد الله مؤسس حزب سياسي، بل صعد ديمقراطيًّا داخل رابطة الشباب الصومالي. وكانت خلفيته الفريدة كمتعلم محلي تميزه عن زعماء أفارقة معاصرين له، والذين تعلموا في الجامعات الأوروبية.[٢٤٠] ورغم تعليمه المحدود، تبنى آدم الديمقراطية، المتجذرة في بناء الإجماع الثقافي الصومالي. وبعد انتهاء فترته، اختار الرئيس السابق آدم عبد الله عدم المشاركة في السياسة النشطة، مكرسًا معظم وقته لمزرعته في جنالي، بلدة في جنوب مقديشو.

وتبحث هذه الدراسة في ثقافة الرئيس آدم عبد الله السياسية مقارنة بثقافة النخبة السياسية الصومالية الأوسع. وبالاعتماد بشكل رئيسي على أعمال الأستاذ عبدي سمتر ومحمد عيسى ترونجي، ومذكرة رئيس الوزراء عبد الرزاق حاج حسين، ركز هذا البحث على فهم أكثر دقة لثقافة الرئيس آدم السياسية.[٢٤١] كما ركز على الفروق الثقافية المتأصلة في نهج الرئيس آدم، والتي كانت ضرورية لتعزيز ودعم الروح الديمقراطية والسياسة الشاملة طوال فترة ولايته. وبالإضافة إلى ذلك، سلط البحث الضوء على العوامل التي شكلت ثقافته السياسية ودوافع خصومه السياسيين. ويعرض الطابع الزمني لهذا الزخم الديمقراطي التحديات والتحولات اللاحقة في الثقافة السياسية بعد مغادرة الرئيس آدم المنصب. ولقد قطع الرئيس حياته الهادئة في عام ١٩٩٠ عندما قاد مجموعة البيان، التي سعت للتوسط في الأزمة من خلال مناشدة كل من الحكومة والمعارضة المسلحة للحوار والمصالحة. وعلاوة على ذلك، قاد الرئيس آدم المؤتمر الأول للمصالحة في جيبوتي عام ١٩٩١. وأخيرًا، قدم البحث استنتاجًا موجزًا يشير إلى أن تطور الثقافة السياسية للنخبة الصومالية يستمر في

Trunji, Mohamed Isse. President Adan Abdulle, p. xiii.

٢٣٩– نقل الرئيس السلطة من ٦ يوليو إلى ٣٠ يونيو ليسمح للرئيس الجديد برئاسة احتفالات يوم الاستقلال في الأول من يوليو.

٢٤٠– بينما أسس العديد من قادة التحرير الأفارقة، مثل: نكروما، نيريري، أو كينياتا أحزابًا سياسية كان لها دور أساسي في تحقيق الاستقلال، وتلقوا تعليمهم في الدول الغربية، إلا أن مسارهم السياسي اتسم بالسلطوية. وفي الوقت نفسه، سلكت الصومال طريقًا مختلفًا تحت قيادة الرئيس آدم عبد الله.

٢٤١– في عمله المتميز، جمع عبدي سمتر بين سيرتي آدم عبد الله ورئيس وزرائه عبد الرزاق، بينما ركز تونجي على الرئيس آدم.

See Samatar, Africa's First Democrats, and Trunji, President Adan Abdulle

التأثير عبر الأجيال المتعاقبة، من انهيار النظام العسكري في عام ١٩٩١ إلى عودته بشكل أكثر إزعاجًا حتى يومنا هذا[٢٤٢].

سيرة ذاتية مختصرة لآدم عبد الله عثمان

ولد آدم عبد الله في عام ١٩٠٨ في منطقة **القرون** الواقعة في إقليم هيران ضمن ولاية هيرشبيلى الفيدرالية. وكانت سنواته الأولى مليئة بالصعوبات. وينتمي إلى عشيرة أديجين- مدولود.[٢٤٣] وبصفته الطفل الوحيد في الأسرة، واجه فقدان والدته، عورالا يوسف دلعد، خلال شهر من ولادته، كما فقد والده عندما كان في الثامنة عشرة من عمره. وتربى بعد وفاة والدته على يد جدته لأبيه، حوا حرو. كان والده عضوًا متدينًا في حركة الدراويش التي قادها السيد محمد عبد الله. وفي سن العاشرة، نقل والده الأسرة من هيران واستقر بين الرعاة الأوغادين؛ حيث كان يعمل كراعٍ للجمال. وللأسف، تعرض لهجوم من أسد؛ وهو ما أدى إلى إصابته بالعجز وعدم القدرة على الاستمرار في الرعي. ونتيجة لذلك، انتقل آدم ووالده إلى بلدة حدر، وبعد إقامة قصيرة، انتقلا مرة أخرى إلى بيدوة في عام ١٩٢١م[٢٤٤]

أسس والد آدم مدرسة قرآنية في بيدوة بينما كان آدم الصغير يقوم بأعمال بسيطة مختلفة، مثل: إعداد الشاي والقهوة، وجلب الماء للجنود المتمركزين هناك. وفي عام ١٩٢٣، سافر آدم إلى مقديشو مع صاحب عمله الإيطالي، الملازم ستيفن، واكتسب تجارب جديدة. ومع ذلك، كان آدم متحمسًا للغاية للالتحاق بالمدرسة عند عودته إلى بيدوة. بالإضافة إلى ذلك، عمل كمساعد طاهٍ لمعلمه الإيطالي السخي، السيد جوزيبي توسو، الذي كان مشجعًا للغاية ونصحه بالتركيز على إتقان اللغة الإيطالية والمحاسبة. وقد أتقن آدم اللغة الإيطالية؛ حتى إنه أصبح مترجمًا، وفتح ذلك له آفاقًا جديدة للنمو الشخصي والمهني، مدفوعًا برغبة في فرص أكبر، انتقل مرة أخرى إلى مقديشو؛ حيث تولى وظائف مختلفة لإعالة نفسه.

من عام ١٩٢٥ إلى ١٩٢٦، شهدت حياة آدم تحولاً كبيرًا حيث كان يعمل كمساعد منزلي في جنالي، يلبي احتياجات مختلف المستوطنين الإيطاليين، ومعظمهم اعتنقوا

٢٤٢- Abdullahi, Abdurahman. "Somali Elite Political Culture: Conceptions, Structures, and Historical Evolution." Somali Studies: A Peer-Reviewed Academic Journal for Somali Studies 5 (2020): 30-92.

٢٤٣- الاسم الرسمي لأديجين هو عيسى مودولود، وهو فرع من عشيرة مودولود التابعة لعائلة الهوية.

٢٤٤- حدر هي مدينة في منطقة بكول، بينما بيدوا هي عاصمة منطقة باي في ولاية جنوب غرب الصومال.

الأيديولوجية الفاشية.[٢٤٥] وخلال هذه الفترة، شهد آدم قسوة الفاشية الإيطالية وسياساتهم القسرية والتمييزية، كما فقد والده الذي توفي في بيدوة، وانتقل آدم إلى أفجوي؛ حيث حصل على وظيفة نادل في مطعم إيطالي. وانتهت حياته في أفجوي بشكوك حول علاقته بابنة صاحب المطعم "ألفا". وخلال الحقبة الفاشية، لم يكن مسموحًا للصوماليين بالاختلاط مع الإيطاليين؛ حيث تم تنفيذ قوانين عنصرية. ومع ذلك، كان آدم يمارس اللغة الإيطالية عند الحديث مع أطفال صاحب المطعم، السيد تشيتشي[٢٤٦]، ونتيجة لذلك، تم ترحيل آدم إلى مدينة ولنوين، وانتقل إلى بيدوة؛ حيث وجد عملاً لدى العديد من الإيطاليين، بما ذلك المفوض دومينيكو أندا. وتم اختياره لتقديم الزهور للأمير الإيطالي الزائر أومبرتو دي سافويا في بيدوة، الذي أصبح لاحقًا آخر ملك لإيطاليا.[٢٤٧] وفي عام ١٩٢٨، انتقل آدم مرة أخرى إلى مقديشو والتحق بدورة تدريبية في التمريض ومدرسة مسائية، وأكمل حتى السنة الخامسة- أعلى مستوى مسموح به للصوماليين. وكان اهتمام آدم العميق بقراءة الكتب والصحف يغذي فضوله الفكري؛ وهو ما ساهم بشكل كبير في نموه متعدد الأوجه، وأصقل إلمامه بالأحداث العالمية.

وبعد أن حصل على وظيفة في التمريض، تزوج آدم من عائشة علمي متان، من عائلة عشيرة مجرتين.[٢٤٨] وبعد هزيمة إيطاليا في عام ١٩٤١ وفقدان وظيفته، انتقل آدم إلى بلدويني وانغمس في التجارة. وفي عام ١٩٤٤، انضم إلى نادي الشباب الصومالي، الحركة الشبابية القومية الأولى، وحصل على العضوية رقم ١٣٠.ر[٢٤٩] ومع تطور نادي الشباب الصومالي إلى رابطة الشباب الصومالي في عام ١٩٤٧، أصبح آدم قائد فرع رابطة الشباب الصومالي في بلدويني، وواصل التفاني في قيم الحزب وسياساته والمناصب المختلفة؛ حيث أصبح عضوًا في المجلس الإقليمي في عام ١٩٥١ ونائب رئيسه، ورئيس رابطة الشباب الصومالي في الفترة (١٩٥٣–١٩٥٦)، ورئيس مجلس النواب في عام ١٩٥٦، وقاد رابطة الشباب الصومالي بحلول عام ١٩٥٨.ر[٢٥٠] وأصبح أول رئيس للصومال بعد استقلالها

٢٤٥- Samatar, Africa's First Democrats, pp. 26-19. Also, Trunji, President Adan Abdulle, pp. 25-33.

٢٤٦- Samatar, Africa's First Democrats, pp.17.

٢٤٧- Ibid., pp.18.

٢٤٨- Ibid., pp.21.

٢٤٩- Adan joined SYC and registered his friends Abdullahi Isse and Sheikh Ali Jumale, the two prominent members of SYL. Samatar, Africa's First Democrats, pp. 27.

٢٥٠- في هذه الانتخابات، كان المنافس هو الشيخ محمود أحمد «كتوباحور» من منطقة عدلي، الذي حصل على ٤٢ صوتًا، بينما حصل آدم على ٤٤ صوتًا. ولم يكن آدم راضيًا عن هذه الأغلبية البسيطة. وأصر على الاستقالة أو تلبية شروط معينة، وفي النهاية قبلت رئاسة الحزب بإعادة التصويت حصل فيها على ٦٦ صوتًا.

في عام ١٩٦٠؛ حيث خدم من عام ١٩٦٠ إلى عام ١٩٦٧م[٢٥١] وبعد انتخاب الرئيس عبدالرشيد علي شرماركي، تنازل آدم بشكل بليغ الأسلوب عن الرئاسة. وشارك بنشاط في اجتماعات البرلمان كعضو دائم.

> وذكره مجلس الوزراء بأنه "بصفاته الشخصية الاستثنائية، عزز آدم عبد الله بريق وهيبة وكرامة المناصب العليا التي كان يشغلها من وقت لآخر". وأعربت الحكومة عن أسمى آيات الشكر والعرفان للشيخ النبيل والقائد الحكيم والرئيس المحترم، متمنية له دوام الصحة والعافية[٢٥٢].

وبعد شهرين من التخلي عن منصبه الرئاسي، انتخب نائبًا لرئيس منظمة المؤتمر الإسلامي. وكان الرئيس متحمسًا لوحدة الدول الإسلامية. وأوصى في مؤتمر مقديشو في عام ١٩٦٦ بإنشاء منظمة التعاون الإسلامي في عام ١٩٦٩م[٢٥٣] وبعد الانقلاب العسكري في عام ١٩٦٩، تم اعتقال الرئيس آدم مع العديد من المسؤولين الحكوميين في عصر المدني (٢٣ أكتوبر ١٩٦٩–١ أبريل ١٩٧٣)[٢٥٤]. ومنذ إطلاق سراحه من الاعتقال، واصل عمله كمزارع في مزرعته في جنالي.

ومع ظهور الحرب الأهلية في البلاد، قاد الرئيس آدم مجموعة البيان (otsefinaM puorG)، التي تضمّنت حوالي ١١٤ سياسيًّا بارزًا في عام ١٩٩٠م[٢٥٥] وقد وقّعوا منشورًا يعبر عن قلقهم إزاء التصعيد العنيف ودعم المصالحة. ونتيجة لذلك، تم اعتقال العديد من زملائه في التوقيع. وبعد انهيار النظام في يناير ١٩٩١، قاد الرئيس آدم فريقًا للمصالحة، بمن في ذلك رؤساء الوزراء السابقين عبد الرزاق حاج حسين ومحمد ابراهيم عغال، وشخصيات كبيرة أخرى إلى جيبوتي؛ لتمهيد الطريق لاستعادة دولة الصومال من خلال المصالحة بين الفصائل المسلحة. ومنذ ذلك الحين، عاش آدم في مزرعته حتى توفي في نيروبي في ٨ يونيو ٢٠٠٧ عن عمر يناهز ٩٨ عامًا. وأعلنت الحكومة الصومالية ٢١ يومًا

٢٥١– أصبحت الصومال الدولة الخامسة المستقلة في إفريقيا عام ١٩٦٠ بين ١٧ دولة إفريقية: الكاميرون، وتوغو، ومدغشقر، وجمهورية الكونغو الديمقراطية. كان الشيخ علي جمالي مرشحًا للرئاسة يتنافس مع آدم عبد الله في انتخابات الرئاسة عام ١٩٦١. في التصويت النهائي، حصل آدم على ٦٢ صوتًا وحصل جمالي على ٥٩ صوتًا؛ وهو ما منح آدم أغلبية مطلقة بفارق ضئيل جدًّا.

٢٥٢– Trunji, President Adan Abdulle, pp.134.

٢٥٣– Ingiriis, Mohamed Haji. "The Making of the 1990 Manifesto: Somalia's Last Chance for State Survival." Northeast African Studies 12, no. 2 (2012): 63-94.

٢٥٤– Trunji, President Adan Abdulle, pp.162.

٢٥٥– Abdullahi, Abdurahman, Making Sense of Somali History. Adonis & Abbey, 2017, p. 24.

من الحداد، ونظّمت جنازة وطنية في مقديشو؛ حيث دُفن في مقبرة العائلة. ويُصوّر سيرة آدم كفرد يتيم، عاش في ظروف عائلية صعبة، وتربى وسط بيئة مضطربة، يعيل نفسه من خلال أعمال يدوية متنوعة، متجنبًا الاعتماد على عشيرته أو أقربائه. كان شغفه وتفانيه في التعليم يتممان بالأخلاق العملية التي غمرته منذ طفولته. وكان التزامه بالأهداف، المتمثل في الاعتماد على الذات والثقة، يتجلى في سمات مثل اللياقة والاحترام والقانونية وعدم الرغبة في السلطة والموقف المضاد للفساد والالتزام بالقيم الديمقراطية.[٢٥٦] هذه الصفات شكلت قيادته الناجحة في سنوات استقلال الصومال الأولى.

الإطار السياقي لآدم عبد الله عثمان

مثل العديد من الدول ما بعد الاستعمار، عانت الصومال من فرض نظام الدولة الحديثة جنبًا إلى جنب مع نظام العشيرة التقليدي والتراث الإسلامي. وتعقدت عملية التوفيق بين النظامين المتباينين من قبل النخب السياسية، وثبت عجزها عن خلق عملية تزاوج سلس يمكن من خلاله تعايش الحداثة والتقليد من خلال عمليات امتزاج ثقافي بدلاً من الاصطدام؛ وهو ما ينتج ما يُسمى بالحداثات المتعددة.[٢٥٧] وتتميز المجتمعات التقليدية بأنها متجذرة في العادات والتقاليد التي توارثت عبر الأجيال. وفي مثل هذه المجتمعات، تدور الهياكل الاجتماعية غالبًا حول مجتمعات متماسكة؛ حيث تكون للروابط العائلية والمجتمعية أهمية بالغة. وغالبًا ما تكون هذه المجتمعات متخصصة بالطقوس الثقافية، والممارسات العرفية، والتقاليد الشفوية التي تمت صياغتها مع مرور الوقت. وعادة ما تنبع السلطة والحكم في مثل هذه المجتمعات من كبار السن وقادة القبائل أو العشائر، والعلماء الذين يضبطون قيم المجتمع المشتركة والحكمة الجماعية.[٢٥٨] وقد تعتمد المجتمعات التقليدية على أنظمة غير رسمية للحكم؛ حيث تستند القيادة إلى العمر أو الخبرة أو النسب. وعلاوة على ذلك، فغالبًا ما يجد الأفراد هويتهم وغرضهم داخل سياق الجماعة، مع أدوار ومسؤوليات واضحة. وفي سياق الصومال، تشمل النخب التقليدية

٢٥٦- Trunji, President Adan Abdulle, pp. 28.

٢٥٧- رفضت الدول النامية الافتراضات التوحيدية والمهيمنة لبرنامج الحداثة الغربي. ووضعت أنماطًا حديثة تعتمد على ثقافات وأنظمة معتقدات مختلفة
See Eisenstadt, S. N. "Multiple Modernities." Daedalus 129, no. 1 (2000): 1–29. Accessed February 18, 2024. http://www.jstor.org/stable/20027613.

٢٥٨- Dasgupta, Rajashree. "Main Features of a Traditional Society." Available from https://www.govtgirlsekbalpur.com/Study_Materials/Geography/GEOG_PART_II_HONS_Main_Features_of_a_Traditional_Society.pdf. Accessed February 20, 2024.

الأشخاص المتمثلين في شيوخ العشائر والعلماء الذين يشرفون بشكل مشترك على حكم عشيرتهم؛ حيث يتم تكليف كل شخص بأدوار ومسؤوليات محددة.[٢٥٩] علاوة على ذلك، تعتمد المجتمعات التقليدية في الغالب على الزراعة، والثروة الحيوانية والتجارة، أو التجارة المحلية على نطاق صغير. ومع ذلك، هذه التقاليد تتغير مع التغيرات في الاتصال والعولمة.

من ناحية أخرى، يتميز النظام الحديث للدول بالمؤسسات الرسمية، والأطر القانونية، وأنظمة الحكم البيروقراطية.[٢٦٠] فهو يُدخل نهجًا أكثر تنظيمًا للحكم، ومعرفة بالحدود الإقليمية، والمواطنة، والسلطة التي تفرض القوانين والسياسات. وغالبًا ما يشمل اعتماد الدساتير المكتوبة، والأطر القانونية، والمؤسسات الديمقراطية التي تهدف إلى توفير نظام منظم وعادل للسكان المتنوعين.[٢٦١] وتتميز الأنظمة الاقتصادية غالبًا بالاقتصادات المعقدة التي تدفعها عمليات التصنيع، والعولمة، والتقدم التكنولوجي. وإطار الاقتصاد الحديث للدول مرتبط بالأسواق العالمية، والمؤسسات المالية، والتقسيم المعقد للعمل. علاوة على ذلك، يشير دور الأفراد ضمن نظام الدولة الحديث إلى حقوق الأفراد، والحريات الشخصية، والفرص للتنقل الاجتماعي. وتصبح المواطنة مفهومًا مركزيًّا، ويُنظر إلى الأفراد كوكلاء ذاتيين لهم حقوق ومسؤوليات تحميها الدولة. وتكون هياكل السلطة في النظام الحديث للدول عادة مُرمَّمة ومؤسسة؛ حيث يتم انتخاب القادة السياسيين من خلال عمليات ديمقراطية ويتم مساءلتهم تحت سيادة القانون. ويعكس التحول من المجتمعات التقليدية إلى الأنظمة الحديثة للدول تطورًا اجتماعيًّا متواليًا وعميقًا، يشمل التغييرات في الحكم، والهياكل الاقتصادية، والأدوار الفردية، والديناميات السلطوية.

ويكمن أكبر الألغاز التي تواجه أنظمة الدولة الحديثة في المجتمعات التقليدية في التوازن بين الحفاظ على التقاليد وضرورة التكيف واستيعاب الثقافات الجديدة الناشئة من الحداثة، بينما يكمن جوهر هذا التحدي في تحديد ما إذا كان يجب القضاء على العادات

٢٥٩- Abdurahman Abdullahi, Tribalism, Nationalism, and Islam: The Crisis of Political Loyalty in Somalia (Master's thesis, Islamic Institute, McGill University, 1992), 94.

٢٦٠- De Oliveira, Márcio S B S. "Modernity and Modernization." Available from Modernità%20S.%20Eisenstadt%20Modernity%20and%20Modernization%20(1).pdf. Accessed on February 20, 2024.

٢٦١- Badie, Bertrand. The Imported State: The Westernization of the Political Order. Stanford, CA: Stanford University Press, 2000. Southall, Aidan. "State Formation in Africa." Annual Review of Anthropology 3, no. 1 (October 1974): 153–165..

والتقاليد والقيم المترسخة لزرع القيم الحديثة، أو العثور على طرق لاستيعابها ضمن الإطار الجديد المعتمد من الدولة الحديثة. هذا المأزق يلخص الألغاز الأوسع للتوفيق بين التراث الثقافي ومطالب الحداثة[٢٦٢]؛ وهو ما يتطلب دراسة دقيقة؛ حيث إن الخيارات المتخذة في هذا الصدد يمكن أن تؤثر بشكل كبير على انسجام ومرونة نظام الدولة[٢٦٣].

وللأسف، اختارت النخب السياسية الصومالية سياسة القضاء على الأعراف والقيم التقليدية، بما في ذلك الجوانب المهمة من ثقافة العشيرة والدور الحاسم للإسلام في تشكيل المجتمع.[٢٦٤] وهذا الاختيار أدى إلى عواقب عميقة على علاقات الدولة والمجتمع وحفز الصراع؛ وهو ما أدى إلى انهيار الدولة في عام ١٩٩١. وقد خضعت الثقافة السياسية للنخبة الصومالية لتحول يتميز بالاستعداد للابتعاد عن الأعراف التقليدية والرغبة في اعتناق الحداثة. وكانوا يتذبذبون بين هذه الطرق المتناقضة للتفكير والقوى داخل هذا المجال الانتقالي.

ودرس العديد من العلماء ثقافة الصومال، فوصفوا شعب الصومال بوصفات متنوعة، مسلطين الضوء على سمة ثابتة مع مرور الوقت. على سبيل المثال، وصف ريتشارد برتون، المستكشف البريطاني وضابط الاستخبارات الذي زار شمال الصومال في عام ١٨٥٦، العشائر الصومالية بأنها "سباق شرس ومضطرب من الجمهوريين".[٢٦٥] وانتقد م. ج. فوكس هذا الاقتباس؛ لأنه يتحدث فقط عن عائلة قبيلة عيسى. ومع ذلك، فقد تم تعميمه على جميع الصوماليين.

من جهة أخرى، لاحظ علماء آخرون أن لدى الصوماليين "استقلالية روحية كبيرة"[٢٦٦]. علاوة على ذلك، وصف سعيد سمتر وديفيد لايتين الصوماليين بأنهم "عديمو الرأس

٢٦٢- Abdurahman Abdullahi and Ibrahim Farah, "Reconciling the State and Society: Reordering Islamic Work and Clan System," accessed April 4, 2024, http://www.scribd.com/doc/15327358/Reconciling-the-State-and-Society-in-Somalia.

٢٦٣- Abdullahi, Abdurahman. "Theorizing Stability of the Somali State: In the Light of the Comprehensive Perspective of Somali Studies." Somali Studies: A Peer-Reviewed Academic Journal for Somali Studies 8 (2023): 11-55, 22.

٢٦٤- انظر إلى قسم رابطة الشباب الصومالي: «أقسم بالله العظيم، إنني لن أتخذ أي إجراء ضد أي صومالي. في الضيق، أعدك بمساعدة الصومالي. سأكون أخًا لجميع الأعضاء الآخرين. لن أكشف عن اسم قبيلتي. في مسائل الزواج، لن أميز بين قبائل الصومال والمدغان واليبر واليحر والتومال". See Abdi Samatar, 40. Mohamed Trunji observed the absence of highly discriminated groups of "Bantu descent" in the Oath. See Trunji, Somalia: The Told History, pp. 17.

٢٦٥- M. J. Fox, The Roots of Somali Political Culture (Boulder: Lynne Rienner Publishers, 2015), p. 34, footnote 19.

٢٦٦- Ibid., 8.

السياسي"؛ وهو ما يعني مجتمعًا يفتقد إلى قادة سياسيين أو تسلسلات هرمية.[٢٦٧] وبيّن سعيد سمتر وديفيد لايتين أن التجزؤ الصومالي هو مزيج فريد من القوى النوعية، يعزز القرابة والوحدة الثقافية، التي تخلق تنافسات عشائرية معقدة. ويولون الأفراد الولاء السياسي من الأسرة المباشرة إلى هيكل العشيرة الأوسع؛ وهو ما يؤدي إلى مجتمع متكامل يرون فيه أعضاءه بمنزلة أقارب. ومع ذلك، يعاكس هذا التلاحم التقسيم العشائري والفصلية؛ وهو ما يجعل عدم الاستقرار السياسي الأمر الطبيعي في ثقافة الصومال.[٢٦٨] مفهوم هذين العالمين ومتابعي مدرسة علم الأنثروبولوجيا من دراسات الصومال يقلل من دور أشكال ثقافية أخرى المنبثقة عن نظام عشائري. وتعتبر هذه الرؤية السائدة في دراسات الصومال مجرد حساب للعلاقات الرأسية لنظام العشيرة، متجاهلة دور العلاقات الأفقية من خلال التزاوج والمؤسسات، مثل المنظمات الاجتماعية والسياسية والدينية. وتم انتقاد هذه النظرة لعدم تقديم صورة شاملة لثقافة الصومال.[٢٦٩]

وفي الواقع، من الأمور الحاسمة التي يجب تسليط الضوء عليها أن عدم الاستقرار السياسي الذي ذكره لايتين وسمتر لم يؤد إلى الفوضى الكاملة وانهيار الشعب الصومالي على مر القرون. وعلى الرغم من الإمكانات لنشوب النزاعات الداخلية بسبب "التفكك العشائري والفصليية"، فإن الصوماليين لديهم نظام حكم ذاتي يعتمد على نظام قانوني عرفي يُسمى "الحير"، وهو خليط من العادات المحلية والإسلام. ويعتبر هذا النظام القانوني ضابطًا حيويًّا في حل النزاعات ومنع الصراعات الداخلية اللامتناهية. وعلى مر تاريخ الصومال، ساهمت تأثيرات الحير المجتمعي في تخفيف النزاعات من خلال حل المشكلات عبر مجموعات من شيوخ العشائر والعلماء.[٢٧٠] ويتم اتخاذ القرارات في نظام العشيرة من خلال اجتماعات العشيرة؛ حيث يمكن لجميع الذكور التعبير عن آرائهم. وغالبًا ما يُستشار العلماء لتشريع القرارات الجماعية.

ويتألف جوهر نظام العشيرة من وحدات دفع الدية، التي تشبه الدول الصغيرة بأراضٍ محددة، ونظام قانوني قوي (الحير)، ومجالس حكم تضم شيوخ العشائر والعلماء. وتعمل

٢٦٧- Laitin, David, and Samatar, Samatar. Somalia: Nation in Search of a State. (Boulder: Westview Press, 1987), p. 30.

٢٦٨- Laitin and Samatar, Somalia: Nation in Search, pp. 30-31.

٢٦٩- Abdullahi, Abdurahman. "Revisiting Somali Historiography: Critique and Idea of Comprehensive Perspective." Journal of Somali Studies: Research on Somalia and the Greater Horn of African Countries 5, no. 1-2 (2018), pp. 48. Adonis & Abbey.

٢٧٠- Abdullahi, Abdurahman. "Tribalism and Islam: Variations on the Basics of Somaliness." Proceedings of EASS/SSIA, Turku, Finland, 1998.

هذه الوحدات كهياكل اجتماعية متماسكة مرتبطة بروابط العائلة، وتنشئ إطارات قانونية منظمة جيدًا ضمن أراضيها لحكم سلوك أعضائها. ويلعب شيوخ العشائر التقليدية والعلماء دورًا حاسمًا في اتخاذ القرارات، والحفاظ على الاستقرار، وفض النزاعات، والحفاظ على المعرفة الثقافية. وتمثل وحدات دفع الدية البناء الأساسي الذي يجسد الحكم والنظام القانوني والهوية الجماعية ضمن نظام العشيرة. وقبل التدخل الاستعماري في الصومال في أواخر القرن التاسع عشر، كان الحكم التقليدي يشرف عليه فقط اثنان من النخب: شيوخ العشائر والعلماء، ولم تكن هناك سلطة تفوقهم. وكان شيوخ العشائر يتعاملون مع الأمور الدنيوية، ويطبقون القوانين العرفية، بينما كان العلماء يديرون الشؤون الدينية. وكان شيوخ العشائر، المنظمون في هيكلية هرمية، يديرون كل شيء من حل النزاعات المحلية إلى حكم العشائر الأوسع ضمن نظام متعدد المستويات، كما صوره لويس. وكان العلماء في الصومال قبل الاستعمار يديرون الشؤون الدينية، ويفسرون وينشرون التعاليم الإسلامية للهدى الروحي والأخلاقي. ولعب هؤلاء العلماء، بمن فيهم معلمو القرآن وخبراء الفقه ورجال الصوفية، أدوارًا فريدة في إثراء المعرفة الإسلامية وتعزيز النمو الروحي داخل المجتمع. هذا النظام التعاوني؛ حيث يتعامل شيوخ العشائر مع القضايا الدنيوية، ويدير العلماء الشؤون الدينية، أعطى استقرارًا وتماسكًا للهيكل الاجتماعي التقليدي الصومالي.[٢٧١] وفي جوهره، كان المجتمع الصومالي قبل الاستعمار يتميز بنظام نخبوي مزدوج؛ حيث يعمل شيوخ العشائر و العلماء معًا للحفاظ على النظام والعدل والهوية الثقافية/ الدينية ضمن المجتمع.

شهدت شبه الجزيرة الصومالية اقتحام القوى الاستعمارية في وقت وجد فيه الشعب الصومالي نفسه متشظيًّا ومنهكًا. لقد فقدوا دولتين مركزيتين رئيسيتين، إمارات الأجوران والعدل، اللتان كانتا تحميانهم تاريخيًّا من الغزوات الخارجية.[٢٧٢] ثلاث دول أوروبية- بريطانيا وفرنسا وإيطاليا- أكدت سيطرتها من خلال اتفاقات أبرمت مع شيوخ العشائر على طول الساحل الصومالي. وفي الوقت نفسه، وسعت إمبراطورية إثيوبيا نفوذها، مدعية جزءًا من الأراضي التي يسكنها الصوماليون في المناطق الداخلية.[٢٧٣] هذا الاقتحام الاستعماري كان نقطة تحول مهمة في تاريخ الصومال؛ حيث سعت القوى الخارجية بعدها إلى السيطرة على المناطق. وتستمر آثار التدخل الاستعماري تشكيل المشهد السياسي

٢٧١- Abdullahi, Revisiting Somali historiography , pp. 48.

٢٧٢- Abdullahi, Abdurahman. Making Sense of Somali History, Volume One. Adonis & Abbey, 2017, pp. 59-63.

٢٧٣- Ibid., pp.85-89.

والاجتماعي والاقتصادي للمنطقة، مؤكدة الآثار المتجددة لهذه الأحداث التاريخية على الشعب الصومالي وعاداتهم الثقافية.

فترة تكوين الثقافة السياسية الصومالية

تظهر ثقافة النخبة السياسية الصومالية كمنظومة معقدة. وتشكلت تلك الثقافة أولاً بالدمج بين أنظمة العشائر التقليدية ومبادئ الإسلام وتأثيرات الثقافة الإيطالية. لاحقاً، أسهم النظام العسكري ذي التوجه الاشتراكي ونتائج الحرب الأهلية في ظهور عوامل جديدة ساهمت في تدهور هذه الثقافة.[٢٧٤] إن فهم هذا الدمج المعقد أمر بالغ الأهمية لفهم السياسة الصومالية وتطور الثقافة السياسية النخبوية فيها. يحدد هذا البحث نطاقه لدراسة ثقافة السياسة السائدة حتى وقوع الانقلاب العسكري في أكتوبر ١٩٦٩.

الجانب الأول من ثقافة السياسة الصومالية متجذر في الثقافة التقليدية، مثل: التضامن العشائري، والتنافس على الموارد، والقيادة الجماعية، والهوية الإسلامية القوية، والشك بالسلطات الدولية.[٢٧٥] ويردد هذا الجانب تضامن إميل دركهايم "التضامن الميكانيكي".[٢٧٦] وقد تولد العشائرية، المشابهة للقومية، تضامنًا إيجابيًّا أو ثقافة قمعية، تؤدي في كثير من الأحيان إلى الفخر والتفوق وتشظي الشريحة المجتمعية.[٢٧٧] وينطوي الحكم على اتخاذ القرارات بمشاركة الجميع؛ وهو ما يجمع بين القيادة الموروثة ومشاركة النخب الفرعية العشائرية. وتتماشى الهوية الصومالية تمامًا مع الإسلام، مع التأكيد على التضحية من أجل ثقافة العشيرة والإسلام. وأخيرًا، كما لاحظ ابن خلدون، تنبع السلطة الرعوية من العناصر الدينية؛ حيث يتداخل القانون العرفي المحلي مع الشريعة الإسلامية ويرفض القوانين العلمانية المفروضة[٢٧٨].

الجانب الثاني من ثقافة السياسة النخبوية يتمحور حول الإسلام، مع ثلاثة محاور رئيسية: العقيدة الأشعرية، والفقه الشافعي، والتصوف.[٢٧٩] وهي على النحو الآتي:

٢٧٤- Abdullahi, Somali Elite Political Culture, pp. 68-70

٢٧٥- Ibid., pp. 58.

٢٧٦- Lukes, Steven, and Andrew Scull. Durkheim and the Law. 2013, p. 1.

٢٧٧- Lewis, I.M. "The Politics of the 1969 Somali Coup." The Journal of Modern African Studies 10, no. 3 (1972): 385.

٢٧٨- Ibn Khaldūn, The Muqaddimah: An Introduction to History - Volume 1, 2020, pp. 309.

٢٧٩- Abdullahi, Abdurahman. "The Conception of Islam in Somalia: Consensus and Controversy." Bildhaan: An International Journal of Somali Studies 21 (2021), Article 9. Also, Abdurahman Abdullahi, The Islamic Movement in Somalia: A Study of the Islah Movement, 1950-2000 (London: Adonis & Abbey, 2015).

أولاً: **محور العقيدة الأشعرية**، الذي أُنشئ ردًّا على عقلانية المعتزلة، ويؤكد على تفسير متوازن لصفات الله. وأصبحت هذه العقيدة هي العقيدة الرئيسية في الصومال، وجاء هذا الفرع معتمدًا على المسار الوسطي، مؤثرًا في المشهد الديني.

ثانيًا: **محور الفقه الشافعي**، الذي أسسه محمد بن إدريس الشافعي، ساهم في الإطار الذي يستند إليه تنفيذ القوانين الإسلامية. وهو واحد من أربع مدارس رئيسية للفقه السني.

ثالثًا: **محور التصوف**، هذا التصوف المعتدل، المستند إلى تعاليم أبي حامد بن محمد الغزالي، والذي يحافظ على التراث التاريخي من خلال الأنساب والمؤسسات التعليمية والوظائف الاجتماعية. وبالتأكيد، تلعب الصوفية دورًا حاسمًا في الهوية الدينية الصومالية، خاصة من خلال الطرق القادرية والأحمدية.[٢٨٠]

وقد ظهرت في فترة الصراع من أجل استقلال الصومال ورئاسة آدم عبد الله عثمان سيطرة التفسير التقليدي للإسلام، كما ظهرت الحركات الإسلاموية الحديثة لاحقًا.

الجانب الثالث من ثقافة النخبة السياسية تأثرها بالثقافة السياسية الإيطالية. فخلال فترة الحكم الإيطالي خلال عصر الفاشية (١٩٢٢-١٩٤١) وفترة الوصاية التي فرضتها الأمم المتحدة (١٩٥٠-١٩٦٠)، كان هناك تأثير دائم على التطور السياسي الصومالي. وخلال فترة الوصاية، اعتمدت النخب السياسية الصومالية ثقافة هجينة تجمع بين الثقافة الإيطالية والثقافات التقليدية المحلية. وعلى النقيض من ذلك، كان للتأثير الثقافي البريطاني أثر ضئيل نسبيًّا أثناء حكمهم. والثقافة السياسية الإيطالية معروفة بالتفتت وعدم الاستقرار. وهي تشدد على التعرف المحلي، وقلة الفخر الوطني، وعدم الاستعداد للتضحية عند الحاجة.[٢٨١] العناصر الرئيسية للثقافة الإيطالية تشمل الطابع المحلي، المشابه للعشائرية في سياق الثقافة الصومالية، وثقافة "الفرد الذي يتجاهل الأخلاق"، والذي يتسم بالطمع والفساد والعجز وعدم التوجيه السياسي. وكان الفساد الشامل، المتجلي في الرشوة والاختلاس، هو سمة بارزة في الثقافة السياسية الإيطالية؛ وهو ما ساهم في تصنيف إيطاليا في مراتب عالية في مؤشر الرعاية الحزبية.[٢٨٢] وكذلك نقص الاستقرار والتفتت هما من السمات التي تميز الثقافة السياسية الإيطالية، مع وجود أكثر من ٦٠ حكومة يمكن أن تُنسب إليها الأسباب التي تفضي إلى النظام الحزبي والنموذج الانتخابي منذ الحرب العالمية الثانية.

٢٨٠- Abdullahi, The Conception of Islam. pp. 48.

٢٨١- Ginsborg, Paul. "The Italian Political Culture in Historical Perspective." Modern Italy 1, no. 1 (1995): 3-17.

٢٨٢- Cavalli, Alessandro. "Reflections on Political Culture and the 'Italian National Character'." Daedalus 130, no. 3 (Summer, 2001): 119-137.

وتتميز السياسة الإيطالية ببناء التحالفات وتقاسم السلطة؛ وهو ما يتماشى مع القيم الثقافية للمجتمع الإيطالي.

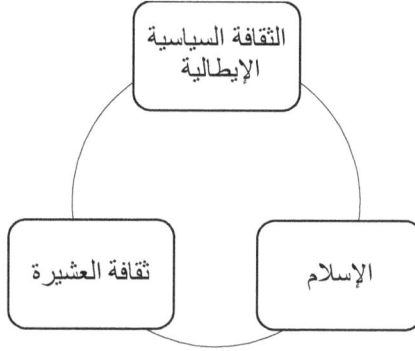

الشكل ١٣: العناصر الثلاثة التي تؤثر في الثقافة السياسية الصومالية

وفي الختام، تشمل العوامل الرئيسية التي تؤثر في ثقافة السياسة الصومالية:

(١) تغليب المصالح الشخصية والتخفي أو التمويه في التعبير عن خطاب المصالح العشائرية.

(٢) نهب الموارد واستغلالها بدون الالتزام الصارم بالقواعد والقوانين.

(٣) تجاهل نظام الدولة وقوانينه؛ وهو ما يؤدي إلى عدم الاستقرار السياسي.

(٤) اتخاذ القرارات التي تهيمن عليها السلوكيات المحورة حول الذات، معوقة تأسيس مؤسسات سياسية شاملة.

(٥) إحساس قوي بالترابط المجتمعي يعزز الروابط القوية بين الأفراد، لكنه يقاوم التأثيرات الخارجية.

إن فهم هذه العوامل مجتمعة أمر بالغ الأهمية لمعالجة التحديات السياسية في الصومال. ومن جهة أخرى، يسهم التفتت التاريخي في إيطاليا في المشهد السياسي الديناميكي وغير المستقر الذي يتميز بالتغييرات المتكررة في الحكومات. واجتماعيًّا، تتقاطع العلاقات الأسرية والشبكات والانتماءات والاعتبارات الاقتصادية مع اتخاذ القرارات السياسية؛ وهو ما يشكل سياسات تعكس مصالح القطاعات المتنوعة. ولقد اعتمدت النخبة السياسية الصومالية عناصر هذه الثقافة المركبة من التأثيرات المحلية والإيطالية. وبشكل ملحوظ، قبل قادة الصومال القليل منهم، بمن فيهم الرئيس آدم عبد الله عثمان، هذا التوليف الثقافي بالكامل، وكثيرًا ما يساء استخدامه كعائق لتأسيس دولة مستقرة في الصومال. إن استكشاف الفروق الثقافية بين آدم ونظرائه خلال فترة ولايته، وفهم العوامل المساهمة، وفحص عواقب رئاسته، كل هذه مثار تساؤلات أساسية لا تزال بدون إجابة.

الثقافة السياسية لآدم عبد الله

تُعدّ زعامة آدم عبد الله نموذجًا للقيادة الخدمية؛ حيث تتسم بالتزام عميق بخدمة الآخرين والتركيز على المبادئ الأخلاقية التي تميزه عن معاصريه. ويتسم أسلوب قيادته بالتواضع والتعاطف والاهتمام الحقيقي برفاهية من يقودهم. ويعطي آدم عبد الله الأولوية لاحتياجات شعبه، ويعمل بلا كلل أو ملل لرفعتهم وتمكينهم بدلاً من السعي وراء المكاسب الشخصية أو المجد الزائل. ويقود من خلال القدوة، ويظهر النزاهة والأمانة والشفافية في جميع أفعاله وقراراته. إن تحليل سيرة آدم عبد الله يكشف عن ثقافة سياسية فريدة تتميز عن الثقافات النخبوية التقليدية الصومالية والإيطالية. وعلى عكس الأعراف السائدة من الإقصاء والاختلاس والعشائرية في السياسة الصومالية، أظهر آدم عبد الله ترفعًا عن تلك الأعراف من خلال إعطاء الأولوية للقيم الديمقراطية والحكم الأخلاقي والشفافية. وكان نهجه متناقضًا مع الثقافة النخبوية الإيطالية التي كانت تتميز بالجشع والفساد وغياب التوجيه السياسي المتماسك. لقد سعى آدم عبد الله إلى وضع سابقة لثقافة سياسية أكثر أخلاقية ومسؤولية، مشددًا على قيم تتناقض مع الممارسات الفاسدة التي غالبًا ما توجد في المشاهد السياسية التي تعامل معها. وكان آدم عبد الله مشهورًا بحكمه المبدئي؛ حيث كان يمزج بين نقاط القوة في الثقافات السياسية التقليدية الصومالية والإيطالية، بينما كان يتجنب الممارسات غير الأخلاقية ويعتمد على القيم الإسلامية، وكان يعطي الأولوية للعدالة والسلوك الأخلاقي في قيادته. وأدرك آدم أهمية الروابط المجتمعية واتخاذ القرار الشامل، وتميز عن السياسيين المعاصرين في خمسة جوانب رئيسية في نهجه الذي كان يهدف إلى تعزيز بيئة سياسية تتماشى مع المبادئ المتجذرة بعمق في الإسلام، مبتعدًا عن الممارسات التي تتناقض مع المعايير الأخلاقية العامة المتفقة بين المثل العليا، هذه الجوانب هي:

أ- تعزيز المشاركة السياسية الشاملة

دائمًا ما دعا آدم إلى عدم تطبيق تشكيل حكومة الأغلبيّة في السياسة العشائرية الصومالية. وقد دفعه إيمانه الراسخ بضرورة التمثيل المتنوع إلى اقتراح اللجان المركزية للحزب إدراج الأحزاب الصغيرة في الحكومة. ولكن اقتراحه بتشكيل حكومة وحدة وطنية واجه مقاومة من الحزب حتى عام ١٩٦٠. وعلى سبيل المثال، في أعقاب أول انتخابات أجريت في عام ١٩٥٦؛ حيث حصل حزب رابطة الشباب الصومالي على ٤٣ من أصل ٦٠ مقعدًا في البرلمان المنتخب، اقترح آدم "تشكيل مجلس وزراء متعدد الأحزاب؛ حتى تتمكن الأحزاب الأخرى من اكتساب خبرة في المسؤولية التنفيذية،

لكن مؤتمر الحزب رفض اقتراحه"[٢٨٣]. ولزيادة توضيح التزامه بتعزيز المشاركة السياسية الشاملة، عند انتخابه رئيسًا للبرلمان ورئيسًا لحزب الشباب الصومالي في عام ١٩٥٩، أعاد آدم تكرار اقتراحه لتشكيل حكومة ائتلافية. وعلى الرغم من جهوده، رفض مؤتمر حزب رابطة الشباب الصومالي الاقتراح وأقر "قرارًا لصالح حكومة حزب رابطة الشباب الصومالي"[٢٨٤]. وبدلًا من ذلك، أُعطيت الأهمية لتحقيق التوازن العشائري في تشكيل الحكومة.[٢٨٥] وبالإضافة إلى ذلك، خلال عملية وضع الدستور، تم تكليف الجمعية التشريعية المنتخبة لعام ١٩٥٩ بتشكيل جمعية لوضع واعتماد دستور الدولة الصومالية المستقلة. واقترح آدم عبد الله تضمين ممثلين من جميع الأحزاب السياسية في الجمعية التأسيسية، وتم الاتفاق على ذلك أخيرًا بدعم من سلطة الوصاية التابعة للأمم المتحدة. وتم تحقيق الشمولية في تشكيل الحكومة جزئيًّا في عام ١٩٦٠، بما في ذلك أعضاء من حزب الاتحاد الصومالي وحزب الرابطة الوطنية الصومالية في الحكومة.[٢٨٦] وتقدم الشمول السياسي بشكل أكبر بعد انتخاب آدم رئيسًا للصومال في عام ١٩٦١ وإعادة تعيين الدكتور عبد الرشيد رئيسًا للوزراء. وعلى الرغم من أن حزب رابطة الشباب الصومالي كان حزب الأغلبية، إلا أن الحكومة الائتلافية المشكلة جمعت بين أحزاب حزب رابطة الشباب الصومالي وحزب الرابطة الوطنية الصومالية وحزب الاتحاد الصومالي.[٢٨٧] والأهم من ذلك، تم تضمين الأفراد الذين كانوا من أشد المعارضين لانتخاب الرئيس آدم، مثل: محمد إبراهيم عقال، وشيخ على جمعالي، وعبد الله عيسّي، في مجلس الوزراء.[٢٨٨] وكانت هذه الخطوة بادرة مهمة للمصالحة والشمولية؛ حيث أظهرت التزام آدم بتعزيز الوحدة والتمثيل عبر الطيف السياسي.

ب- ازدراء ثقافة العشائرية السياسية

تضمن الموقف السياسي الثاني للرئيس آدم رفض العشائرية السياسية والسلوك السياسي الأناني المنتشر بين السياسيين. وكانت العشائرية السياسية، وهي أداة حاسمة لضمان المناصب البرلمانية، الساحة الرئيسية التي تعبأ أو يحشد فيها الأفراد عشائرهم لضمان النجاح الانتخابي. متجذرة في التاريخ السياسي الصومالي منذ الخمسينيات،

٢٨٣- Trunji, President Adan Abdulle, pp. 50.

٢٨٤- Ibid., pp. 63.

٢٨٥- Abdullahi, Making Sense of Somali History, vol.1, pp.140.

٢٨٦- Ibid.

٢٨٧- Trunji, President Adan Abdulle, pp. 82.

٢٨٨- Ibid., pp. 83.

مزجت هذه الثقافة بين تأثيرات النظام السياسي، مثل نظام الأحزاب السياسية والقوانين الانتخابية والممارسات الصومالية التقليدية. وخلقت هذه الثقافة جوًا سياسيًّا مترددًا مرتبطًا بالعشائر والمصالح الشخصية؛ وهو ما أدى إلى ميل مستمر نحو الجشع الشخصي، وغالبًا ما يتم معه استغلال الموارد الوطنية والسعي للحصول على دعم خارجي. ولقد رفض الرئيس آدم عبد الله علانية جميع أشكال العشائرية في المجال العام. ومع ذلك، كانت الحساسيات العشائرية داخل حزب الشباب الصومالي والأحزاب الصغيرة منذ عام ١٩٥٦ تشكل اتجاهات خطيرة تهدد الاستقلال الصومالي. وعلى الرغم من الاتهامات بالتخلي عن عشيرته هوية خلال حملة الانتخابات عام ١٩٦١، كان آدم معروفًا بمصالحة الخلافات بين النخب السياسية المختلفة[٢٨٩].

كانت العشائرية السياسية بارزة خلال مختلف الأزمات السياسية الرئيسية، مثل: نزاع القيادة في حزب رابطة الشباب الصومالي في عام ١٩٥٩، والنزاع بين رئيس الوزراء عبد الله عيسّي وحاج موسى بقر، وأزمة تشكيل الحكومة في عام ١٩٥٩، وما بعد انقلاب ضباط من محمية أرض الصومال في عام ١٩٦١. الأزمة الأولى تضمنت تصدعًا وشقاقًا بين رئيس حزب رابطة الشباب الصومالي حاج محمد حسين واللجنة المركزية للحزب؛ وهو ما أدى إلى استقالة آدم من منصب نائب الرئيس. وزادت هذه الخلافات بين السياسيين المنتمين إلى عشيرتي دارود وهوية؛ وهو ما تسبب في استقطاب داخل اللجنة المركزية للحزب. الأزمة الثانية نشأت بعد تشكيل الحكومة في عام ١٩٥٩، موازنة التمثيل بين عشائر هويه ودارود وديغل ومرفلة. وانتقد برلمانيو المجيرتين من دارود الحكومة بسبب التزوير الانتخابي وغياب الاحترافية؛ وهو ما يعكس تأثير العشائرية.[٢٩٠] بينما اتضحت الأزمة الثالثة عندما أعاد وزير الداخلية موسى بقر فتح مكاتب حزبي الاتحاد الوطني الصومالي وحزب الرابطة الصومالية الكبرى بشكل أحادي، والتي كانت مدعومة من مصر كما زعم، والتي كانت قد أغلقت في ٢٦ فبراير ١٩٥٩، متهمة إياها بالتحريض على العنف.[٢٩١] وعلى الرغم من جهود المصالحة، زادت استقالة موسى بقر

٢٨٩- Trunji, President Adan Abdulle, pp. 82.

٢٩٠- Ibid., pp. 64.

٢٩١- Trunji, Somalia: The Untold History, pp. 330-334. Also, Lewis, I. M. A Modern History of Somalia: Nation and State in the Horn of Africa. Westview Press, 1965, p. 160.

وفقًا لسمتر، تم إغلاق حزب الرابطة الصومالية الكبرى نتيجة لحادثات متتالية في قرطو ومقديشو وجماما، شارك فيها أعضاء من حزب الرابطة الصومالية الكبرى في رمي قنبلة والتهديد بتخويف الإيطاليين، وطعنوا حاكم بنادير أحمد شقول.

See Samatar, Africa's First Democrat, pp. 66.

من الحساسيات العشائرية، وأدى إلى تفاقم الوضع. أما الأزمة الرابعة فنشأت بعد انقلاب الضباط من محمية أرض الصومال الفاشل في عام ١٩٦١ وتوحيد ضرائب الاستيراد في جمهورية الصومال. وقد أدى استخدام القوة المفرطة في قمع المظاهرات في هرجيسا إلى وقوع ضحايا بشرية. وبسبب الشعور بعامل العشيرة في التعامل مع الحادثة، استقال وزراء عشائر الإسحاق محمد إبراهيم عقال وشيخ علي إسماعيل يعقوب؛ وهو ما أدى إلى احتجاج نواب عشائر الإسحاق بالخروج من البرلمان وحصولهم على دعم من نواب آخرين. ونشأت الأزمة الخامسة عندما انفصل ١١ نائبًا من قبيلة الهويه بقيادة شيخ علي جمعالي وحاج فارح عن حزب رابطة الشباب الصومالي، وتحالفوا مع حزب الوحدة الوطنية الصومالي لتشكيل حزب المؤتمر الوطني الصومالي.[٢٩٢]

جـ- ازدراء الفساد وشراء الأصوات

بعد إجراء انتخابات عام ١٩٦٤ والمشاورات لتعيين رئيس وزراء جديد، اقترحت اللجنة المركزية لحزب رابطة الشباب الصومالي إعادة تعيين عبد الرشيد علي شرماركي رئيسًا للوزراء. ومع ذلك، كان الرئيس يحتاج إلى المزيد من الإقناع. واجتمع مع بعض أعضاء اللجنة المركزية لحزب رابطة الشباب الصومالي وأخبرهم:

"أريد أن أفعل كل ما بوسعي للتعامل مع الفساد والمحسوبية وكل عادة سيئة في الإدارة العامة، سيساعدني ذلك في محاولة العثور على رئيس وزراء يمكنه الالتزام بمستوى المسؤولية المطلوب".[٢٩٣]

وبدلاً من تعيين عبد الرشيد علي شرماركي وفقًا لتوصية اللجنة المركزية لحزب رابطة الشباب الصومالية، قام الرئيس بتعيين عبد الرزاق حاج حسين بشكل غير متوقع. ورفض البرلمان، الذي كان يضم أغلبية أعضاءه من حزب رابطة الشباب الصومالية الموافقة على حكومة رئيس الوزراء عبد الرزاق بعد التصويت بحجب الثقة عن حكومته. وكان الرئيس آدم مستاءً من السياسيين الذين يتمحور اهتمامهم فقط حول تعيينهم في مناصب وزارية، واصفًا هذه الثقافة السياسية للنواب بقوله: "ليحمي الله الصوماليين من الوحوش الجائعة في صورة بشر يفترض أنهم "ممثلون للشعب".[٢٩٤]

٢٩٢- Trunji, President Adan Abdulle, pp. 417.

٢٩٣- Ibid.

٢٩٤- Samatar, Africa's First Democrat, pp. 141.

وعلاوة على ذلك، في انتخابات الرئاسة في ٦ يوليو ١٩٦٧، رفض الرئيس آدم القيام بحملة انتخابية أو تقديم أي تنازلات أو وعود بمناصب حكومية مقابل الأصوات. وقد تدفقت عليه تجمعات من النواب لتعده بالأصوات مقابل المناصب. إضافة إلى وعود عدة رجال أعمال، بمن فيهم حاج أحمد عبد الله حشيش وحاج ناصر علي حبيشي، بدعمه ماليًّا لإعادة انتخابه. وقال الرئيس: "قلت لهم إنني لا أحتاج إلى المال؛ لأنني أعتقد أن القيام بالأشياء باستخدام الفساد ليس فقط عارًا، بل غير ضروري"[٢٩٥]. وقد لعب الرئيس آدم سياسة النزاهة والأمانة، متجنبًا أي أفعال قد تعرض القيم الديمقراطية للخطر. وفي الوقت نفسه، لجأ منافسوه إلى استراتيجيات مختلفة لاستمالة النواب وكسب تأييدهم، حيث قدموا وعوداً شاملة بتوفير وظائف ومناصب لكل من يدعمهم. ولم يقتصر الأمر على ذلك، بل استخدموا أسلوب القسم بشكل متكرر في محاولة لتعزيز مصداقيتهم وإقناع النواب بصدق نواياهم وجدية التزاماتهم. وقد كان هذا التكتيك يهدف إلى إثارة الثقة وبناء تحالفات قوية معهم، خصوصاً في ظل أجواء التنافس السياسي الشديد والسعي المحموم لضمان الحصول على أصوات كافية لتحقيق أهدافهم.

د- الامتناع عن الترويج لمنصب سياسي

اتسمت المسيرة السياسية الواسعة لآدم عبد الله بثقافة فريدة وعجيبة، وهي أنه لم يقم أبدًا بحملة انتخابية لأي من المناصب التي شغلها. وقد يبدو هذا غريبًا جدًّا في الثقافة والبيئة السياسية الحديثة. وصف ذلك محمد ترونجي بقوله: إن "آدم لم يسعَ أو يطلب أيًّا من المناصب التي شغلها خلال مسيرته السياسية الطويلة. كان إحساسه بالدولة ونزاهته السياسية أساسًا لانتخابه لجميع المناصب التي شغلها"[٢٩٦]. وكان انتخابه للأدوار المختلفة في المناصب السياسية، من كونه زعيم فرع حزب رابطة الشباب الصومالي إلى رئيس الصومال، مبنيًّا على ثقة زملائه بسبب قدرته القيادية ونزاهته السياسية التي لا تتزعزع. علاوة على ذلك، جسّد آدم عبد الله ثقافة القيادة الخالية من الطمع الشديد للسلطة. ولم يكن صعوده إلى المناصب المختلفة مدفوعًا بالطموح الشخصي، بل بتفانٍ حقيقي في خدمة الشعب. هذا النمط القيادي الفريد؛ حيث يبرز الأفراد كخيار شعبي بشكل طبيعي، نادر في سجلات التاريخ.

٢٩٥- Trunji, President Adan Abdulle, pp. 121.
٢٩٦- Ibid., pp. 72.

وفي انتخابات الرئاسة عام ١٩٦١، أيدت اللجنة المركزية لحزب رابطة الشباب الصومالي رئاسة الرئيس آدم، لكنه رفض القيام بحملة انتخابية. شهد عبد الرزاق حاج حسين قائلاً:

"(الرئيس آدم) كان يعتقد أن الترويج لنفسه سيعطي شعورًا بأن الشخص الذي يشغل المنصب لا يريد تركه. كان الأمر متروكًا لأعضاء البرلمان ليقرروا ما إذا كان، من منظور مصلحة البلاد، هو المرشح الأكثر تأهيلاً"[٢٩٧].

علاوة على ذلك، تحدث مع صديقه النائب حسين عبدي عبد الله (فرناجا)، الذي كان يقوم بحملة انتخابية له في انتخابات عام ١٩٦١، وكتب آدم في مذكراته العبارة التالية: "في حياتي، لم أطلب الأصوات للحصول على منصب، ولا أرى سببًا يجعلني أفعل ذلك الآن؛ لأنه شيء غير لائق لشخص يحترم نفسه".[٢٩٨] وفي انتخابات عام ١٩٦٧، عبر الرئيس آدم عن عدم رغبته في الترشح لولاية ثانية، قائلاً: "لقد استخدمت كل الوقود في الخزان، وحان الوقت للرحيل"[٢٩٩].

إن التزام آدم عبد الله بهذا النهج يعكس بوضوح ثقافة تتسم بمبادئ وقيم ترتبط بالأخلاق الأصيلة التي ميزت المرحلة المبكرة من الإسلام. فقد تجسدت في تصرفاته وسلوكياته تلك القيم التي قامت على الصدق، والأمانة، والتواضع، والعدالة، والسعي لتحقيق المصلحة العامة دون النظر إلى المكاسب الشخصية. وقد تبنى آدم عبد الله جوهر المبادئ الإسلامية، التي تنعكس بشكل رئيسي في الحديث التالي:

" حَدَّثَنَا شَيْبَانُ بْنُ فَرُّوخَ، حَدَّثَنَا جَرِيرُ بْنُ حَازِمٍ، حَدَّثَنَا الْحَسَنُ، حَدَّثَنَا عَبْدُالرَّحْمَنِ، بْنُ سَمُرَةَ قَالَ قَالَ لِي رَسُولُ اللَّهِ- صلى الله عليه وسلم: "يَا عَبْدَالرَّحْمَنِ، لاَ تَسْأَلِ الإِمَارَةَ؛ فَإِنَّكَ إِنْ أُعْطِيتَهَا عَنْ مَسْأَلَةٍ أُكِلْتَ إِلَيْهَا، وَإِنْ أُعْطِيتَهَا عَنْ غَيْرِ مَسْأَلَةٍ أُعِنْتَ عَلَيْهَا "[٣٠٠].

في الواقع، السعي للقيادة بدافع المصلحة الذاتية غير مشجع، بينما السعي إليها لأسباب وجيهة يستحق الثناء، وفي بعض الأحيان يعد ضروريًّا للأفراد ذوي القدرات

٢٩٧- Ibid., pp. 77

٢٩٨- Trunji, President Adan Abdulle, pp. 78.

٢٩٩- Ibid., pp. x1v.

٣٠٠- Sahih Muslim 1652 (book 33, Hadith 15)

اللازمة. هذا الشعور يجد دعمًا في القرآن؛ حيث يسعى يوسف- عليه السلام- لتحمل مسؤولية خزينة الدولة، مشددًا على أمانته وكفاءته من أجل رفاهية المجتمع الأوسع[٣٠١].

إن الخلاف الذي نشأ في عام (١٩٥٧–١٩٥٨) لم يكن مجرد مسألة شخصية بين آدم عبد الله وحاج محمد حسين، بل كان بين حاج محمد حسين ومقربيه من جهة، وحزب رابطة الشباب الصومالي والإدارة الإيطالية والحكومة الصومالية من جهة أخرى. وبالتالي، سحب آدم عبد الله استقالته بعد حل القضايا الخلافية مع اللجان المركزية لحزب رابطة الشباب الصومالي. وفي حملة الانتخابات الرئاسية عام ١٩٦٧، رفض الرئيس آدم التنازل عن مبدئه بعدم الترويج للمنصب، بينما قام خصومه بكل شيء لتحقيق انتخاب مرشحهم، عبد الرشيد علي شرماركي. وفيما يلي ما كتبه الرئيس آدم في مذكراته:

> "سأسعى لإعادة الانتخاب فقط إذا فُرض عليَّ من قبل أولئك الذين يعتقدون أن البلاد لا تزال بحاجة إليّ.[٣٠٢]" وقال: "إذا أرادوني رئيسًا، فسأكون على استعداد للخدمة، وإذا اختاروا شخصًا آخر، فسأكون سعيدًا بالقدر نفسه".
> وبعد خسارة انتخابات ١٩٦٧، قال الرئيس: "بالنسبة إليّ، أعتبر النتائج نعمة؛ لأنها تسمح لي بالعودة حرًّا"[٣٠٣].

هـ- الرئيس آدم كان مصلِحًا بين النخب السياسية

قاد آدم عبد الله أعضاء حزب الشباب الصومالي المعتدلين، وحاول دائمًا تخفيف النزاعات الداخلية داخل الحزب؛ حيث كان الأفراد الطائفيون والعناصر الأكثر وطنية في صراع مستمر. ولم يكن الرئيس آدم عبد الله راضيًا عن العدد الكبير من الوزراء في مجلس الحكومة بقيادة عبد الرشيد وقدرات بعض الأفراد. ومع ذلك، كإشارة لتجنب الصراع الداخلي، لم يعارض الرئيس آدم ذلك. وعلى الرغم من أنه كان مستاءً من العديد من إجراءات وسياسات رئيس الوزراء عبد الرشيد، وكانت لديه الصلاحية الدستورية لإقالته، إلا أنه أظهر ضبط النفس لضمان استقرار الحكومة.

سجل الرئيس آدم في مذكراته بعد تشكيل الحكومة في عام ١٩٦١

٣٠١– انظر إلى الآية القرآنية التي يقول فيها الله تعالى: (قالَ اجْعَلْنِي على خَزائِنِ الأرْضِ إنِّي حَفِيظٌ عَليمٌ) (سورة يوسف: ٥٥).

٣٠٢– Trunji, President Adan Abdulle, pp. 120.

٣٠٣– Ibid., pp. 131.

"مع عدد الوزراء في المجلس وضم الحكومة لأفراد معينين، جعلني عبد الرشيد أبتلع قرصًا مرًّا خوفًا من مجهول. ترك بعض الرجال الجيدين خارجًا. أنا آسف، لكن هذا خيبة أمل وإساءة لشرفه"[٣٠٤].

أعرب الرئيس عن استيائه مشيرًا إلى أن عبد الرشيد اتبع نفس النهج الذي كان قد وجه له الانتقادات سابقًا ضد حكومة عبد الله عيسى في عام ١٩٥٩. ففي ذلك الوقت، كان عبد الرشيد من أبرز المنتقدين لسياسات حكومة عبد الله عيسى، حيث اعتبر أن توزيع المناصب الوزارية لم يكن عادلًا وأنه مال إلى تغليب مصالح قبائل معينة على حساب أخرى. ومع ذلك، عندما تولى عبد الرشيد السلطة، لجأ إلى اتباع نفس الأساليب التي انتقدها بشدة. ويعكس هذا التناقض بين الخطاب والممارسة كيف أن الضغوط السياسية والصراعات الداخلية قد تؤدي أحيانًا إلى تكرار الأخطاء ذاتها التي كانت محور الانتقاد في الماضي.[٣٠٥] فبعد تشكيل حكومة تعتمد على مبدأ تقسيم الوزراء على المساواة بين القبائل، وهو النظام الذي تم تطبيقه رسميًا في عام ١٩٥٩، بدا واضحًا أن هذه الخطوة جاءت نتيجة لاستخلاص الدروس والعبر من تجربة تشكيل الحكومة السابقة في عام ١٩٥٦. تلك التجربة المبكرة كشفت عن تحديات كبيرة تتعلق بتوزيع السلطة والمناصب بين مختلف القبائل، مما أدى إلى استياء بعض الفئات وشعورها بالتهميش أو عدم الإنصاف. ومن هنا، سعى القادة في عام ١٩٥٩ إلى معالجة تلك الأخطاء من خلال اعتماد نظام يضمن تمثيلًا متساويًا وشاملًا لكافة المكونات القبلية، بهدف تحقيق قدر أكبر من الاستقرار السياسي وتعزيز الوحدة الوطنية. ومع ذلك، فإن مجموعة من أعضاء البرلمان- بمن فيهم: عبد الرشيد، عبد الرزاق، ومحمد شيخ غبيو- انتقدت الحكومة لتزوير الانتخابات، وتشكيل حكومة كبيرة، ونقص المؤهلات المهنية.

مثال آخر، عندما اتخذ حاج محمد حسين، رئيس الحزب، سياسة يسارية مخالفة للسياسة الرسمية لحزب رابطة الشباب الصومالي، التقى آدم عبد الله به أثناء انعقاد مؤتمر الحزب لمناقشة قضية حاج محمد. ومن أجل التوضيح والمصالحة، قال آدم:

٣٠٤- Trunji, President Adan Abdulle, pp. 3.

٣٠٥- بعد تشكيل حكومة تقاسم السلطة بين القبائل المتوازنة مع حزب رابطة الشباب الصومالي، التي تم تنفيذها في عام ١٩٥٩، تعلما من تجربة تشكيل الحكومة في عام ١٩٥٦. ومع ذلك، انتقدت مجموعة من أعضاء البرلمان، بمن فيهم عبد الرشيد، وعبد الرزاق، ومحمد شيخ غبيو، الحكومة لتزوير الانتخابات، وتشكيل حكومة كبيرة، ونقص المؤهلات المهنية
Trunji, President Adan Abdulle, pp. 65.

"الشعور السيئ الذي تحمله تجاهي لا يمكن تفسيره إلا فيما يتعلق بطموحك في أن تصبح، في المستقبل، رئيسًا للجمهورية، وتعتقد أنني قد أكون من بين أولئك، إن لم أكن الوحيد، الذي قد يتفوق عليك. إذا كان هذا هو الحال، فأقسم بما أقدره أكثر في الحياة، إنه لم يخطر ببالي أبدًا أن أنافسك، وإنني لا أملك هاجسًا أو قلقًا لأصبح رئيسًا، حتى لو لم أمانع الحصول على هذا الشرف"[٣٠٦].

مثال آخر على المصالحة عندما تحدث مع شيخ علي جمعالي، صديق طويل الأمد من مدينة بلدويني نفسها، عندما تنافسا على منصب الرئاسة في عام ١٩٦١. اتصل آدم بشيخ على جمعالي للحصول على ضمان للعمل الجماعي، بغض النظر عمن يفوز في الانتخابات. وقد سجل الرئيس آدم في مذكراته:

"قلت له: إن الحياة تلعب غالبًا حيلاً من النوع الذي نمر به حاليًّا؛ حيث تضع الأصدقاء والإخوة بعضهم ضد بعض في تنافس على منصب مسؤولية، وإن الارتباك الحالي سينتهي في غضون بضعة أيام عندما يفوز أحدنا في الانتخابات. قلت: إنه إذا تم انتخابه رئيسًا، فأنا مستعد لتقديم تعاوني الكامل له، وأتوقع منه أن يفعل الشيء نفسه في حال فزت في الانتخابات. شعر شيخ علي بدلاً من ذلك بأن هناك شخصين منقسمين بتباين جاد، لا يمكنهما التعاون"[٣٠٧].

حدثت مناسبة تصالحية مهمة عندما وقّع رئيس البرلمان، جامع محمد غالب، اتفاقية بين الصومال والاتحاد السوفيتي خلال الزيارة الرسمية للرئيس إلى إيطاليا في أكتوبر عام ١٩٦٣، وعند عودته أطلعه قائد الجيش، الجنرال داوود، على تفاصيل ما جرى. ويبدو أن رئيس البرلمان وقّع الاتفاق تحت ضغط من رئيس الوزراء، الذي أنكر ذلك، إلا أن الرئيس حسم هذه المسألة غير الدستورية بتوقيع الاتفاق بنفسه لتسوية الخلاف بينه وبين كل من رئيس البرلمان ورئيس الوزراء.[٣٠٨] في الوقت نفسه، قدمت الحكومات الغربية، مثل الولايات المتحدة وإيطاليا وألمانيا، مساعدات عسكرية للصومال، لكنها لم تكن مرضية من وجهة نظر الحكومة الصومالية، كما أن هذه الدول عارضت مشروع «الصومال الكبير»، مما زاد من توتر العلاقات بعد توقيع الاتفاق العسكري مع الاتحاد

٣٠٦- Ibid., pp. 59.
٣٠٧- Ibid., pp. 78.
٣٠٨- Ibid., 89-90.

السوفيتي. وردّت بريطانيا على ذلك بعرض منطقة الحدود الشمالية (DFN) على كينيا،
رغم أن استفتاءً أجري هناك أظهر أن ٨٧٪ من السكان يفضلون الانضمام إلى الصومال،
مما دفع الحكومة الصومالية إلى قطع علاقاتها الدبلوماسية مع بريطانيا[٣٠٩].

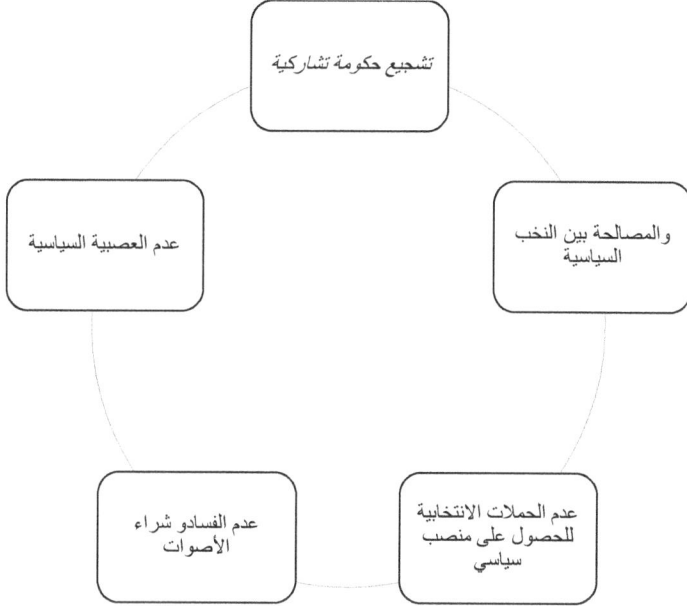

الشكل ١٤: الثقافة السياسية الرئيسية للرئيس آدم عبد الله

العوامل التي شكلت الثقافة السياسية لآدم عبد الله

شكلت ستة عوامل الثقافة السياسية لآدم عبد الله: نشأته يتيمًا، وخبرته الواسعة في
العمل جنبًا إلى جنب مع الإيطاليين، وانتماؤه إلى عشيرة أديجين، وزواجه من زوجة تنتمي
إلى عشيرة الماجرتين / دارود، وارتباطه القوي بجذوره الدينية، وشغفه بالأدب وعاداته
القرائية. وقد شكلت هذه العوامل الستة الثقافة السياسية الفريدة لآدم عبد الله ونهجه
القيادي.

العامل الأول تجسد في حياته كيتيم؛ حيث تخلى عن الاعتماد على أسرته
الممتدة أو السكن معها. وكان مفتاح إنجازاته دليلاً على اعتماده الكامل على نفسه،
وإحساسه بالمسؤولية الشخصية، وتوجيه حياته بشكل مستقل وخالٍ من أي دعم
خارجي أو من الأقارب. وقد ميزه التزامه الثابت بالاكتفاء الذاتي وتصميمه الحازم

Ibid. ─٣٠٩

عن معظم النخب السياسية الأخرى، وأصبحا من الخصائص المميزة التي نقشت هويته الفريدة. تطورت قصته الحياتية كدليل على التفاني الفريد، مكتوبة على صورة اكتشاف الذات. في كل خطوة اتخذها، كانت أصداء الاستقلالية والصمود تتردد؛ وهو ما يوضح التزامه الرائع بتشكيل مصيره بشروطه الخاصة، غير مقيد بالتوقعات والدعم العائلي التقليدي.

العامل الثاني كان سنوات طفولته التي قضاها في العمل مع العديد من الأفراد الإيطاليين؛ حيث استوعب تفاصيل ثقافة العمل الأوروبية من كل منهم. هذه التجربة الغامرة وفرت له التدريب على ديناميكيات الممارسات المهنية الأوروبية. وهذا التدريب متعدد الجوانب وسع مهاراته وسمح له بتطوير فهم عميق للتفاصيل الثقافية التي تشكل أخلاقيات العمل الأوروبية. ومن إتقان فن التواصل الفعال باللغة الإيطالية، ساهم كل صاحب عمل في تطويره المهني الفريد. ونتيجة لذلك، خرج من هذه الفترة التدريبية كشخص يدمج بسلاسة نهجًا غنيًّا ثقافيًّا في عمله.

العامل الثالث كان انتماؤه إلى عشيرة أوديجين (عيسى مدولود)، التي تميزت بعدم السعي للسيطرة على العشائر الأخرى والمؤسسات الحكومية، على خلاف الاتجاه السائد بين النخب السياسية الأخرى التي جاءت من عشائر طموحة وساعية للسلطة.[٣١٠] وعلى عكس العديد من معاصريه، الذين كانت أجنداتهم السياسية مدفوعة بالرغبة في التفوق والسيطرة، تبنت عشيرته نهجًا أكثر فردانية كمواطنين في الحكومة. ولحسن الحظ، لم يتأثر بضغوط العشيرة التي واجهها السياسيون الآخرون. وفي تناقض مع الدوافع الجائعة للسلطة لبعض النخب السياسية، لم تضغط عشيرته عليه للحصول على امتيازات خاصة. هذا الوضع الفريد ميزه، وجعله مدافعًا عن ثقافة سياسية أكثر توازنًا ووئامًا.

العامل الرابع كان زواجه من عشيرة المجرتين/ دارود؛ وهو ما أسس علاقات عائلية تربط بين عشيرتي الهوية والدارود. ففي باحة منزله، وجدت هاتان العشيرتان المتنافستان سكينة وتآلفًا فريدين؛ وهو ما عكس التزامه بتعزيز الوحدة والمصالحة.[٣١١] وعند توليه دورًا قياديًّا في الدولة، رمز منزله إلى التقاء متناغم للتأثيرات السياسية من

٣١٠- عشيرة عيسى مدلود هو عم ابقال عثمان مدلود، ويسكن معظمهم في منطقة هيران. ويستقر مدلود في منطقة بنادر، ولاية هيرشبيلي، الجزء الشرقي من ولاية جلمدغ، وأجزاء من ولاية جنوب غرب الصومال.

٣١١- ينظر معظم السياسيين الدارود، وخاصة المجيرتين، إلى الرئيس عدن صهر بسبب زواجه من زوجة من عشيرتهم. في الثقافة الصومالية، يحظى صهر باحترام متبادل خاص. كانوا يُدعون خال لأطفال الرئيس، الذين يحظون باحترام كبير.

عشيرتي الهوية والدارود. وبصفته وسيطًا، تعامل مع ديناميكيات هذه العشيرتين. وقد أكسبته كفاءته في التعامل مع الشبكة المعقدة للسياسة العشائرية بحيادية ولباقة- أكسبته احترام السياسيين المعتدلين من عائلتي عشيرتي الهوية والدارود. وأصبحت الوحدة المنبعثة من منزله رمزًا للشمولية والتعاون، متجاوزة الانقسامات التاريخية التي غالبًا ما غذت التوترات بينهما. ومن خلال إنشاء بيئة من التفاهم المتبادل والأهداف المشتركة داخل مجاله العائلي، أصبح منارة أمل لأولئك الذين يدعون إلى نهج أكثر تعاونية ومصالحة في السياسة.

العامل الخامس كان متجذرًا بعمق في أسرته الدينية ذات الخلفية المناهضة للاستعمار. فقد مثلت حركة الدراويش التي انتمى إليها والده أيديولوجية سياسية ومقاومة روحية وثقافية عميقة ضد الهيمنة الاستعمارية. ونشأ في حضن عائلة ملتزمة بقيم الإسلام، مثل: المساواة والعدالة والشفافية ومكافحة الفساد، وقد استوعب مبادئ مناهضة الاستعمار منذ سن مبكرة. وكعضو في الحركة المناهضة للاستعمار الجديد، ساهم بشكل فعال في الحفاظ على الهوية الثقافية والاستقلالية الدينية ورفض التأثيرات الخارجية. ومن خلال التزامه بالقضية، برز كداعم ثابت للمشاعر المناهضة للاستعمار؛ حيث مزج نشأته الدينية مع التزامه بالحفاظ على التراث الثقافي للمجتمع الصومالي.

العامل السادس كان شغفه اللامتناهي بالانغماس في الأعمال الأدبية الواسعة. ومن خلال استكشاف الأدب بشكل واسع، اكتسب رؤى قيمة في السياسة العالمية، والحركات الوطنية، وعمليات بناء الدولة، والتنمية الاقتصادية. وبالإضافة إلى ذلك، زودته مساعيه الأدبية بفهم عميق للتحديات والنجاحات المرتبطة بجهود بناء الدولة. وسمحت له الأصول الثقافية والمنظورات المختلفة المدمجة في الأدب الذي استهلكه- سمحت له برسم أوجه تشابه بين تجارب الأمم المختلفة؛ وهو ما ساهم في قدرته على إدارة تعقيدات الحكم والتنمية السياسية. باختصار، كان شغف آدم عبد الله بالأدب ليس مجرد هواية، بل قوة ديناميكية أثرت ثقافته السياسية؛ حيث وفرت له الأدوات الفكرية للتعامل مع البيئة المعقدة لبناء الدولة والقيم الديمقراطية.

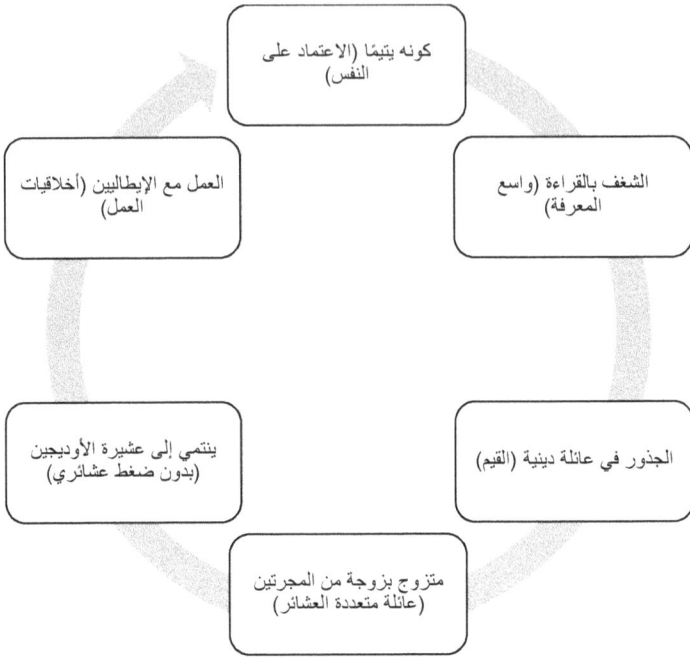

الشكل ١٥: العوامل الستة التي شكلت الثقافة السياسية للرئيس آدم عبد الله

مواجهات الرئيس آدم عبد الله مع تحديات المعارضة

واجه الرئيس آدم عبد الله معارضة من مجموعات متنوعة، كل منها كان مدفوعًا بأسباب وأجندات مختلفة. هذه المجموعات شملت الأيديولوجيين اليساريين، وبعض السياسيين من عشيرة الهوية، وبعض السياسيين من المناطق الشمالية من الصومال، وأفراد من الدولة العميقة وأعضاء سابقين في نظام رئيس الوزراء عبد الرشيد. وقد عكس تجمع هذه المجموعات المختلفة ضد الرئيس آدم الديناميكيات المعقدة والمصالح المتنافسة داخل السياسة الصومالية. وشكلت معارضتهم الجماعية تحديات كبيرة لرئاسة آدم، وبلغت ذروتها في إقصائه النهائي من السلطة وصعود عبد الرشيد إليها.

أ- معارضة السياسيين من عشيرة الهوية

ضمت إحدى المجموعات التي عارضت الرئيس آدم عبد الله بعض السياسيين من عشيرة الهوية الذين توقعوا نهجًا مختلفًا من زعيم ينتمي إلى عشيرتهم. وكانت توقعاتهم متجذرة في الرغبة في أن يتماشى الرئيس آدم مع أجندتهم المركزة على العشيرة، ويدعم

مصالحهم في مواجهة المواجهات السياسية مع السياسيين الدارود.[٣١٢] ولكن الرئيس آدم عبد الله بقي ثابتًا في التزامه بخدمته كرئيس للصومال، رافضًا المنافسات العشائرية، ومقدمًا الوحدة الوطنية على المصالح الفئوية. وتجسد الاستياء بين السياسيين الهوية في معارضتهم لقيادة الرئيس آدم، مدفوعًا بالشعور بنقص الاعتبار الخاص لعشيرتهم داخل المشهد السياسي الأوسع، مستائين من موقفه المحايد وسياساته، بأنهم قرروا الإطاحة به من القيادة الوطنية. وبناءً على ذلك، تنافسوا بنشاط ضد الرئيس آدم في قيادة حزب الشباب الصومالي في عام ١٩٥٩ وفي سباق الرئاسة في عام ١٩٦١.

وفي تنافس قيادة رابطة الشباب الصومالي عام ١٩٥٩، واجه شيخ محمود أحمد "كتبوحور"، عضو البرلمان من منطقة عدالي، الرئيس آدم عبد الله. وفاز آدم بصعوبة في الانتخابات بحصوله على ٤٤ صوتًا، بينما حصل كتبوحور على ٤٢ صوتًا.[٣١٣] وقد أبرزت هذه الانتخابات الداخلية في الحزب الاستياء المتزايد داخل صفوف السياسيين الهوية، الذين سعوا إلى أجندة أكثر تركيزًا على العشيرة داخل رابطة الشباب الصومالي. وكانت هذه السياسة المرتكزة على العشيرة ممارسة مفتوحة لمعظم السياسيين من العائلات العشائرية الأخرى، ولا سيما السياسيين من قبيلة الدارود. من ناحية أخرى، شهد السباق الرئاسي في عام ١٩٦١ تحديًا آخر لقيادة الرئيس آدم من داخل عشيرته الهوية. وبرز شيخ علي جمعالي، بالتحالف مع محمد إبراهيم عغال، صديق قديم من المدينة بلدويني نفسها، برز كمنافس؛ وهو ما أظهر الانقسام داخل السياسيين الهوية بشأن اتجاه السياسة الصومالية تحت قيادة الرئيس آدم.[٣١٤] وكانت النتائج متقاربة جدًّا. في الجولة الأولى، انتهى التصويت بالتعادل ٦٠-٦٠. وفي الجولة الثانية، تحول التصويت قليلاً إلى ٦٠-٦١ لصالح شيخ علي جمعالي. أما في الجولة الثالثة، فقد تغيرت النتائج مرة أخرى، بتصويت ٦٢-٥٩ لصالح آدم عبد الله. وكان التزام الرئيس آدم عبد الله الثابت بصومال موحد، خالٍ من تأثير الانتماءات العشائرية، قد أثار التوترات مع هؤلاء السياسيين الهوية الذين سعوا إلى تركيز أكثر حصريًّا على مصالحهم مغطاة بمصالح العشيرة. وأصبحت الساحة السياسية بالتالي ساحة معركة؛ حيث تصارعت الرؤى المتنافسة لمستقبل الأمة؛ وهو ما كشف عن التعقيدات والتحديات المرتبطة بتحقيق سياسة ما بعد الاستقلال متناغمة وشاملة.

٣١٢– عبّر شيخ علي جمعالي عن شهادته في هذه الاتهامات في قائمة المرشحين البرلمانيين لرابطة الشباب الصومالي في بيلدويني في عام ١٩٥٩؛ حيث وضع اسمه في القائمة في القمة بينما وضع اسم رئيس الحزب ورئيس البرلمان، ادن عبد الله عثمان، في المرتبة الثانية. وقال: «اتهم الشيخ علي وأصدقاؤه آدم عبد الله عثمان وحاج فارح علي عمر بعدم تفضيل مجموعاتهم القبلية في النزاع الحزبي."
Samatar, Africa's First Democrat, pp. 66.

٣١٣– Trunji, President Adan Abdulle, pp. 60.

٣١٤– Trunji, President Adan Abdulle, pp. 80-81.

ب- المعارضة اليسارية

خلال حقبة الخمسينيات المضطربة، وفي ظل التوترات الجيوسياسية للحرب الباردة، اجتاحت رياح الأيديولوجية اليسارية مختلف حركات التحرير حول العالم، ووجدت أرضًا خصبة في الصومال. دخل هذا التيار الأيديولوجي البلاد عبر قناة من الأفراد المتعلمين، وخاصة الطلاب الذين درسوا في بلدان، مثل: مصر، والاتحاد السوفييتي، والصين، وإيطاليا. ومن بين هذه النخبة المتعلمة، ظهرت شخصية بارزة: حاج محمد حسين، الذي أصبح مدافعًا رائدًا عن المبادئ اليسارية داخل الأوساط السياسية الصومالية. وكان تحول حاج محمد حسين الأيديولوجي واضحًا خلال فترة توليه منصب رئيس رابطة الشباب الصومالي في عام ١٩٥٧، وهو المنصب الذي شغله بعد تعليمه في جامعة الأزهر في مصر. وباعتماده مبادئ الأيديولوجية اليسارية، أصبح سريعًا ناقدًا صريحًا لما اعتبره ميولاً موالية للغرب من شخصيات، مثل: الرئيس آدم عبد الله، الذي اتهمه بعدم امتلاك شغف وطني حقيقي.

ولقد وصل الانقسام الأيديولوجي بين آدم عبد الله وحاج محمد حسين في النهاية إلى نقطة الغليان؛ وهو ما أدى إلى طرد حسين من رابطة الشباب الصومالي في الأول من إبريل عام ١٩٥٨.[٣١٥] وغير متأثر بذلك، أسس حاج محمد حسين رابطة الصومال الكبرى. اجتذب هذا الكيان السياسي العديد من اليساريين البارزين و"جزءًا من رجال قبيلة الدارود الذين استاءوا من هيمنة الهوية في الحكومة".[٣١٦] سرعان ما برزت رابطة الصومال الكبرى كقوة هائلة في السياسة الصومالية، واصطفافها كمدافع قوي عن المبادئ اليسارية وتوحيد الصومال تحت شعار تقدمي ووطني. وكان المحور الرئيسي لبرنامج رابطة الصومال الكبرى هو اتهام رابطة الشباب الصومالي بأنها تفتقر إلى التزام حقيقي بقضية توحيد الصومال أو الصوماليين في دولة واحدة. وكان هذا الاتهام بمنزلة دعوة تعبئة لرابطة الصومال الكبرى وداعميها؛ وهو ما حفز الاستياء الواسع ومهد الطريق لتغيير جذري في المشهد السياسي الصومالي.

جـ- السياسيون الذين ينتمون إلى قبيلة الإسحاق

بعد توحيد جمهورية الصومال، تفاقمت حالة عدم الرضا بين السياسيين من قبيلة الإسحاق، بقيادة محمد إبراهيم عغال. وبدأت الإحباطات تتفجر بسبب ما اعتبروه الهيمنة الجنوبية في السلطة للدولة الموحدة؛ وهو ما يمثل تراجعًا في مكاسبهم السياسية. ثلاثة

٣١٥- Ibid., pp. 56-60.

٣١٦- Trunji, Somalia: the Told History, pp. 304.

أحداث أبرزت عدم رضا السياسيين من قبيلة الإسحاق: الانقلاب العسكري المحبوط في عام ١٩٦١، واستقالة الوزراء محمد إبراهيم عغال وشيخ علي إسماعيل من الحكومة في عام ١٩٦٣، وثورة نواب قبيلة الإسحاق.[٣١٧] وأصبح محمد إبراهيم عغال، الذي كان سياسيًّا حذرًا، قائدًا للمؤتمر الوطني الصومالي، والذي يُعتبر بشكل رئيسي تحالفًا للسياسيين الإسحاق والهويين الذين دعموا شيخ علي جمعالي في السباق الرئاسي، وشكلوا «تحالف الإرير» في عام ١٩٦٣ [٣١٨]. وحصل حزب المؤتمر الوطني على ٢٢ مقعدًا في انتخابات عام ١٩٦٤ مقابل ٦٩ لرابطة الشباب الصومالي.[٣١٩] واستطاع محمد إبراهيم عغال أن يتنقل استراتيجيًّا بين منصات سياسية مختلفة ليصعد إلى منصب رئيس الوزراء في الصومال.[٣٢٠] عام ١٩٦٧، حصلت تكتيكات محمد إبراهيم عغال السياسية على دعم من الأفراد المتشابهين الذين شاركوا معه استياءهم من ديناميكيات السلطة السائدة. ومن بين الذين تحالفوا مع محمد إبراهيم عغال مجموعة قادها عبد الرشيد علي شرماركي بعد خسارته منصب رئيس الوزراء في عام ١٩٦٤. واندمجت هذه التحالفات للسياسيين غير المرتاحين حول هدف مشترك: تحدي سلطة الرئيس آدم ورئيس الوزراء عبد الرزاق. شكل التحالف بين فريق عغال وفريق عبد الرشيد نقطة تحول مهمة في السياسة الصومالية؛ حيث جمع مجموعات متباينة موحدة بشكاواها المشتركة وطموحاتها نحو القيادة السياسية. شكلوا معًا جبهة معارضة قوية، تستغل تأثيرها ومواردها المجتمعة لشن تحدٍّ متكامل ضد القيادة المتأصلة للرئيس آدم ورئيس الوزراء عبد الرزاق.

د- المجموعة المتحالفة مع رئيس الوزراء السابق عبد الرشيد ع. شرماركي

واجه التكتل الذي يقوده رئيس الوزراء عبد الرشيد عاصفة كبيرة بعد انتخابات عام ١٩٦٤ عندما رفض الرئيس ترشيحه لرئاسة الوزراء على الرغم من دعم اللجنة المركزية لرابطة الشباب الصومالي له. ونتيجة لذلك، أصبح عبد الرشيد وعدد من أعضاء الحكومة السابقين في معارضة شديدة ضد إدارة آدم عبد الله/ عبد الرزاق. هذا ما جعل بداية فترة مضطربة متميزة بتصادم سياسي شديد ومناورات استراتيجية؛ حيث سعى عبد الرشيد وحلفاؤه لتأكيد تأثيرهم وتحدي سياسات النظام الحاكم. وعزز عبد الرشيد تحالفه مع محمد إبراهيم عغال ونواب قبيلة الإسحاق غير الراضين من خلال تقديم عغال لدور رئيس

٣١٧- Ibid., pp. 409-413. Trunji, President Adan, pp. 85.

٣١٨- I.M. Lewis. A Modern History of Somalia: Nation and State in the Horn of Africa (Westview Press 1965, 176).

٣١٩- Trunji, Somalia: the Told History, pp. 471.

٣٢٠- Ibid., pp. 417.

الوزراء. هذه الخطوة الاستراتيجية هدفت إلى تعزيز رابطهم السياسي وضمان تحقيق وحدة وتعاون أكبر في مساعيهم المستقبلية.

٥- عناصر الدولة العميقة

أدى إصلاح الخدمة المدنية الذي نفذته حكومة عبد الرزاق، المعروف باسم "بوستا روسو"، إلى فصل العديد من الموظفين المدنيين القدامى. كان من بينهم أفراد ذوو خبرة طويلة في مناصب رفيعة لسنوات عديدة. وتحول بعض هؤلاء المسؤولين الذين يتمتعون بخبرة إلى السياسة بعد إقالتهم من مناصبهم إلى المعارضة. وأدت هذه التحولات إلى نشوء قوة معارضة جديدة ضد إدارة آدم عبد الله/ عبد الرزاق، تتألف من أفراد ملمين بأعمال الحكومة ومجهزين بمعرفة مؤسسية غنية. وقد أضاف دخولهم إلى الساحة السياسية عمقًا وتعقيدًا إلى المشهد؛ حيث استغلوا خبراتهم وشبكاتهم لتحدي سياسات وقرارات النظام الحاكم.

وعلى الرغم من جهودهم المشتركة، فشلت المعارضة المجتمعة من الأيديولوجيين اليساريين والسياسيين الهوية غير الراضين في إزاحة الرئيس آدم عبد الله عن السلطة. ولكن شهد المشهد السياسي تحولاً كبيرًا في انتخابات الرئاسة عام ١٩٦٧؛ حيث تم تشكيل تحالف قوي. وشمل هذا التحالف الجماعات المحرومة سابقًا، بما في ذلك تلك المتجذرة في الأيديولوجيا اليسارية والسياسيين الهوية غير الراضين، إلى جانب السياسيين من الشمال وعناصر المؤسسة العميقة المستاءة من إصلاحات حكومة رئيس الوزراء عبد الرزاق التي أكدت على القدرة وبرنامج مكافحة الفساد.[٣٢١] وكان هذا التحالف القوي يسعى خلال انتخابات الرئاسة عام ١٩٦٧ في جهود مشتركة لإزاحة رئاسة الرئيس آدم عبد الله. وكانت استراتيجيتهم تشمل استغلال أشكال مختلفة من الفساد، واستخدام الوسائل الخفية والظاهرة لتأثير المناخ السياسي لصالحهم.

وانتهت هذه الجهود بالنجاح في استبدال الرئيس آدم عبد الله بعبدالرشيد في انتخابات الرئاسة في ١٠ يونيو ١٩٦٧. ولقد مثلت هذه الانتخابات نقطة تحول في تاريخ السياسة الصومالية؛ حيث حدث تجمع غضب مجتمع من الأيديولوجيين اليساريين، والسياسيين الهوية غير الراضين، والسياسيين الشماليين، وعناصر الدولة العميقة للتسبب في تغيير كبير في النظام. لقد أبرز نجاح هذا التحالف قوة التحالف الموحد ضد رئيس لا يسعى الى اكتساب السلطة، خاصة عندما يتم تشكيله من خلال مزيج من الاختلافات الأيديولوجية، والانتماءات العرقية، والنزاعات الداخلية داخل الهيكل السياسي. وأبرزت الأحداث التي

٣٢١- Ibid., pp. 495-500.

سبقت وتلت ١٠ يونيو١٩٦٧، التفاعل المعقد لديناميات السلطة، والمناورات الاستراتيجية، والمشهد الاجتماعي السياسي المعقد الذي عرف الصومال خلال هذه الفترة المحورية. وفاز عبد الرشيد علي شرماركي بالرئاسة في الجولة الثالثة من ٧٣ وآدم الأصوات ٥٠ .[٣٢٢] واستقال الرئيس من منصبه في ٣٠ يونيو لإعطاء الرئيس المنتخب الفرصة للتحدث إلى الأمة في يوم الاستقلال ١ يوليو بدلاً من التخلي عن السلطة في ٦ يوليو ١٩٦٧.

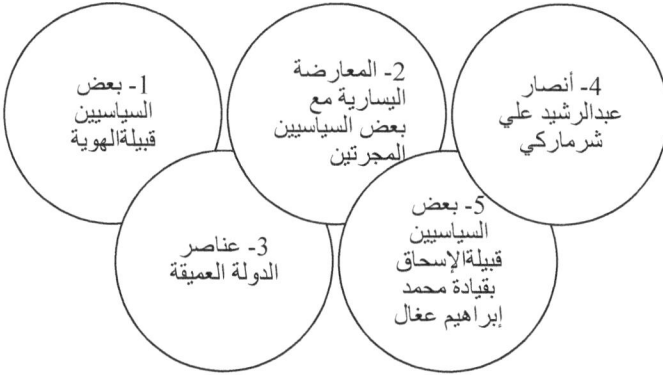

الشكل ١٦: الجماعات الخمس المعارضة لحكومة آدم/ عبد الرزاق

السؤال المهم والضروري لتحليلنا يدور حول سبب انتخاب آدم عبد الله دون أن يترشح لفترة تزيد عن ١٦ عامًا في العديد من المناصب السياسية العليا. ومن المثير للدهشة صعود آدم عبد الله المستمر في السياسة الصومالية منذ عام ١٩٥١ حتى عام ١٩٦٧. فقد بدأت مسيرته السياسية بانتخابه في المجلس الإقليمي الأول في عام ١٩٥١؛ حيث اختير أيضًا نائبًا لرئيس المجلس. وأدت قيادته القوية بسرعة إلى أن يصبح رئيس رابطة الشباب الصومالية من عام ١٩٥٣ إلى عام ١٩٥٦. وفي عام ١٩٥٦، أصبح آدم عبد الله أول رئيس للبرلمان، وازدهرت قيادته بشكل أكبر عندما أعيد انتخابه كرئيس لرابطة الشباب الصومالية في عام ١٩٥٨. وفي عام ١٩٦٠، أصبح أول رئيس للصومال، وأعيد انتخابه في عام ١٩٦١ دون أن يترشح أبدًا، ما يمثل سابقة سياسية حديثة مفاجئة وغير عادية. وهناك عدة أسباب لنجاحه: أولاً: التعليم المتقدم لآدم عبد الله ميزه عن أقرانه؛ وهو ما مكنه من التعامل مع الحكم برؤية وحكمة. ثانيًا: سمعته بالنزاهة والتواضع جعلته محبوبًا للجمهور ولزملائه. ثالثًا: نهجه الديبلوماسي والمصالحة في السياسة جعله يكسب احترام وثقة زملائه

٣٢٢– في الجولة الأولى، حصل عبد الرشيد على ٦٣ صوتًا، وحصل ادن على ٥٧ صوتًا. وفي الجولة الثانية، حصل عبد الرشيد على ٦٧ صوتًا، بينما حصل عدن على ٥٥ صوتًا.
See Trunji, President Adan, 129.

في رابطة الشباب الصومالية والإدارة الإيطالية تحت الوصاية الأممية. علاوة على ذلك، القيادة هي تفاعل ديناميكي بين القادة والمتابعين والفهم الجيد في السياق أو الظرف الزمني المحيط. وقد حدثت قيادة آدم خلال فترة بناء الدولة الناشئة عندما لم تنغمس البيئة السياسية كثيرًا في المصالح الذاتية، وكانت سيطرة النزاهة الثقافية مرتفعة. وعلى الرغم من إمكانية النزاعات والصراعات السياسية داخل نظام ديمقراطي والمعارضة التي واجهها من رؤساء رابطة الشباب الصومالية البارزين، استمر آدم عبد الله في الانتخاب دون أن يترشح حتى عام ١٩٦٧. وتعكس فترة آدم عبد الله- التي استمرت ١٦ عامًا في المناصب العليا دون حملة انتخابية- تعليمه الاستثنائي، وطابعه الصادق، ونمط قيادته الديبلوماسي، والسياقات السياسية التي عمل فيها. وتبرز قصته أهمية النزاهة والتواضع والتفاني في خدمة الشعب.

مسار الصومال بعد الرئيس آدم عبد الله

انتقال القيادة في عام ١٩٦٧ من الرئيس آدم عبد الله ورئيس الوزراء عبد الرزاق حاج حسين إلى الرئيس عبد الرشيد علي شرماركي ورئيس الوزراء محمد إبراهيم عغال كان لحظة حاسمة في تاريخ الصومال، ويتطلب فهم دور الرئيس آدم في تعزيز الديمقراطية وتعزيز المصالحة بين السياسيين ومحاربة الفساد والدعوة إلى الحوكمة الصالحة مقارنة بالبيئة السياسية العاصفة للنخب الحاكمة من عام ١٩٦٧ إلى ١٩٦٩. ولقد سادت سياسة العشائرية على حساب الوحدة الوطنية والهوية الوطنية المشتركة. وانتشر الفساد في النظام السياسي مع أولويات النخب السياسية للربح الشخصي على حساب رفاهية البلاد.[٣٢٣] وكانت ممارسات الحكم الرشيد غائبة؛ وهو ما ساهم في زيادة إحباط المواطنين والنخب المتعلمة[٣٢٤]. وقد تجلت ذروة هذه الحقبة من سوء الإدارة في انتخابات عام ١٩٦٩، التي شابها تزوير ومخالفات واسعة النطاق.[٣٢٥] وكانت الخطة الاستراتيجية التي أعدها الرئيس شرماركي ورئيس الوزراء محمد إبراهيم عغال ووزير الداخلية ياسين نور حسن تقوم على تجزئة الأحزاب السياسية؛ حيث بلغ عدد الأحزاب نحو ٨٠ حزبًا، ثم ضمها إلى حزب سياسي واحد هو رابطة الشباب الصومالي.[٣٢٦] وتم تحقيق هذه الخطة، وانضم جميع أعضاء

٣٢٣- Ibid.

٣٢٤- Metz, Helen Chapin, ed. Somalia: A Country Study. Fourth Edition. Library of Congress Cataloging-in-Publication Data, 1992, p. 36.

٣٢٥- Ingriis, The Suicidal State in Somalia, pp. 48.

٣٢٦- كان وزير الداخلية ياسين نور هو العقل المدبر لمصالحة عبد الرشيد/ عقال وتشكيل ائتلاف ضد آدام/ عبد الرزاق في انتخابات عام ١٩٦٧. وعلى الرغم من أنه كان من أوائل الأعضاء في رابطة الشباب الصومالي، إلا أنه اشتهر بعصيان سياسات الحزب. وتم طرده من الحزب ثلاث مرات (١٩٥٩، ١٩٦٤، و١٩٦٦)، وأعيد قبوله بعد المصالحة العشائرية. ولقد أدار انتخابات عام

البرلمان المنتخبين إلى رابطة الشباب الصومالي باستثناء رئيس الوزراء السابق عبد الرزاق حاج حسين. وبالطبع، لم تؤدِّ هذه العملية الانتخابية المعرضة للخطر إلى تقويض تاريخ البلاد وتطلعاتها الديمقراطية فحسب، بل عطَّلت مسار الديموقراطية الناشئة والمتنامية في البلاد. وخلال هذه الفترة، اتسم الأداء السياسي بسوء الإدارة؛ وهو ما أدى في النهاية إلى تزوير انتخابات عام ١٩٦٩ وإقامة نظام الحزب الواحد.[٣٢٧] وقد صور المؤرخ الإيطالي أنجيلو ديل بوكا الصومال في أواخر الستينيات بأنه يعاني من الافتقار إلى الاتجاه ويتجه إلى اليأس السائد. وبعد مرور تسع سنوات على استقلالها، بحلول صيف عام ١٩٦٩، لم تكن الصومال، المعروفة باسم "الطفلة المحبوبة للأمم المتحدة"، تتمتع بالخصائص التي تجعل منها مثالاً يحتذى به. "الديمقراطية مجرد ذكرى، ونظام التعددية الحزبية مهزلة، والحياد خيار باهت، وفي الجمعية الوطنية يسود الارتباك"[٣٢٨]. علاوة على ذلك، يشرح محمد ترنجي بوضوح أوضاع الصومال بنهاية عام ١٩٦٩ على النحو التالي:

> "إن التزوير في انتخابات مارس ١٩٦٩ لم يكن الفتيل الوحيد الذي يمكن أن يؤدي إلى انفجار في أي لحظة. كان آخرها الفساد المستشري في الإدارة العامة، الذي أهدر مبالغ ضخمة من الأموال العامة، بما في ذلك المساعدات من الحكومات الأجنبية، وأثار غضب الجماهير الصومالية التي استاءت من الحرمان الاقتصادي والرفاهية التي يتمتع بها النخب السياسية. وارتفع عدم الاستقرار العام، وانخفضت الثقة في النظام، وتحول المزاج المتفائل بسرعة إلى سخرية. وبحلول عام ١٩٦٩، بعد ما يقرب من عقد من الاستقلال، كان الصومال في حالة سكون، مقيدًا بالمساعدات الأجنبية للبقاء، وعرضة للانزلاق إلى نظام ديكتاتوري"[٣٢٩].

١٩٦٩ شديدة التزوير. ويمكننا مقارنة انتخابات عام ١٩٦٤، التي أدارها وزير الداخلية عبد الرزاق، بانتخابات عام ١٩٦٩

Trunji, President Adan Abdulle, pp. 420-21..

٣٢٧- Ibid.

وذكر محمد شريف أن المملكة العربية السعودية عرضت ٥٠ مليون دولار، وهو مبلغ يبدو مبالغًا فيه، وعلى الأرجح ٥ ملايين دولار لتغطية نفقات الانتخابات لدعم حزب عبد الرشيد/ عقال رابطة الشباب الصومالي.

See Chapter three, footnote 2, 166. Abdurahman Abdullahi, The Islamic Movement in Somalia: The Case of the Islah Movement (1950-2000). Adonis & Abey, 2015.

٣٢٨- Trunji, President Adan Abdulle, pp.155.

٣٢٩- Ibid., pp. 156.

وصلت هذه الفترة من عدم الاستقرار السياسي إلى ذروتها مع اغتيال الرئيس عبد الرشيد علي شرماركي في ١٥ أكتوبر ١٩٦٩. وقد أدت وفاته إلى تأزم البيئة السياسية بشكل أكبر؛ وهو ما أدى إلى خلق فراغ سلطة استغلته القوات المسلحة. ومثَّل انقلاب الجيش في ٢١ أكتوبر ١٩٦٩ نقطة تحول حاسمة في تاريخ الأمة؛ حيث استبدلت الحكم المدني بالحكم العسكري. وتم اعتقال النخب السياسية، بما في ذلك الرئيس آدم عبدالله، ورئيس الوزراء عبد الرزاق، ورئيس الوزراء محمد إبراهيم عغال، ورئيس مجلس النواب شيخ مختار محمد.[٣٣٠]

وظهر الحكم العسكري نتيجة لهذا الاضطراب السياسي، واستمر لمدة ٢١ عامًا. وخضعت الصومال لتغييرات سياسية واجتماعية واقتصادية كبيرة خلال هذه الفترة الطويلة. وأدت مواجهة القيم التقليدية بالاشتراكية إلى تفاقم الصراع بين الدولة والمجتمع. وأعيد إحياء نظام الحزب الواحد الذي كان قيد التكوين تدريجيًّا منذ تفوق رابطة الشباب الصومالي، وتم تجسيده على يد الحكومة العسكرية، على الرغم من اعتماده فلسفة مختلفة، هي الاشتراكية. واستمر الحكم الاستبدادي لنظام محمد سياد بري حتى أطاحت به مجموعات المعارضة المسلحة المختلفة في عام ١٩٩١. وفي مقارنة الأحداث بعد انتقال القيادة في عام ١٩٦٧ مع فترة تولي الرئيس آدم عبد الله، يصبح الفرق في ثقافة القيادة السياسية واضحًا للغاية. وعلى وجه الخصوص، بيئة اغتيال الرئيس عبد الرشيد شرماركي والحياة السلمية للرئيس آدم عبد الله في وظيفته كمواطن بسيط تعكس الفرق بين القيادتين.

نقد الرئيس آدم عبد الله لامتناعه عن الترويج لنفسه في انتخابات عام ١٩٦٧

بعض الأشخاص الذين التقيت بهم كانوا ينتقدون بشدة قرار الرئيس آدم عبد الله بعدم الترويج لنفسه في انتخابات عام ١٩٦٧، بينما كان منافسوه يروجون لترشحاتهم بحماسة. ورفعت خياراته الاستراتيجية مخاوف كبيرة وتعرض لانتقادات حادة. وأشار النقاد إلى أن فشله في المشاركة بنشاط في العملية الانتخابية أضعف مبادئ الديمقراطية وأثار شكوكًا في التزامه بالمنافسة السياسية العادلة. ومن خلال الامتناع عن الترويج، بدا آدم عبد الله كأنه يتجاهل أهمية التفاعل مع أنصاره؛ وهو ما منح منافسيه ميزة كبيرة. وتم اعتبار هذا النهج السلبي تخليًا عن الواجب؛ وهو ما أدى إلى تقليل شرعية العملية الانتخابية. بالإضافة إلى ذلك، يقترح بعض النقاد أن إعادة انتخاب الرئيس آدم عبد الله في عام ١٩٦٧ كان يمكن أن تحول دون الانقلاب العسكري الذي وقع في عام ١٩٦٩. ويعتبرون أن استمرار قيادته ربما

٣٣٠- Ibid., pp. 159, and Samatar, Africa's First Democrat, pp. 204.

كان يوفر الاستقرار السياسي اللازم لمنع الجيش من السيطرة، ومعالجة التوترات الكامنة التي ساهمت في الانقلاب. ومع ذلك، فإن هذا يبقى مجرد افتراض؛ حيث يجب دراسة التفاعل المعقد للعوامل السياسية والاجتماعية والاقتصادية التي أدت إلى الانقلاب في عام ١٩٦٩ لاستخلاص استنتاجات نهائية.

وفي مواجهة الانتقادات الموجهة للرئيس آدم عبد الله بسبب عدم الترويج في عام ١٩٦٧، فإنه من الواقع أن الرئيس آدم عبد الله أسس أخلاقه السياسية في عام ١٩٥١، ملتزمًا بمبدأ عدم الترويج بنشاط للمناصب السياسية أبدًا. وكتب الرئيس في يومياته: "طوال حياتي، لم أقل من فضلكم انتخبوني، ولن أفعلها الآن؛ لأن الرئاسة منصب ثقة، ويتطلب مسؤولية كبيرة جدًّا". كان هذا النهج مستندًا إلى اعتقاده بأن القيادة يجب أن تستند إلى الجدارة والخدمة بدلاً من الترويج الشخصي. ويتجاهل النقاد الذين يلومونه على عدم الترويج في عام ١٩٦٧، استمرارية ونزاهة فلسفته السياسية. ويمكن اعتبار موقف آدم عبد الله محاولة لإنقاذ الصومال من أخطار المنافسة السياسية الشديدة والتلاعب المحتمل. ومن خلال عدم المشاركة في طبيعة الحملات الانتخابية التي غالبًا ما تكون مثيرة للجدل والانقسام، سعى إلى الحفاظ على معايير أعلى للسلوك السياسي والتركيز على احتياجات الأمة بشكل أوسع بدلاً من الطموح الشخصي. بالإضافة إلى ذلك، يمكن تفسير نهجه على أنه محاولة لحماية الديمقراطية الناشئة في الصومال من الاضطرابات. وفي هذا السياق، لم يكن تردده في الترويج علامة على الانعزال، بل كان خيارًا استراتيجيًّا للحفاظ على استقرار ونزاهة النظام السياسي الصومالي خلال فترة حاسمة في تاريخه، كما أن آدم عبد الله كان يعتقد أن الترويج غالبًا ما ينطوي على ممارسات فاسدة، مثل: شراء الأصوات، وتقديم وعود غير واقعية في تقديم المناصب السياسية مقابل الدعم المادي في الغالب. وقد رفض بقوة المشاركة في هذه الأنشطة طوال مسيرته السياسية، متمسكًا بالتزامه بالنزاهة والحكم الأخلاقي. ويعكس نهج آدم اعتقاده بأن القيادة الحقيقية يجب أن تكتسب من خلال النزاهة والخدمة، وليس من خلال التنازلات والفساد المرتبطة غالبًا بالحملات الانتخابية.

في ساحة السياسة المعاصرة المعقدة والمنافسة بشدة، تُعتبر فعالية الامتناع عن الترويج موضوعًا للكثير من النقاشات. وكان التسويق السياسي تقليدًا أساسيًّا في العمليات الديمقراطية؛ حيث يُعتبر الوسيلة الرئيسية للمرشحين للتواصل برسالاتهم، والتواصل مع الناخبين، والتميز عن منافسيهم. ومع ذلك، يطرح السؤال نفسه: هل يمكن أن تكون استراتيجية الامتناع عن الترويج ناجعة في مناخ السياسة الحالي؟ على الرغم من أن الامتناع عن الترويج قد يكون نجح في سياقات تاريخية معينة، إلا أنه بشكل عام ليس استراتيجية قابلة للتطبيق في بيئة السياسة الحالية. وتتطلب طبيعة الإعلام الحديث وتوقعات الناخبين والطابع التنافسي للانتخابات مشاركة نشطة ووضوحًا. ويجب على المرشحين

توازن النقاط الإيجابية والسلبية لاستراتيجيات حملاتهم، مدركين أن الامتناع قد يعوق بشكل كبير فرصهم الانتخابية.

ويشير الانتقاد الثاني إلى أن إعادة انتخاب آدم عبد الله قد كانت بمنزلة تجنب الانقلاب العسكري في عام ١٩٦٩. وكانت الانقلابات العسكرية توجهًا شائعًا في الدول الإفريقية ما بعد الاستعمار. وبحلول نهاية الستينيات، شهدت إفريقيا العديد من الانقلابات العسكرية؛ حيث حدث ١٠٦ انقلابات ناجحة على الأقل من بين ٢٤٢ على الأقل على مستوى العالم منذ عام ١٩٥٠؛ وهو ما يبرز عرضة القارة التاريخية للتدخلات العسكرية في السياسة. ولقد عانت ٤٥ دولة إفريقية من أصل ٥٤ من محاولة واحدة للانقلاب على الأقل منذ عام ١٩٥٠.[٣٣١] وموقع الصومال الاستراتيجي على مفترق طرق إفريقيا والشرق الأوسط جعله نقطة تركيز للتنافس الكبير بين القوى العظمى خلال الحرب الباردة؛ وهو ما أثر بشكل كبير على ديناميًاته السياسية والعسكرية. ولعب الاتحاد السوفييتي، على وجه الخصوص، دورًا حاسمًا في تشكيل قدرات الصومال العسكرية من خلال توفير تدريب ودعم كبير لقواته المسلحة.

وبالنظر إلى هذا السياق، كانت احتمالية الانقلاب العسكري في الصومال، بدعم من الاتحاد السوفييتي، عالية للغاية. وكان توقيت الانقلاب يعتمد على خلق بيئة ملائمة لهذا النوع من الاستيلاء على السلطة. لذا، فإن الفكرة التي تقول إن إعادة انتخاب آدم عبد الله كان من الممكن لها أن تمنع الانقلاب العسكري ليست مقنعة تمامًا، نظرًا للتأثيرات الخارجية على الصومال وتحدياته الاقتصادية والسياسية والاجتماعية الداخلية. وعلى الرغم من أن إعادة انتخابه ربما تقدم بعض الاستقرار، إلا أن السياق الأوسع للتنافس الكبير بين القوى العظمى والنزاعات الداخلية يشير إلى أن منع الانقلاب كان يتطلب التعامل مع هذه المشاكل العميقة أو المعقدة.

جهود الرئيس آدم عبد الله لإنقاذ الصومال من الانهيار وما بعده

عاش الرئيس آدم حياة هادئة كفلاح في مزرعته في جنالي، وظل إلى حد كبير بعيدًا عن السياسة. واستمر هذا الوجود السلمي حتى عام ١٩٩٠ عندما جذبته لحظة محورية إلى الساحة السياسية. وعند مشاهدته الانهيار الوشيك للدولة الصومالية، تولى آدم عبد الله دورًا قياديًّا في مجموعة البيان، وهي جماعة مكرسة لإنقاذ الأمة من الفوضى. وكانت مجموعة الميثاق ائتلافًا من ١١٤ شخصية صومالية بارزة، بمن فيهم المثقفون، والمهنيون،

٣٣١- By The Numbers: Coups in Africa - VOA Special Reports, accessed August 2, 2024 https://projects.voanews.com/african-coups/.

والعلماء، وشيوخ القبائل البارزون، والمسؤولون الحكوميون السابقون. ومن خلال اجتماعهم على قضية مشتركة، قاموا بصياغة بيان شامل لمعالجة الأزمة المتفاقمة في البلاد. وكان هذا البيان موجهًا بشكل مباشر إلى كل من الحكومة، التي يقودها محمد سياد بري، والفصائل المعارضة المسلحة. وأكد بيان المجموعة على الحاجة الملحة للحوار والمصالحة والإصلاح لوقف الانحدار نحو الفوضى واستعادة الاستقرار في الصومال. وكانت مشاركة آدم عبد الله مع مجموعة البيان نقطة تحول مهمة. وانتقل من حياة الهدوء الزراعي إلى المشاركة السياسية النشطة، مدفوعًا بإحساس عميق بالواجب تجاه بلاده.

وللأسف، لم تلق نداءات مجموعة البيان الملحة أي اهتمام. وعلى الرغم من جهودهم الحثيثة، تجاهلت الحكومة والمعارضة المسلحة التحذيرات والتوصيات الواردة في بيانهم.[٣٣٢] ونتيجة لذلك، باءت الجهود المبذولة لمنع انهيار الدولة الصومالية بالفشل. وأدى رفض الحكومة الاستماع إلى دعوة المجموعة للحوار والإصلاح إلى تفاقم الوضع؛ وهو ما أدى إلى تدهور سريع في الاستقرار السياسي. وفي الوقت نفسه، ظلت المعارضة المسلحة متعنتة؛ وهو ما زاد من تأجيج الصراع. ونتيجة لذلك، انزلقت البلاد بشكل أعمق في الفوضى؛ وهو ما أدى إلى الانهيار النهائي للهياكل الحكومية. وأدى انهيار الدولة الصومالية في عام ١٩٩١ إلى انتشار العنف والأزمات الإنسانية ووجود فترة طويلة من الفوضى، وكان عدم القدرة على منع هذه الكارثة يمثل فصلًا مأساويًّا في تاريخ الصومال.

وبعد انهيار الدولة، قاد الرئيس آدم عبد الله أولى جهود المصالحة في جيبوتي. رافقه في هذا الجهد رؤساء الوزراء السابقين عبد الرزاق حاج حسين ومحمد إبراهيم عغال، وكذلك رئيس البرلمان السابق، شيخ مختار محمد. وعلى الرغم من خبرتهم الجماعية وتفانيهم، لم يحقق المؤتمر نتائج ناجحة. وأثبتت الانقسامات العميقة والصراع المستمر أنها كانت قضايا صعبة جدًّا للحل في ذلك الوقت. ونتيجة الأوضاع التي يعيشها الشعب الصومالي وطبيعة ثقافة النخبة، تم نقل الرئيس إلى المستشفى في جيبوتي. وبعد ذلك عاد الرئيس آدم عبد الله إلى مزرعته؛ حيث عاش حياة هادئة بعيدًا عن الأضواء السياسية. وظل هناك حتى وفاته في ٨ يونيو ٢٠٠٧ في مستشفى نيروبي. ودُفن الرئيس آدم عبد الله في مقبرة العائلة في مقديشو. وقد حضر جنازته الرئيس عبد الله يوسف، ورئيس الوزراء علي محمد غيدي، والرؤساء السابقون للصومال علي مهدي محمد وكذلك الرئيس عبد القاسم صلاد، والعديد

٣٣٢– وشكلت مجموعة البيان لجنة من القادة المتميزين للتحضير لمؤتمر المصالحة الوطنية والإنقاذ
See the committee names in Mohamed Ingriis, "The Making of 1990 Manifesto: Somalia's Last Chance for State Survival," Northeast African Studies 12, no. 2 (2012): 63–94. Also, Abdullahi, Making Sense of Somali History, volume two, p. 24.

من الشخصيات البارزة؛ وهو ما يعكس التقدير الكبير الذي كان يحظى به وتأثيره المستمر على تاريخ الصومال. وتم تكريمه بتسمية مطار مقديشو الدولي بمطار آدم عبد الله الدولي

الخاتمة

إن حياة وأسلوب القيادة للرئيس آدم عبد الله يعدان خروجًا مميزًا عن الثقافة السياسية السائدة بين معظم النخب السياسية الصومالية. وإن نهجه يستحق دراسة معمقة واهتمامًا خاصًا، خاصةً للجيل الناشئ من القادة الصوماليين الطامحين لإعادة بناء الدولة الصومالية المنهارة على أساس الحكم الرشيد. وتقدم القيم السياسية الاستثنائية للرئيس آدم عبد الله، التي تتسم بتردده في السعي للحصول على المناصب وامتناعه عن الحملة للحصول على السلطة السياسية خلال مسيرته السياسية الطويلة- تقدم ثقافة فريدة في العصر الحديث. وقد بدأت قصة حياته يتيمًا، يعمل في وظائف متواضعة مختلفة، ووصل إلى أعلى مستوى من التعليم في ذلك الوقت، وانضم إلى أول حركة وطنية؛ وهو ما يظهر تفانيه والتزامه بالتميز. إن سيرته الذاتية هي شهادة على نهج قيادة مبدئية وغير أنانية في الخدمة العامة؛ وهو ما يعكس التزامًا برفاهية الأمة، مع إيلاء الأولوية لمصالح الشعب على الطموحات الشخصية. وبالنسبة للجيل الجديد من النخب الصومالية الطامحة لإعادة بناء الدولة الصومالية، فإن الدروس المستفادة من حياة الرئيس آدم عبد الله لا تقدر بثمن. ويمكن أن يسهم تقليد التزامه بالحكم الرشيد، والخدمة غير الأنانية، وفلسفة القيادة الأخلاقية في تطوير صومال أكثر استقرارًا وازدهارًا. ومن خلال إعطاء الأولوية لاحتياجات الشعب والابتعاد عن صراعات السلطة المدمرة التي شوهت التاريخ السياسي للأمة، يمكن للقادة الصوماليين الجدد تحديد مسار إيجابي للمستقبل.

وقد شكلت ستة عوامل رئيسية ثقافة آدم عبد الله السياسية بشكل كبير، وهي: أولاً: تجربة نشأته يتيمًا غرست فيه إحساسًا عميقًا بالاستقلال والمسؤولية. ثانيًا: عمله الواسع مع الإيطاليين أعطاه أخلاقيات عمل قوية ومعرفة بالمؤسسات الحكومية. ثالثًا: انتماؤه إلى عشيرة معروفة بتأكيدها على الفردية حماه من الضغوط العائلية وتوقعات المنافع الحكومية. رابعًا: زواجه من زوجة من المجيرتين/ دارود أكسبه دعمًا من السياسيين من عشائر الهوية والدارود المتنافسة. خامسًا: ارتباط آدم عبد الله العميق بجذوره الدينية، بتأثير دور والده كمعلم للقرآن ومشاركته في حركة الدراويش، شكل التزامه بالقيم، مثل: النزاهة، والعدالة، ومكافحة الفساد، والالتزام بسيادة القانون. سادسًا وأخيرًا: شغفه بالأدب وعاداته القرائية أسهما في فهم عميق للدولة وبناء المؤسسات ونظرة واسعة للعالم. ولقد لعبت هذه العوامل مجتمعة دورًا محوريًا في تشكيل ثقافة آدم عبد الله السياسية الفريدة.

وبعد عامين من فترة الرئيس آدم عبد الله، شهدت الأجواء السياسية نقصًا في الالتزام بالمبادئ الديمقراطية. وسادت السياسات القبلية؛ وهو ما عزز الانقسام وعاق تقدم الوحدة الوطنية. وأصبح الفساد منتشرًا بين النخب السياسية، مع إعطاء الأولوية للمكاسب الشخصية على حساب رفاهية البلاد. وساهم غياب ممارسات الحكم الرشيد في تزايد خيبة الأمل بين المواطنين والنخب المتعلمة. وبرزت قيادة الرئيس آدم عبد الله في هذا السياق كتناقض واضح. ولقد وضع التزامه بالقيم الديمقراطية، وجهوده في المصالحة، وإجراءات مكافحة الفساد، معايير جديدة للحكم الرشيد. وأبرز انتقال السلطة من الرئيس آدم عبد الله إلى عبد الرشيد شرماركي التحديات التي واجهتها الأمة، وسلط الضوء على الدور الحاسم للقادة الرؤيويين في تشكيل السياسة الصومالية. وبعد تسليم السلطة للرئيس عبد الرشيد، فقدت الصومال مصداقيتها الديمقراطية بسبب ممارسات الحكم السيئ، وبدأت في الانزلاق نحو الاستبداد. ويشهد اغتيال الرئيس عبد الرشيد علي شرماركي، والانقلاب العسكري، والمعارضة المسلحة، وانهيار الدولة في عام ١٩٩١، والحرب الأهلية، كل ذلك يشهد على تفاقم ثقافة النخبة السياسية غير البنائية، التي لا تزال تسعى لاستعادة الدولة الصومالية الوظيفية.

ولقد قاد الرئيس آدم عبد الله مجموعة البيان كآخر محاولة لمنع الانهيار الكامل للدولة. ومع ذلك، باءت هذه الجهود بالفشل، وانهارت الدولة في ٢٦ يناير ١٩٩١. بعد ذلك، حاول آدم عبد الله ورؤساء الوزراء السابقين ورئيس مجلس النواب مجددًا قيادة أول مؤتمر للمصالحة في جيبوتي في الأشهر الأولى من عام ١٩٩١، لكن هذه المحاولة أيضًا لم تنجح. وعلى الرغم من الفشل المتكرر في إنقاذ الدولة، بقي الرئيس آدم عبد الله متمسكًا بمواقفه ومبادئه حتى وفاته. ورفض التخلي عن إيمانه بإمكانية تحقيق السلام والاستقرار من خلال الحوار والمصالحة. وظل يُعرف بثباته وإصراره على القيم الوطنية والنزاهة؛ وهو ما جعله رمزًا للصمود في وجه التحديات الكبيرة التي واجهتها بلاده.

وهكذا، سيظل الرئيس آدم عبد الله- رحمه الله- في ذاكرة الشعب الصومالي رمزًا للحكم الرشيد. وستضيئ الدروس المستفادة من نموذج قيادته الطريق لأجيال من القادة في الصومال؛ حيث سيستمر إرثه في إلهامهم وتعليمهم كيف يمكن للحكم النزيه والملتزم أن يُحدث تغييرًا إيجابيًّا ومستدامًا في المجتمع. وسيبقى دوره مصدرًا للتوجيه والإلهام، مشيرًا إلى أن القيادة الفاعلة تقوم على الالتزام بالمبادئ والشفافية والتفاني في خدمة الوطن.

الفصل

٤

رئيس الوزراء عبد الرزاق حاج حسين حياته وإرثه وثقافته السياسية

"هذا الشخص (عبدالرزاق) لديه مقومات رجل الدولة؛ أحتاج إلى ترشيحه لرئاسة الوزراء في أقرب فرصة. إنه مليء بالطاقة، وهو صادق. نقطته الضعيفة هي عناده وميله إلى تشويه خصومه السياسيين".

(الرئيس آدم عبد الله عثمان، ملاحظات يومية في عام ١٩٦٣).

"سأقوم بمحاولة، وإذا سارت كما أريد، فبها؛ وإلا سأستقيل وأعيد الشرف والمسؤولية التي أسندت إليّ...".

(عبد الرزاق حاج حسين بمناسبة قبوله لرئاسة الوزراء).

"كان معظم الطبقة السياسية الصومالية معروفين بالفساد، ميالين فقط إلى الحفاظ على الوضع القائم ومعارضين لأي إصلاحات وابتكارات، والتي كانوا يخشون أن تقوض مواقعهم. وعلى عكس اللصوص السيئين، تألق رئيس الوزراء المعين كنموذج للنزاهة. ورأى خصومه فيه تهديدًا لمصالحهم التجارية المشبوهة وخشوا من أن يقوضهم".

(محمد عيسى ترنجي، مؤرخ صومالي).

"عبد الرزاق حاج حسين كان مصلحًا شجاعًا ومبدئيًّا، واجه المعارضة من النخب السياسية الفاسدة في عصره. وظل ملتزمًا بمبادئه منذ أيامه الأولى تحت إدارة الجيش البريطاني وبعد عودة إيطاليا في عام ١٩٥٠؛ حيث تعرض للسجن على يد كلتا السلطتين الاستعماريتين بسبب نشاطاته القومية. وإن صلته الوثيقة بالرئيس آدم عبد الله عثمان، سواء في الحياة أو بعدها، تبرز ولاءه الثابت لمبادئهما المشتركة. وقراره بأن يدفن بجانب الرئيس آدم في مقديشو، عاصمة الصومال، مع معارضة العديد من أقاربه، يعكس تفانيه الثابت للمثل القومي".

(د. عبد الرحمن باديو)

المقدمة

"يمكن تشبيه القادة بالألماس في صفاتهم وخصائصهم المتعددة.[٣٣٣] " القادة مثل الألماس فهم فريدون وفرديون. ولا يوجد اثنان متشابهان تمامًا. هم نادرون، وقيمون للغاية، ويتشكلون تحت الضغط، وأقوياء جدًّا".[٣٣٤] وكما يتشكل الألماس تحت ضغط هائل، فإن القادة يظهرون ويكبرون غالبًا من خلال مواقف تحدٍّ صعبة؛ وهو ما يبرز قدرتهم على التحمل والقوة. ويشكل ما يمرون به من تجارب قدرتهم على اتخاذ القرارات، وهذه التجارب توجه نهجهم في حل المشكلات. بالإضافة إلى ذلك- مثل الألماس- يمتلك القادة قوة رائعة تمكنهم من مواجهة الشدائد وإلهام الآخرين، ويضيء تألقهم وجوانبهم الفريدة المسارات لأولئك الذين يقودونهم.

علاوة على ذلك، فإن تولي دور القائد المصلح في مجتمع منقسم ثقافيًّا ومجزأ بسبب الانتماءات العشائرية المتجذرة ويفتقر إلى التعرض للحكم الحديث، يمثل تحديًا قياديًّا أكبر.[٣٣٥] وفي مثل هذه البيئة، يمكن للانقسامات المتجذرة والولاءات القديمة أن تعوق الجهود الرامية إلى توحيد وتحديث المجتمع. إضافة إلى ذلك، فإن المشهد السياسي الذي يتميز بالساسة الأنانيين والفاسدين الذين يفضلون مصالحهم على رفاهية العامة يعقّد الأمور أكثر بالنسبة للمصلحين. وهذا يزيد من تعقيد مهمة المصلح؛ حيث يجب عليهم التنقل والتغلب على المقاومة من أولئك الذين يستفيدون من الوضع الراهن.

وبالفعل، يجب على المصلح العمل على جسر الفجوات الثقافية، وتعزيز الشمولية، وبناء الثقة بين الفصائل المختلفة مع تقديم سياسات تقدمية وممارسات الحكم الرشيد. هذا العمل الدقيق يتطلب قدرة استثنائية على التحمل، كما يحتاج إلى مهارات ديبلوماسية، والتزامًا بالشفافية والمساءلة لقيادة المجتمع نحو مستقبل أكثر إشراقًا. ومع ذلك، هناك بعض الأفراد الذين يمتلكون الجرأة والنزاهة والإصرار الثابت على مواجهة هذه العقبات الهائلة دون الخضوع لخوف من تهديد حياتهم السياسية.

إن الخوض في تاريخ هؤلاء الأفراد الاستثنائيين داخل المجتمع الصومالي مع الاعتراف بنواقصهم الطبيعية كأشخاص معرضين للخطأ هو أمر ضروري لشعبنا. ونحن نرفعهم كنماذج يُحتذى بها ونستخلص دروسًا من انتصاراتهم ونكساتهم. القيادة الأخلاقية الحقيقية نادرة،

٣٣٣- James G. Clawson, "General Model of Leadership in Organizations: A Diamond in the Rough," *SSRN Electronic Journal*, June 2009, accessed April 26, 2024, https://www.researchgate.net/publication/228144633.

٣٣٤- Ria Story, *Leaders Are Like Diamonds* (Topstoryleadership.com, 2017).

٣٣٥- Zamokuhle Mbandlwa, "Challenges of African Leadership after the Independence," *Solid State Technology*, December 2020, accessed April 26, 2024, https://www.researchgate.net/publication/346972230.

لكن الأمم التي تحظى بقيادة مثل هؤلاء الأفراد تزدهر وتحافظ على كرامتها. وفي المقابل، نجد الأمم التي تُضلل من قبل قادة زائفين تواجه الدمار والانحدار. إن الاعتراف بجهود هؤلاء القادة الاستثنائيين وإحياء ذكراهم يعد بمنزلة منارة أمل وإلهام لأمتنا في الحاضر والمستقبل، ويعتمد نجاح القادة المبدئيين في تحقيق أهدافهم وطموحاتهم غالبًا على التفاعل المعقد بين العوامل السياسية الداخلية والخارجية. وفي بعض الأحيان، يتنقل هؤلاء القادة ببراعة وتصميم في المياه المضطربة لبيئتهم السياسية؛ وهو ما يؤدي في النهاية إلى تحقيق إصلاحات كبيرة وترك إرث دائم. ومع ذلك، هناك حالات تُفشِل فيها القوى المعارضة جهود القادة المبدئيين- على الرغم من فاعلية محاولاتهم للإصلاح- بسبب أجندات متعارضة. وتشكل العوامل الداخلية- مثل: المقاومة المؤسسية، والمصالح الراسخة، والجمود البيروقراطي- تحديات كبيرة أمام تنفيذ الإصلاحات. وبالإضافة إلى ذلك، فإن خصائص الفرد وأسلوب قيادته يلعبان دورًا حاسمًا في تحقيق النجاح. وفي حين قد ينجح البعض في نهاية المطاف في إعادة تشكيل مجتمعاتهم نحو الأفضل، قد يتم تهميش أو إحباط آخرين بفعل المصالح المتنافسة والقوى المعارضة.

وخلال الفترة الحاسمة لبناء الدولة الصومالية من عام ١٩٦٠ إلى ١٩٦٧، حظيت البلاد برئيس مبدئي كان مكلفًا بدمج المناطق المختلفة للأراضي الصومالية وجعلها دولة قومية متماسكة. ولقد قام الرئيس آدم عبد الله عثمان ورئيس الوزراء عبد الرشيد علي شرماركي ووزير الداخلية عبد الرزاق ببناء هوية وطنية قوية وتأسيس مؤسسات متماسكة مع دفع محدود للإصلاح.[٣٣٦] وخلال فترة رئاسة الوزراء لعبد الرزاق حاج حسين (١٩٦٤-١٩٦٧) شهدت الصومال إصلاحات بارزة، وأظهر عبد الرزاق حاج حسين عزمًا لا يتزعزع في جهوده للقضاء على الفساد وتعزيز الشفافية والمساءلة في المؤسسات الحكومية. ودعا الرئيس آدم عبد الله عثمان ورئيس الوزراء عبد الرزاق إلى القيم الديمقراطية والمبادئ والأخلاق، وعززوا حقوق المواطنين في المشاركة في العملية السياسية بحرية ونزاهة؛ وهو ما وضع الأساس لمجتمع أكثر انفتاحًا وديمقراطية. إن المبادئ والقيم التي تميزت بها ثقافة القيادة التي يتشارك بها الرئيس آدم ورئيس الوزراء عبد الرزاق خلال هذه الفترة في تاريخ الصومال هي شهادة على قيادتهما المبدئية وثباتهما على الحكم الرشيد.

٣٣٦- خلال هذه الفترة، كان الرئيس آدم عبد الله غير راضٍ عن جهود الحكومة في الإصلاح لاحتواء الوظائف الوظيفية والفساد والديمقراطية. ومع ذلك، قام عبد الرزاق بإجراء إصلاحات ملموسة في حقله الوزاري في «الداخلية» و«الأشغال العامة». انظر: مذكرات آدم التي عبر فيها عن استيائه من عبد الرشيد في التعامل مع انتشار العصبية القبلية وتشكيل حكومة كبيرة دون مراعاة الكفاءة.
Mohamed Trunji, President Adan Abdulle: His Life & Legacy (London: Looh Press, 2023, 83, 87).

وكتابة سيرة عبد الرزاق حاج حسين مع الفحص العميق في ثقافته السياسية، كانت ممكنة بفضل فحص دقيق لأربعة أعمال: "الديمقراطيون الأوائل في إفريقيا" من تأليف عبد سمتر، و"حياة وإرث الرئيس آدم"، و"الصومال: تاريخ غير مروي" بقلم محمد ترونجي، والمذكرات السياسية لعبد الرزاق حاج حسين التي تم تحريرها من قبل عبد السلام عيسى سلوى.[٣٣٧] ووفرت هذه الأعمال الأساسية رؤى لا تقدر بثمن حول حياة عبد الرزاق وثقافته السياسية والمشهد الاجتماعي والسياسي الأوسع في الصومال خلال فترة ولايته. علاوة على ذلك، وفي حين شكلت هذه الأعمال الأربعة حجر الزاوية في البحث، أثرت مجموعة من الأدبيات الإضافية في الاستكشاف. لقد استشرنا أيضًا العديد من المصادر الأخرى وتحليلات أكاديمية إلى روايات تاريخية لرسم صورة شاملة لشخصية عبد الرزاق المتعددة الجوانب وتأثيره الدائم على السياسة الصومالية المعاصرة. وضمنت هذه المقاربة الشاملة فهمًا دقيقًا لثقافة عبد الرزاق السياسية. ومن خلال توليف هذه المنظورات المختلفة، لم تسلط السيرة الضوء فقط على شخصية عبد الرزاق، بل قدمت أيضًا رؤى عميقة حول تطور التاريخ السياسي الصومالي، والديمقراطية، وهياكل الحكم، والتفاعل بين النهج الوطني والعشائري في السياسة.

أصبح عبد الرزاق عبد الرزاق حاج حسين، الذي شغل منصب رئيس وزراء الصومال من ١٩٦٤ إلى ١٩٦٧، مشهورًا لقيادته الجريئة والأخلاقية في إعادة تشكيل المؤسسات الحكومية وتعزيز الحكم الرشيد. فقد قاد إصلاحات واسعة لتحديث الهياكل الحكومية وتعزيز الشفافية والمساءلة. وأكسبه تفانيه الثابت للقيم الأخلاقية واهتمامه برفاهية شعبه ثناءً واسعًا كقائد أخلاقي.[٣٣٨] وعلى سبيل المثال، عندما غادر عبد الرزاق رئاسة الوزراء، لم يكن لديه منزل ينتقل إليه، وطلب البقاء في المنزل نفسه الذي عاش فيه منذ أن كان عضوًا في البرلمان، والذي كان يدفع إيجاره. وعندما علم رئيس الوزراء عغال بالوضع، سُمح له بالبقاء

٣٣٧– المراجع الأساسية الأربعة لهذا البحث

Abdi Samatar, Africa's First Democrats: Somalia's Adan A. Osman and Abdirizak H. Hussein (Bloomington, IN: Indiana University Press, 2016); Mohamed Trunji, President Adan Abdulle; Mohamed Isse Trunji, Somalia: The Untold History (1941-1967) (London: Looh Press, 2015) and Abdirizak Haji Hussein, My Role in the Foundation of the Somali Nation-State: A Political Memoir, ed. Abdisalam Ise-Salwe (Trenton, NJ: The Red Sea Press, 2017).

٣٣٨– Mohamed Ibrahim Egal, his political adversary, testified, "*The Italians also don't like Abdirizak because he is not corruptible.*" Samatar, Africa's First Democrats, pp. 192.

في المنزل واحتفاظه بسائقه الخاص.[٣٣٩] بالإضافة إلى ذلك، امتنع عبد الرزاق عن القيام بالحج بتمويل من الدولة، وبعد الانقلاب العسكري، تبين أن حسابه المصرفي يحتوي على ٥٠٠ دولار فقط.[٣٤٠] ووسط السيولة السياسية والخلافات المستمرة بين السياسيين، كان عبد الرزاق مثالاً للنزاهة؛ وهو ما ألهم الثقة والاحترام مع تعزيز إطار حكم شامل ومستنير. وقد تشابهت أخلاقيات رئيس الوزراء عبد الرزاق إلى حد كبير مع تلك التي تبناها الرئيس آدم عبد الله عثمان. وتميز نهجهم في الحكم عن الثقافة السياسية الأنانية للنخبة الصومالية؛ وهو ما ساهم في الإصلاح المؤسسي الشجاع والمطالبة بالحكم الرشيد[٣٤١].

وتميز كل من رئيس الوزراء عبد الرزاق والرئيس آدم بخروجهما عن الثقافة السياسية النخبوية السائدة في الصومال من خلال إعطاء الأولوية للصالح العام للأمة على المصالح الفردية.[٣٤٢] وركز حكمهما على الشفافية والمساءلة وسيادة القانون؛ وهو ما أعاد الثقة العامة في المؤسسات. ومن خلال إعطاء الأولوية لمصالح الأمة، وضعوا أساسًا للتنمية والوحدة الوطنية. ويمثل إرثهما دليلاً على القيادة المبدئية الأخلاقية والحكم الرشيد؛ وهو ما يضع معيارًا جديدًا للثقافة السياسية في الصومال ويلهم الأمل في مستقبل أكثر إشراقًا.

وهذه الدراسة تبحث في مبادئ وممارسات الحكم لرئيس الوزراء عبد الرزاق حاج حسين عبر خمس فترات متميزة: فترة توليه منصب الأمين العام لـ LYS في عام ١٩٥٦، وتحوله إلى المعارضة ضد حكومة LYS في عام ١٩٥٩، ومهامه الوزارية من ١٩٦٠ إلى ١٩٦٤، كونه رئيس الوزراء من ١٩٦٤ إلى ١٩٦٧، ودوره المعارض اللاحق من ١٩٦٧ إلى ١٩٦٩ وما بعده.

في دولة منقسمة وثقافة نخبوية غير منتجة، يبرز عبد الرزاق كواحد من القادة النموذجيين القلائل داخل الحكومة المدنية في الصومال. ومن خلال تحليل يمتد إلى ٢٣ عامًا (١٩٥٦-١٩٧٩)، تهدف الدراسة إلى كشف المبادئ والقيم والممارسات الأساسية

٣٣٩- من الجدير بالذكر أن عبد الرزاق كان نائب رئيس بنك كريديتو سومالو، الذي افتتحته الإدارة الإيطالية الموثوقة في عام ١٩٥٤. وكانت لديه كل الفرص لاستخدام السلطة لبناء منزل مثلما فعل العديد من السياسيين الآخرين، لكنه امتنع عن هذه الممارسة.
Ibid., pp. 192.

٣٤٠- Ibid., pp. 194, 195. 207.

٣٤١- انظر تعريف الحكم الرشيد في
The United Nations Economic and Social Commission for Asia and the Pacific accessed March 24, 2024, https://www.unescap.org/sites/default/files/good-governance.pdf.

٣٤٢- Abdurahman Abdullahi, “Somali Elite Political Culture: Conceptions, Structures, and Historical Evolution,” *Somali Studies: A Peer-Reviewed Academic Journal for Somali Studies* 5 (2020): 30-92.

التي شكلت الإرث السياسي لعبد الرزاق. إن براعة عبد الرزاق في التنقل بين التحديات بنزاهة ومرونة والتزام بالشعب الصومالي تقدم دروسًا قيمة لأولئك المكلفين بإعادة بناء الأمة. بالإضافة إلى ذلك، تؤكد هذه الدراسة على ضرورة الانفصال عن الأنماط الضارة لثقافة النخبة السياسية التي أثرت تاريخيًّا على السياسة الصومالية؛ وهو ما أدى إلى انهيار الدولة وعرقلة جهود إعادة بنائها، كما تتناول تلك الدراسة العوامل الأساسية التي شكلت الفكر السياسي لعبد الرزاق. ومن خلال الفحص النقدي لفكر عبد الرزاق السياسي وتأثيراته التكوينية، يهدف البحث إلى تسليط الضوء على مسارات بديلة تتسم بالشفافية والمساءلة والتفاني الصادق للرفاهية الجماعية، كما يبرز البحث قوة القيادة الأخلاقية التحويلية وسط الظروف الصعبة. ومستلهمًا من إرث عبد الرزاق، يسعى البحث إلى تحفيز الأجيال الحالية والمقبلة من القادة الصوماليين لقيادة وطنهم نحو مستقبل أكثر أملاً وازدهارًا. وبالإضافة إلى كشف ثقافة عبد الرزاق السياسية، يسلط هذا البحث الضوء على المسار التاريخي لبناء الدولة الصومالية من خلال سيرة عبد الرزاق، كما يتناول الكفاح الشاق من أجل الاستقلال والتحديات المتعددة التي واجهها الوطنيون الصوماليون في إنشاء مؤسسات دولة فعالة وتعزيز إطار ديمقراطي مستدام.

السيرة الذاتية الموجزة لعبد الرزاق حاج حسين

يمكن تتبع السيرة الذاتية لعبد الرزاق إلى منطقة نوجال في ولاية بونتلاند الفيدرالي في الصومال؛ حيث ولد نحو عام ٢٥/١٩٢٤م،[٣٤٣] كان والده، حاج حسين ورسمه (المعروف بلقب عتوش)، ذا مكانة محترمة كشيخ له مكانته داخل عشيرة محمود سليمان/ عمر محمود من فرع رير حرسي.[٣٤٤] اشتهر الحاج حسين بثروته ونفوذه، وكان له ثلاث زوجات وعائلة كبيرة تتكوّن من ١٧ ابنًا، وأربعة أبناء إخوة، وثلاثة أحفاد (بإجمالي ٢٤ ذكرًا)، بالإضافة إلى ١٣ ابنة.[٣٤٥] وكانت رفاهية الأسرة، التي برهنت عليها قدرة حاج حسين على

٣٤٣– التاريخ الدقيق لميلاده غير محدد؛ لأن التقويم الغريغوري لم يُستخدم في المناطق الريفية في الصومال. تاريخ ميلاده هو بالتقدير.
Samatar, Africa's First Democrats, 29

٣٤٤– عندما استولت إيطاليا على منطقة المجيرتين في عام ١٩٢٧، اقترحوا أن يكون الحاج حسين واحدًا من رؤساء القبائل المستأجرين. ومع ذلك، رفض هو، واقترح بدلاً من ذلك على ابن عمه عو حيرسي جاما تيجي، والذي تم تعيينه رئيسًا للفرع.
See Abdirizak, a Political Memoir, 7.

٣٤٥– Samatar, *Africa's First Democrats*, 29. Also, See Abdirizak, *A Political Memoir*, 12.

أداء فريضة الحج، تضعهم بين النخبة التقليدية الميسورة الحال في المنطقة.[٣٤٦] وُلد عبد الرزاق لأصغر زوجات الحاج حسين، عمبرو فرطيي، وكان هو السابع بين أطفالها العشرة. ومع ذلك، عانى عبد الرزاق من مشقة كبيرة في سن مبكرة بفقدان والدته عندما كان عمره ست سنوات فقط[٣٤٧].

وعلى الرغم من المحن التي واجهها بفقدان والدته في سن مبكرة، تميزت تربية عبد الرزاق بالصلابة والثقافة التقليدية الصومالية. وخلال سنواته التكوينية، عمل راعيًا للجمال، وهو عمل شائع في المجتمعات البدوية؛ حيث تعد الجمال ضرورية للحياة اليومية. هذه التجربة غرست فيه حس المسؤولية والمهارات العملية التي شكلت لاحقًا شخصيته الخاصة وأسلوب قيادته. وتبرز بدايات عبد الرزاق وعمله راعيًا للجمال رحلته من أصول متواضعة إلى أن يصبح شخصية بارزة في السياسة الصومالية. نشأ وسط مناظر بونتلاند الوعرة؛ وهو ما شكل صفاته الشخصية من المثابرة والعمل الجاد والشجاعة والعيش بطريقة غير ملوثة. ووضعت تجاربه الحياتية المبكرة الأساس لقيادة عبد الرزاق المستقبلية، التي تميزت بالتفاني والصلابة والالتزام بخدمة أبناء جلدته من الصوماليين.

في سن مبكرة، بدأ عبد الرزاق رحلته التعليمية بالالتحاق بمدرسة قرآنية في مدينة إيل الساحلية؛ حيث قضى ثلاث سنوات في دراسته هناك، مظهرًا التزامًا ودقةً ملحوظين، وحقق إنجازًا كبيرًا بحفظ ما يقرب من ثلث القرآن الكريم.[٣٤٨] وكانت المأساة عندما توفي والد عبد الرزاق؛ حيث اتجه للبحث عن الدعم من عائلته الممتدة، ثم انتقل إلى غالكعيو؛ حيث تعيش إحدى أخواته، والتحق بمدرسة إسلامية، مستمرًا في التنوير الروحي لمدة ثلاث سنوات. وبقي عبد الرزاق ثابتًا في التزامه بالتعليم، معترفًا بقوته التحويلية في تشكيل مستقبله وتمكينه من تجاوز تحديات الحياة بمرونة وتصميم. كان الشيخ محمد عيسى، معلم عبد الرزاق في المدرسة الإسلامية، عالمًا جليلاً ومطلعًا على العلوم الإسلامية، وكان يشير في كثير من الأحيان إلى تعاليم العالِم اللبناني شكيب أرسلان، وخاصة عمله الأساسي في عام ١٩٣٠، الذي تناول "لماذا تأخر المسلمون ولماذا تقدم غيرهم؟". هذه التعاليم كانت تتردد صداها بعمق مع عبد الرزاق، مؤثرة في رؤيته للعالم، وشكلت نهجه في القيادة. وخلال حياته، كان عبد الرزاق يردد تعاليم الشيخ عيسى، مشددًا على أهمية التأمل الذاتي والاستفسار النقدي

٣٤٦– كان والد عبد الرزاق شيخًا مسنًّا وغنيًّا. انظر إلى استمرارية القيادة بين القادة التقليديين والحداثيين.
Abdurahman Abdullahi, Tribalism, Nationalism, and Islam: The Crisis of Political Loyalty (MA thesis, Islamic Institute, McGill University, 1992), 73-76.

٣٤٧– Samatar, Africa's First Democrats, 27.

٣٤٨– Ibid., 30

والسعي وراء المعرفة. وقد ألهمته رؤى عمل شكيب أرسلان تحديد الهدف والالتزام بمعالجة تحديات المجتمعات المسلمة[٣٤٩].

وفي عام ١٩٣٩، سافر عبد الرزاق وأخوه إلى مقديشو للالتقاء بأخيهما الأكبر. ولكن تغيرت خططهم عندما أرسل أخوهما إلى بلدة نغيلي لحملة الحرب الإيطالية في إثيوبيا. بدأ عبد الرزاق وظيفته المبكرة، وهي العمل كبائع في متجر تجزئة في عام ١٩٣٩، والتحق بمدرسة إيطالية في مقديشو، لكنها أغلقت بعد عامين بسبب الحرب.[٣٥٠] بعد ذلك قام عبد الرزاق وأخوه بشراء شاحنة قديمة، وشرعا في نقل البضائع إلى إثيوبيا، لكن القوات البريطانية استولت على شاحنتهما ولم يتم تعويضهما.[٣٥١] وعندما عاد عبد الرزاق إلى مقديشو، حصل على وظيفة خادم في منزل للسيدة الإيطالية الآنسة بليغريما، وهي سكرتيرة للمقدم البريطاني دانيال.[٣٥٢] وتم نقل المقدم دانيال إلى كينيا، وحصل عبد الرزاق وظيفة مشغل راديو. وانضم عبد الرزاق إلى فرقة إشارة في عام ١٩٤٣؛ وهو ما شكل تحولاً كبيرًا في حياته ومسيرته. وبعد ستة أشهر من التدريب العسكري المكثف، تم نقل عبد الرزاق إلى مدينة بلدويني، وشارك لاحقًا في حملات عسكرية في عدة مدن، بما في ذلك مدن ورطير وبولو-مانيو ودولو وقلافو.[٣٥٣] وفي قلافو، حدثت لحظة فارقة عندما تحدى الأعمال القمعية لضابط بريطاني كابتن فيتزباتريك، متأثرًا بمشاعره المناهضة للاستعمار المتزايدة.[٣٥٤] وقد أدى هذا التحدي إلى سجن عبد الرزاق ومحاكمته في مقديشو، ثم تمت تبرئته في النهاية. بعد ذلك، استمر في رحلته، وسافر إلى ديري طبي؛ حيث التقى بشخصيات مؤثرة، وعمق دراسته للإسلام تحت إشراف شيخ أزهري، وانضم إلى فرع رابطة الشباب الصومالية في ديري طبي عام ١٩٤٤م[٣٥٥] وعندما عاد عبد الرزاق إلى مقديشو استأنف خدمته في وظيفة الإشارة، التي تم إصلاحها لتكون مؤسسة مدنية قبل أن يتم

٣٤٩- انظر: شكيب أرسلان، «لِمَاذَا تَأَخَّرَ المُسْلِمُون وَلِمَاذَا تَقَدَّمَ غَيْرُهُمْ» (القاهرة، ١٩٣٠)، ترجمة نديم م. قريشي،
Why Muslims Lagged, and Others Progressed (London: Austin Macauley Publishers, 2012).

٣٥٠- Abdirizak, a Political Memoir, 23. Samatar, 30-31.

٣٥١- Ibid., 23

٣٥٢- Ibid., 27.

٣٥٣- Ibid., 28-29

٣٥٤- كان الضابط البريطاني الكابتن فيتزباتريك مفوضًا بريطانيًّا في جلكايو، لكن الشعب رفضه؛ لذا تم نقله إلى قلعفو.
Abdirizak, a Political Memoir, 30. Samatar, 33-35

٣٥٥- Europa Publications Limited, The Middle East and North Africa, vol. 5-17 (London: Europa Publications, 1961), 909.

تعيينه بالعمل في مدينة إيسكوشبن في ولاية بونتلاند وقد تعاون مع عبد الرشيد علي شرماركي لتوسيع نفوذ رابطة الشباب الصومالية في منطقة مجير تينيا. وفي عام ١٩٤٧، فقدت الرابطة أحد مؤسسيها البارزين ياسين حاج عثمان في جوهر بسبب الالتهاب الرئوي في سن الثانية والثلاثين، وشغل مكانه عبد الله عيسى.[٣٥٦] وتم نقل عبد الرزاق إلى مدينة بيدوا في عام ١٩٤٨ كمدير مكتب البريد ومشرف على مكتب البرق في بيدوا؛ وهو ما عزز دوره في جهود تعبئة الرابطة وتشكيل المشهد السياسي في الصومال.

كان عبد الرزاق من بين منظمي مظاهرة رابطة الشباب الصومالية في مقديشو، التي حدثت في عام ١٩٤٨ أثناء وجود الوفد التابع للأمم المتحدة.[٣٥٧] وبعد وصاية الأمم المتحدة على الصومال ووضعها تحت الإدارة الإيطالية في عام ١٩٥٠ ومعارضة رابطة الشباب الصومالية، واجه عبد الرزاق اضطهادًا من السلطات الإيطالية في مدينة بيدوا ذات الخلفية الفاشية، وتم اتهامه زورًا بحيازة متفجرات للتحريض على العنف أثناء عمله في بيدوا. تعرض للسجن والتعذيب قبل أن يتم إنقاذه من قبل مفتش الشرطة داود عبد الله حرسي.[٣٥٨] وبعد تبرئته في سجن مقديشو عمل ككاتب لمدة شهرين في شركة ميشلان كوتس للتجارة العامة. وقرر عبد الرزاق اغتيال السيد بينيرديلي، مدير القسم السياسي الإيطالي المعروف بسياساته المتشددة ضد رابطة الشباب الصومالية، ولكنه فشل. وعلى الرغم من المحن، ظل ملتزمًا بالنشاط السياسي، وأسس مكتب كاتب العدل في غالكعيو، واستمر في نشاطه مع رابطة الشباب الصومالية. وفي عام ١٩٥٣، عرض عليه منصب مترجم وعلاقات عامة في مكتب وصاية الأمم المتحدة في مقديشو للسفير المصري كمال الدين صالح، وانتقل إلى مقديشو.[٣٥٩]

أصبح تفاني عبد الرزاق في الخدمة العامة واضحًا عندما تولى دور عضو مجلس غالكعيو في عام ١٩٥٤، مشاركًا في أول انتخابات بلدية في الصومال، وامتد تأثيره إلى ما وراء الحكم المحلي. وفي يونيو ١٩٥٥، تم تكليفه بتمثيل رابطة الشباب الصومالية في الأمم المتحدة، خلفًا للأمين العام للرابطة عبد الله عيسى، الذي بقي لمدة أربع سنوات. وخلال فترة وجوده في الأمم المتحدة، دافع بشغف عن مصالح الصومال، مقدمًا التماسًا نيابة عن رابطة الشباب الصومالية. واعترافًا بصفات قيادته، تم انتخاب عبد الرزاق رئيسًا لرابطة الشباب الصومالية بعد ذلك بوقت قصير، خلفًا لآدم عبد الله عثمان، الذي تم

٣٥٦- Abdirizak, a Political Memoir, 48.

٣٥٧- Samatar, Africa's First Democrats, 44.

٣٥٨- Ibid.,53.

٣٥٩- Ibid., 54. Abdirizak, a Political Memoir, 96.

انتخابه رئيسًا للبرلمان.[٣٦٠] واستقال عبد الرزاق في عام ١٩٥٧ من رئاسة رابطة الشباب الصومالية بسبب الصراعات الداخلية بين اللجنة المركزية والحكومة وتزايد الاستياء بين مؤيدي الرابطة.[٣٦١] وفي عام ١٩٥٩، عزز عبد الرزاق مكانته السياسية من خلال حصوله على مقعد كعضو في البرلمان ممثلاً عن منطقة نغال. وكان هذا إنجازًا كبيرًا في مسيرته؛ وهو ما وفر له منصة لإحداث التغيير على المستوى الوطني. وبالتزامن مع ذلك، شغل مناصب بارزة داخل المؤسسات التعليمية؛ حيث شغل منصب رئيس المعهد العالي للقانون والاقتصاد ونائب رئيس بنك الائتمان.[٣٦٢] وتمت إعادة تسمية هذا المعهد ليصبح كلية الصومال الوطنية، التي أصبحت فيما بعد الجامعة الوطنية الصومالية، وأُعلن عنها رسميًّا في عام ١٩٦٩.

وبعد انتخابات عام ١٩٥٩، أصبح عبد الرزاق وأعضاء رابطة الشباب الصومالية الآخرين من النقاد الصريحين لحكومة عبد الله عيسى، فقد انتقدت المجموعة الحكومة بسبب حجمها الكبير، الذي نسبوه إلى التوازن العشائري، واعتبروه مخالفًا لمبادئ رابطة الشباب الصومالية التي لا تعتمد على العشيرة؛ وكذلك انتقدوا مؤهلات الوزراء، التي رأوا أنها تفتقر إلى الكفاءات اللازمة، وسوء إدارة الانتخابات الوطنية. تُفسَّر المعارضة في ذلك الوقت على أنها تمثيل أعضاء من قبيلة دارود داخل رابطة الشباب الصومالية، الذين وقفوا ضد حكومة رئيس الوزراء عبد الله عيسى، المحسوب على قيادة قبيلة الهوية، وهو ما عكس تصاعد الحساسيات القبلية في الصراع السياسي بين الهوية والدارود. ومع ذلك، من المهم التأكيد أن النواب المتمردين لم يكونوا جميعًا من قبيلة دارود، رغم أن غالبيتهم كانوا منها، مما يدل على أن القضية لم تكن قبلية بحتة، بل تضمنت أيضًا مطالب سياسية مشروعة. وكان من أبرز أسباب المعارضة عدم نزاهة الانتخابات العامة التي جرت عام ١٩٥٩، حيث قاطعتها العديد من الأحزاب السياسية، وهو ما أضعف من شرعيتها. وأسفرت تلك الانتخابات عن فوز كاسح لرابطة الشباب الصومالية التي حصلت على ٨٣ مقعدًا، بينما حصل حزب الدستور والاستقلال الصومالي على خمسة مقاعد فقط، ونال الحزب الليبرالي مقعدين، في مشهد سياسي محتكر زاد من حدة الانقسام وأجج مشاعر

٣٦٠- Ibid., 60. Also, Trunji, Somalia: the Untold History, second edition, Looh Press, 2020, 266.
اقترح المؤتمر الوطني للجمعية الشبابية الصومالية أن يُعين آدم عبد الله رئيسًا للوزراء، لكن آدم رفض واقترح أن يُنتخب عبد الله عيسى كرئيس للوزراء.
See Abdirizak, a Political Memoir, 113.

٣٦١- Samatar, Africa's First Democrats, 63.

٣٦٢- Abdirizak, a Political Memoir, 116.

التهميش لدى بعض الفئات المعارضة[٣٦٣]. وقاد عبدالرزاق جهود المعارضة، خاصة في الأمم المتحدة، ولكن غير موقفه، ودعا إلى الوحدة الوطنية كمتحدث باسم جميع الأحزاب السياسية الصومالية التي اتفقت على التحدث بصوت واحد.[٣٦٤] وتم طرد عبدالرزاق من رابطة الشباب الصومالية مع الـ ١٢ معارضًا آخرين، وتمت إعادتهم لاحقًا بعد المصالحة التقليدية.[٣٦٥] ومع بزوغ فجر الاستقلال، استُدعي عبدالرزاق للخدمة في حكومة رئيس الوزراء عبدالرشيد علي شرماركي. ومن عام ١٩٦٠ إلى ١٩٦٢، تولى منصب وزير للداخلية، مسؤولاً عن الحفاظ على الاستقرار الداخلي، وإجراء الاستفتاء، والأمن.[٣٦٦] وبعد ذلك، من ١٩٦٢ إلى ١٩٦٤، تولى عبد الرزاق منصب وزير الأشغال العامة والاتصالات بناءً على طلبه، مساهمًا في تطوير البنية التحتية وشبكات الاتصالات في الصومال.[٣٦٧]

وأكدت ولايته في هذه المناصب الوزارية الرئيسية على التزامه ببناء الأمة وقدرته على الحكم الفعال. وأصبح فيما بعد رئيس الوزراء من ١٤ يونيو ١٩٦٤ إلى ١٥ يوليو ١٩٦٧. وقاد برنامج إصلاح شامل ومكافحة الفساد الذي نفّر العديد من السياسيين المعارضين للإصلاح وعناصر الدولة العميقة. ودعم الرئيس آدم بقوة دفعته للإصلاح. واحتفظ بمنصب رئيس الوزراء حتى ١٥ يوليو ١٩٦٧ بعد انتخابات الرئاسة في ٢٦ يونيو وتعيين محمد إبراهيم عغال في منصب رئيس الوزراء، الذي تولى رئاسة الوزراء في الصومال.

وعقب انتخابات عام ١٩٦٧، واجه عبد الرزاق تحديات مع الإدارة التي كان يقودها الرئيس عبد الرشيد علي شرماركي، رئيس الوزراء محمد إبراهيم عغال، ووزير الداخلية ياسين نور حسن. وانشق عن رابطة الشباب الصومالية بعد نحو ١٩ عامًا من العضوية. وأسس حزب العمل الديمقراطي، معتقدًا أن حزب الرابطة الوطنية للشباب الصومالي تحت قيادة محمد إبراهيم عغال قد خان مبادئه الأصلية. وللأسف، كانت انتخابات ٢٦ مارس ١٩٦٩ ملوثة بعملية تزوير واسعة النطاق، وصفها الأستاذ عبد الله منصور بأنها "الديمقراطية المجنونة.[٣٦٨]" وفاز حزب رابطة الشباب الصومالية بـ ٧٣ من أصل ١٢٣ مقعدًا، وفازت الأحزاب الأخرى ببقية المقاعد. وبعد الانتخابات، انضم جميع أعضاء البرلمان باستثناء عبد الرزاق إلى حزب رابطة الشباب الصومالية، كجزء من أجندة متعمدة للنظام الجديد

٣٦٣- Trunji, the Told History, second edition, 316-325

٣٦٤- Abdirizak, a Political Memoir,130.

٣٦٥- Samatar, Africa's First Democrats, 75.

٣٦٦- Abdirizak, a Political Memoir, 153.

٣٦٧- Ibid.,157.

٣٦٨- Abdulla Mansur, "Contrary to a Nation: The Cancer of Somali State," in The Invention of Somalia, ed. Ali Jimale (Lawrenceville, NJ: Red Sea Press, 1995), 114.

لتأسيس نظام حكم الحزب الواحد، مثل العديد من الدول الإفريقية؛ وهو ما دمر ثقافة الديمقراطية.[٣٦٩] وبقي عبد الرزاق الصوت الوحيد للمعارضة في البرلمان الجديد؛ وهو ما رمز إلى صفاته القيادية القوية.[٣٧٠] وأشاد القائد العسكري الأمريكي دوغلاس ماك آرثر بهذه الصفة، وقال: "القائد الحقيقي يمتلك الثقة للوقوف بمفرده، والشجاعة لاتخاذ القرارات الصعبة"[٣٧١]. وقد أدى سوء إدارة الانتخابات إلى سلسلة من الأحداث، مثل اغتيال الرئيس عبد الرشيد علي شرماركي والانقلاب العسكري اللاحق؛ وهو ما أغرق الصومال في الفوضى في نظامها السياسي. واستولى نظام الجنرال محمد سياد بري العسكري على السلطة، محتجزًا النخب السياسية، ومتهمًا إياهم بالفساد والقبلية، وأسس حكمًا استبداديًّا لمدة عقدين تاليين[٣٧٢].

وبعد انقلاب عام ١٩٦٩ في الصومال الذي أطاح بالحكومة المدنية، وجد عبد الرزاق نفسه سجينًا سياسيًّا إلى جانب أصدقائه، بمن فيهم الرئيس آدم عبد الله، والعديد من البرلمانيين ووزراء حكومة عغال[٣٧٣]. وعانى من الاحتجاز من عام ١٩٦٩ حتى إبريل ١٩٧٣. وبعد إطلاق سراحه، أصبح مزارعًا حتى طلب منه الرئيس محمد سياد بري مرارًا وتكرارًا العمل مع الحكومة، لكنه رفض عرضه. ومع ذلك، عندما عرض عليه الرئيس في عام ١٩٧٤ أن يصبح سفير الصومال لدى الأمم المتحدة، قبله بتحفظ بعد استشارة العديد من أصدقائه الذين اعتبروا هذا العرض فرصة عظيمة.[٣٧٤] وشغل هذا المنصب الرفيع حتى عام

٣٦٩– أكد معظم أعضاء البرلمان الذين ينتمون إلى رابطة الشباب الصومالية أن الحكومة كانت تخطط للقضاء على ترشيحهم من حزب الجمعية الشبابية الصومالية، ولذلك أسسوا أحزابهم. وبالإضافة إلى ذلك، أسس المرشحون البرلمانيون الجدد أحزابهم. وبالتالي، شارك ٦٤ حزبًا في انتخابات عام ١٩٦٩.

٣٧٠– يتذكر عبد الرزاق بنقله: «الله واحد، وأنا وحدي.“
Footnote 5, Abdurahman Baadiyow, "Abdirizak Haji Hussein: The Audacious and Principled Leader," accessed April 26, 2024, https://www.academia.edu/116853719/Abdirizak_Haji_Hussein.

٣٧١– Douglas McArthur Quotes accessed April 29, 2024, https://www.goodreads.com/quotes/359193-a-true-leader-has-the-confidence-to-stand-alone-the.

٣٧٢– Mohamed Haji Ingiriis, The Suicidal State in Somalia: The Rise and Fall of the Siad Barre Regime, 1969–1991 (Lanham, MD: University Press of America, 2016), 68.

٣٧٣– المرجع نفسه.

٣٧٤– نصح معظم الأصدقاء الذين استشرتهم بقبول عرض الرئيس؛ لأنهم خافوا من أنني قد أُسجن مرة أخرى إذا لم أقبل بهذا العرض.
Abdiririzak, a Political Memoir, 327-8.

١٩٧٩، عندما واجه صعوبة في العمل مع النظام في بداية المعارضة المسلحة.[٣٧٥] وحصل على وضع اللجوء السياسي والجنسية الأمريكية. وبعد استقالته من منصب السفير، كانت أول وظيفة له كحارس أمني في مصنع بنيويورك، وقد تأهل لهذه الوظيفة بسبب خلفيته العسكرية المبكرة، وبتوصية من جاره الذي ترك هذا المنصب.[٣٧٦] وبعد بضعة أشهر، وبمساعدة طبيبه وصديقه القديم الدكتور كيفن م. كاهيل، حصل على وظيفة في إدارة الصحة بولاية نيويورك كمساعد لمدير المشروع، ولاحقًا في إدارة الإسكان والخدمة المجتمعية.[٣٧٧] وبعد انهيار الدولة في عام ١٩٩١، وخلال سنوات الحرب الأهلية الصومالية المضطربة، كان عبدالرزاق من بين كبار رجال الدولة الصوماليين الذين قادهم الرئيس السابق آدم عبدالله للتوسط في السلام والمصالحة في مؤتمر جيبوتي الأول عام ١٩٩١.[٣٧٨] كما كان عبدالرزاق من بين مجموعات المجتمع المدني التي شاركت في مؤتمر برعاية الهيئة الحكومية للتنمية (إيغاد) الذي سيطر عليه أمراء الحرب ونظمته إثيوبيا في كينيا لاستبدال نتائج مؤتمر المجتمع المدني في جيبوتي عام ٢٠٠٠[٣٧٩].

في تطور ملحوظ في ٦ مايو ٢٠٠١، سعت الحكومة الوطنية الانتقالية إلى إنشاء اللجنة الوطنية للمصالحة وتسوية الممتلكات، وهي مبادرة حاسمة لتعزيز السلام وحل النزاعات العقارية. ولكن واجه تعيين عبد الرزاق حاج حسين كرئيس لها معارضة من مجلس

٣٧٥- Samatar, Africa's first democrat, 209.
حدث هذا بعد أن أسست المعارضة الصومالية الجبهة الديمقراطية الصومالية (FDS) بعد الانقلاب الفاشل في ٩ إبريل ١٩٧٨. وتم تصنيف الانقلاب على أنه انقلاب مَجِيرْتِين، الذي ينتمي إليه السفير عبد الرزاق.
Abdirizak, a Political Memoir, 334-338.

٣٧٦- Abdirizak, a Political Memoir, 334-338.

٣٧٧- كان الدكتور كاهيل أيرلندي أمريكي، وهو أخصائي مشهور في الأمراض المدارية، وكان على دراية كبيرة بالصومال منذ وصوله إلى هناك في عام ١٩٦٢. اقترحت كيت، زوجة الدكتور كاهيل، أن يكتب عبد الرزاق مذكراته وساعدته في وضع الإطار الأولي لهذه المذكرات.
Abdirizak, a Political Memoir, 338-339.

٣٧٨- الجهد الأول نحو المصالحة الوطنية الصومالية حدث في مؤتمر جيبوتي الذي عقد من ٥ إلى ١١ يونيو ١٩٩١ (جيبوتي الأول). وقد شاركت أربع فصائل في الحدث.
Mohamed Osman Omar, Somalia: A Nation Driven to Despair: A Case of Leadership Failure (Mogadishu: Somali Publications, 2002), 1.

٣٧٩- شارك رئيس الوزراء السابق عبد الرزاق في مؤتمر الصومال في إلدوريت. وأكد أن «المؤتمر يتم التلاعب به من قبل مصالح خارجية"
See International Crisis Group, "Salvaging Somalia's Chance for Peace," December 9, 2002, 6.

المصالحة وإعادة البناء في الصومال وقيادة بونتلاند عبد الله يوسف.[٣٨٠] وأمام التحديات المتزايدة، قرر الاستقالة من المنصب في ٢٥ يوليو ٢٠٠١. وكان عبد الرزاق دائمًا نشطًا في مشاركات المجتمع الصومالي والمؤتمرات في مينيسوتا، الولايات المتحدة؛ حيث شارك تجاربه.

توفي عبد الرزاق حاج حسين بالتهاب رئوي في ٣١ يناير ٢٠١٤ في مينيابوليس، مينيسوتا، بعد أن تم نقله إلى المستشفى لمدة أسبوع.[٣٨١] وفي ٧ فبراير ٢٠١٤، ودعت الصومال شخصية بارزة في تاريخها، عبد الرزاق حاج حسين؛ حيث تم دفنه في مراسم تأبين رسمية في مقديشو. ويرمز مثواه الأخير بجانب صديقه الرئيس السابق آدم عبد الله عثمان إلى التزامه بالوحدة الوطنية ورفض الانقسامات العشائرية. ورغم طلب عائلته أن يُدفن في منطقة عشيرته في ولاية بونتلاند في الصومال، اختار هذا الموقع خلال حياته ليُذكر كشخصية وطنية؛ وهو ما يمثل بيانًا قويًّا ضد القبلية، ويعزز تفانيه للوحدة والشمولية. وجمعت المناسبة الجنائزية بين الشخصيات البارزة والسياسيين والمواطنين العاديين لتقديم احترامهم لرجل تجاوز إرثه الانقسامات السياسية. وتم إحياء ذكرى مساهمات عبد الرزاق للأمة، التي امتدت لعقود من الخدمة والتضحية، بإشادات صادقة ودعوات لراحته الأبدية[٣٨٢].

تطور رابطة الشباب الصومالية وثقافتها الإدارية

في أعقاب الانهيار المضطرب لإمارات أجوران وعدل في القرن السابع عشر، تفرق الشعب الصومالي في منطقة القرن الإفريقي؛ حيث عاشوا في مدن صغيرة ودول مصغرة قائمة على العشائر.[٣٨٣] حكمت دولة أجوران جنوب الصومال بشكل رئيسي لمدة ثلاثة

٣٨٠- Report of the Secretary-General on the situation in Somalia, United Nations' S/2001/963, accessed April 29, 2024, Distr.: General 11 October 2001. Also, Hussein Omar, "Somalia: Former Somali Prime Minister Abdirizak Haji Hussein died in the USA," Raxanreeb, accessed April 29, 2024, https://en.wikipedia.org/wiki/Abdirizak_Haji_Hussein.

٣٨١- Euan Kerr, "Former Somali Prime Minister Abdirizak Haji Hussein dies," MPR News, February 1, 2014.

من الملاحظ أن عبد الرزاق توفي بالمرض نفسه «الالتهاب الرئوي»، الذي توفي بسببه ياسين حاج عثمان في عام ١٩٤٧.

٣٨٢- *"Former Somali Prime Minister laid to rest in a Mogadishu Cemetery," Horseed Media, accessed April 29, 2024.*

٣٨٣- Abdurahman Abdullahi, Making Sense of Somali History, vol. I (London: Adonis & Abbey, 2017), 119.

قرون، بينما كانت إمارة عدل دولة مسلمة متعددة الأعراق تشمل شمال وغرب الصومال. دافعت دولة أجوران عن الصومال ضد البرتغاليين، بينما حمت إمارة عدل البلاد من الإمبراطورية المسيحية الحبشية. ومع سقوط هاتين الدولتين، فقد الصوماليون سلطتهم المركزية. وتزامنت هذه الحقبة من التشتت الداخلي وضعف الأمة الصومالية مع صعود الأوروبيين، الذين تميزوا بتوسعهم وهيمنتهم.[٣٨٤] وبما أن الصومال كانت تقع في موقع استراتيجي في القرن الإفريقي، أصبحت هدفًا لقوى أجنبية مختلفة. وقد خضعت لحكم استعماري من قبل بريطانيا وإيطاليا وفرنسا وإثيوبيا المجاورة، التي سيطرت على أجزاء مختلفة من الأراضي الصومالية.

وقد قاد العلماء المقاومة الأولى ضد التوغل الاستعماري، ولكن بحلول عام ١٩٢٧، تم قمع هذه المقاومة المناهضة للاستعمار؛ وهو ما أدخل الصومال في فراغ قيادي.[٣٨٥] وعانى الشعب الصومالي ١٥ عامًا من الضياع عندما قُمع القادة التقليديون، ولم يظهر قادة جدد. وفي عام ١٩٤٣ ظهر شعور متجدد بالهوية الوطنية مع تأسيس منظمة شبابية غير قائمة على العشيرة أو الدين، وواعية سياسيًّا. وتمثل ذلك في ظهور نادي الشباب الصومالي، الذي شكل لحظة حاسمة في تاريخ الصومال. وحفز الناس نحو قضية الوحدة والحرية والاستقلال. وبحلول إبريل ١٩٤٧، تطور هذا التحرك إلى حزب سياسي رسمي؛ وهو ما مهد الطريق لمقاومة منظمة وسلمية ضد الهيمنة الاستعمارية[٣٨٦].

وتتمثل إحدى الخصائص المحورية لرابطة الشباب الصومالية في غياب قائد شامل لا غنى عنه. وعلى سبيل المثال، غادر رئيس الحزب الأول، عبد القادر سخاو الدين، صفوف الحزب في وقت مبكر. وفي الوقت نفسه، توفي أول أمين عام للحزب، ياسين حاج عثمان كينديد، في عام ١٩٤٧، وتولى نائبه عبد الله عيسى منصب الأمين العام للحزب. ولم يستمر الكثير من الأعضاء الـ ١٣ المؤسسين في الحزب، ولم يلعبوا أي دور كبير خلال الكفاح من أجل الاستقلال أو بعد تأسيس الدولة الصومالية[٣٨٧]. وقد طُرد أطول

٣٨٤- عندما كانت الصومال تمتلك دولًا قوية خلال حكم إمامة أجوران وسلطنة عدل، دافع شعبها عن نفسه أمام الغزو البرتغالي والغزوات الإثيوبية. المصدر نفسه، ص٥٩.

٣٨٥- Ibid., 122.

٣٨٦- Ibid.,123. A. Mohamoud, State Collapse and Post-Conflict Development in Africa: The Case of Somalia (1960-2001), 2002, 71-74, accessed April 29, 2024, https://pure.uva.nl/ws/files/1061731/48811_UBA002000838_10.pdf. Cederic Barnes, "The Somali Youth League, Ethiopian Somalis, and the Greater Somalia Idea, c.1946–48," Journal of Eastern African Studies 1, no. 2 (2007): 277–291.

٣٨٧- بصرف النظر عن الحاج محمد حسين وياسين الحاج عثمان، لم يساهم الأعضاء المؤسسون الباقون من الـ١١ لحزب CYS بشكل كبير في جهود الحزب.
See Trunji, Somalia: The Untold History, 15-16.

رؤساء الحزب خدمة وعضو مؤسس، وهو حاج محمد حسين (١٩٤٧- ١٩٥١)، وذلك عندما اتهم بانتهاك سياسة الحزب في عام ١٩٥٧ من خلال الدعوة إلى الأفكار الثورية والأيديولوجية اليسارية. أدى ذلك إلى إنشاء حزب جديد تحت قيادة حاج محمد حسين يسمى الرابطة الصومالية الكبرى في ٢٤ يوليو ١٩٥٨ر[٣٨٨] وكان الأمين العام للرابطة يوسف عثمان سمتر (بردعد)، الذي كان معروفًا بتأثره بالحزب الشيوعي الإيطالي خلال دراسته في إيطاليا، وكان مرتبطًا بالاتحاد السوفييتي.[٣٨٩]

وقد حظيت الرابطة الصومالية الكبرى بدعم الاتحاد السوفييتي، وتم منح أعضائها منح دراسية مميزة بجامعات الاتحاد السوفييتي كتحضير لقادة المستقبل في الصومال.[٣٩٠] علاوة على ذلك، وقع حدث مهم في تاريخ رابطة الشباب الصومالية في عام ١٩٥٩؛ وهو طرد ١٣ عضوًا كبيرًا من الحزب بسبب معارضتهم لحكومة رابطة الشباب الصومالية. من بين الأسماء البارزة التي شملها قرار الطرد من حزب الشباب الصومالي (LYS) كان هناك ١٣ عضوًا كبيرًا، من بينهم عبد الرشيد علي شرماركي، وظاهر نور عقال، وحاج موسى بوقر، وحاج موسى سمتر، وحاج سعيد موسى عثمان، وإبراهيم حاج موسى، وياسين نور حسن، ومحمد عسبلي عدي، ونور حاج علس، وسغولي محمد، وعثمان محمود عدي، بالإضافة إلى اثنين آخرين من القيادات المؤسسة. ويُعد هذا الطرد الجماعي لحظة فارقة في تاريخ الحزب، لا سيما أن الرقم ١٣ حمل دلالة رمزية خاصة، إذ عُدّ تجسيدًا لصورة المؤسسين الأوائل للحزب الذين لعبوا دورًا محوريًا في النضال من أجل الاستقلال وتوحيد الأمة الصومالية. وقد أثار هذا القرار الكثير من الجدل في الأوساط السياسية والشعبية، نظرًا لمكانة هؤلاء القادة داخل الحزب ودورهم التاريخي، مما يدل على التوترات الداخلية التي بدأت تشق صفوف الحزب في مرحلة مبكرة من تطوره السياسي.[٣٩١] ولكن سادت

٣٨٨- انقسم حزب LSG إلى فصيلين في نوفمبر ١٩٦٠ عندما أعلن الحاج محمد من جانب واحد أيديولوجية الاشتراكية بعد عودته من الصين. وندد الجناح المحافظ في الحزب بهذه النزعة وانقسم الحزب. وكسياسي محنك، قام الحاج محمد بتشكيل حزب جديد هو الاتحاد الديمقراطي الصومالي (UDS)، وتم انتخابه من مركة في عام ١٩٤٦ وخسر في عام ١٩٦٩.
See Mohamed Trunji, Somalia: the Untold History, 302-306.

٣٨٩- Abdirizak, a Political Memoir, 125.

٣٩٠- كانت سياسة تقديم المنح الدراسية لأتباع حزب LSG واضحة في الستينيات؛ حيث كان حوالي ٥٠٠ طالب صومالي يدرسون في الاتحاد السوفييتي (٤٥٪) مقارنة بجميع المنح الدراسية الأخرى في الدول الغربية والعربية، والتي بلغ مجموعها ٦٤٥ منحة.
See Abdurahman Abdullahi (Baadiyow), The Islamic Movement in Somalia: A Study of Islah Movement (1950-2000) (Adonis and Abbey 2015, 145).

٣٩١- See Mohamed Trunji, Somalia: The Untold History, 347, as quoted from the Corriere Della Sera, Agosto 2, 1959; See Abdirizak, a political memoir, 127.

روح المصالحة وحل النزاعات المتجذرة في الثقافة الصومالية؛ وهو ما أدى إلى إعادة هؤلاء الأعضاء إلى الحزب. وعلى الرغم من حدوث المعارضة بانتظام داخل رابطة الشباب الصومالية وإنشاء أحزاب سياسية بديلة، كانت القدرة الفطرية للثقافة الصومالية على تسهيل الحوار وبناء التوافق أساسية في تعزيز الوحدة داخل رابطة الشباب الصومالية.

ومنذ إنشائها، كانت مؤتمرات رابطة الشباب الصومالية سنوية، ومدة العضوية في اللجنة المركزية هي سنة واحدة، وكان انتخاب شاغلي المناصب في الحزب، بمن في ذلك الرئيس، دليلاً على ديمقراطية الحزب الداخلية. وعلى الرغم من أن التجديد السنوي للجنة المركزية قد يبدو مقدمة لعدم الاستقرار، إلا أنه وحد الحزب وأدى إلى الاستمرارية والتجديد في عمله. وأتاحت هذه المؤتمرات السنوية قادة جددًا وفقًا للبيئة السياسية الجديدة. ويبرز هذا النمط من التغيير القيادي داخل رابطة الشباب الصومالية تفانيها في المرونة المؤسسية واتخاذ القرارات الجماعية بدلاً من الاعتماد على شخصيات فردية.

على مدى ثلاثة عشر عامًا منذ تأسيسها في عام ١٩٤٧ وحتى عام ١٩٦٠، مرت رابطة الشباب الصومالية بسلسلة من التغيرات السريعة في هيكلها القيادي، حيث تم انتخاب سبعة رؤساء وخمسة أمناء عامين، وهو ما يعكس ديناميكية داخلية نشطة، لكنها في الوقت ذاته تكشف عن حالة من عدم الاستقرار التنظيمي.[٣٩٢] ومع مطلع عام ١٩٦٠، أقدم الحزب على تعديل جذري في نظامه الداخلي، أُلغيت بموجبه وظيفة الرئيس، ليُعتمد منصب الأمين العام كأعلى سلطة تنفيذية في الحزب. وخلال الفترة من ١٩٦٠ إلى ١٩٦٨، تداول أربعة أشخاص على هذا المنصب، في سياق جديد اتسم بمزيد من التنظيم المؤسسي. وقد ساهم غياب الزعامة الفردية المطلقة في فتح المجال أمام نموذج قيادي تشاركي، جعل من الحزب منصة سياسية أكثر انفتاحًا وشمولية، حيث لم يعد أي منصب يُعتبر حكرًا على شخصية بعينها، بل أصبحت القرارات تُتخذ من خلال الإرادة الجماعية للأعضاء ووفق آليات ديمقراطية داخلية. هذا التحول أضفى على الحزب طابعًا مرنًا ومؤسسيًا، وميّزه عن الأحزاب التي كانت تعتمد على شخصيات كاريزمية تقليدية، الأمر الذي مكّنه من التكيف مع التحولات السياسية ومواجهة التحديات بطريقة أكثر فعالية وتوازنًا

ويعد الأول من يوليو عام ١٩٦٠ علامة فارقة في تاريخ الصومال؛ حيث تم الإعلان عن ولادة جمهورية الصومال، التي ظهرت بفخر كخامس دولة مستقلة بين ١٧ دولة إفريقية أصبحت مستقلة في عام ١٩٦٠م[٣٩٣] وكان هذا الحدث الكبير ذروة النضال الوطني الذي

٣٩٢- See appendix I, List of SYL Central Committee, Trunji, President Adan Abdulle, 199-209

٣٩٣- William Henry Chamberlin, "Africa's Year," January 5, 1960, accessed via ProQuest. Paul Hoffmann, "Bunche says '60 is the Year of Africa," New York

شهد اتحاد محمية أرض الصومال والصومال الإيطالي. ومع فجر الاستقلال، احتضن الشعب الصومالي عهدًا جديدًا من تقرير المصير والسيادة. وانتخب البرلمان الموحد جامع عبد الله غالب من أرض الصومال كمتحدث للبرلمان أو رئيسا لهافي السابع من يوليو عام ١٩٦٠، تم انتخاب جامع محمد غالب، القيادي في حزب الرابطة الوطنية الصومالية رئيسًا للبرلمان الموحد لجمهورية الصومال الوليدة بعد إعلان الوحدة بين الشمال والجنوب. وقد شكّل هذا الانتخاب منعطفًا سياسيًا مهمًا، إذ ترتب عليه تلقائيًا استبعاد محمد إبراهيم عقال، أحد أبرز الشخصيات السياسية في شمال الصومال وعضو الحزب ذاته، من الترشح لمنصب رئيس الوزراء. جاء ذلك انسجامًا مع العرف السياسي غير المعلن الذي نشأ عقب الوحدة، والذي كان يهدف إلى تحقيق توازن مناطقي بين الشمال والجنوب، وضمان عدم تمركز المناصب السيادية في يد إقليم واحد. وبما أن جامع غالب ينحدر من أرض الصومال، فقد أصبح من غير المقبول سياسيًا أن يُسند منصب رئاسة الحكومة إلى شخصية أخرى من شمال الصومال. ونتيجة لذلك، تم تهميش عقال من تولي هذا المنصب، رغم تمتعه بالكفاءة والخبرة والمكانة الوطنية، وذلك في محاولة لتفادي احتكار الشماليين لمفاصل الدولة في فترة كانت تتطلب قدرًا عاليًا من التوافق الوطني والتمثيل المتوازن لبناء الدولة الصومالية الموحدة.[٣٩٤] وعلاوة على ذلك، تم انتخاب رئيس البرلمان السابق آدم عبد الله بالتزكية كأول رئيس مؤقت لجمهورية الصومال. وتم اعتماد نظام الحكم البرلماني. وعليه، عين الرئيس آدم عبد الله عبد الرشيد علي شرماركي رئيس للوزراء في ١٢ يوليو ١٩٦٠. وقد لعب عبد الرشيد علي شرماركي دورًا مهمًا في السنوات الأولى من استقلال الصومال. وهو وُلد في ١٦ يونيو ١٩١٩ في حراطيري، في منطقة مدغ الوسطى بالصومال. وتابع دراسته العليا وحصل على درجة في العلوم السياسية من جامعة سابينزا في روما. ولسوء الحظ، تم قطع شريان حياة شرماركي ورئاسته بشكل مأساوي عندما تم اغتياله في ١٥ أكتوبر ١٩٦٩.

جاءت الحكومة الأولى بعد الاستقلال بتشكيلة وزارية ضمّت شخصيات ذات ثقل سياسي وتاريخي كبير، وشكّلت خطوة مهمة نحو تأسيس حكومة وحدة وطنية، وهو النموذج الذي دعا إليه الرئيس آدم عبد الله منذ عام ١٩٥٦، لكن اللجنة المركزية لرابطة الشباب الصومالي كانت قد رفضته آنذاك. ومع ذلك، تم تبني هذا النهج بعد إعلان الوحدة، حيث ضمّت الحكومة الجديدة نخبة من أبرز السياسيين من مختلف

Times, February 16, 1960, accessed via ProQuest. Manuel Manrique Gil, "1960–2010: 50 Years of 'African Independences,'" On Africa, January 4, 2010.

٣٩٤- See Ruth Gordon, "Growing Constitutions," University of Pennsylvania Journal of Constitutional Law 1 (1999): 528-569, accessed April 29, 2024, https://scholarship.law.upenn.edu/jcl/vol1/iss3/3.

الأقاليم والتيارات، مثل محمد إبراهيم عقال، الذي شغل سابقًا منصب رئيس وزراء أرض الصومال، وعبد الله عيسى، رئيس الوزراء السابق للإدارة الانتقالية قبل الاستقلال، والشيخ علي جمعالي، الوزير السابق، إلى جانب عبد الرزاق حاج حسين، رئيس سابق لرابطة الشباب الصومالي. وقد اختار رئيس الوزراء عبد الرشيد علي شرماركي شعارًا يُجسد رؤيته التصالحية: «أفضل أن يكون لديّ حكومة منقسمة على أن تكون لدي أمة منقسمة»، في إشارة إلى سعيه لجمع الفرقاء السياسيين في كيان حكومي واحد رغم التباينات بينهم.[٣٩٥] وفي هذا السياق، أُسند إلى عبد الرزاق حاج حسين منصب وزير الداخلية بين عامي ١٩٦٠ و١٩٦٢، ثم تولى وزارة الأشغال العامة والاتصالات من ١٩٦٢ إلى ١٩٦٤، قبل أن يتم انتخابه رئيسًا للوزراء بعد انتخابات عام ١٩٦٤، وهو المنصب الذي شغله حتى عام ١٩٦٧، حيث لعب دورًا محوريًا في استقرار الدولة الوليدة وصياغة سياساتها في مرحلة دقيقة من تاريخها

وعلى مدار تاريخها، شهدت رابطة الشباب الصومالي تغيرات كبيرة في تركيبتها واتجاهها؛ وهو ما يعكس الطبيعة الديناميكية للمشهد السياسي في الصومال. ومع تطور البيئة السياسية، وجد أعضاء كبار في رابطة الشباب الصومالي أنفسهم أحيانًا في خلاف مع انضباط الحزب وسياساته الأساسية؛ وهو ما أدى إلى الاستقالات أو الطرد. تلك الظاهرة أبرزت التحديات التي تواجه عملية الحفاظ على التماسك داخل الحزب. وحدثت واحدة من الحالات البارزة في عام ١٩٥٩ عندما تم طرد ١٣ عضوًا بارزًا من رابطة الشباب الصومالي وأعيدوا مرة أخرى بالحزب. علاوة على ذلك، في عام ١٩٦٢، استقال ١١ عضوًا كبيرًا في رابطة الشباب الصومالي بقيادة شيخ علي جمعالي، وأسسوا حزبهم الجديد "المؤتمر الوطني الصومالي"، الذي تحالف مع مجموعة الرابطة الوطنية الصومالية بقيادة محمد إبراهيم عغال. ضمّ هذا التكتل البرلماني عددًا من النواب البارزين، من بينهم الشيخ علي جمعالي، وصلاد علمي طوري، وعبد الله حسين ميجر، ومحمد عسبلي عدي، ومحمد عبد الله عسير، وحاج عبد أو المعروف بـ "إبرو»، وحاج عبد الصمد معلم علي، وعثمان أحمد روبلي، وحسن علي، وعلي عيسى علي، وعبد الله أمين. وقد اعتُبر هذا التكتل بمثابة ائتلاف سياسي غير رسمي يُعرف باسم «إرير»، نشأ كرد فعل جماعي ضد ما كان على أنه هيمنة سياسية متزايدة تمارسها الحكومة المركزية المدعومة من عائلات تنتمي إلى عشيرة الدارود. وقد استُخدم مصطلح «إرير» — الذي يجمع بين مفهومي الهوية والدار — كرمز سياسي لتوحيد الجهود المناوئة لتلك الهيمنة، وغالبًا ما كان يُستثمر من قبل بعض السياسيين لتشكيل جبهة موحدة في مواجهة النفوذ السياسي لعشيرة الدارود داخل

٣٩٥- Abdirizak, a Political Memoir, 149

مؤسسات الدولة. ويعكس ظهور هذا التكتل الديناميكيات المعقدة للسياسة الصومالية في تلك الفترة، حيث كانت التحالفات تُبنى ليس فقط على أسس أيديولوجية أو حزبية، بل أيضًا على الروابط الاجتماعية والمناطقية، مما ساهم في تعقيد المشهد السياسي وولادة ما يمكن اعتباره سياسة الهوية في الدولة الفتية.[٣٩٦]

وفي عام ١٩٦٤، خلال حكومة عبد الرزاق الأولى، صوّت ٣٣ نائبًا من رابطة الشباب الصومالي ضد الحكومة، وامتنع أربعة عن التصويت، منهم الأمين العام ياسين نور حسن. ونتيجة لذلك، قررت اللجنة المركزية اتخاذ إجراءات تأديبية ضد أربعة أعضاء وطردهم من الحزب، وهم: الأمين العام ياسين نور حسن، والشيخ مختار محمد، وعبد الله محمد قبلن، وعبدي حسن بوني. وكانت هذه الخطوة مشابهة لطرد ١٣ من كبار أعضاء حزب الشباب الصومالي في عام ١٩٥٩م[٣٩٧] .علاوة على ذلك، في عام ١٩٦٦، حدثت لحظة محورية أخرى عندما تم طرد مجموعة من ١٣ عضوًا كبيرًا من رابطة الشباب الصومالي للتصويت ضد القوانين المقترحة من حكومة رابطة الشباب الصومالي في البرلمان بقيادة عبد الرزاق حاج حسين.[٣٩٨] وعلى الرغم من طردهم، تمت إعادتهم لاحقًا؛ وهو ما يبرز الطبيعة المتغيرة للتحالفات والولاءات داخل الحزب. إضافة إلى وقوع تطور مهم؛ حيث اختار الأعضاء الكبار بقيادة عبد الرزاق حاج حسين الاستقالة من رابطة الشباب الصومالي تمامًا في عام ١٩٦٨، وتشكيل حزب العمل الديمقراطي. هذا التفتت داخل رابطة الشباب الصومالي أبرز التوترات الكامنة والرؤى المختلفة لثقافة السياسة في الصومال. وسط هذه المغادرات والطرود، بات عدم استقرار الحزب يلوح في الأفق بوضوح، الأمر الذي يعكس ثقافة سياسية مشوهة يحركها المصالح الشخصية والأجندات الفردية بدلاً من المبادئ الجماعية والهدف المشترك. في مسعى لتعويض الخسائر الكبيرة التي تعرض لها، قررت رابطة الشباب الصومالي قبول أعضاء جدد بشكل منتظم، وقد شمل ذلك بعض الأفراد الذين لم يكن لهم أي تاريخ في النضالات السابقة للحزب، مما أدى إلى إعادة تشكيل هوية الرابطة وأولوياتها. هذا التحول لم يسهم فقط في تعزيز عدد الأعضاء، بل أضعف أيضًا المبادئ الأساسية التي كانت تمثل جوهر رابطة الشباب الصومالية، مما يجعلها عرضة للتغيرات السريعة ويجعل الرابطة تفقد تواصلها مع جذورها التاريخية.

٣٩٦- Trunji, the Told History, second edition, 417

٣٩٧- Trunji, Untold History, second edition, 483.

٣٩٨- هؤلاء الأعضاء كانوا: الحاج موسى بوقر، والحاج موسى سمتر، وعثمان محمود عدي، وإسماعيل دواله، وأحمد محمد «ألورا»، وأويل حاج عبدالله، عبدالله محمد قبلن، ومحمد أحمد حاج صالح، وياسين نور حسن، وأحمد جوري مومن، وأحمد عبدي جبرائيل، وإسلام نور عثمان، وعلي علو محمد
Trunji, the Untold History, second edition, 497.

تكشف لنا تجربة الانقسامات الداخلية المستمرة في رابطة الشباب الصومالي عن حقيقة مهمة، وهي أنه عندما تكون الأحزاب المعارضة ضعيفة وتكاليف تحدياتها للحزب الحاكم ضئيلة، فإن ذلك يفضي في الغالب إلى نشوب صراعات داخل الحزب المهيمن. فبدون وجود تحدٍ خارجي قوي قادر على توحيد الجهود، يبدأ الحزب في تحويل انتباهه إلى داخله، مما يؤدي إلى تصاعد المصالح المتنافسة والطموحات الشخصية بين أعضائه، وينتج عن ذلك تفكك ونزاعات داخلية. كما تبرز هذه الوضعية أهمية وجود مشهد سياسي نابض بالحياة وتنافسي كضمانة لصحة أي حزب، حيث إن غياب الضغط الخارجي يقلل من الحافز للمزيد من التماسك والوحدة. وبالتالي، عندما لا يشعر الحزب الحاكم بالتهديد من قوى خارجية، فإن الفصائل الداخلية قد تظهر، كل منها تسعى لتحقيق أجندتها الخاصة بدلاً من التركيز على هدف مشترك، مما يعيق فعالية الحزب وقدرته على الحفاظ على استقراره ونجاحه

قبل استقلال الصومال في عام ١٩٦٠، كان من الضروري فهم وتمييز بين مرحلتين أساسيتين لدور وصفات حزب رابطة الشباب الصومالي، وهما: الحركة الوطنية التي نشأت في فترة ما قبل ١٩٥٦، ثم تحولها إلى حزب حاكم بعد ذلك. كانت البداية كحركة وطنية متحمسة تهدف إلى تحرير الوطن وتوحيد شعبه، حيث كان الهدف الشامل هو إشراك جميع فئات المجتمع في النضال الجماعي من أجل الحرية وتقرير المصير. سعت الحركة إلى تعبئة كل جزء من المجتمع الصومالي، وزرع شعور عميق بالوطنية والتضامن، وتحفيز الأمة نحو مستقبل أكثر إشراقًا، حيث كانت تطلعاتها تتجاوز مجرد الاستقلال لتشمل بناء هوية وطنية قوية. ومع ذلك، فإن الطموحات النبيلة لهذه الحركة واجهت واقعًا قاسيًا بعد وصولها إلى السلطة، إذ بدأت ديناميات سياسات السلطة تتكشف، مما طغى على الأهداف النقية للقومية التي نشأت من أجلها. ومع تباعد المصالح وتشكيل الفصائل، أصبح الإغراء لتقديم المكاسب الشخصية أو الجماعية على المصلحة الوطنية الأوسع كبيرًا للغاية، مما أدى إلى تعقيد المشهد السياسي وزيادة الانقسامات التي من شأنها أن تؤثر بشكل كبير على تطور البلاد في السنوات اللاحقة[٣٩٩].

خلال المرحلة الانتقالية التي انتقلت فيها حركة رابطة الشباب الصومالي إلى حزب حاكم، بدأت الرابطة في عملية دمقرطة واجهت خلالها العديد من النزاعات والصراعات، فضلاً عن ممارسات انتخابية غير مألوفة وبناء المؤسسات في ظل تحديات متعددة مثل المستوى التعليمي المحدود والسياسة القبلية السائدة. في هذا السياق، برز عبد الرزاق كرمز قيادي بارز داخل صفوف الرابطة، حيث تمتع بالتزام ثابت بمبادئ الحزب التأسيسية

٣٩٩- Abdirizak, a Political Memoir, 114-115.

التي تقوم على الجدارة والمعاملة العادلة لجميع المواطنين. وكان تمسكه العميق بتلك المبادئ جليًا في مواقفه الحاسمة تجاه القضايا التي اعتبرها غير صحيحة أخلاقيًا، مثل استقالته من رئاسة الرابطة في عام ١٩٥٧ ومعارضته لحكومة عبد الله عيسى في عام ١٩٥٩ بسبب رؤيته الرومانسية التي اعتبرها تجاوزًا لمبادئ الرابطة. وقد أبرزت قيادته أهمية النزاهة والالتزام بالقيم الأساسية، حيث نجح في توجيه الرابطة خلال فترات التغيير وعدم اليقين، مؤكدًا على ضرورة الحفاظ على المبادئ في مواجهة الضغوط والتحديات السياسية

يمكن تقسيم تاريخ رابطة الشباب الصومالي إلى ثلاث مراحل رئيسية تميزت بتطورات استراتيجية هامة. أولاً، بدأت الرابطة كحركة وطنية بين عامي ١٩٤٣ و١٩٥٦، حيث كانت تسعى إلى تحرير الصومال من الاستعمار وتعزيز الوحدة الوطنية، مما جعلها القوة المحركة وراء الكثير من التحولات السياسية والاجتماعية في البلاد. في المرحلة الثانية، خلال فترة حكمها كحزب حاكم بين عامي ١٩٥٦ و١٩٦٧، أصبحت الرابطة قوة سياسية مركزية تسعى لتشكيل الحكومة وبناء مؤسسات الدولة، حيث تولت مسؤوليات الحكم وسط تحديات داخلية وخارجية. ومع بداية المرحلة الثالثة في عام ١٩٦٦، انضم رئيس الوزراء محمد إبراهيم عغال إلى صفوف الرابطة سعيًا وراء تحقيق طموحات شخصية، ليبدأ سعي الرابطة نحو إقامة نظام استبدادي ذي حزب واحد، وهو نفس الاتجاه الذي سلكته العديد من الدول الإفريقية بعد الاستقلال. وقد تجلى هذا التوجه في محاولات فرض السيطرة السياسية على البلاد وإضعاف الأحزاب المعارضة، مما جعل الرابطة تتحول تدريجياً من حركة تحرر وطنية إلى أداة للهيمنة السياسية الشخصية في إطار منظومة الحزب الواحد.[٤٠٠] ومع ذلك، تم تغيير مسار رابطة الشباب الصومالي بشكل مفاجئ باغتيال الرئيس عبد الرشيد علي شرماركي والانقلاب العسكري اللاحق في عام ١٩٦٩، الذي شكل نهاية الحزب الوطني بعد ٢٢ عامًا من الوجود. ويظهر الفشل النهائي لرابطة الشباب الصومالي وعدم قدرتها على التحول حتى في الشتات أو كحزب سري- يظهر هشاشتها. ومثل هذا الحدث نقطة تحول في السياسة الصومالية، وأعاد تشكيل مسار البلاد وترك إرثًا من الاضطرابات السياسية وعدم اليقين.

. وبمقارنة الأهداف والتحديات التي واجهتها رابطة الشباب الصومالي مع القدرات التعليمية والاقتصادية لمؤسسيها والنخب الصومالية اللاحقة، يمكن اعتبار إنجازاتهم إعجازًا؛ فقد عمل مؤسسو رابطة الشباب الصومالي في بيئة ذات موارد وتعليم محدود، لكنهم نجحوا في إلهام حركة غيرت الصومال بشكل جوهري. وعززت رؤيتهم لـ"الصومالية"

٤٠٠- Abdullahi, Making Sense of Somali History, 174. Also, Samatar, Africa's First Democrats, 200-2001.

الهوية الوطنية والوحدة، وسعت لتوحيد جميع الصوماليين تحت راية واحدة. وكافحت رابطة الشباب الصومالية بلا كلل أو ملل لتوحيد الأراضي البريطانية والإيطالية في الصومال، وفي النهاية إقامة دولة صومالية مستقلة. إن تخيُّل تاريخ الصومال بدون ظهور رابطة الشباب الصومالي يبرز التأثير العميق لجهودهم؛ فبدون دعمهم لوحدة واستقلال الصومال، ربما كانت الأمة ستظل مجزأة وتحت السيطرة الأجنبية لفترة أطول بكثير. ويسلط إرث رابطة الشباب الصومالي الضوء على قوة القيادة المصممة والعمل الجماعي في التغلب على التحديات التي تبدو مستعصية لتحقيق السيادة الوطنية والتماسك. ويصف عبد الرزاق حاج حسين رابطة الشباب الصومالي بأنها "هدية من الله للشعب الصومالي. وبدلاً من شكر الله على هذه الهدية المجيدة، اختار الشعب الصومالي طريقًا ضالاً- مثل بني إسرائيل في سيناء- وعادوا إلى طرقهم القديمة من القبلية والطائفية[٤٠١].

من الضروري، إلى جانب الاعتراف بإنجازات رابطة الشباب الصومالي وقادتها، أن نتناول نقديًا نقاط القوة والضعف التي شكلت مسيرتهم السياسية، فبينما لعبوا دورًا محوريًا في قيادة البلاد نحو الاستقلال وبناء مؤسسات الدولة، إلا أن تجربتهم في الحكم لم تكن خالية من العيوب البنيوية والسياسية. فقد عانت حكومتهم من مظاهر مركزية السلطة، وتهميش المعارضة، وسوء إدارة التنوع الاجتماعي، وهي عوامل ساهمت تدريجيًا في إضعاف القيم الديمقراطية التي تبنتها الرابطة في بداياتها، ومهدت الطريق في نهاية المطاف للانقلاب العسكري عام ١٩٦٩. إن الاعتراف بهذه الإخفاقات لا يقل أهمية عن الاحتفاء بالإنجازات، لأنه يمثل مدخلًا ضروريًا لفهم أعمق وأكثر توازنًا للتاريخ السياسي الصومالي. فبدلًا من الاكتفاء بتمجيد الماضي، يتيح هذا النهج النقدي تعزيز ثقافة المساءلة والتعلم من التجارب السابقة، وهو أمر جوهري لبناء نظام سياسي أكثر نضجًا واستقرارًا في الحاضر والمستقبل، حيث يتم استخلاص العبر من دروس التاريخ لتجنب تكرار الأخطاء والسير بخطى ثابتة نحو ترسيخ الديمقراطية والحكم الرشيد.

الثقافة السياسية لعبد الرزاق حاج حسين

يمكن وصف أسلوب قيادة عبد الرزاق بنمط متعامل ومبني على المبادئ، متأثرًا بخلفيته التدريبية العسكرية، مع التركيز على تبادل القيم والمفاوضة لتحقيق النتائج المرجوة. وفي نهج القيادة المتعاملة، يركز القادة على جوانب العطاء والأخذ في التفاعلات، مقدمين مكافآت أو حوافز مقابل الامتثال أو الأداء. ويُعرف عبد الرزاق بنهجه البراغماتي في القيادة، مع التركيز على النتائج الملموسة والكفاءة في اتخاذ القرارات. ويؤكد عبد سمتر أن القيادة السياسية

٤٠١- Abdirizak, a Political Memoir, 377.

لرئيس الوزراء عبد الرزاق وتطور ثقافته السياسية لاحقًا كانا متأثرين كثيرًا بأربع صفات مميزة: "الإصرار الثابت على تأمين المعيشة، والانضباط الذاتي الاستثنائي، والعمل الجاد، والشجاعة".[٤٠٢] ويبرز سمتر كيف شكلت هذه الصفات أساس طفولة حسين في الخدمة الاستعمارية وأثناء الحركة الوطنية. هذه الصفات قادت أسلوب حكمه، ملهمة الأمل، وتعزيز الوحدة، ودفع الأمة نحو التقدم. ويشمل تحليل ثقافة عبد الرزاق حاج حسين السياسية لحظات بارزة في مسيرته المهنية، بدءًا من فترة توليه رئاسة رابطة الشباب الصومالية في عام ١٩٥٦. علاوة على ذلك، لعب دورًا معارضًا خلال حكومة عبد الله عيسى في عام ١٩٥٩. وعقب تعيينه وزيرًا من عام ١٩٦٠ إلى عام ١٩٦٤، ثم رئيس وزراء من عام ١٩٦٤ إلى عام ١٩٦٧، لعب عبد الرزاق حاج حسين دورًا مهمًّا في تشكيل السياسات الوطنية والأجندات في قضايا حرجة، مثل التمييز العشائري، والفساد، وسوء الإدارة. حتى خلال فترته في المعارضة داخل البرلمان في عام ١٩٦٩، استمر عبد الرزاق في دعم مبادئه والدفاع عن مصالح الشعب الصومالي، مبينًا التفاني لمبادئ الديمقراطية والحكم السليم.

ثقافة عبد الرزاق كرئيس لرابطة الشباب الصومالية

خلال فترة تولي عبد الرزاق رئاسة رابطة الشباب الصومالية من عام ١٩٥٦ إلى عام ١٩٥٧، ظهرت عدة قضايا مهمة، شكلت المشهد السياسي في ذلك الوقت. ومن بين هذه التحديات عدم التوصل إلى تحديد الحدود مع إثيوبيا، واغتيال كمال الدين صالح، سفير مصر الذي عمل معه عبد الرزاق، وتعيين مدير السجون المركزية حاج موسى سمتر دون موافقة مجلس الوزراء.[٤٠٣] علاوة على ذلك، تلطخت سمعة رابطة الشباب الصومالية، التي كانت تُعرف كحزب قومي يسعى لتحقيق الاستقلال والوحدة الوطنية، بسبب الاتهامات الواسعة بالمحاباة والمحسوبية في توزيع المناصب الوزارية. فقد أدى انتشار هذه الممارسات إلى تقويض مصداقية الحزب وإضعاف صورته كقوة سياسية تمثل كافة فئات المجتمع الصومالي دون تمييز. ومع مرور الوقت، أصبحت الاتهامات بالمحاباة عقبة أمام جهود الحزب للحفاظ على شعبيته ودعمه الجماهيري، مما خلق حالة من الاستياء لدى العديد من الأطراف التي شعرت بالتهميش والإقصاء. كما أن هذه السياسات أظهرت تناقضًا بين الشعارات القومية التي يرفعها الحزب وممارساته الفعلية في السلطة، مما دفع البعض إلى التشكيك في نواياه وإخلاصه لمبادئ الوحدة الوطنية. وبالإضافة إلى تبادل

٤٠٢- Samatar, Africa's First democrats, 29.

٤٠٣- Ibid., pp. 61.

الاتهامات بالمحاباة بين الوزراء في اللجنة المركزية للرابطة الشباب الصومالية والحكومة[٤٠٤]، فشلت الحكومة واللجنة المركزية لرابطة الشباب الصومالية في التعامل مع هذه الانقسامات الداخلية في ظل التزايد الذي يكبر بين أنصار الرابطة الشباب الصومالية. وقد اتخذ عبد الرزاق الخطوة الحاسمة، واستقال من رئاسة رابطة الشباب الصومالية واللجنة المركزية.[٤٠٥] وجسدت استقالة عبد الرزاق من رئاسة الحزب الحاكم رابطة الشباب الصومالية إحباطه العميق والديناميات الداخلية لرابطة الشباب الصومالية. وكان يميز بين علامات التحلل المبكر وتآكل القيم والمبادئ التأسيسية للحزب. واعتبر عبد الرزاق العمليات على الالتزام بالمبادئ على السلطة ورفض النقض في القانون.

الثقافة السياسية لعبد الرزاق كعضو في المعارضة

من عام ١٩٥٧ إلى عام ١٩٦٠، واجهت رابطة الشباب الصومالية سلسلة من الأزمات الثلاثة التي تسبب فيها أعضاء كبار في الحزب رغم مخالفتهم للسياسات والمبادئ الموضوعة. كانت الأزمة الأولى ناتجة عن عدم التوافق الداخلي بين أعضاء الحكومة، وبين رئيس الوزراء عبد الله عيسى وحاج موسى بوقر وزير الداخلية. وظهرت الأزمة الثانية داخل قيادة رابطة الشباب الصومالية؛ وهو ما أدى إلى طرد رئيس الحزب حاج محمد حسين. أما الأزمة الثالثة فدارت حول قضية متنازع عليها بشأن المواعيد الانتخابية والأداء؛ وهو ما جعل رابطة الشباب الصومالية تتصارع مع قوى المعارضة في معركة للشرعية السياسية في الانتخابات الوطنية لعام ١٩٥٩،[٤٠٦] وتسببت الأزمة الثالثة في صراعات رئيس الوزراء عبد الله عيسى مع أعضاء الحزب الكبار في عدة قضايا.[٤٠٧] وكان عبد الرزاق من بين ١٣ عضوًا في رابطة الشباب الصومالية الذين عبروا في البداية عن عدم الرضا عن المجلس الجديد للوزراء. وانتقد هؤلاء الأعضاء الحكومة في ثلاث قضايا: سوء إدارة انتخابات عام ١٩٥٩ والتجاوزات، وتشكيل مجلس الوزراء المتوازن القبلي، وعدد ومؤهلات الوزراء. إن "الشروط الخادعة التي جرى فيها الانتخاب تسببت في تحدي مجلس الأمن الاستشاري للأمم المتحدة لشرعية الإجراءات الانتخابية وشرعية النتائج الانتخابية".[٤٠٨] ومع ذلك، دعم الحاكم الإيطالي ماريو ديستيفنو موقف رابطة الشباب الصومالية. وزاد هذا من عدم الرضا مع فريق المعارضين الذين خشوا

٤٠٤- Abdirizak, a Political Memoir, 115-116.

٤٠٥- Ibid., 116.

٤٠٦- Trunji, the Untold History, 286.

٤٠٧- Ibid., 316-326.

٤٠٨- Okbahazi Yohannes, The United States and the Horn of Africa: An Analytical Study of Patterns and Process (Routledge 1997, 24).

من أن العجز والمحسوبية قد تضعف قدرة الحكومة على معالجة التحديات الوطنية الملحة. وكانت الأغلبية العظمى من هذا الفريق المعارض من عائلة الدارود، وتم تفسير معارضتهم على أنها معارضة متعلقة بالنزاع السياسي بين سياسي هويه ودارود.[٤٠٩] ومع ذلك، يجب ألا نكون مخدوعين، وأن نتذكر دائمًا أن خطاب العشائرية جزء من ثقافة السياسية النخبوية الصومالية، وهما مجرد أدوات لأهداف سياسية ليست لها علاقة بمصلحة العشيرة التي هي مصلحة جميع المواطنين في الحصول على خدمة عامة عادلة والأمن، والتنمية، والعدالة المستقلة، والفعالة. وعند تحليل هذا وأي معارضة أخرى، يجب أن نتجنب التفسير العشائري وننظر إلى القضايا المطروحة، وليس الانتماء العشائري لأولئك الذين يثيرون القضية. وعادةً ما يتهم كل طرف من الخصوم السياسيين الآخر بالعشائرية. ولكن لا تعني هذه الحجة إنكار وجود عوامل عشائرية في السياسة الصومالية.

ومع تصاعد التوترات داخل رابطة الشباب الصومالية إلى نقطة الغليان، طردت اللجنة المركزية الـ١٣ عضوًا من الحزب؛ وهو ما يشير إلى انقسام في وحدة الحزب والتضامن على خطوط العشائر.[٤١٠] ومع ذلك، وفي مفاجأة ملحوظة، غيرت المعارضة بقيادة عبد الرزاق رأيها عندما أدركت الأضرار المحتملة التي يمكن أن تلحق بمصالح الصومال بسبب أفعالها.[٤١١] ومع الاعتراف بضرورة الأولوية للوحدة الوطنية فوق الخلافات الشخصية، امتنع الوفد بقيادة عبد الرزاق في مجلس الوصاية في الأمم المتحدة في نيويورك عن مواصلة الانتقادات للحكومة. وعند عودتهم إلى مقديشو، تمت استعادة المجموعة داخل صفوف الحزب من خلال وساطة وحوار.[٤١٢] ويشهد دور عبد الرزاق المتميز كناطق باسم المعارضة أمام مجلس الوصاية في نيويورك- يشهد على التزامه بالوطنية والالتزام بمبادئ رابطة الشباب الصومالية. ويكمن الالتزام الراسخ بمبدأ رابطة الشباب الصومالية في قلب موقفه الكريم. ومن خلال الدعوة إلى نموذج حكم يستند إلى الجدارة والشمولية بدلاً من الانتماء العشائري، سعى إلى وضع مسار نحو مجتمع أكثر عدلاً وتناغمًا.

٤٠٩- The conflict between PM Abdullahi Isse and Muse Boqor, the Interior Minister, was resolved through reconciliation within the party apparatus. See Mohamed Trunji, Somalia: the Untold Story, second edition, 286-87. Regarding the expulsion of the Haji Mohamed Hussein from the SYL, see Ibid., 300.

٤١٠- Abdirizak, a Political Memoir, 127.

٤١١- Trunji, President Adan Abdulle, 66.

٤١٢- Ibid., 347-48.

الثقافة السياسة لعبد الرزاق كوزير (١٩٦٠ -١٩٦٤)

يعد تعيين عبد الرزاق في المنصب التنفيذي لوزارة الداخلية في حكومة الجمهورية الصومالية الموحدة الجديدة فرصة لممارسة ثقافته الحكومية. وقد منحه الرئيس ورئيس الوزراء ثقتهما، واضعين في الاعتبار جرأته وصدقه والتزامه بمثل هذه القيم الوطنية. وتحت هذه الوزارة تأتي قوات الشرطة والمحافظون والمفوضون الإداريون. لذا، كان مسؤولاً عن الأمن الداخلي وإدارة المناطق والمقاطعات. وقد واجهت الوزارة تحديات متعددة، مثل: توحيد نظامي إدارة مختلفين (البريطاني والإيطالي) في نظام متكامل. وكان تقديم تقارب بين الممارسات المتباينة للنظامين (الإيطالي والبريطاني) يتطلب حكمة وجرأة. علاوة على ذلك، أدار عبدالرزاق منعطفًا حاسمًا في تاريخ البلاد من خلال تنفيذ الاستفتاء على الدستور الذي عُقد في الصومال في ٢٠ يونيو ١٩٦١، ومعالجة القضايا الأمنية خلال وبعد هذا الحدث الكبير.[٤١٣] بالإضافة إلى ذلك، تعاملت الوزارة مع الأمن بعد محاولة الانقلاب من قبل الضباط في هرغيسا في١٩٦١؛ وهو ما أثار عدم اليقين حول استقرار البلاد ووحدتها.[٤١٤] وظهرت صعوبة هذه التحديات في أزمة الأمن في إقليم هيران بعد إقالة شيخ علي جمعالي من الوزارة في ٣٠ نوفمبر ١٩٦٢.[٤١٥] وقد قام عبدالرزاق شخصيًّا بمواجهة هذه الأزمات، وتنفيذ تدابير لاستعادة النظام وتعزيز الثقة في قدرة الحكومة على حفظ الأمن. وأظهر عبد الرزاق قيادة ثابتة خلال زيارته للمناطق الشمالية، وتفانيه في رفاهية الأمة طوال فترة ولايته.[٤١٦] ودفعته رؤيته لصومال متحد وآمن إلى مواجهة التحديات بالمرونة والعزم؛ وهو ما ترك بصمة لا تنسى في نسيج تاريخ البلاد.

كشفت الثقافة السياسية الديناميكية في الصومال عن نفسها بوضوح من خلال تصرفات عدد من الشخصيات البارزة في الحكومة، مثل محمد إبراهيم عغال، وزير الدفاع، والشيخ على جمعالي، وزير الصحة والعمل، اللذين برزا كقادة للمعارضة خلال الاستفتاء الدستوري. ورغم شغلهما لمناصب حكومية رسمية، إلا أن معارضتهما للدستور المقترح لم تكن نتيجة رفض لبنود محددة، بل كانت تعبيرًا عن موقف سياسي شامل ضد الحكومة نفسها، حيث استغلا قضية الدستور كأداة لمهاجمة الحكومة والتعبير عن استيائهما من سياساتها بهدف إضعاف سلطتها وخلق حالة من عدم الرضا تمهد لإسقاط

٤١٣- The total number of votes cast during the referendum was 1,948,343, of which 1,756 216 voted yes and 183,000 voted no. While the spoiled ballots were 9,132. Trunji, the Untold History, 389.

٤١٤- Trunji, President Adan Abdulle, 83-84.

٤١٥- Abdirizak, a Political Memoir,141-143. Also, Samatar, Africa's First Democrats, 109.

٤١٦- Ibid., 132 and 109.

القيادة الحالية، ضمن استراتيجية أوسع للتحضير للانتخابات الرئاسية المرتقبة في ٦ يوليو ١٩٦١، التي كان الشيخ علي جمعالي يطمح للترشح فيها. وفي خضم هذه الصراعات السياسية، اتخذ عبد الرزاق تدابير صارمة لضمان نزاهة عملية الاستفتاء من خلال التأكيد على حياد المحافظين والموظفين في الوزارة، وإبعادهم عن التأثيرات السياسية قبل الاستفتاء وبعده، وهي خطوات تهدف إلى حماية العملية الديمقراطية من التلاعب السياسي وضمان مشاركة عادلة للجميع.

ومع ذلك، كان يمكن أن يكون المشهد أكثر إشراقًا؛ حيث ظهرت تقارير عن عدم انتظام بعض المناطق، وخاصة مدينة آدان يبال ومدينة ونلاوين في الجنوب.[٤١٧] ولقد أفسدت هذه الحوادث المعزولة عرضًا محترمًا عمومًا للمشاركة المدنية. وعلى الرغم من دعم الدستور، ظهرت جيوب للمقاومة، خاصة في مناطق مثل هيران ومناطق من أرض الصومال. وكان تأثير شيخ علي جمعالى ومحمد إبراهيم عغال وأنصارهم قويًّا في دوائرهم الانتخابية. أظهر نمط نتائج الاستفتاء الدستوري الصومالي تباينًا ملحوظًا بين الأقاليم الشمالية والجنوبية، مما يعكس اختلافات سياسية وجغرافية واضحة في مواقف السكان تجاه مشروع الدستور؛ ففي الأقاليم الشمالية، كانت نسبة الرفض مرتفعة نسبيًا، حيث بلغت حوالي ٥٤٪ في إقليم هرجيسا و٥٢٪ في إقليم بُرعو، وهو ما يعكس مستوى كبيرًا من المعارضة التي يمكن تفسيرها بتراكم التوترات السياسية والمطالب المحلية التي لم تجد استجابة كافية من الحكومة المركزية. وعلى النقيض من ذلك، كان الوضع مختلفًا بشكل كبير في الأقاليم الجنوبية، إذ باستثناء إقليم هيران الذي سجل نسبة رفض مرتفعة بلغت ٦٨٪، كانت نسب التصويت بـ «لا» في الأقاليم الجنوبية الخمسة الأخرى منخفضة للغاية، تراوحت بين ٨٪ و٠٫٥٪، مما يشير إلى قبول نسبي أكبر للدستور في الجنوب مقارنةً بالشمال.

وبعد ولايته في وزارة الداخلية، تم تكليف عبد الرزاق بوزارة الأشغال العامة في عام ١٩٦٢ بعد إعادة البناء في مجلس الوزراء. ومن خلال خبرته التي اكتسبها خلال إدارته لمدة عامين في وزارة الداخلية، بدأ في تنشيط بنية تحتية جمهورية الصومال. وقضى عبد الرزاق وقتًا قليلاً في بدء إعادة هيكلة شاملة للوزارة ومعالجة الفساد المستشري في قطاع الأشغال العامة. علاوة على ذلك، أعاد التفاوض على المشاريع مع الاتحاد السوفييتي، وتعزيز الاتفاقيات المربحة لكلا الطرفين، والتي عززت العلاقات الثنائية، وأفضت إلى تحسين توزيع الموارد لأولويات التنمية الوطنية.[٤١٨] بالإضافة إلى ذلك، أدرك عبد الرزاق أهمية شبكة نقل متينة في دفع النمو الاقتصادي وتيسير التماسك الاجتماعي. ومن أجل هذه الرؤية، قاد

٤١٧- Ibid., 143.

٤١٨- Ibid., 161-165.

إنشاء الخطوط الجوية الصومالية، الناقل الوطني، بتوفير ربط جوي موثوق عبر الطرق المحلية والدولية؛ لتعزيز الوصولية، وإظهار التزام البلاد بالتحديث والتقدم على المستوى العالمي.[٤١٩]

ولقد واجه عبد الرزاق واقعًا محبطًا في وزارة الأشغال العامة: ثقافة من التقاعس والفساد المستشري؛ حيث كان الموظفون يأتون ويغادرون حسب مزاجهم، ضاربين عرض الحائط بأي مظهر من مظاهر المساءلة أو الأخلاق العملية. وتصاعدت آفة الفساد بشكل كبير، مع تقارير عن سرقة وبيع غير مشروع لمواد البناء من قبل حفظة المستودعات؛ وهو ما لوث سمعة الوزارة. وتجلت صعوبة هذه التحديات في المشاريع التنموية العديدة التي أدارتها الوزارة، والتي تمول أساسًا من قبل الاتحاد السوفييتي. وعلى الرغم من الدعم الذي قدمه الشركاء السوفييت، انتقدت شكاوى قدرة الشركاء الصوماليين المنخفضة وعدم الكفاءة من خلال القنوات الدبلوماسية. وكان من الواضح أنه من الضروري اتخاذ إجراء حاسم لإنقاذ مصداقية الوزارة واستعادة الثقة في قدرتها على تنفيذ واجباتها. وقد شرع الوزير عبد الرزاق في مهمة لغرس ثقافة الانضباط والعادات العملية الأخلاقية في الوزارة. وإدراكًا منه بأن التغيير المعنوي يتطلب نهجًا شاملاً من أعلى إلى أسفل، قاد الأمور بمثالية، ووضع معايير صارمة لسلوك الموظفين وأدائهم. وتم نقل أولئك الذين يفتقرون إلى الولاء لأهداف الوزارة بسرعة؛ وهو ما ضمن بقاء الأفراد الملتزمين بالقضية داخل الوزارة.

بالإضافة إلى ذلك، نفذ عبد الرزاق إصلاحات شاملة لتعزيز الشفافية والمساءلة في جميع جوانب عمليات الوزارة. ووضعت آليات رقابة قوية لمنع التلاعب بالموارد وضمان تقدم المشاريع التنموية بأقصى درجات النزاهة والكفاءة. ومن خلال تعزيز ثقافة السلوك الأخلاقي والإدارة الفعالة، سعى إلى إعادة بناء الثقة داخليًّا بين الموظفين وخارجيًّا مع الأطراف المعنية، ومنهم الاتحاد السوفييتي. ومن خلال إصراره القوي وقيادته الحاسمة، نجح عبد الرزاق في تحقيق تحول ملحوظ داخل الوزارة. ورحلت أيام الإفلات من العقاب والاستخفاف بسيادة القانون، لتحل مكانها روح جديدة من العمل والتفاني في خدمة مصالح الشعب الصومالي. وتحت إرشاده، نشأت الوزارة بقوة ومرونة؛ فكانت جاهزة لتحقيق ولايتها في دفع التنمية المستدامة والتقدم عبر البلاد.

وتألق التزام عبد الرزاق من خلال مبادرته الطموحة في إنشاء الخطوط الجوية الصومالية عندما قدمت الولايات المتحدة بسخاء ثلاث طائرات داكوتا؛ حيث رأى في ذلك فرصة لدفع رؤيته قُدمًا. ومع ذلك، جاء العرض بشرط استثنائه تدريب الطيارين والفنيين الآخرين. ولم يتوقف عبد الرزاق عند ذلك، بل طلب المساعدة من ألمانيا الغربية، التي وافقت على تقديم التدريب اللازم وتحديد معايير مشاركة صارمة. وكانت شروط ألمانيا الغربية واضحة،

٤١٩- Ibid., 165-169. Samatar, Africa's First Democrats, 133-135.

منها أنه: "يجب أن يمتلك المرشحون المحتملون شهادات المدرسة الثانوية، وأن يكون لديهم إتقان جيد للغة الإنجليزية". وقد شكّل هذا تحديًا كبيرًا، خصوصًا في أمة مقسمة لغويًّا. في الشمال؛ حيث كانت الإنجليزية اللغة الرسمية للتعليم، نجح المرشحون بشكل جيد في تحقيق هذه المعايير. وعلى الجانب الآخر، في الجنوب؛ حيث كانت اللغة الإيطالية اللغة الرسمية، وكانت مجموعة المرشحين المؤهلين محدودة. وأظهرت نتيجة عملية الاختيار الفجوة الواضحة: معظم المرشحين الناجحين كانوا من المنطقة الشمالية. ولم يكن ذلك بسبب التحيز، بل كان انعكاسًا للمشهد التعليمي. وكان تمسك عبد الرزاق بالبيروقراطية وتجنبه للتوازن بين الأعراق واضحًا طوال هذا الجهد؛ حيث بقي ثابتًا في الحفاظ على مبادئ العدالة والفرص المتساوية. ولاقت هذه المبادرة صدىً عميقًا مع العديد من الناس، وكانت شهادة على نزاهة عبد الرزاق وتفانيه في مبادئه، ولفتت الانتباه إلى أهمية الأنظمة المبنية على الجدارة في تعزيز التقدم والشمول في المجتمع.

بدأت صحة عبد الرزاق في التدهور؛ وهو ما أدى إلى قضائه فترة من المرض والإرهاق الشديد. وقد استدعت هذا التراجع في حالته الصحية إلى عملية جراحية حرجة في الولايات المتحدة. من مارس إلى أكتوبر ١٩٦٣، قضى عبد الرزاق سبعة أشهر في الولايات المتحدة وأوروبا للتعافي من الجراحة. وإدراكًا منه للضغط الذي تفرضه صحته على قدرته على أداء واجباته، قدم استقالته من وظيفته الوزارية. ولكن قوبلت محاولته التنحي بمقاومة ورفض من رئيس الوزراء عبد الرشيد، الذي قدر مساهمات وقيادة عبد الرزاق.

الثقافة السياسية لعبد الرزاق كرئيس للوزراء (١٩٦٤ -١٩٦٧)

كانت رحلة عبد الرزاق من راعٍ للإبل في سنواته الأولى إلى أن أصبح شخصية ناجحة صنع نفسه بنفسه، رحلة استثنائية تستحق التقدير. ومع ذلك، كان صعوده محطمًا بسبب سمعته بالعداء تجاه الخصوم والمرونة الملحوظة في نهجه. وقام الرئيس بتدوين أفكاره المعقدة حول شخصية عبد الرزاق في مذكراته، ونقل السيد ترونجي:

> "لقد أعجبت دائمًا بعبدالرزاق حاج حسين، حتى لو كنت أعلم بأنه يشعر بالانتقام تجاه أولئك الذين يعتبرهم أعداء له".[٤٢٠] وعندما استفاد الرئيس من تقييمه لعبدالرزاق، فإن إدخاله إلى المذكرات من نوفمبر ١٩٦٣ أظهر فهمًا أعمق لقدراته. "هذا الزميل (عبد الرزاق) لديه مواصفات الدولة. يجب أن

٤٢٠- Trunji, President Adan Abdulle, 100.

أُرشحه رئيسًا للوزراء في المرة القادمة. إنه مليء بالطاقة، وهو شخص صادق. نقطة ضعفه هي عناده وميله إلى شيطنة خصومه السياسيين".[٤٢١]

في هذه الانعكاسات الصادقة، كافح الرئيس مع تعقيدات عبد الرزاق، معترفًا بإمكانياته في القيادة والتحديات الكامنة في شخصيته. وفي هذا يطرح محمد ترونجي- وهو مؤرخ صومالي بارز وشاهد على هذه الفترة- يطرح سؤالاً مربكًا: لماذا ترشح الرئيس آدم عبد الرزاق، على الرغم من معرفته بنقاط الضعف العديدة له؟

ويقدم الجواب التالي بأسلوب طويل ومستفيض:

"تم اختياره بسبب شخصيته ونهجه في إدارة شؤون الدولة، الذي ميزه عن سلفه، الذين كانوا يُتهمون في كثير من الأحيان بالتسامح، أو على الأقل عدم قدرتهم على التعامل مع الفساد على المستويات العليا، وتسيير الإدارة السيئة. وتم اختياره لأنه جعل مكافحة الفساد محورًا رئيسيًا لفترة ولايته في المنصب. وفي الواقع، كانت أولى خطواته طلبه من أعضاء حكومته أن يوقعوا على اتفاقية عدم المشاركة في أي أنشطة مهنية، أو تجارية، أو صناعية، أو مالية في أثناء فترة عملهم في المكتب. وكان معظم الطبقة السياسية الصومالية معروف بالفساد، وكانت متمسكة فقط بالوضع القائم ومقاومة أي إصلاحات وابتكارات يمكن أن تؤثر على مواقعهم. على عكس اللصوص غير المتورعين، تألق رئيس الوزراء المعين كمنارة للنزاهة والاستقامة. رأى خصومه فيه تهديدًا لمصالحهم التجارية الغامضة، وخشوا أن يقوضها[٤٢٢].

من جهة أخرى، أبدى سمتر في إجابته سبب اختيار الرئيس آدم عبد الرزاق لمنصب رئيس الوزراء، وركز على أداء عبد الرزاق خلال فترت عمله وزيرًا للداخلية والأشغال العامة، فكتب موضحًا:

"كان عبد الرزاق ينتمي إلى فصيلة مختلفة من السياسيين. وكان يتمتع بمراقبة ذاتية حازمة في فترة شهر العسل للدولة الجديدة. وعندما كان الغش غير قانوني واسع الانتشار؛ كان دقيقًا نحو المكتب والأخلاقيات لموظفيه؛ وكان إعجابه بالموظفين الأكْفاء ودعمهم الفعلي- كثير منهم من الشمال- يشهد على سمعته الوطنية المتزايدة كفرد فريد من نوعه. ولقد امتدت رؤية عبد الرزاق،

٤٢١- Ibid.

٤٢٢- Trunji, President Adan Abdulle, 101.

وقبلها بما يقرب من ثلاثة عقود، لما الآن كحل وحيد لمشاكل إفريقيا؛ ألا وهو الحكم الرشيد"[٤٢٣].

ولقد أثار قرار الرئيس بترشيح عبد الرزاق بدلاً من عبد الرشيد، الذي أوصت به اللجنة المركزية للحزب رابطة الشباب الصومالي- أثار صدًى كزلزال سياسي داخل نفوس النظام. وأحدث اهتزازات في أروقة السلطة، وأثار عاصفة من التكهنات والنقاش بين السياسيين والمواطنين على حد سواء. وشكك الكثيرون في دوافع هذه الخطوة الجريئة والمفاجئة، بينما صارع آخرون مع تداعياتها على اتجاه مستقبل البلاد. وتم التقاط البيئة السياسية لترشيحه بشكل أفضل في تقرير إفريقي.

> "تميز عبدالرزاق حسين بأنه قائد متعقل وعادل ومنير، كما لاحظ كثيرون. ويقول أصدقاؤه إنه صارم، ويقول أعداؤه إن لديه مقومات طاغية. ولا أحد يشك في شجاعته، ولا في الدافع للعمل ١٨ ساعة يوميًّا، على حساب صحته، حتى بعد عملية جراحية خطيرة في مستشفى والتر ريد في واشنطن العاصمة"[٤٢٤].

وشكل عبد الرزاق حكومة تكنوقراطية؛ حيث أعطى الأولوية للخبرة على اعتبارات العشيرة. ومع ذلك، وخلال التصويت الحاسم للثقة، واجهت الحكومة الهزيمة بصوت واحد؛ وهو ما تسبب في غياب اثنين من أعضاء البرلمان في مجلس الوزراء.[٤٢٥] وردًّا على ذلك، وفي حالة من الإحباط الواضح، أعاد الرئيس بإصرار عبد الرزاق، متحديًّا البرلمان الذي عارض قراره. هذا الوضع الطريف أبرز فجوة أعمق داخل السياسة الصومالية، متسببًا في مواجهة بين أفراد تطلعوا إلى الإصلاح وآخرين يدفعهم الطموح الشخصي والسعي وراء السلطة، هؤلاء الذين كانوا يستغلون انتماءات العشائر لتعزيز أجنداتهم. ومع تصاعد التوترات، تأملت الرئاسة في خطوة جذرية لحل البرلمان؛ وهو ما أثار الخوف بين أعضائه. وفي النهاية، وبعد مفاوضات وتداولات مكثفة، حصلت الحكومة على الموافقة؛ وهو ما يمثل لحظة حاسمة من المصالحة. ومع ذلك، بقيت الانقسامات والصراعات الكامنة في المشهد السياسي، مذكرة بالتحديات الكامنة في توجيه المناظر الاجتماعية والسياسية المعقدة للصومال.

٤٢٣- Samatar, Africa's First Democrats, 136.

٤٢٤- Samatar, Africa's First Democrats 137.

٤٢٥- Ibid., 141.

شمل البرنامج الأساسي للحكومة نهجًا متعدد الجوانب لصياغة السياسات الداخلية والخارجية. التزمت بسياسة عدم الانحياز في الشؤون الخارجية، وتعزيز المؤسسات الديمقراطية، وتطهير الإدارة العامة، ومكافحة الفساد والانحلال الأخلاقي داخل صفوف الحكومة، بالإضافة إلى تعزيز ونشر المبادئ الإسلامية، مع التأكيد على الالتزام والاحترام ونشر القيم الإسلامية. وقد ودُعِيَ هذا النظام بـ "الحكومة الكفؤة والأخلاقية" (كارتي وهوفنان)، وهذا اللقب يجسد سمعة الإدارة للكفاءة والنزاهة والاستقامة الأخلاقية[٤٢٦]. وبعد إقرار الأطر القانونية والإجرائية، استهدفت المبادرة الإصلاحية الأولى- كمثال على ثقافة حكم عبد الرزاق- إعادة هيكلة ٤٥٠ وظيفة كبيرة ومتوسطة في الخدمة المدنية. وخلفت إصلاحات حكومة عبد الرزاق أثرًا باقيًا، ولاسيما من خلال إدخال "بوستا روسا"، المعروفة شعبيًّا بسياسة "ورقة الفص الوردي".[٤٢٧] وكانت هذه المبادرة تهدف إلى تبسيط وتحديث الخدمة المدنية من خلال تقييم أداء الموظفين بشكل صارم. وبموجب هذه السياسة، تم تقييم الموظفين الحكوميين بمساعدة لجنة من الأمم المتحدة؛ وهو ما ضمن عملية تقييم عادلة وشفافة. وأصبحت "بوستا روسا" مرادفة لجهود الإصلاح التي رأسها عبد الرزاق، ممثلة الضرورة والتحدي في إعادة هيكلة إطار البيروقراطية في الصومال.

بقيادة رئيس الوزراء، تهدف هذه الخطوة الحاسمة إلى تعزيز الكفاءة والجدارة في الخدمة المدنية. ومع أنه تُحسب له جرأته وحزمه في الإصلاح، إلا أن الإصلاح أثار ردود فعل معارضة وغاضبة. ودون أن يتأثر بالانتقادات المتزايدة، ظل رئيس الوزراء على عزمه وثقته، مع الحفاظ على تحقيق العدالة والاستقامة رغم كل الانتقادات. وأدى تفانيه الثابت في المرجعية والنزاهة إلى جعله غير معرض لاتهامات العنصرية والفساد. وفي الواقع، كان تفاني عبد الرزاق في الحكم الرشيد وممارساته العادلة يمثل حالة خاصة في ثقافة النخبة السياسية التي تعاني من التمويل والرشاوي. وقد أكسبه رفضه المساومة على مبادئه في سبيل الاستفادة السياسية- أكسبه الاحترام والكراهية بنسب متساوية. ومع ذلك، فإن الالتزام الشديد ببوصلته الأخلاقية قوّى سمعته كرجل دولة متمكن، بل إن عبد الرزاق لم يخش خسارة وظيفته. وكتب الرئيس آدم في سجله: "لا يمكن أن يُحصل على الصلابة إلا من لا يخاف من فقدان مناصبه"[٤٢٨].

وتُظهر أربع حلقات شهادة على الثقافة السياسية لعبد الرزاق؛ حيث إنه لم يكن طامعًا في السلطة.

٤٢٦- Ibid.,145. Abdirizak, a Political Memoir, 201.

٤٢٧- Ibid., 204.

٤٢٨- Samatar, Africa's first democrats, 168.

الحلقة الأولى تجلى في استقالة عبد الرزاق من منصبه كرئيس لرابطة الشباب الصومالي في عام ١٩٥٦. جاءت هذه الاستقالة كرد فعل مباشر على شعوره المتزايد بخيبة الأمل من أداء اللجنة المركزية للحزب وسلوك الحكومة التي كانت تحت قيادة الرابطة. وقد عكست استقالته بوضوح حجم التصدع المتنامي داخل الحزب، وأبرزت عدم رضاه عن مسار القيادة، وطريقة اتخاذ القرارات، وعجزها عن التصدي للتحديات الجوهرية التي كانت تواجه البلاد آنذاك. لم تكن هذه الخطوة مجرد فعل رمزي، بل شكلت نقطة تحول محورية كشفت عن الانقسامات العميقة داخل الرابطة، التي كانت في السابق تمثل العمود الفقري لحركة الاستقلال الصومالية. وقد مثّلت تلك اللحظة محطة فارقة في المسار السياسي للحزب، مسلطةً الضوء على مدى تعقيد العملية السياسية وصعوبة إدارة شؤون الحكم في مرحلة الانتقال نحو الاستقلال.

الحلقة الثانية: رده عندما عرض عليه الرئيس آدم دور رئيس الوزراء، وتوصيته لمحمد إبراهيم عغال بالانضمام إلى حزب رابطة الشباب الصومالي إذا كان مهتمًا بأن يصبح رئيس الوزراء بعد انتهاء الفترة. وبدلاً من اغتنام الفرصة للتقدم الشخصي بطموح غير محدد، كان رد عبد الرزاق على اقتراح الرئيس متزنًا ومتأملاً. عندما دُعي عبد الرزاق لتولي منصب رئيس الوزراء، لم يتردد في مواجهة الرئيس بواقعه الصحي وسمعته السيئة التي اكتسبها خلال فترة ولايته كوزير للداخلية. ورغم تحفظاته، حثّ عبد الرزاق الرئيس على إعادة النظر في تعيين عبد الرشيد كرئيس للوزراء. وبدلاً من ذلك، رفض عبد الرزاق العرض بأدب، مشيرًا إلى مخاوفه، وربما مستشعرًا التحديات الجسيمة المقبلة. ومع ذلك، أصر الرئيس على موقفه؛ وهو ما يدل على إيمانه الثابت بقدرة عبد الرزاق على القيادة. الجنرال محمد أبشير، الذي ربما أرسله الرئيس لإقناع عبد الرزاق بتغيير قراره، ونجح في إقناع عبد الرزاق بقبول الترشيح.

الحلقة الثالثة: توضيح مؤثر آخر لعدم اهتمام عبد الرزاق بالسعي وراء السلطة لذاتها، والذي تكشف خلال مرحلة سياسية مهمة. فبعد هزيمة محمد إبراهيم عغال في محاولته للفوز بمنصب رئيس البرلمان، وجه عبد الرزاق دعوة غير متوقعة لتناول العشاء. وخلال تناول الطعام، أوضح عبد الرزاق موقفه بشكل لا لبس فيه: لم يكن يطمح لدور رئيس الوزراء بعد انتهاء فترة ولايته. وبدلاً من ذلك، قدم نصيحة حكيمة لمحمد إبراهيم عغال مقترحًا الانضمام إلى حزب رابطة الشباب الصومالية إذا كان لديه طموحات سياسية. حينئذٍ أدرك عغال حكمة عبد الرزاق، وقبل الدعوة للانضمام إلى حزب رابطة الشباب الصومالية، وهو قرار تم تسهيله بواسطة توصية عبد الرزاق. هذا التصرف أكد على تواضع عبد الرزاق وعدم طموحه الشخصي، وسلط الضوء على ميله لتعزيز التحالفات السياسية بناءً على القيم والأهداف المشتركة. ويمكن أن يظهر هذا أيضًا إدراكه للتظلمات بين السياسيين الشماليين، ونيته تعزيز الوحدة من خلال الدعوة إلى أن يأتي رئيس الوزراء القادم من دائرة الشمال.

الحلقة الربعة: **كانت** شهادة أخرى قوية على نفور عبد الرزاق من السعي للسلطة من أجل السلطة، والتي برزت عندما استقال من منصب رئيس الوزراء. هذه الخطوة الجريئة جاءت ردًّا على رفض البرلمان لمشروعين حكوميين يبدو أنهما ثانويان، وهو قرار أكد التزام عبد الرزاق بالمبادئ على حساب المكاسب السياسية.[٤٢٩] ومن بين القوانين التي تم رفضها كانت تشريعات أساسية، بما في ذلك القانون المدني، وقانون الإجراءات المدنية، وقانون الصحة، وقانون الملاحة، وقانون دمج العمل، وقانون الإجراءات الجنائية، وقانون المرور. وعلى الرغم من أهميتها، أدى رفض البرلمان لمشروعين إلى اتخاذ عبد الرزاق قرارًا حاسمًا. وفي عرض للوحدة والتضامن، طلب الرئيس من عبد الرزاق إعادة النظر في استقالته، مدركًا أن رحيله سيزيد من الاضطرابات السياسية. وقد توصلا إلى توافق معًا، وهو: أن يطلب عبد الرزاق بدلاً من ذلك تصويتًا بالثقة من البرلمان، مؤكدًا شرعية الحكومة. وقد أثبت التصويت اللاحق على الثقة أنه محوري؛ حيث أكد على صمود الحكومة أمام الشدائد.[٤٣٠] ورغم مواجهة المعارضة من داخل صفوفها؛ حيث صوت ١٣ عضوًا من الشباب الصومالي ضد حكومتهم، فإن إدارة الرابطة خرجت في النهاية منتصرة؛ وهو ما أدى إلى تأمين ثقة البرلمان وإعادة تأكيد تفويضها للحكم.

الشكل ١٧: أربع مواقف تظهر أن عبد الرزاق لم يكن متعطشًا للسلطة

٤٢٩- Trunji, President Adan Abdulle,112
٤٣٠- Ibid., 116.

الثقافة السياسية لعبد الرزاق كمعارض بعد انتخابات ١٩٦٧

بعد الانتقال السلمي للسلطة إلى الرئيس المنتخب حديثًا، عبد الرشيد، وتعيين محمد إبراهيم عغال رئيسًا للوزراء، كان عبد الرزاق أمينًا عامًّا لحزب رابطة الشباب الصومالية الحاكم. وبدلاً من التركيز على الوحدة الوطنية واستيعاب عبد الرزاق، وضع قادة النظام الجديد خطة لإقالته من منصبه كأمين عام لحزب رابطة الشباب الصومالية وإعادة هيكلة سياسة مكافحة الفساد الخاصة به. كجزء من هذه الاستراتيجية، اقترح رئيس الوزراء محمد إبراهيم عغال، الذي كان يسعى جاهدًا لتعزيز سلطته، المبادرة بفتح أبواب حزب رابطة الشباب الصومالية أمام أي عضو في البرلمان مستعد للانضمام؛ وهو ما فتح الطريق لنظام حزبي واحد (حزب رابطة الشباب الصومالية ١٠٣ برلمانيين منهم ١٢٣). وعلى الرغم من تردده، اعترف عبد الرزاق بالخطة وراء اقتراح عغال، خاصةً في ظل طبيعة الأعضاء المتقلبة في اللجنة المركزية لرابطة الشباب الصومالية. وعلى الرغم من تحفظاته، وافق عبد الرزاق على خطة عغال. وأشاد الرئيس آدم، الذي أدرك توجه عبد الرزاق الحذر، بتنبُّهه وحكمته في التعامل مع هذا التطور السياسي الحساس. وفي يومياته الخاصة، ركز الرئيس على حكمة عبد الرزاق، مدركًا صعوبة الوضع وضرورة التكيف لضمان الاستقرار والوحدة داخل الحكومة. "مهما كان السبب، أرفع قبعتي لعبد الرزاق الذي أثبت جدارته يومًا بعد يوم. من المؤسف أن قليلين هم من أدركوا صفاته"[٤٣١].

وقدم محمد إبراهيم عغال حكومته وبرنامجها إلى البرلمان، وحظي بدعم كبير من أعضاء حزب رابطة الشباب الصومالية. وعلى الرغم من هذا الدعم الهائل، واجهت الحكومة صوتًا معارضًا بارزًا: عبد الرزاق حسين، الأمين العام لحزب رابطة الشباب الصومالية.[٤٣٢] وفي الوقت الذي وافق فيه معظم أعضاء البرلمان على إدارة عغال، وقف عبد الرزاق وحيدًا في المعارضة. وقد أثار قراره بعدم الدعم تكهنات داخل الأوساط السياسية؛ وهو ما دفع إلى طرح أسئلة حول دوافع رفضه. واعتبرها البعض من المبدئية، التي تعكس التزام عبد الرزاق بالمساءلة والشفافية. وتكهن البعض الآخر بوجود توترات أو اختلافات كامنة داخل النخبة الحاكمة. ورفض عبد الرزاق دعم الحكومة، وهذا يعد أبرز تعقيدات الديناميات الداخلية داخل حزب رابطة الشباب الصومالية. وأشار عبد الرزاق إلى التشققات المحتملة داخل قيادته. وفي محاولاتهم للسيطرة على حزب رابطة الشباب الصومالية، خطط الرئيس عبد الرشيد، ورئيس الوزراء عغال، ووزير الداخلية ياسين لإزالة عبد الرزاق من أمانة الحزب. وعلى الرغم من عدم راحتهم لدوره المستمر،

٤٣١- Samatar, Africa's First Democrats, 189.

٤٣٢- Abdirizak, a Political Memoir, 289.

واجهوا قيودًا قانونية تمنع إزالته الفورية حتى انعقاد الكونغرس القادم للحزب. ونتيجة استيائهم من هذه العقبة، لجأوا إلى محاولات لتشويه سمعة عبد الرزاق، ومع ذلك لم تؤد محاولاتهم إلى نجاح. ولقد أدرك عبد الرزاق تدريجيًّا أن الحزب الذي كرّس له ولاءه طوال حياته أصبح مهددًا تحت النظام الجديد الناشئ. وبمواجهة هذه الحقيقة الصارخة، استقال من الحزب بعد شهرين من الصراع مع قادة الحكومة الجديدة. انتُخب محمد إبراهيم عغال، الذي انضم إلى رابطة الشباب الصومالي عام ١٩٦٦، أمينًا عامًا للحزب. وهذا مؤشر على تغيير شامل في إجراءات الحزب وفلسفته الأساسية، مما أدى إلى استقالة العديد من أعضائه المؤسسين.

وكانت الاستقالة نقطة تحول مهمة بالنسبة لعبد الرزاق؛ وهو ما منحه فرصة للاستراحة من المعارك السياسية اللاجئة فيه. واستغل الفرصة للتأمل والتجديد، وشرع في رحلة حج عبر السودان قبل الانطلاق إلى وجهات، مثل لبنان والقاهرة وروما. والتقى مع الرئيس آدام في روما، ووضعوا معًا خططًا لجولة عبر أوروبا. قاموا بجولة في بلجيكا وهولندا، والدنمارك، والنرويج، والسويد.[٤٣٣] وأسس عبد الرزاق حزبًا سياسيًّا جديدًا، وهو حزب العمل الديمقراطي، وقد جمع دعمًا من حلفائه وأصدقائه الموثوق بهم. بشّر ميلاد حزب العمل الديمقراطي بظهور قوة معارضة جبارة، مستعدة لتحدي الوضع الراهن بالتزامها بالشفافية والمساءلة. وتمحورت استراتيجية الحزب حول برامجه الأسبوعية، المصممة بدقة لتدقيق سياسات الحكومة ونقدها، والتي كانت بمثابة منصة لتضخيم خطابات عبد الرزاق الحماسية التي لاقت صدىً واسعًا لدى الجماهير. هذه الخطب المثيرة للعواطف دفعت الرأي العام لتمني التغيير والإصلاح. ومع ذلك، وفي حين أن الحكومة كانت تعزز قبضتها على السلطة، لم تدخر جهدًا في ضمان استمرارية هيمنتها، حتى على حساب المبادئ الديمقراطية. وباستخدام الإجراءات والسياسات القانونية لصالحها، قام النظام بحملة منظمة لتزوير الانتخابات عام ١٩٦٩، ولم يترك مجالاً للمعارضة. وفي مارس ١٩٦٩، شارك أكثر من ١٠٠٠ مرشح من ٦٤ حزبًا (غالبًا مستندة إلى العشائر) في سباق على ١٢٣ مقعدًا في البرلمان الوطني. وبعد انتخابات مضطربة، انضم جميع أعضاء البرلمان إلى حزب رابطة الشباب الصومالية، الذي أصبح أكثر دكتاتورية. وعلى الرغم من العقبات الجسيمة التي تواجههم، حقق حزب العمل الديمقراطي ثلاثة مقاعد في البرلمان الجديد. وفي حين أن معظم النواب المنتخبين استسلموا لجاذبية حزب رابطة الشباب الصومالية الحاكم، ظل عبد الرزاق مواليًا بحزم لمبادئ المعارضة، ووقف بثبات كصوت معارض وحيد في بحر من الانسجام.

٤٣٣- Ibid., 267-270.

يمكن تلخيص ثقافة عبد الرزاق السياسية في النقاط الثمانية الآتية:

- إحساس عميق بالانضباط الذاتي يوجهه بإصرار لا يتزعزع.

- التفاني المخلص في العمل، سعيًا باستمرار نحو التميز.

- الشجاعة في مواجهة الإذلال، متقدمًا بجرأة نحو العدالة والإنصاف.

- التزام بالمبادئ والقيم والنزاهة الأخلاقية فوق السلطة.

- التفاني في تحقيق الاستحقاق، والشفافية، والمساءلة.

- المعارض اللدود للفساد كسرطان اجتماعي يفتت الثقة.

- الولاء للإسلام، وممارسة العدالة والقيم الأخلاقية.

- المعارض اللدود للعصبية والمحسوبية في الشؤون العامة.

الشكل ١٨: ملخص الثقافة السياسية لعبد الرزاق

العوامل التي شكلت الثقافة السياسية لعبد الرزاق

بعد إلقاء الضوء على ثقافة عبد الرزاق السياسية، يصبح من الضروري تحليل العوامل التي أثرت على تطور هذه الثقافة السياسية. ويتطلب هذا التحليل استكشاف سنواته الأولى والجهود اللاحقة في المجال السياسي. وتتطلب دراسة ثقافة عبد الرزاق السياسية التحقيق الدقيق في العوامل التي ساهمت في تشكيلها. وتبرز خمس تأثيرات رئيسية كمفتاح في تشكيل شخصيته وأخلاقياته، وتشمل خلفيته العائلية المميزة بأهميتها في تشكيل رؤيته للعالم، وإيمانه الإسلامي المتجسد، والالتزام بقيمه، التي وجهت بعمق أيضًا مبادئه وأفعاله. وكانت معارضته الشديدة للاستعمار وحماسه القومي من العوامل الدافعة وراء جهوده السياسية. بالإضافة إلى ذلك، أدى تدريبه العسكري إلى تزوده بالانضباط الضروري لقيادته. وأخيرًا، كان لشغفه بالأدب وولعه بالقراءة دور كبير في إثراء فهمه للعالم وأشكال وجهات نظره السياسية. وتقدم هذه العوامل رؤى في نسيج الأثر الدقيق الذي شكل ثقافة عبد الرزاق السياسية.

العامل الأول الذي شكل ثقافة عبد الرزاق السياسية جذوره العميقة في خلفيته العائلية وتربيته، مشكّلاً من خلال التقاليد الغنية والقيم التي انتقلت عبر الأجيال، فقد وُلد عبد الرزاق في عائلة كبيرة؛ حيث كان لأبيه موقع مرموق كشيخ بقبيلته، وكان محاطًا بشبكة داعمة من الأقارب. وفي مذكراته السياسية، كتب عبد الرزاق: "حدثان رئيسيان أثرا في

حياتي لاحقًا: الأول بيئتي الرحّالة، والثاني خلفيتي العائلية".[٤٣٤] وعلى الرغم من مواجهته لفقدان والديه في سن صغيرة، بقيت روابط القرابة غير قابلة للكسر؛ وهو ما منحه الصمود والقوة في مواجهة الصعاب. وينتمي عبد الرزاق إلى منطقة مدغ الوعرة، المعروفة بنزاعاتها حول الموارد؛ حيث يجسد روح الشعب الرحالة المتينة. وأوجدت تربيته فيه شعورًا عميقًا بالفخر والإصرار المستمد من فضائل أسلافه. ولتوغله في تقاليد الرحّالة، نجده يقدر الثبات والصدق. نقل إرثه الرحالة إليه تقديرًا عميقًا للصمود والنزاهة، والصفات الأساسية للبقاء والازدهار في بيئات متغيرة باستمرار. إن النزاهة والصدق جزء لا يتجزأ من شخصيته؛ وهو ما يعكس التزامه الثابت بتراثه ومبادئه. لذا، تشكّلت ثقافة عبد الرزاق السياسية من خلال الصمود والكرامة والنزاهة المتوارثة في تربيته العائلية وإرثه الرحّال. هذه القيم توجه جهوده السياسية، مرسخًا التزامه بالحقيقة والنزاهة.

العامل الثاني الذي شكّل ثقافة عبد الرزاق هو إيمانه العميق بالقيم الإسلامية والالتزام الثابت بها، والتي أثرت بشكل كبير على هويته الثقافية. فقد نشأ في عائلة متدينة؛ حيث غمر نفسه بتعاليم الإسلام منذ صغره؛ حيث التحق بالمدارس القرآنية، وحفظ جزءًا كبيرًا من القرآن.[٤٣٥] وأدى حبه للمعرفة إلى دراسته تحت إشراف علماء مرموقين، مثل الشيخ محمد عيسى والشيخ الأزهري، ممن أثروا بشكل عميق على رؤيته للعالم. ومستوحيًا من تأخر المسلمين في التقدم، استقرأ عبد الرزاق الفكر الإسلامي ودراسات اللغة العربية؛ وهو ما أثر بشكل كبير في فهمه.[٤٣٦] وخلال قضائه فترة في ديري داوا، زادت معرفته تحت إشراف الشيخ الأزهري، موسّعًا فهمه للمبادئ الإسلامية وتفاصيل اللغة العربية.[٤٣٧] ولقد فتح له هذا الاجتهاد أبوابًا؛ وهو ما مكنه من القيام بأدوار مهمة في العمل مع السفير المصري كمال الدين صالح في مقديشو. ولم يكن التزام عبد الرزاق بالإسلام مجرد نظريات، بل كان قوة موجهة في حياته، شكلت شخصيته وأفعاله. وتحولت قيم مثل الشجاعة والحقيقة والعدل والاستهجان للفساد إلى جزء لا يتجزأ من حياته اليومية.[٤٣٨] وانعكست هذه الالتزامات بوضوح في مبادراته البرلمانية في عام ١٩٦٤؛ حيث أكد على "الالتزام والاحترام ونشر

٤٣٤- Abdirizak Haji Hussein, My Role in the Foundation of a Nation-State: A Political Memoir, edited by Abdislan Issa-Salwe (African World Press, 2017), 1.

٤٣٥- The Quranic teacher of Abdirizak was Moallim Abdille Mohamed Ahmed (Dhalawayne) from Haradheere town. Abdirizak, a Political Memoir, 13. Also, Samatar, Africa's First Democrats, 30

٤٣٦- Samatar, Africa's First Democrats, 30.

٤٣٧- Ibid., 36

٤٣٨- Ibid., 54.

مبادئ الإسلام"، و"تحسين إدارة الحكومة العامة" كأهداف حرجة.[٤٣٩] وبشكل عام، غمر إخلاص عبد الرزاق العميق للإسلام كل جانب من جوانب حياته؛ كونه شكل هويته الثقافية ووجّه تفاعلاته مع المجتمع.

العامل الثالث هو كراهية عبد الرزاق للاستعمار، وحماسه القومي، وهاتين حلقتين من الالتزام الدائم لعبد الرزاق بمقاومة الإذلال والدفاع عن كرامته. لقد عارض عبد الرزاق بقوة التحيز العنصري الذي أظهره ضباط الاستعمار الذين التقى بهم أثناء خدمته، رافضًا تحمل إحساسهم بالتفوق. وتصدى لهم بجرأة، لاجئًا في كثير من الأحيان إلى التحديات المباشرة، وأحيانًا التفكير في الرد بالعنف. وينشأ الحدث الأول من مواجهات عبد الرزاق في قلافو؛ حيث خدم إلى جانب الكابتن البريطاني في سرب الإشارة للمهمة، الذي لم تنجح محاولاته لإهانته وفساده. واستمرار الروح الثابتة لعبد الرزاق، وعلى الرغم من أنه قدم تضحياته للدفاع عن مبادئه وكرامته، وحكمه في السجن على مدى ٢٠ عامًا.[٤٤٠] وفي الحدث الثاني، وهو العمل في مكتب البريد في بيدوا، واجه عبد الرزاق التمييز من المسؤولين الإيطاليين الذين أمروا بالقضاء على أعضاء رابطة الشباب الصومالية. ورغم محاولات السلطات الإيطالية لتقويضه، واجه عبد الرزاق الظلم ورفض الاستسلام لتكتيكات الترهيب. وتعرض للاعتقال والتعذيب، وتدهورت صحته إلى أن تدخل مفتش الشرطة الصومالي، داود عبدله حرسي؛ لتقديم العلاج الطبي. وبعد تسعة أشهر مؤلمة، خرج عبد الرزاق كرمز للصمود والالتزام الثابت بالعدالة[٤٤١].

العامل الرابع هو تدريبه العسكري؛ حيث خضع عبد الرزاق لستة أشهر من التدريب العسكري الشاق، غمر نفسه بثقافة تجسدت في قيم مثل الولاء والواجب والاحترام والخدمة النبيلة والشرف والنزاهة والشجاعة الشخصية.[٤٤٢] هذه المبادئ شكلت أساس الأخلاق العسكرية؛ وهو ما أدى إلى تعزيز معاني التفاني والمسؤولية التي تتجاوز مجرد التدريب. ولقد وفرت بيئة الجيش لعبد الرزاق تطويرًا فريدًا شخصيًّا ومهنيًّا. علاوة على ذلك، كان من الواضح أن الخدمة النبيلة والشجاعة الشخصية التي تمت غرسها داخل الساحة العسكرية تركت بلا شك بصمة لا تمحى على شخصية عبد الرزاق. هذه القيم رسخت شعورًا بالواجب، ليس فقط تجاه زملائه الجنود، ولكن أيضًا تجاه مجتمعه ووطنه؛ وهو ما شكّل نظرته وأوجه

٤٣٩- See the summary of Abdirizak's government program, which consists of 10 main points. See Samatar, Africa's First Democrats, 144.

٤٤٠- Abdirizak, a Political Memoir, 31-46. Also, Samatar, Africa's First Democrats,33-35.

٤٤١- Samatar, Africa's First Democrats, 52-53.

٤٤٢- Abdirizak, a Political Memoir, 28.

أفعاله بعد انتهاء تدريبه بفترة طويلة. علاوة على ذلك، وعلى الأرجح أدت تفاعلات عبد الرزاق مع الضباط البريطانيين خلال خدمته العسكرية إلى تعريضه لثقافة عمل مختلفة تأثرت بالتقاليد والممارسات العسكرية البريطانية. هذا التعرض قدم له رؤى قيمة حول قيادة بديلة. وبشكل عام، فإن التدريب العسكري لعبد الرزاق كان له دور عظيم في تطوير أخلاق عمله وانضباطه، ووضع الأساس لجهوده المستقبلية، وغرس قيم الخدمة والنزاهة والشجاعة التي حددت مساره المستقبلي.

العامل الخامس هو شغفه الثابت بالغوص في الأعمال الأدبية الواسعة. فقد كان عبد الرزاق ملتزمًا بشدة بالتعليم الذاتي، وصنع مشهدًا فكريًّا غنيًّا من خلال القراءة المستفيضة في الكتب والمجلات التي تغطي الشؤون العالمية. وسهل تفانيه عملية إجادة عدة لغات، بما في ذلك العربية والإنجليزية والإيطالية؛ وهو ما زاد من فهمه للجغرافيا السياسية في القرن الإفريقي وما بعده.[٤٤٣] وغوصًا في تفاصيل الدول غير المتحالفة وتحليل مآرب الاستعمار الغربي الجديد، سعى عبد الرزاق سعيًا فكريًا دؤوبًا جعله على دراية دقيقة بالديناميكيات الدولية. فبينما كان يسعى في دراساته العلمية، وجد عبد الرزاق تأثيرًا في المثل الأعلى للقومية العربية، مستفيدًا من صراعات القادة الذين قادوا تحرير دولهم. أدى هذا التأثير إلى توجيه عبد الرزاق السياسي بإضافة معنى لرحلته من خلال طريق بلاده الصومال. وهكذا، كان الفضول الفكري لعبد الرزاق الذي يتناول دوره كقائد أخلاقي، الذي يقوده التزام حقيقي لتحرير بلاده من التأثيرات الخارجية ورسم مسار نحو الاعتماد على الذات والتمكين

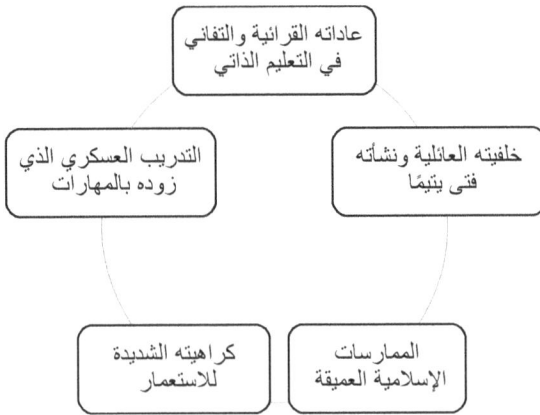

الشكل ١٩: العوامل الخمسة التي شكّلت الثقافة السياسية لعبد الرزاق

٤٤٣- Abdirizak was self-educated and fluent in Arabic, English, Italian, and his native Somali language. He enjoyed reading books while in the Turboclousis Hospital in Mogadishu. See Abdirizak, a Political memoir, 93.

الخاتمة

يتجذر الإرث السياسي المستمر لعبد الرزاق حاج حسين في عقود من الالتزام الثابت بتحرير الصومال والحركة القومية. وتمتد مشاركته المستمرة في الشؤون السياسية عبر أدوار حيوية داخل الرابطة الشباب الصومالية؛ حيث شغل منصب رئيس الرابطة الشباب الصومالية في عام ١٩٥٦، ولعب دورًا مؤثرًا في تشكيل أجندة الحزب، واستقال عندما لم يتحمل التقسيمات الداخلية للحزب على خطوط العشائر. وخلال السنوات التالية، أظهر عبد الرزاق حاج حسين الالتزام الثابت بمبادئه، حتى عندما كان يتحدى الوضع الراهن داخل حزب الرابطة الشبابية الصومالية في ١٩٥٩ بعد تشكيل حكومة متوازنة بين العشائر. وتم اتهامه بالنقص في المهنية، وهو يعارض الحكومة بشجاعة. وقد تعزز موقفه كشخصية حاسمة في السياسة الصومالية من خلال صعوده إلى مناصب وزارية من ١٩٦٠ إلى ١٩٦٤؛ وهو ما منحه المنصة لإدخال إصلاحات معنوية في وزاراته، ومكافحة الفساد، وتعزيز الاستقلالية السياسية. وتكمن جهوده كرئيس الوزراء من ١٩٦٤ إلى ١٩٦٧ في ممارسة تأثير كبير؛ حيث قاد مسار الأمة بيد ثابتة وإصرار لا يتزعزع نحو الحكم الرشيد وإصلاح الثقافة السامة للسياسيين. وقد دعمه الرئيس آدم بقوة لما يرى فيه إصلاحيًّا جريئًا يحتاج إلى دفع الديمقراطية والتنمية والتآلف الاجتماعي في الأمة.

وعلى الرغم من ولائه العميق للرابطة الشباب الصومالية، فقد وصل في النهاية إلى مفترق طرق بعد أن أقنعته القيادات الجديدة التي ظهرت بعد الانتخابات عام ١٩٦٧ بعدم الراحة معه، وأجبرته على اتخاذ قرار صعب. وفي فعل غير مسبوق من المعارضة، استقال عبد الرزاق من الحزب الذي كرس له حياته، مدركًا أن الوسيلة لتحرير الصومال قد انحرفت عن المسار. وواصل معارضته بتأسيس حزبه الجديد، ليتحدى به النظام. ومثَّل رحيله تحولاً عميقًا في المشهد السياسي، مؤكدًا على الالتزام الثابت بالمبادئ فوق الولاء للحزب. ومن خلال نضاله اللامتناهي وقيادته المبنية على المبادئ، ترك عبد الرزاق بصمة لا تُنسى في السياسة الصومالية، ملهمًا الأجيال المستقبلية للالتزام بقيم النزاهة والصمود والتفاني الثابت في سعيهم نحو مستقبل أفضل للصومال.

صمد عبد الرزاق حاج حسين في السجن ثلاث مرات مختلفة على مدار حياته. كانت المرة الأولى تحت إدارة الجيش البريطاني أثناء عمله في قلافو؛ حيث تم احتجازه بأوامر من إدارة عسكرية بريطانية. وفي المرة الثانية تم سجنه في بيدوا خلال فترة الوصاية، تحت إدارة إيطالية جديدة كانت تهدف إلى تقليص دور رابطة الشباب الصومالية. أما المرة الثالثة والأخيرة فكانت سجنه تحت النظام العسكري الذي تولى السلطة في الصومال. وعلى الرغم من كل هذه التحديات، بقي عبد الرزاق شخصية ثابتة ومتمسكة في السياسة

الصومالية، مظهرًا التزامه الثابت بالمعتقدات القومية. وتابع عبد الرزاق حاج حسين خدمة بلاده كسفير صومالي لدى الأمم المتحدة في عام ١٩٧٤. ولعبت هذه الدورة الديبلوماسية دورًا كبيرًا في المساهمة في المناقشات الدولية وتمثيل الصومال على الصعيد العالمي. وبعد أن استقال من هذا الدور كسفير في عام ١٩٧٩، ظل حسين نشطًا في الجهود المبذولة لتعزيز المصالحة الصومالية والتوعية. واستمر تفانيه في السلام والوحدة في الصومال حتى وفاته في عام ٢٠١٤؛ وهو ما جعله شخصية حاسمة في تاريخ البلاد، ومدافعًا محترمًا عن رفاهية شعبه.

وتعتبر سيرة عبد الرزاق حاج حسين مصدر إلهام لأجيال جديدة من الصوماليين، مسلطة الضوء على قيم النزاهة والصمود والتفاني في الخدمة العامة. ويُعتبر عبد الرزاق أحد القادة الاستثنائيين في تاريخ الصومال، فهو رمز للأخلاق والحكم الرشيد. وتقدم حياته ومسيرته دروسًا قيمة في القيادة وأهمية الحفاظ على المبادئ الأخلاقية القوية في الحكومة، ملهمًا القادة المستقبليين للتمسك بهذه القيم في مساعيهم.

الفصل

٥

أسباب فشل وانهيار الدولة الصومالية: تحليل ثقافة النخبة السياسية

المقدمة

بعد حصول الصومال على استقلاله في عام ١٩٦٠، شهدت الحكومة المدنية الصومالية ظهور عدد قليل من القادة الاستثنائيين الذين برزوا في مواجهة الثقافة السياسية السائدة بين النخبة. وركزنا على ثلاثة من كبار القادة السياسيين الوطنيين: الرئيس آدم، ورئيس الوزراء عبد الرزاق، ورئيس الوزراء عبد الله عيسى. تتبعنا سيرهم الذاتية وثقافتهم السياسية في الفصول الثاني والثالث والرابع. وأظهرت هذه الحالات الفريدة انفصالاً عن الثقافة السياسية السائدة بين النخبة، والتي تميزت بالمصالح الذاتية الراسخة والصراعات على السلطة على أساس العشائر. إن فهم تطور هذه الثقافة السياسية للنخبة أمر بالغ الأهمية؛ حيث تدهورت تدريجيًّا على مر العقود؛ وهو ما أدى في النهاية إلى انهيار الدولة في عام ١٩٩١. وقد استمرت هذه الثقافة السلبية في تعزيز الممارسات الفاسدة والإقصائية بين النخبة الحاكمة. علاوة على ذلك، جعلت هذه الثقافة النخبوية الراسخة من الصعب استعادة الحكم الفعال وإعادة بناء شرعية الدولة منذ الانهيار.

يحتفل الصومال بالذكرى الرابعة والستين لاستقلاله؛ وهو ما يزال يكافح في سبيل التعافي من آثار انهيار الدولة وتبعات الحرب الأهلية الطويلة. وقد اعتمدت الدولة الصومالية التي قامت بعد المرحلة الاستعمارية شكلين من أنظمة إدارة الحكم: النظام الديمقراطي الليبرالي (١٩٦٠-١٩٦٩)، والحكم الديكتاتوري العسكري (١٩٦٩-١٩٩١). في فترة حكم هذين النظامين، بقيت النخب السياسية الحاكمة «بمنأى عن المجتمع»[٤٤٤]؛ ليتطور الأمر لاحقًا خلال الحكم العسكري إلى حالة «قيام حرب بين الحكومة وشعبها»[٤٤٥]، على أن العديد من العوامل، التي تراكمت على مدار ثلاثين سنة، أدت إلى انهيار الدولة، نذكر منها: الحرب مع إثيوبيا، والتدهور الاقتصادي، وانقسام النخب الحاكمة[٤٤٦]. وقد آل واقع الحال إلى اضطراب الأوضاع وانطلاق شرارة حرب أهلية مدمرة عملت على تغذية التطرف ودفع المكون التقليدي باتجاه التحول إلى العنف[٤٤٧].

من ناحية أخرى، تشكلت النخب السياسية الحاكمة التي ظهرت إثر انهيار الدولة عمومًا من أمراء الحرب وأتباعهم، وهي النخب السياسية الحاكمة التي تكرر فشلها في التوصل إلى توافقات جادة في المؤتمرات الاثني عشر التي عقدت بهدف التوصل إلى المصالحة[٤٤٨]. فظهر، بالتالي، النموذج الثالث من إدارة الحكم خلال مؤتمر السلام والمصالحة الذي عقد في جيبوتي عام ٢٠٠٠م، والذي عمل على إطلاق يد المجتمع المدني، وتحييد الفصائل المسلحة، وتبني صيغة ٤,٥ القبلية لتقاسم السلطة.[٤٤٩] وكانت النية من وراء طرح هذا النموذج الذي يدور في فلك القبائل هي التوصل إلى حل انتقالي

٤٤٤- Terrence Lyons and Ahmed Samatar, Somalia: State Collapse, Multilateral Intervention, and Strategies for Political Reconstruction (Brookings Occasional Papers, 1995), 8.

٤٤٥- African watch committee, 'Somalia: A Government at war with its own people' (Human Rights Watch; 1st Edition (June 1, 1990).

٤٤٦- Abdurahman Abdullahi, Making Sense of Somali History, Volume one (Adonis & Abbey, 2017), 196.

٤٤٧- للإرث الصومالي مرجعيّتان: القبيلة والإسلام. وتم استغلال كلا العنصرين لتعبئة الجماهير في أوقات الحرب والسلم.

٤٤٨- Interpeace, History of Mediation in Somalia since 1988. Research for Peace program.

متوافر على الموقع:

https://www.interpeace.org/wpcontent/uploads/2009/05/2009_Som_Interpeace_A_History_Of_Mediation_In_Somalila_Since_1988_EN.pdf

تم الدخول بتاريخ ٢٧ مايو ٢٠٢٠.

٤٤٩- اقتسام السلطة بين القبائل بموجب صيغة ٤,٥ تم تبنيه في مؤتمر المصالحة والسلم الصومالي الذي عُقد في جيبوتي عام ٢٠٠٠. ومنحت هذه الصيغة المقاعد البرلمانية بين القبائل الرئيسية الأربعة بالتساوي، والنصف المتبقي تم منحه للقبائل الأخرى الأصغر.

قصير المدى لحين استعادة النظام الديمقراطي. لكن هذا النموذج استعصى واستمر لمدة ربع قرن وتعاقبت بعده خمس حكومات منذ العام ٢٠٠٠. بدوره، فشل هذا النموذج في إيصال حكومة شرعية وفاعلة تتمتع بالقدرة على نشر سلطتها على كامل أراضيها"[٤٥٠]؛ فكان من آثاره السلبية أن ساندت النخب السياسية الحاكمة انتقالاً مناهضًا للديمقراطية، أفرز تراكم الثروة والهيمنة على النفوذ والسلطة من خلال هذا النظام القائم على المحاصصة القبلية"[٤٥١].

ولا يزال انهيار الدولة الصومالية منذ ثلاثين عامًا مضت أمرًا محيِّرًا، والأمر ذاته يمكن أن يقال بشأن الثلاثين سنة الأخرى التي سبقت وشهدت نجاحات قاصرة. وبالتالي، يناقض انهيار الدولة الفرضية التي طرحها العديد من الباحثين الأوائل في قضية التحديث، الذين أكدوا على أن جاهزية الصومال لبناء الدولة تتجاوز- في حينه- قدرة معظم البلدان الإفريقية على ذلك"[٤٥٢]. هذا، ويواصل الصومال "البحث عن دولة"، في استعارة لعنوان كتاب ألفه كل من سمتر (ratamaS) ولايتن(nitiaL)، وهو يتقلَّب تاريخيًّا بين ثلاثة أنظمة إدارة للحكم"[٤٥٣]. النظام الأول نظام برلماني مركزي، شهد قيام حكومات مدنية بعد الحقبة الاستعمارية طبقت الديمقراطية الليبرالية. لكن هذا النظام بات يتصدع تدريجيًّا نتيجة فشله في توفير الخدمات العامة الضرورية والحفاظ على التماسك المجتمعي؛ ليصل النظام إلى الدرك الأسفل بعد انتخابات ١٩٦٩ المزورة واغتيال الرئيس عبد الرشيد علي شرماركي في ١٥ أكتوبر"[٤٥٤]١٩٦٩. وقد استدعى هذا الوضع الحرج إقدام الجيش على انقلاب ترك الديمقراطية المتعثرة في البلاد رهن الاعتقال. ونتيجة لذلك، أسس العسكر نظام إدارة جديد للحكم؛ إذ تبنى نظام الحكم الثاني الفكر الاشتراكي والنظام الرئاسي في إدارة البلاد والتسلط الديكتاتوري وبرامج قومية صارمة وسياسات مناقضة لتطلعات المجتمع، وفرض

٤٥٠- لم يتحقق أي من أهداف بناء الدولة، مثل: إنهاء وضع الدستور، والترتيبات الأمنية، وإجراء انتخابات ديمقراطية.

٤٥١- انظر:
David Laitin and Said Samatar, Somalia: Nation in Search of a State (Westview, 1987)

٤٥٢- اعتبر هؤلاء الباحثون أن الصومال أمة بإمكانها بناء دولة بسرعة بسبب الطبيعة المتجانسة لشعبها. انظر:
Neil Joseph Smelser Toward a Theory of Modernization (New York: Basic Books, 1964),

٤٥٣- عنوان الكتاب: «الصومال: أمة تبحث عن دولة»، كتبه ديفيد لايتن وسعيد سمتر، والكتاب يطرح هذه الظاهرة بشكل جيد.

٤٥٤- Mohamed H. Ingiriis, "Who Assassinated the Somali President in 1969? The Cold War, the Clan Connection, or the Coup d'Etat". African Security, 10(2), 2017, 131-154.

مبدأ حكم الحزب الواحد. وعليه، أدت برامج النظام الحاكم إلى توسعة الهوَّة القائمة بين الدولة (الحداثة) والمجتمع (التراث)[٤٥٥]، كما أشعلت الإدارة الحروب مع إثيوبيا والمعارضة المسلحة؛ وهو ما أدى في المحصلة إلى تداعي النظام وانهيار الدولة عام ١٩٩١[٤٥٦]. وأثناء انعقاد مؤتمر السلام والمصالحة الصومالي في جيبوتي عام ٢٠٠٠، تم تبني نظام إدارة جديد للحكم.[٤٥٧] فقد شهد هذا المؤتمر اعتراف النخب السياسية بالنخب التقليدية كشركاء في بناء الدولة؛ إذ مكّن نظام المحاصصة القبلية لشيوخ القبائل في الأمر، واعتبرهم المتصرفين السياسيين الوحيدين بشؤون مجتمعاتهم. وبناءً على هذا الوضع، أقدموا على انتقاء أعضاء البرلمان من أبناء عشائرهم. لكن مؤسسات الدولة تابعت تعثرها في ظلِّ الأنظمة الثلاثة جميعًا. إن الفشل المستمر منذ ٦٠ سنة في بناء الدولة الصومالية لَيُشير إلى حاجة التوجه العام للثقافة السياسية للنخب إلى المزيد من المراجعة وإعادة النظر.

ولذلك، يحاول المؤلف اكتشاف العوامل التي أدت بالحكومة الصومالية إلى الفشل المتكرر وأعاقت تعافيها، كما يركز على الوسيلة التي تتبعها النخب السياسية الحاكمة في بناء وهدم الدولة[٤٥٨]؛ إذ تعتبر العوامل المساهمة الأخرى في فشل الدولة، من اجتماعية واقتصادية وسياسية وخارجية، السياق والبيئة التي تتحرك ضمنهما النخب السياسية الحاكمة لتحقيق النجاح أو الفشل في مشروعها لبناء الدولة[٤٥٩]. وتعمل هذه البيئة أيضًا على صهر ثقافة النخب السياسية في بوتقة واحدة من خلال عملية معقدة من العلاقات التبادلية. إن العامل المتمثل في النخب السياسية الحاكمة لهو عامل حيّوي، لاسيما في

٤٥٥- يتجلى مثال على هذا التصدع في تبني قانون الأسرة العلماني الذي يعارض الشريعة الإسلامية، كما أن النظام حاول تحييد دور شيوخ القبائل، وطَرَح ألقابًا جديدة، مثل "noodaban" من ضمن ألقاب أخرى.

٤٥٦- Mohamed H. Ingiriis. The Suicidal State: The Rise and Fall of Siad Barre Regime, 1969-1991 (UPA, 2016).

٤٥٧- Abdurahman Abdullahi, Making Sense of Somali History, volume two. Adonis &Abbey, 2018, 156-164.

٤٥٨- انظر الملاحظة: «أهم عامل مباشر وواحد مسؤول عن الكارثة الصومالية هو طبيعة القيادة السياسية". Hassan A. Mire, "On Providing for the Future." The Somali Challenge: From Catastrophe to Renewal, edited by Ahmed Samatar (Lyne Rienner Publisher, 1994), 23.

٤٥٩- صدر العديد من الأعمال الأدبية تتناول موضوع فشل النخب في إفريقيا. معظمها يربط هذه الدراسات بمفاهيم «الانفتاح» وتبعية النخب لقوى استعمارية سابقة. انظر:
Samir Amin, Accumulation on a World Scale: A Critique of the Theory of Underdevelopment (New York and London: Monthly Review Press, 1974), وأيضًا،
Jean-François Bayart and Stephen Ellis, "Africa in the World: A History of Extraversion." African Affairs, Vol. 99, No. 395, 2000, 217-267.

طور الانطلاق في بناء الدولة. وتتوافق هذه الفكرة مع وصف مونتسكيو الذي يقول "مع نشأة المجتمعات، يعمل القادة الذين يملكون الثروة العامة على بناء المؤسسات؛ لتقدم المؤسسات، لاحقًا، على بناء القادة"[٤٦٠]. وعليه، فالفرضية التي يقوم عليها هذا البحث تقول بمسؤولية الثقافة السياسية للنخب الحاكمة عن انهيار الدولة الصومالية وإعاقة إحيائها من جديد. وتشيع هذه الثقافة على نحو واسع ضمن أروقة السياسة في المستويات المختلفة "للنخبة المتنفِّذة" (governing elite)، ونحن هنا نستخدم المصطلح الذي استحدثه عالم الاجتماع الإيطالي ويلفريدو باريتو(Wilfredo Pareto) [٤٦١].

ونتيجة لتوجه الدراسات الصومالية وانشغالها بالتأثير القبلي على السياسة، نجد أن الدراسات الأكاديمية تعاني من شحٍّ في الكم.[٤٦٢]وفي هذا الصدد، نلمس تأثُّر القوميين الصوماليين والباحثين الأوائل في حقل الأنثروبولوجيا بنظرية التجديد التي تختزل السياسة الصومالية في السياسة القبلية. ولذلك السبب، دائمًا ما يلقي الباحثون والسياسيون باللائمة على البنية المجتمعية وإرثها الثقافي، ويرونها العائق الأساسي في تطور السياسة[٤٦٣]، كما تنظر النخب السياسية الحاكمة- إلى جانب ذلك- إلى القبائل ومفهوم القبلية المرتبط بها كمرض عضال لا علاج له، ولذلك يجب استئصاله[٤٦٤]. وتعزو هذه النخب الحاكمة فشلها في القيادة إلى المجتمع وإلى ثقافتهم. وهناك تقصير لا يمكن إنكاره في انتقاد إدارة نظام الحكم والأيديولوجيات الأوروبية المعتمدة التي تقلبت ما بين الديمقراطية الليبرالية

٤٦٠– اقتباس:
Danwart A. Rustow, A World of Nations (Washington, D C: Brookings, 1967), 135.

٤٦١– John Higley and Jan Pakulski, Pareto's Theory of Elite Cycles: A Reconsideration and Application. Available from Pareto''s Theory of Elite Cycles: A Reconsideration and Application (ecpr.eu)
تم الدخول في ٢٣ يناير ٢٠٢١ .

٤٦٢– Abdurahman Abdullahi, 'Revisiting Somali Historiography: Critique and Idea of Comprehensive Perspective.'Journal of Somali Studies, Volume 5, 1-2, 2018, 31-59.
أيضًا:
Tobias Hogman, "Stabilization, Extraversion, and Political Settlement in Somalia." The Rift Valley Institute, 2016.

٤٦٣– انظر:
Thomas Hodgkin, Nationalism in Colonial Africa (London: Frederick Muller, 1956).

٤٦٤– Abdalla Omar Mansur, "Contrary to a Nation: The Cancer of the Somali State." In the Invention of Somalia edited by Ali Jumale (The Red Sea Press, 1995), 107-116.

والاشتراكية. وبالتالي، فتعافي الدولة الصومالية يتطلب تحديد السبب الجوهري للمشاكل التي تعصف بالصومال وصياغة حلول مناسبة لها. وتتماشى هذه الفكرة مع الخلاصة التي توصل إليها تشينوا أشيبي ebehcA aunihC بشأن محنة نيجيريا، حين كتب يقول: "إن المشكلة التي تواجه نيجيريا سببها البسيط والمباشر فشل القيادة"[٤٦٥].

ولذلك، يعالج المؤلف في بحثه هذه القضية العويصة المتمثلة في سبب فشل كل النخب السياسية الحاكمة التي عملت على تطبيق أنظمة إدارة سياسية مختلفة على مدار الستين سنة الماضية، كما يظهر المؤلف أن الثقافة السياسية المركبة للنخبة الحاكمة تفسر انهيارها وتمنُّعها من التعافي. لكن هذا لا يعني بالضرورة استبعاد عوامل مؤثرة أخرى، مثل العوامل المرتبطة بالنظام والمؤسسات التي ساهمت في تكوين هذه الثقافة. ويعمل المؤلف في البحث على صياغة مفهوم يتناول المصطلحات الأساسية مثل الثقافة والسياسة وثقافة النخبة والثقافة السياسية للنخبة، ليسترسل المؤلف في هذ الاتجاه، ومن ثم في شرح نشأة وبناء النخب الأولى في الصومال، وليتتبَّع، في نهاية المطاف، مسار التطور التاريخي للثقافة السياسية السائدة بين أفراد النخبة الحاكمة، وكيف ساهمت هذه الثقافة ذات المشارب المتداخلة في انهيار الدولة وإعاقة تعافيها. ويهدف هذا البحث في طرح التطور المتتالي للعناصر الأساسية المكونة للثقافة السياسية للنخبة الحاكمة وارتباطاتها، فضلاً عن الخوض في تحليل دقيق يتناول كل مرحلة من مراحل تطورها.

١- تحديد مفهوم المصطلحات الأساسية

لطالما اعتبرت الثقافة السياسية للنخب الحاكمة واحدة من أهم المواضيع التي تناولها المفكرون السياسيون الأوائل [٤٦٦]، ومن المنظرين المعاصرين الذين تنالوا هذا الشأن س. رايت ميلز (slliM thgirW .C)، وفلويد هانتر (retnH dyolF)، و ج. ويليام دومهوف (ffohmoD mailliW .G)، وتوماس فيرغسن (nosugreF samohT)، وغيرهم. ويعود مفهوم الثقافة السياسية للنخبة الحاكمة إلى ارتباط ثلاث كلمات، هي: ثقافة، وسياسة، ونخبة؛ ولكل من هذه الكلمات تعريفات متعددة تطرحها الدوائر الأكاديمية. وقد اختار المؤلف،

٤٦٥- Chinua Achebe, The Trouble with Nigeria (Fourth Dimension Publishing Co, 2000,1).

٤٦٦- من هؤلاء المفكرين نذكر:
Plato, Aristotle, St. Thomas, Aquinas, Machiavelli, Montesquieu, Rousseau, Max Weber, Foucault, and Marcuse.
ومن الباحثين الإيطاليين الذين أثروا بشكل كبير على نظرية النخب في الإرث الغربي نذكر:
Vilfredo Pareto, Gaetano Mosca, Robert Michel

في البحث، بعضًا من هذه التعريفات، وعمل على دمجها معًا ليبيِّن المغزى من مفهوم الثقافة السياسية للنخبة الحاكمة.

تعريف الثقافة

نشأ مفهوم الثقافة (erutluc) من المصطلح (iminA arutluC)، وأول من استخدمه ماركوس شيشرون، الذي عنت له الكلمة "تأديب الروح". وفي لغة القرون الوسطى، حمل المصطلح معنى "الموضع الذي تم حرثه"، في إشارة إلى السكن والرعاية، ليتحول المعنى- مع مرور الزمن- إلى المظلة التي تشمل السلوكيات والعادات التي يكرِّسها مجتمع بشري[٤٦٧]. وهو مصطلح مركب في منظور علم الاجتماع ومنفتح على تأويلات عدة، فأورلاندو باترسون (nosrettaP odnalrO)، مثلاً، يقول بإيجاز وافٍ "يعمد القادة والنشطاء، وكذلك الباحثون، إلى تحدي بعضهم بعضًا. ليس فقط فيما يتعلق بتأويل ثقافاتهم، بل بشأن تعريف ومعنى الثقافة نفسها أيضًا"[٤٦٨]. أحد هذه التعريفات يقول عن الثقافة: "هي جملة من المفاهيم التي تشاطرها مجموعة من البشر، وتنعكس دلالاتها فيما يقدمون على فعله، وما ينشئون من علاقات، وما يبنون من مجتمعات، وما يجترحون من أدوات"[٤٦٩]. ويمكن تصنيف هذا المفهوم إلى مدارك، ومعتقدات، وقيم، ومواقف. وبالتالي، يمكن تشبيه التأويلات المختلفة للثقافة بالقصص التي يسردها العميان؛ إذ يدعي كل من لمس عضوًا من جسد الفيل، بأنه- أي ذلك العضو- هو الحقيقة المطلقة. والواقع أن الإشارة إلى الثقافة بتجرد تشير إلى أنها مجموعة واسعة من العلاقات التي تشمل "مبادئ الأخلاق واللباس واللغة والدين والشعائر والفن والعادات والسلوك ونظام المعتقد الذي يجمع شمل جماعة معينة"[٤٧٠].

٤٦٧- Edward Tylor, Primitive Culture, Vol 1 (New York: J.P. Putnam's Son, 1871). 25
Orlando Patterson, "Making Sense of Culture." The Annual Review of Sociology 2014.

٤٦٨- Orlando Patterson, "Making Sense of Culture." The Annual Review of Sociology 2014.
متوافر على:
https://scholar.harvard.edu/files/patterson/ files/making_sense_of_culture.pdf
(وتم الدخول بتاريخ ١٥ يناير ٢٠٢٠).

٤٦٩- Andrew Riemann, Introduction to Culture Studies: Introductory activities for exploring and comparing cultures (Intergraphica Press, 2013), 5.

٤٧٠- Carol Frieze, Lenore Blum, Orit Hazzan and M. Bernardine Dias, "Culture and Environment as Determinants of Women's Participation in Computing: Revealing the 'Women-CS Fit'."
متوافر على:

وفي ميدان الأنثروبولوجيا، تعتبر الثقافة مفهومًا جوهريًّا. ويتفق علماء الأنثروبولوجيا على العموم على التعريف الذي طرحه إ. ب. تايلور E. B. Taylor الذي وصفها بأنها "الجامع المركب الذي يشمل المعرفة والمعتقد والفن والأخلاق والقانون والعرف وأي كفايات وعادات أخرى يكتسبها الإنسان كفرد من مجتمع ما[٤٧١]". وعلى هذا النحو، تتجلى الثقافة على شكل صيغ إنشائية وصور مادية ومعنوية. فأما الصيغ الإنشائية "فتشير إلى المراد من الاستعانة بقدرة الجسد البشري على المشاركة في إنجازات الهوية الجامعة.[٤٧٢]" كما تشتمل أيضًا على استعراضات مقصودة للهوية المشتركة، مثل: الرقص والشعائر والفنون والرياضة والأزياء والخطابة، والغناء، ولغة الجسد، والدين. من ناحية ثانية، تتشكل الثقافة المادية من الإبداعات البشرية، مثل: السيارات والطائرات والأبنية والأدوات والمخابئ والملابس والمدن والمدارس والمصانع، وما شابهها؛ وكل هذه المقومات الثقافية والمادية تسهم في تحديد أنماط سلوك ومفاهيم أفرادها. بينما يشير البعد المعنوي للثقافة إلى الأفكار الداخلية التي تنشأ عند البشر تجاه ثقافاتهم، مثل: المعتقدات والقيم والقواعد والعادات والأخلاق، واللغة، والمنظمات، والمؤسسات.

وفي نطاق علم الاجتماع، يمكن الإشارة إلى الثقافة بأنها ثقافة مادية وغير مادية.[٤٧٣] ولتبسيط الفكرة يمكن القول: "إن الثقافة هي أسلوب التفكير والتحرك إلى جانب الكيانات المادية التي ترسم أبعاد حياة جماعة بشرية ما". وعند النظر في ثقافة غير مادية، يشير علماء الاجتماع إلى وجود عمليات عدة تلجأ إليها الثقافة لصياغة أفكار ومشاعر وأنماط سلوك أتباعها. وتعتبر العلامات واللغة والقيم والعادات العناصر الأربعة غير المادية من ضمن العناصر الأكثر أهمية.[٤٧٤] فالعلامة الثقافية هي التجلي الملموس الذي يدل على الفكر

---

https://www.cs.cmu.edu/~cfrieze/ women@scs/SIGCSE_06_final.pdf
وتم الدخول بتاريخ ١٥ يناير ٢٠٢٠.

٤٧١- Tylor, Primitive Culture.

٤٧٢- Kawan J. Allen, "Expressive Culture," The Department of Cultural References
تم الدخول بتاريخ ١٦ يناير ٢٠٢٠.
http://tammysgordon.org/ DCR/items/show/55.
تم الدخول بتاريخ ١٢ أكتوبر ٢٠٢٠.

٤٧٣- John J Macionis and Linda Marie Gerber, Sociology (Toronto: Pearson Prentice Hall, 2011), 53.

٤٧٤- انظر:
https://www.cliffsnotes.com/study-guides/sociology/culture-and-societies/material-and-nonmaterial-culture
تم الدخول بتاريخ ١٦ يناير ٢٠٢٠.

الذي تنتهجه ثقافة معينة، أو أنها تحمل مدلولاً في إطار ثقافة ما"[٤٧٥]. فالمسلمون، على سبيل المثال، يتخذون من الهلال والنجمة رمزًا لهم أو علامة، والمسيحيون أيضًا تتخذ من الصليب رمزًا لهم، وكذلك الحال مع نجمة داود في لليهود، كما تتخذ كل الدول والمنظمات والشركات علامات خاصة بها، مثل الرايات والشعارات. ومن الرموز الثقافية الأخرى الشائعة نذكر اللغة التي ترمِّز حروف أبجديتها صوت لغة معينة يتكلم بها أفراد جماعة محددة من البشر. وهناك أيضًا العادات والقيم، وهي من الركائز الحتمية لاستمرار مجتمع ما. وإنه لمن خلال القواعد والتطلعات المتوافق عليها، تقدم ثقافة ما على توجيه سلوك أفرادها في أي موقف يمر بهم.

وللعادات أنواع أربعة تعبر عن مستويات متباينة: التقاليد الشعبية، والأعراف، والمحرمات، والشرائع. فالتقاليد الشعبية تدل على التصرفات المكتسبة السائدة بين جماعة مجتمعية. وغالبًا ما تعني التقاليد الشعبية العادات المتبعة من قبل جماعة بشرية ليست لها أهمية من الناحية الأخلاقية، لكنها ضرورية لكسب القبول المجتمعي. والأعراف هي معايير أخلاقية، أو الصواب والخطأ، فإن تعدَّيت على واحد منها، غالبًا ما سيؤخذ هذا الفعل كفعل عدائي من قبل سواد الناس من أبناء تلك الثقافة"[٤٧٦]. ويتقدم المحرَّم على ذلك المعيار؛ إذ يشير إلى معيار أخلاقي منكر لا ينبغي استحلاله، وإلا أثار نقمة الناس. يضاف إلى ذلك أن من يقدم على ذلك قد تنبذه الجماعة أو المجتمع. ويشار إلى أن طبيعة ودرجة المحرَّم تقررها الأعراف. أما الشرائع، فتعتبر من الأعراف الاجتماعية التي باتت تدرج رسميًّا على مستوى الدولة أو الفيدرالية، وقد تتمخض عن عقوبة رسمية نتيجة التعديات، بل قد يصل الأمر إلى حد الإعدام.

إن كل فرد منا يولد في أحضان ثقافة مجتمعية لها قيمها وعاداتها السائدة التي تعمل على تعزيز حياته وتشكيل ملامحها. وبالتالي يتم اكتساب الثقافة من خلال عمليات تثقيف وتربية وتطبُّع.[٤٧٧] بالإضافة إلى ذلك، تتمتع الثقافات المجتمعية بالفاعلية؛ فنجدها

٤٧٥- [31]https://study.com/academy/lesson/cultural-symbol-definition-examples. html
تم الدخول بتاريخ ١٤ يوليو ٢٠٢٠.

٤٧٦- William Graham Sumner, Folkways: A Study of Mores, Manners, Customs, and Morals (Cosimo Classics, 2007).

٤٧٧- يعني اكتساب الثقافة تعلم كيفية استخدام الأنماط المقبولة من السلوك الثقافي التي تطرحها ثقافة المرء. وعلى شكل معاكس، فالتطبع يعني تعلم عملية انتقال المعرفة من ثقافة إلى ثقافة أخرى، وعادة ما تكون أقوى. فعلى سبيل المثال، الفكر الاستعماري والتجديد والعولمة خلقت شكلاً مؤثرًا من التطبع عند سكان المستعمرات السابقة في النصف الجنوبي.

تتبدل مع مرور الزمن، تبعًا لنظرية الاستمرار والتغير.[٤٧٨] ويمكن تقسيم الثقافة إلى مستويين: المستوى الخفي، والمستوى الظاهر، تشبُّهًا بجبل الجليد الذي يختفي معظمه ولا تبرز إلا قمته. والثقافة الظاهرة هي أفعال البشر، مثل: اللغة والفن والطعام، والتقاليد، والأعراف، والمؤسسات. وعلى الجانب الآخر، نجد الثقافة العميقة مقسَّمة إلى معتقد إنساني، مثل: العادات والأدوار، والأيديولوجيات، والفلسفات، والعقائد. وهناك مشاعر إنسانية، مثل: القيم والأذواق، والرغبات، والادعاءات، والتوقعات. ومع هذا، فمن الضروري الإشارة إلى أن كل سلوك بشري لا يعزى إلى ثقافة وحسب. ففي تلك الحال، سنلجأ إلى الاستدلال بتعريف ديفيد ماتسوموتو (otomustaM divaD) وليندا يوانغ (adniL gnauJ) للثقافة؛ وهو أنها "نظام فريد من البيانات والدلالات تشاطره جماعة فيما بينها، وينتقل عبر الأجيال؛ وهو ما يتيح للجماعة العمل على سدّ الحاجات الأساسية التي يتطلبها البقاء والسعي وراء تحقيق السعادة والعيش الرغيد، وإيجاد دافع للحياة"[٤٧٩].

وأخيرًا، دائمًا ما يكون لكل أمة ثقافتها المجتمعية السائدة، إلى جانب ثقافات ملحقة مرتبطة بأقليات أو عرقيات أو قبائل أخرى. وغالبًا ما يستخدم الأدب مصطلحات عامَّة لدى تناوله لثقافة ما، مثل: الثقافة الغربية والثقافة الشرقية والثقافة الإسلامية والثقافة الإفريقية. وهكذا، فالثقافة الغربية تأثرت تأثرًا شديدًا بالثقافات المسيحية- اليهودية، واليونانية- الرومانية التي ظهرت في أوروبا، وانتقلت إلى قارات أخرى عبر الهجرات وحركات الاستعمار. وليس لجغرافيتها معالم واضحة، مع أنها تغطي الأميركتين وأوروبا وأستراليا. وتتباين الثقافة الغربية مع الثقافة الشرقية التي تشتمل على كيانات ثقافية ونظم دينية متنوعة معظمها قائم في آسيا. ومن هذه الثقافات اتبا ع الإسلام والهندوسية والبوذية. وهكذا، فثقافة المسلم فرع من الثقافة الشرقية، مع أن الإسلام ثبَّت وجوده في إفريقيا، وله حضوره المميز في المجال الثقافي الأوروبي. وترتبط الثقافة الإسلامية بكل العقائد والممارسات التي يعمل بها المسلمون على امتداد تاريخهم، وتتكون من عناصر مأخوذة من النصوص المنزَّلة (القرآن والسنة)، ممتزجة بعناصر من الثقافات المجتمعية المتنوعة. وللثقافة الإسلامية ميزاتها الثابتة التي يشترك فيها كل المسلمين، إلى جانب سمات ثقافية معينة تختص بها كل منطقة. والثقافات الإفريقية، بدورها، مزيج من الثقافات التقليدية المحلية وتلك التي أتى بها المستعمر وانتشرت بين المجموعات الإثنية المختلفة. وعلى الرغم من التنوع الكبير الذي يلون الثقافة الإفريقية، فهناك نقاط تقاطع كثيرة وخصائص مميزة بالمقارنة مع الثقافات الغربية والشرقية.

٤٧٨- B. Howitt, And R. Julian, Society, and Culture (Heinemann, Second Edition, Sydney, 2009).

٤٧٩- David Matsumoto and Linda Juang, Culture and psychology (Jon-David Hague publisher, 2013), 15

تعريف السياسة

اشتق مصطلح السياسة (scitilop) من الكلمة اليونانية (silop) التي تعني مدينة، وقَصُر استخدامه على دراسة شؤون الدولة. والسياسة مرتبط بالسُّلطة؛ إذ تُعرَّف على أنَّها "مقدرة البعض على فرض إرادتهم على الآخرين".[٤٨٠] وللسياسة مبدآن أساسيان: السلطة والتفويض. فالسلطة تعني "قيمة يتم بموجبها الاعتراف والقبول بأمر أو بشخص يتمتع بالاستقامة والسَّويّة."[٤٨١] والأنواع الثلاثة للسُّلطة السياسية التي وصفها عالم الاجتماع السياسي ماكس فيبر (rebeW xaM) هي: السُّلطة التقليدية والسُّلطة المؤثرة والسُّلطة العقلانية القانونية.[٤٨٢] فالسلطة التقليدية تنشأ من الأعراف والعادات المجتمعية التي تُبرِز البعد التاريخي للشرعية المتوارثة. بينما تنتج السُّلطة المؤثرة من أفكار القائد (الزعيم) وجاذبية شخصيته الذي يعمل موقعه الرسمي على استمالة أبناء المجتمع والسيطرة النفسّية عليهم. وأما السُّلطة العقلانية القانونية، فهي حصيلة إجراء مؤسسي؛ حيث تقدم المؤسسات الحكومية على إرساء حكم القانون والنظام وفرضهما. ومن جهة أخرى، فإن "السُّلطة هي القوة الشرعية التي يتحلّى بها شخص أو جماعة ويمارسونها على الآخرين".[٤٨٣]

وقد باتت السياسة، في وقتنا هذا، موضوع النقاشات اليوميّة بين الناس المهتمين بالقضايا السياسية؛ سواء أكانت شؤونًا ذات طابع محلي أو وطني أو عالمي. فهؤلاء يقومون بمتابعة منصات وسائل الإعلام المتعددة. والسياسة، من وجهة نظر العامَّة، مصطلح زاخر له ارتباطاته بالتَّحيُّزات ووجهات النظر المغلوطة. وإلى جانب التنوعات الأكاديمية المرتبطة بمفهوم السياسة، بات العامَّة يطرح بعضهم على بعض سؤالاً مفاده: ما المعنى الحقيقي للسياسة؟ السياسة بمفهوم العامة "تعتبر عادة كلمة "ملوثة"، كونها تستحضر في الذهن صور المشاكل والاضطراب، وحتى العنف من جهة، والخداع والاستغلال والأكاذيب من

٤٨٠- Max Weber, Economy and Society: An Outline of Interpretive Sociology (Berkley, CA: U. California Press, 1922).

٤٨١- Chen, Jing (2016). Useful Complaints: How Petitions Assist Decentralized Authoritarianism in China (New York: Lexington Books, 2016), 165.

٤٨٢- Patrick H. O'Neil, Essentials of Comparative Politics (New York: W.W. Norton & Company, 2010), 35-38.

٤٨٣- Frank Bealey, The Blackwell Dictionary of Political Science: A User's Guide to Its Terms, 1999), 22-23

جهة أخرى".[٤٨٤] وعلى هذا النحو، تعتبر السياسة "فن حكم البشر عبر خداعهم"[٤٨٥]، حسب تعبير إسحق ديزرائيلي (ilearsiD cassI).

وللسياسة تعريفات عدة في ميدان العلوم السياسية؛ فنجد عالم السياسة الأميركي هارولد لاسويل (dloraH llewssaL)، يُعرِّفها بأنها "تحصيل أمر ما من قبل شخص ما في زمن ما بطريقة ما".[٤٨٦] كما يُعرِّفها ديفيد إيستون (divaD notsaE) بأنَّها "المحاصصة المعتمدة للقيم في مجتمع ما"[٤٨٧]. وفي حين يطرح فلاديمير لينين تعريفًا ماركسي الطابع؛ إذ يقول: إن "السياسة هي التعبير المكثف عن الاقتصاد[٤٨٨]"، يطرح برنارد كريك (dranreB kcirC) وصفًا آخر فيقول: "السياسة هي شكل مميز من السُّبُل التي يقطعها الناس معًا في خطوات ذات طابع مؤسسي، وتهدف إلى إيجاد تسوية للاختلافات والتوفيق بين المصالح والمبادئ وتوجيه السياسة العامة لتضع نصب عينيها تحقيق غرض مشترك.[٤٨٩]

وبالتالي، فإننا نرى أن تعريف السياسة طيفٌ واسعٌ يمكِّن الباحثين في ميدان العلوم السياسية من طلب السياسة في سياقات اجتماعية عديدة خارج إطار وظائف ومؤسسات الدولة. ولذلك، تجد السياسة في كل مكان: في المنزل والمكتب والسوق، وكذلك في البرلمان والشركة والجامعة. وعليه، يمكن أن تبدو السياسة محدودة؛ إذ تركِّز على الحكومة والساسة والأحزاب. ويمكن لها أيضًا أن تحوز تعريف فضفاض يشمل العلاقات المتداخلة بين الناس وقوانينهم وعاداتهم والمؤسسات والتصرفات في كل البيئات الاجتماعية.

الثقافة السياسية

مصطلح الثقافة السياسية هو حاصل اقتران الثقافة بالسياسة؛ وهو ما يدفع بالسياسة إلى التحول إلى وظيفة ثقافة عامة. ولهذا المصطلح تعريفات متعددة، فمثلاً يعرفها فلاري

٤٨٤– What is politics?
متوافر على:
https://www.macmillanihe.com/ resources/sample-chapters/9780230363373_sample.pdf
(تم الدخول بتاريخ ١٥ يناير ٢٠٢٠).

٤٨٥– اقتباس
Bernard Crick, In Defense of Politics (London: Pelican Books, 1964), 16

٤٨٦– Harold Lasswell, Politics: Who Gets What, When, and How? (Meridian Books, 1951),13.

٤٨٧– David Easton, The political system: an inquiry into the state of political science (University of Chicago Press, 1981).

٤٨٨– Lenin, V. I., Collected Works. September 1903 – December 1904, 1965.

٤٨٩– Crick, In Defense of Politics, 16.

دياموند dnomaiD yrraLبأنها "المعتقدات والمواقف والقيم والمُثُل والعواطف والتقييمات الطاغية عند الناس حيال النظام السياسي في بلدهم، ودور الذات في ذلك النظام"[٤٩٠]. ويقول لوسيان باي(eyP naicuL) : إن "الثقافة السياسية هي مجموع المواقف والمعتقدات والعواطف التي تضفي على العملية السياسية نظامًا ومعنى، والتي تطرح فرضيات وقواعد أساسية تحكم السلوك في النظام السياسي"[٤٩١]. وتختلف الثقافة السياسية في كل بلد عن مثيلاتها في البلدان الأخرى نتيجة الثقافة السائدة في كل منها. والثقافة السياسية تنتج سلوكًا سياسيًّا يعرف بأنه "أي تصرف متعلق بالسلطة عمومًا وبالحكومة خصوصًا" [٤٩٢]. وبمعنى آخر، يدل السلوك السياسي على المعتقدات والقيم التي يقوم عليها عمل النظام السياسي، والتي تحدد كيفية مشاركة الناس في السياسة. فالتصويت والاحتجاج والمظاهرات وقطع الطرقات والتمرد هي من أشكال السلوك السياسي. ولفهم أعمق للروابط القائمة بين الثقافة السياسية والسلوك السياسي، يمكن القول عن مجموعة من البشر: إنه "من خلال سلوكهم السياسي (أفعالهم)، يمكننا أن نحدد ثقافتهم السياسية (معتقداتهم)"[٤٩٣]. وهناك العديد من العوامل التي تؤثر في السلوك السياسي، منها: الأيديولوجيا والعرق والمكافآت المتوقعة والعقوبات المنتظرة، وغيرها.

والسلوك السياسي هو انعكاس للموقف السياسي. والموقف يعرفه إيغلي (ylgaE) وتشايكن (nekiahC) بأنه: "الميل النفسي الذي يتم البوح به عبر تقييم كيان محدد مع قدر من التحيز والاستياء."[٤٩٤] فموقف المرء يظهر آلية التفكير أو الاعتقاد، وكيفية الشعور واتخاذ المواقف تجاه الآخرين أو الأشياء التي قد تكون سلبية أو إيجابية. والمواقف تسبق السلوك، وسلوك فرد عاقل يتماشى مع موقفه، وهو- أي هذا السلوك- يعرف بأنه "التجانس الإدراكي". لكن، مع انعدام الانسجام بين الموقف والسلوك، يتولد شكل من التَّوجُّس لدى المرء يعرف باسم "التنافر الإدراكي". وتتطلب الثقافة السياسية من الناس التمكّن من أربعة أبعاد للموقف، البعد الأول: يتعلق بالمواقف السياسية والقيم السياسية. والمواقف السياسية تعني التوجه أو الميل إلى السياسة مؤقتًا نسبيًّا، وقد يطوله التغيير حسب الظروف

٤٩٠- Larry Diamond, Political Culture and Democracy in Developing Countries (Lynne Rienner Publisher, 1994), 7.

٤٩١- Leonardo Morlino, Dirk Berg-Schlosser, Bertrand Badie, Political Science: a global perspective (Sage Publications, 2017), 64–74.

٤٩٢- Trevor Munroe, An Introduction to Politics: Lectures for first-year students (Jamaica: Canoe Press, 2002), 3.

٤٩٣- المصدر السابق، ٨

٤٩٤- Alice H. Eagly and Shelly Chaiken, The Psychology of Attitudes (Belmont USA: Wadsworth, 1993),1

وبمرور الزمن. وهو يعرف على العموم بأنه: "الآراء والقيم التي يحملها الأفراد تجاه قضايا وأحداث وشخصيات سياسية"[495]. بينما ترتبط المواقف السياسية بالمعتقدات السياسية التي تتميز بطول دوامها، وغالبًا ما تؤثر في موقف بعينه. وقد تشمل المواقف السياسية تبني الديمقراطية ونبذ الديكتاتورية والإيمان بالحرية والعدالة والمساواة وسيادة القانون وما شابه، كما يمكن أن تكون لها وجوهٌ سلبية، مثل: الاعتقاد بالتفوق العرقي وسيادة القبيلة/العشيرة، والتمييز العنصري، والقبلية، والتسلط، والفوضى. ويتعلق البعد الثاني بالمواقف من المؤسسات السياسية والوطنية، مثل: وسائل الإعلام (تلفزيون، إذاعة، وسائل تواصل اجتماعي... وغيرها)، والمساجد وعلماء الدين، والعشائر وشيوخها، ومنظمات المجتمع المدني، والأحزاب السياسية، ومجتمع الأعمال، والحكومة. وهنا تظهر قضية الثقة أو انعدامها، والاحترام أو الاحتقار، والشرعية أو فقدانها، وغير ذلك.

أما البعد الثالث، فيتناول المواقف من الهوية السياسية وارتباطها بالهوية الأصلية للمرء. والهوية هي القصة التي نرويها لأنفسنا وللآخرين حيال من نكون وما كنا وماذا سنكون. فالصوماليون، مثلاً، قد يُعرِّفون أنفسهم كأبناء منطقة جغرافية محددة (إقليم، دولة إقليمية)، أو أتباع هوية وطنية (صومالي)، أو تبعية دينية (مسلم). بينما يتناول البعد الرابع مواقف القيادة. وهنا، نتبنّى أبسط تعريف للقيادة؛ وهو: قابلية فرد أو جماعة على دفع الآخرين إلى الفعل أو الاتفاق على نهج محدد. وفي العموم، هناك ثلاثة أنواع من القيادة: القيادة المؤثرة (المخلصة)، والأبوية (أي الأب الذي يستوجب الإطاعة التامة)، والإدارية (أي مدير مؤسسة (.

الثقافة السياسية للنخب

يمكن تقسيم أي مجتمع إلى جماعة "النخبة" وجماعة "العامة". وبمعنى عام، فإن النخبة هي جماعة صغيرة منتقاة من المواطنين التي تتمتع بقدر كبير من السلطة في المجتمعات. والنخبة عمومًا، تشمل كل من يتمتع بسمعة في المجتمع، و"الشخص الذي يتمتع بأعلى المراتب الاجتماعية والاقتصادية والسياسية والثقافية أيضًا"[496].

٤٩٥- Attitudes, Political.
متوافر على:
https://www.encyclopedia.com/social-sciences/appliedand-social-sciences-magazines/attitudes-
وتم الدخول بتاريخ ١٣ مايو ٢٠٢٠.

٤٩٦- A.R. Khajeh-Sarvi, Political Competition and Political Stability in Iran (Tehran: Revolution Documents Center Publications, 2003), 339.

وتنطلق نظرية النخبة من افتراضين أساسيين. فكل مجتمع لا يتمتع بتوزيع السلطة السياسية بالعدل، وفي كل مجتمع ترى بعض الناس أكثر نفوذًا من البقية[٤٩٧]. فأولئك الذين يمتلكون النسبة الأكبر من السلطة (الاقتصادية، والسياسية، والدينية) في كل مجتمع قد يتمثلون بشخص واحد (زعيم سياسي) أو جماعة صغيرة (النخبة)[٤٩٨]. فعادة ما يستخدم مفهوم النخبة في تحليل الجماعات التي تسيطر على المجتمع أو تتربّع على قمّة هرمه. وقد نجد التصور الأول للنخبة في كتاب أفلاطون "الجمهورية"؛ حيث يقسم الناس إلى ذهب، وفضة وحديد ونحاس.

> "يا أبناء هذه المدينة، أنتم كلكم إخوة. لكن فيكم من يستحق أن يسوس الآخرين. فالرب قد جبل جوهرهم من ذهب. ولذلك، يُحسَبون الأكثر قيمة وجاذبية. لكن الرب استخدم الفضة ليصوغ جوهر الحرس، واستخدم الحديد والنحاس ليصوغ منهما جوهر الفلاحين والمزارعين".[٤٩٩]

وكما وصفهم جون هيغلي، فالنخب يمكن تعريفها "بأنها الأشخاص، بحكم مواقعهم الاستراتيجية إلى حدّ كبير، أو المنظمات والحركات، ممن يتمتع بالقدرة على التأثير بمخرجات العملية السياسية بصورة دائمة وملموسة"[٥٠٠]. وفي القرآن الكريم تأتي كلمة النخبة مرادفًا للكلمة العربية "الملأ" التي تعني العظماء، والأسياد والقادة، والنبلاء والأشراف، والوجهاء والشيوخ، والدائرة الحاكمة[٥٠١]. وقد ذكر القرآن هذه النخب بأنها المنكرة لرسالات الأنبياء على الدوّام؛ كونها الدائرة الحاكمة والطبقة المتحكمة. وذلك يعود إلى أن رسالات الأنبياء تطرح تغييرًا فكريًّا جذريًّا، وتحمل رؤية لإصلاح المجتمعات بنيويًّا وسياسيًّا.

وبحسب طرح النظرية الطبقية، فالنخب السياسية لا توجه السلطة السياسية بموجب امتلاكها للمصادر الاقتصادية، بل إنها تمتلك مصادر أخرى تعزز لديها المقدرة على الوصول إلى نقطة احتكار السلطة السياسية. وتشمل هذه المصادر الأسس الاجتماعية، مثل: الجنس والمؤهلات الثقافية، وكذلك الخصائص المشتركة، مثل: العرق والدين

٤٩٧- Asaf Hussain, Political Perspective on the Muslim World (New York: Praeger, 1981),

٤٩٨- Abdurahman Abdullahi, "Tribalism, Nationalism, and Islam: The Crisis of Political Loyalty in Somalia." MA Thesis submitted to the Institute of Islamic Studies, McGill University, 1992, 7.

٤٩٩- Plato. The Republic (Tehran: Cultural and Scientific Publications, 1995), 202.

٥٠٠- John Higley, Elite theory in political sociology (the University of Texas at Austin, 2008), 3.

٥٠١- انظر: معنى الملأ في ترجمات القرآن الكريم لكل من بيكتهول Pickthaall، ويوسف علي Yusuf Ali، وشاكر Shakir، وآربيري Arberry، وغيرهم

والحزب السياسي[502]. ويشدد المحللون المنتقدون للنخب على أن النخبة السياسية تنبثق من الأسس العامة على الرغم من طبيعتها المختلفة ظاهريًا، وهذا ما يفسر طابعها الاجتماعي المتشابه وبناء مواقفها وترابط مصالحها[503]. ويمكن تشبيه مفهوم النخبة بالفرد الذي يتمتع بسمعة في المجتمع، ويتمتع بأفضل مستوى ثقافي، وسياسي، واقتصادي، واجتماعي.[504]

من جهته، يرى روبرت بوتمان (namtuP treboR) أنه "بالإمكان تعريف الثقافة السياسية للنخب بأنها مجموعة من المعتقدات والقيم والعادات المرتبطة سياسيًّا للأطراف الأكثر تأثيرًا وحضورًا في نظام سياسي"[505]. من وجهة النظر النخبوية، يعتبر استبدال النخب عملية لا تؤدي إلا إلى إحلال نخبة جديدة مكان أخرى، مما يعني بالضرورة استمرار حكم أقلية على أكثرية دون إحداث تغيير جذري في طبيعة السلطة أو توزيعها. ويشكل تحليل ثقافة النخب السياسية تحديًا كبيرًا أمام دراسة السلطة السياسية في المجتمعات غير الغربية، حيث تتداخل العوامل المحلية مع التأثيرات الخارجية لتكوين بنى نخبوية معقدة. ففي بلدان ما بعد الاستعمار، مثل الصومال، تتسم ثقافة النخب السياسية بأنها مزيج هجين يجمع بين عناصر من الثقافة السياسية ذات الطابع الأجنبي التي استُقدمت من خلال الاستعمار أو التأثيرات الغربية اللاحقة، وبين الثقافة العشائرية المحلية التي تستمد قوتها وشرعيتها من التقاليد القبلية والأعراف الاجتماعية المتجذرة. هذا التمازج بين العناصر الخارجية والمحلية يُنتج طبقة نخبوية ذات طابع فريد تتفاوت في ولاءاتها وأهدافها بين الحفاظ على النفوذ التقليدي وتبني الأساليب الحديثة في الحكم والإدارة. وفي السياق الصومالي، تُعد دراسة هذه النخب ضرورة لفهم الديناميات السياسية والاجتماعية التي تشكل واقع البلاد؛ فالنخب الصومالية تنقسم بشكل رئيسي إلى تقليدية وحديثة، حيث تعكس الأولى ارتباطها بالبُنى العشائرية والعرفية، بينما تسعى الثانية إلى ترسيخ سلطتها من خلال تبني مفاهيم الدولة الحديثة والمؤسساتية. يقدم القسم القادم تحليلاً أعمق لهذه

٥٠٢- Weber M. The theory of social and economic organization (New York: Oxford University Press 1943).

٥٠٣- Prewitt K, Stone A. "The ruling elite." In Olsen ME, Marger MN, Eds. Power in modern societies. Boulder (Westview Press 1993).

٥٠٤- A. R. Khajeh-Sarvi, Political Competition and Political Stability in Iran (Tehran: Revolution Documents Center Publications, 2003), 339.

٥٠٥- Robert Putman, "Studying Elite Political Culture."
متوافر على:
https://www.cambridge.org/core/journals/american-political-science-review/article/studying-elite-political-culture-the-case-of-ideology/2EE8F3FE3
تم الدخول بتاريخ ١٧ سبتمبر ٢٠٢٠.

التشكيلات والبنى النخبوية، مما يساعد على فهم آليات السلطة والنفوذ في المجتمع الصومالي.

سيستخدم هذا البحث مجموعة من المصطلحات التي تتطلب تعريفات دقيقة لتجنب أي لبس أو سوء فهم لدى القارئ، خاصة تلك المرتبطة بالإسلام وكل ما يدور في فلكه. يُستخدم مصطلح «الإسلامي» بشكل واسع للإشارة إلى كل ما يتصل بالإسلام من جوانب دينية وثقافية وأخلاقية وتشريعية، مثل الثقافة الإسلامية، والعقيدة الإسلامية، والأخلاق الإسلامية، والتشريعات الإسلامية. ومع ذلك، من الضروري التمييز بين المبادئ الإسلامية ذاتها وما يقدمه المسلمون من أفعال أو أفكار، إذ قد تختلف ممارساتهم أو تصوراتهم عن جوهر المبادئ الإسلامية. فعلى سبيل المثال، ما يُطلق عليه عادةً «الحضارة الإسلامية» أو «التاريخ الإسلامي» أو «الحركة الإسلامية» أو حتى «الإرهاب الإسلامي» هي مصطلحات تفتقر إلى الدقة؛ لأن ما يُقصد بها في الواقع هو حضارة المسلمين أو تاريخهم أو حركاتهم السياسية والاجتماعية، التي قد تتأثر بظروف تاريخية وثقافية متنوعة لا تعكس بالضرورة المبادئ الإسلامية. بل إن مصطلح «الثورة الإسلامية» يُستخدم أحيانًا للإشارة إلى أحداث سياسية معينة مثل الثورة الإيرانية، التي لا ينبغي اعتبارها تعبيرًا مطلقًا عن الإسلام بحد ذاته، بل هي حركة سياسية بأبعاد دينية واجتماعية محددة. وبالمثل، فإن استخدام مصطلح «الدولة الإسلامية» يُعد إشكاليًا وغير دقيق، لأنه يفترض تجسيدًا كاملاً للشريعة الإسلامية في نظام حكم بعينه، وهو أمر لم يتحقق بشكل تام في التجارب التاريخية أو المعاصرة. لذلك، سيكون من الأنسب استخدام تعبير «دول ذات أغلبية مسلمة» عند الإشارة إلى الكيانات السياسية التي تتكون غالبيتها من مسلمين، دون افتراض أنها تمثل الإسلام بشكل كامل أو دقيق.

الإسلامويون (الناشطون) هم أفراد مخلصون أو جماعات منظمة (حركات) تسعى بحزم إلى تعزيز تعاليم وقيم الإسلام في المجتمع وتطبيق مبادئه على المستويين الاجتماعي والسياسي، معتبرين الإسلام منظومة شاملة تتجاوز كونه عقيدة روحية أو نظامًا أخلاقيًا لتشمل تنظيم الحياة العامة والخاصة، ويؤمنون بأن تطبيق الشريعة الإسلامية هو السبيل الأمثل لتحقيق العدالة والرفاهية الاجتماعية، لذلك ينشطون عبر الدعوة والتربية والتعليم، وكذلك من خلال المشاركة السياسية المباشرة أو المعارضة المنظمة للأنظمة التي يرونها منحرفة عن تعاليم الإسلام. ومع ذلك، فهم ليسوا كتلة متجانسة، بل يشملون طيفًا واسعًا من التيارات والجماعات تختلف في أهدافها ومناهجها وتصوراتها للإسلام وعلاقاتها مع غير المسلمين والتقاليد الدينية الأخرى؛ فمنهم الإصلاحيون المعتدلون الذين يسعون إلى التغيير عبر الوسائل السلمية والمؤسسات الديمقراطية ويعملون على التوفيق بين مبادئ الإسلام ومتطلبات الدولة الحديثة، ومنهم المتطرفون الثوريون الذين يرون أن التغيير لا

يتحقق إلا عبر الثورة أو العنف المسلح لإسقاط الأنظمة التي يعتبرونها معادية للإسلام، وهناك أيضًا المتعاونون مع الدولة الذين يحاولون التأثير في السياسات من الداخل عبر الانخراط في العمل الحكومي أو التحالفات السياسية لتحقيق أهدافهم أو تطبيق أجزاء من الشريعة تتماشى مع رؤيتهم الإسلامية، ومع هذا التنوع، يظهر أيضًا أولئك الذين يدّعون الإسلاموية ولكنهم يستغلون الإسلام كأداة لتحقيق أهداف سياسية أو شخصية بحتة، فبمجرد وصولهم إلى السلطة يتخلون عن المبادئ الإسلامية التي كانوا يدّعون الدفاع عنها وينغمسون في الفساد والاستبداد، مستغلين الشعارات الدينية لتبرير أفعالهم أو الحفاظ على مواقعهم، لذلك من الضروري التمييز بين الإسلامويين المخلصين لمبادئهم وأولئك الذين يتخذون من الإسلام شعارًا لتحقيق غايات دنيوية أو سلطوية.

يمثّل غير الإسلامويين أو غير الناشطين السواد الأعظم من المسلمين، وهم الذين قد يسعون لتحقيق رسالة الإسلام بأبعادها الروحية والأخلاقية والاجتماعية، أو قد لا يسعون إلى ذلك بشكل مباشر، لكنهم لا يعارضون المبادئ الإسلامية ولا يقفون في وجهها، حيث يشترك معظمهم في عدم الضغط باتجاه تطبيق الإسلام كنظام شامل في المجتمع والدولة، سواء لاعتقادهم بعدم قابلية الشريعة للتطبيق في العصر الحديث أو لعدم اهتمامهم بالمسائل السياسية والدينية على مستوى الدولة. وتُعرف هذه الفئة بـ«الأغلبية الصامتة» التي تلتزم بممارسة الشعائر الدينية الأساسية مثل الصلاة والصوم والزكاة والحج، وتتمسك بالهوية الإسلامية على المستوى الفردي والثقافي، إذ يُنظر إلى الإسلام بالنسبة لهم كجانب شخصي وروحاني من الحياة، وليس بالضرورة كمشروع سياسي يتطلب تحقيقه عبر مؤسسات الدولة أو الأنظمة القانونية. وعلى الرغم من أن هذه الأغلبية الصامتة تتمتع بقوة عددية كبيرة، إلا أن تأثيرها غالبًا ما يكون محدودًا بسبب افتقارها إلى تنظيم سياسي أو أيديولوجي فعّال، فهي لا تشكل حركات أو جماعات تهدف للتأثير في السياسات العامة أو صياغة الأنظمة القانونية وفقًا لمبادئ الإسلام، بل إنها في الغالب مشغولة بمصالحها الدنيوية أو متكيفة مع الأوضاع السياسية والاجتماعية السائدة دون السعي لتغييرها من منظور إسلامي شامل. وفي المقابل، تبدو الحركات الإسلاموية أكثر قدرة على التنظيم والتأثير، سواء عبر العمل السياسي المباشر أو من خلال الدعوة إلى تطبيق الشريعة الإسلامية في مؤسسات الدولة والمجتمع، ورغم كونهم أقلية من حيث العدد، إلا أنهم يتميزون بالقدرة على التعبئة السياسية والاجتماعية، مما يجعلهم أكثر وضوحًا وفعالية في المجال العام مقارنةً بالأغلبية الصامتة.

الذين يدّعون العلمانية من المسلمين لا يعني بالضرورة أنهم ملحدون أو معادون للدين، بل إن معظمهم يلتزمون بممارسة الشعائر الإسلامية كالصلاة والصوم والزكاة والحج، ويعتبرون الإسلام جزءًا من هويتهم الثقافية والاجتماعية، إلا أنهم يرون أن الشريعة

الإسلامية غير قابلة للتطبيق في نظام الدولة الحديثة الذي يعتمد على مفاهيم مثل المواطنة والقوانين الوضعية والديمقراطية، وبعضهم قد يتبع مصالحه الدنيوية ويتكيف مع الواقع السياسي والاجتماعي السائد، مما يدفعهم إلى تبني مفاهيم علمانية أو براغماتية. وعلى الرغم من أن هؤلاء العلمانيين والإسلامويين يشكلون أقليات ضمن مجموع المسلمين في معظم البلدان، إلا أنهم يتميزون بالتنظيم والقدرة على التعبير عن مواقفهم عبر منابر إعلامية وسياسية مؤثرة؛ حيث ينتمي العلمانيون غالبًا إلى النخب الحاكمة أو الطبقات الأكاديمية أو الخبراء في وسائل الإعلام، مستفيدين من نفوذهم داخل مؤسسات الدولة وآليات صنع القرار، بينما يمثل الإسلامويون عادة قوى المعارضة التي تتحدى هذه النخب وتقدم نفسها كبديل يعبر عن هوية الأمة الإسلامية وقيمها، ورغم كونهم أقلية منظمة، فإنهم يتمتعون بدعم شعبي واسع خاصة بين الفئات الساخطة من العامة التي ترى فيهم صوتًا يمثل تطلعاتها وظالمها، وفي كل انتخابات حرة ونزيهة، يظهر الميل الواضح لدى معظم الجماعات المسلمة نحو انتخاب الأحزاب الإسلاموية التي تطرح خطابًا يتسم بالعاطفة الدينية ويستند إلى الانتماء الإسلامي، مما يعكس حالة من الارتباط العميق بين الدين والسياسة لدى هذه الجماعات.

٢- نشأة وبنية النخب الأساسية

بعد انهيار الدول الصومالية الوسيطة في القرن السابع عشر، شهدت المنطقة تحولًا جذريًا في بنيتها السياسية والاجتماعية، حيث تفككت الكيانات المركزية التي كانت تسيطر على أجزاء واسعة من القرن الإفريقي، مما أدى إلى ظهور دويلات ومشيخات صغيرة مستقلة في مختلف المناطق الصومالية. هذا الانقسام نتج عن عدة عوامل، منها الصراعات الداخلية على السلطة، والتحديات الاقتصادية، وتراجع طرق التجارة التي كانت تمثل شريان الحياة للكيانات الوسيطة. وبدلاً من وجود سلطة مركزية موحدة، تشكلت دويلات محلية ذات طابع عشائري أو تجاري، حيث سيطرت بعض العشائر القوية على مناطق معينة وأسست أنظمة حكم قائمة على الأعراف والتقاليد المحلية. وفي المناطق الساحلية، ظهرت كيانات تجارية على طول البحر الأحمر والمحيط الهندي، اعتمدت بشكل أساسي على التجارة البحرية والتفاعل مع القوى الإقليمية والدولية، مثل سلطنة مقديشو وسلطنة هوبيو وسلطنة أجوران التي سبقت هذا التفكك. أما في الداخل، فقد برزت مشيخات تعتمد على الزراعة والرعي، وكانت علاقاتها متوترة أحيانًا ومتحالفة أحيانًا أخرى بحسب المصالح المشتركة أو التهديدات الخارجية. هذا التفكك السياسي لم يعنِ غياب الروابط الثقافية أو الدينية بين الصوماليين، لكنه أسهم في تشكيل بنية اجتماعية

معقدة ومتشابكة، كان لها دور محوري في تطور الهويات المحلية وتحديد العلاقات بين مختلف القوى الصومالية في القرون التالية.[٥٠٦]

في فترة التكالب الاستعماري على إفريقيا خلال أواخر القرن التاسع عشر وأوائل القرن العشرين، استولت كل من بريطانيا وفرنسا وإيطاليا وإثيوبيا على أجزاء واسعة من المناطق الصومالية، حيث قُسمت البلاد بشكل تعسفي وفقًا لمصالح تلك القوى الاستعمارية دون اعتبار للروابط الثقافية أو العشائرية التي تجمع الصوماليين. هذا التقسيم أحدث تحولًا عميقًا في البنية السياسية والاجتماعية للمجتمع الصومالي، وأسهم في نشوء نخب جديدة تشكلت من مزيج غير متجانس نتج عن تصادم وتداخل نظام استعماري بيروقراطي استبدادي مع الهياكل المحلية التقليدية. فالسلطات الاستعمارية، التي فرضت إدارات مركزية تتميز بالطابع البيروقراطي، اعتمدت أحيانًا على القيادات المحلية أو أنشأت مؤسسات جديدة تخدم أهدافها في السيطرة والإدارة، مما أدى إلى نشوء نخبة محدودة مرتبطة بالمستعمرين ومتعلمة وفق المناهج الغربية. وفي الوقت ذاته، استمرت النخب التقليدية المستندة إلى الأعراف العشائرية والشيوخ والزعامات المحلية في ممارسة نفوذها، ولكنها واجهت تحديات متزايدة من قبل السلطات الاستعمارية. ومع مرور الزمن، أدى هذا التفاعل المعقد إلى ظهور نخب حديثة تتبنى مفاهيم جديدة للحكم والإدارة، مثل الأحزاب السياسية والمؤسسات التشريعية والنظام الانتخابي والقضائي الذي حاولت القوى الاستعمارية تأسيسه. كما ساهمت هذه الظروف في تشكيل أولى مؤسسات الدولة الحديثة، والتي كانت مزيجًا من النماذج الغربية المفروضة والعناصر التقليدية المحلية. ونتيجة لهذا التمازج الثقافي والسياسي، نشأت نخبة سياسية جديدة تسعى لتحقيق الاستقلال والاعتراف بالهوية الصومالية، بينما ظلت التحديات المتعلقة بتوفيق تلك الأنماط المتباينة من الحكم والإدارة قائمة حتى مرحلة ما بعد الاستقلال.[٥٠٧]

من جهة أخرى، تقوم الثقافة المحلية الصومالية على عقيدة إسلامية راسخة ومتشابكة مع أعراف قبلية متجذرة ومؤثرة في تنظيم العلاقات الاجتماعية والسياسية. ورغم هذا الترابط

٥٠٦- أقوى الدول في صومال القرون الوسطى كانت دولة أجوران الإمامية في الجنوب وعدل في الشمال. انظر:

Abdullahi, Making Sense of Somali History, volume one, 59-62.

٥٠٧- Endalcachew Bayeh, "The Political and Economic Legacy of Colonialism in the Post-independent African States." International Journal of Commerce, IT and Social Sciences, Volume 2, issue 2 (February 2015).

متوافر على:

https://www.researchgate.net/publication/273577309_

(تم الدخول بتاريخ ٢٢ يناير ٢٠٢٠).

بين الدين والعرف، تبنّت النخب الحديثة المتأثرة بالفكر الاستعماري وما بعد الاستعمار رؤية تعتبر المجتمع التقليدي والحديث كيانات متعارضة وغير قابلة للالتقاء. هذا التصور ينبع من نظريات التجديد والحداثة التي ترى أن التقاليد القديمة محكوم عليها بالاندثار لصالح الحداثة، وهو تصور مبني على فكرة أن المجتمعات التقليدية غير قادرة على التكيف مع متطلبات الدولة الحديثة. ونتيجة لهذا الفهم الأحادي، ساد الاعتقاد بأن الصراع بين التراث والحداثة يتجسد في مواجهة حتمية بين الدولة المركزية والمجتمع التقليدي. هذه النظرة تجلت بوضوح في السياسات التي انتهجها النظام العسكري الذي حكم الصومال بعد الاستقلال، والذي سعى إلى فرض نموذج دولة حديثة مستوحاة من المركزية البيروقراطية مع تهميش واضح للبنى التقليدية والعشائرية. لكن هذه السياسة الإقصائية التي حاولت تجاوز الأعراف والعقائد المحلية أو استبدالها، أدت في نهاية المطاف إلى رد فعل قوي من المجتمع الذي رفض الانصياع الكامل لسلطة الدولة المركزية. وبمرور الزمن، ساهم هذا التوتر المتزايد بين المجتمع والدولة في إضعاف النظام السياسي، وصولاً إلى انهياره التام عام ١٩٩١، حيث أثبت المجتمع التقليدي قدرته على الصمود والاستمرار حتى في ظل غياب الدولة المركزية، مما يعكس قوة الأعراف المحلية المتأصلة في مواجهة مشاريع التحديث المفروضة من الأعلى.

اندماج الثقافتين التقليدية والحديثة في الصومال أسفر عن ظهور أربعة أنواع رئيسية من النخب التي تتمتع ببنية محكمة ومؤثرة في المشهد السياسي والاجتماعي. النخب التقليدية تتألف من مجموعتين أساسيتين: شيوخ العشائر الذين يمثلون الأعراف والعلاقات القبلية الراسخة، وعلماء الدين الذين ينتمون أساسًا إلى الطرق الصوفية، التي لعبت دورًا تاريخيًا في نشر الإسلام والحفاظ على التراث الديني والثقافي. أما النخب الحديثة، فقد نشأت من مؤسسات حديثة وتضم فئتين رئيسيتين: الإسلامويين الذين يسعون إلى إحياء المبادئ الإسلامية وتطبيقها على المستويين السياسي والاجتماعي، وغير الإسلامويين الذين يتبنون توجهات فكرية وسياسية متنوعة تتراوح بين العلمانية والبراغماتية. تتضمن هذه النخب الحديثة أيضًا النخب السياسية التي تشكلت ضمن إطار الدولة الحديثة، سواء عبر المؤسسات الحكومية أو الأحزاب السياسية ذات الأيديولوجيات المختلفة. ومن اللافت أن النخب التقليدية تمتاز بكونها اجتماعية وتعاونية، تعزز الاستقرار المجتمعي من خلال شبكاتها القبلية والدينية، في حين أن النخب الحديثة تتسم غالبًا بالصدامية نتيجة تباين رؤاها حول طبيعة الدولة وإطارها القانوني ومرجعياتها الفكرية. هذا الصدام يعكس تناقضات أعمق بين نخب تحاول الحفاظ على التقاليد ودمجها ضمن مشروع الدولة الحديثة، وأخرى تسعى إلى تجاوزها أو إعادة تأطيرها وفقًا لمفاهيم سياسية أو دينية جديدة. العلاقات القائمة بين هذه النخب تشير إلى أن النخب الحاكمة غير الإسلاموية تمثل في

جوهرها امتدادًا للتطور الحديث للنخب التقليدية، حيث تسعى إلى تحديث المجتمع دون القطع الكامل مع ماضيه. في المقابل، ترتبط النخب السياسية الإسلاموية بجذور تاريخية لدى علماء الدين التقليديين، لكنها تحاول إعادة تفسير التراث الإسلامي بأسلوب يتلاءم مع متطلبات الدولة الحديثة وفق رؤيتها الخاصة. المفارقة الكبرى تكمن في أن النخب غير الإسلاموية تعتبر النخب التقليدية عاجزة عن المساهمة في بناء دولة حديثة، معتبرة إياها بائدة ومتحجرة، بينما يرى الإسلامويون أن هؤلاء السياسيين أنفسهم يشكلون عقبة أمام الفهم الصحيح للإسلام وإمكانية تطبيقه بشكل شامل في الدولة والمجتمع[٥٠٨]. وعليه، اتفقت النخب الجديدة على تهميش النخب التقليدية.

وتعتبر النخب الحاكمة غير الإسلاموية ورثة دولة ما بعد الاستعمار، وهم الذين حرصوا أشد الحرص على الحفاظ على طبيعة الدولة شبه العلمانية. وخلافًا لذلك، كان السياسيون الإسلامويون يضغطون بحماسة باتجاه تطبيق مبادئ الإسلام وقيمه في الدولة والمجتمع[٥٠٩]، وخلال مرحلة تشكلهم الأولى، تأثرت النخب الإسلاموية السياسية بالمذهب السلفي، بينما تميزت علاقتهم بالعلماء التقليديين أتباع الصوفية بانعدام الود[٥١٠]، لكن العلاقات مع الطرق الصوفية تحسنت مع نضج الإسلامويين، كما خفت حدة العلاقات العدائية بين الإسلامويين السياسيين والحكام غير الإسلامويين مع تبني الميثاق الوطني الانتقالي ذي الطابع الإسلامي (CNT) عام[٥١١] ٢٠٠٠. وفي حين عمل المنتمون إلى النخبتين السياسيتين هاتين يدًا بيد خلال فترة حكم النظامين اللذين أنتجهما اتحاد المحاكم الإسلامية (الرئيسان شيخ شريف وحسن الشيخ) وما بعدهما. وعلى هذه الحال، يظهر التوجه الحالي نحو تحقيق المصالحة الشاملة بين كل النخب الصومالية.

مجموعة شيوخ العشائر

قبل الهجمة الاستعمارية على الصومال في الربع الأخير من القرن التاسع عشر، حكم المجتمع الصومالي المقسَّم فئتان من النخب التقليدية معًا: شيوخ العشائر وعلماء الدين

٥٠٨- Samuel Huntington, The Change to Change: Modernization, development, and politics (New York: Free Press, 1976), 58-60; 58-60.

٥٠٩- النخب الأخرى مثل النخب الاقتصادية ونخب المجتمع المدني والنخب المحترفة كلها متداخلة.

٥١٠- مصطلحات الإسلامويين وغير الإسلامويين أعيد تعريفها في بحث لم يطبع.
Abdurahman Abdullahi, "Theorizing Islam and Islamists in Somalia: Conceptions and Cultural Challenges."

٥١١- انظر:
National Transitional Charter, "The Islamic Sharia shall be the basic source for national legislation and any law contradicting Islamic Sharia shall be void and null," article 4: 4.

الإسلامي. تناغمت سلطة النخبتين ورسمت لكل منهما حدود النفوذ، فباتت مسؤولية الشيوخ تدبُّر أمر القضايا الدنيوية غالبًا، بينما وقع على عاتق العلماء التقليديين معالجة القضايا الدينية"[٥١٢]. وعادة ما يمارس شيوخ العشائر سلطتهم من خلال القانون المحلي (reeX) الذي يوافق ما بين الشريعة الإسلامية والأعراف المحلية السائدة. وهو قائم على متوالية متعدِّدة من البُنى تبدأ من أصغرها وهي مجموعة "دفع الدية" وصولاً إلى أهمها، وهي مجموعة "الأسر العشائرية" كما أطلق عليها لويس (siweL .M .I) "[٥١٣]. فمجموعة دفع الدية تتشكل عادة في المناطق الرعوية بناءً على صلات القربى وروابط الدم، بينما في المناطق الزراعية تقوم على مبدأ الاندماج والتحالفات. وهذه تمتد "من ٤ إلى ٨ أجيال على التوالي، يربط بين أفرادها روابط القربى والأصل الواحد، وكذلك العهود الصريحة أو الاتفاقات""[٥١٤]. وفي التراتبية العشائرية العليا، تنصهر العديد من جماعات دفع الدية لتشكل سلالات عشائرية أكبر. وعند هذا المستوى، يستخدم الشيوخ ألقابًا مختلفة، مثل إمام وسلطان وغيرها (daaraG ,qaalaM ,rabaW ,roqoB ,naalsI ,saagU). ويشكل اجتماع السلالات العشائرية أسرًا عشائرية. والأمة الصومالية، عمومًا، تتقاسمها أربع أسر عشائرية رئيسية والعديد من عشائر الأقليات. الأسر العشائرية الرئيسية هي: دارود (dooraaD)، ودِر (riD)، ودغل ومرفلة (elfiriM & ligiD)، وهوية. (eyiwaH) أما عشائر الأقليات، فتتشكل من العديد من أسر عشائرية أصغر، مثل: بناديري (iridanaB)، وبرواني (inawaraB)، وباجوني (inujaB)، وجرير ويني (enyeW-reeraJ)، ويحر (rahaY)، ومهري (ireheM)، ورير حسن (nassaH-wA reeR) ، وهؤلاء لا تجمعهم قرابة دم ولا يقيمون في المنطقة نفسها، لكنهم اندمجوا عام ٢٠٠٠ نتيجة مصلحة سياسية. ولأن الأمر كذلك، فقد تمت المحاصصة السياسية في الصومال بناء على صيغة ٤٫٥ لتقاسم السلطة"[٥١٥]. والحقيقة أن

٥١٢– Lee Cassanelli, The Shaping of Somali Society: Reconstructing the history of a Pastoral People, 19600-1900 (University of Pennsylvania Press, 1982), 112.

٥١٣– جماعة دفع الدية، وتعني بالصومالية."gam" انظر:
I.M. Lewis, "Force, and Fission in Northern Somali Lineage Structure."
عالم أنثروبولوجيا أميركي، متوافر على
https://anthrosource. onlinelibrary.wiley.com/doi/pdfdirect/10.1525/aa.1961.63.1.02a00060
تم الدخول بتاريخ ٢٠ سبتمبر ٢٠٢٠.

٥١٤– المصدر السابق، ٩٧.

٥١٥– تم تبني صيغة ٤٫٥ لتقاسم السلطة بين الأسر القبلية الرئيسة في البرلمان ومنح ٠٫٥ المتبقي من الحصص لمجموع القبائل الأقلية، وذلك في مؤتمر المصالحة والسلام الصومالي في جيبوتي عام ٢٠٠٠.

الصوماليين أبناء عائلات متقاربة تربط فيما بينها أواصر المصاهرة والقربى، والأغلبية منهم يتحدثون اللغة نفسها ويعتنقون الإسلام.

تُعد جماعة دفع الدية في المجتمع الصومالي كيانًا اجتماعيًا مستقلاً يتمتع ببنية تنظيمية متماسكة تشبه في بعض جوانبها مؤسسات الدولة الحديثة. فهي تمتلك منطقة مشتركة خاصة بها، وآبارًا تُعد من الموارد الأساسية للحياة، إضافة إلى قوانين وأعراف عشائرية مُلزمة تحكم سلوك أفرادها وتحدد العلاقات بينهم وبين العشائر المجاورة. كما أن لهذه الجماعة شيوخ عشائر يتمتعون بمكانة قيادية تمنحهم سلطة الإشراف على تطبيق تلك القوانين والأعراف، وحل النزاعات الداخلية والخارجية، والعمل على الحفاظ على الأمن والاستقرار ضمن إطار الجماعة. ويُعد نظام الدية أحد أهم عناصر هذه البنية التنظيمية، حيث يتولى شيوخ العشائر مهمة تنظيمه والإشراف عليه بما يضمن تحقيق العدالة وردع النزاعات. بالإضافة إلى ذلك، تلعب جماعة دفع الدية دورًا محوريًا في إدارة العلاقات الخارجية مع العشائر الأخرى من خلال التفاوض والتحالفات، مما يعزز مكانتها ككيان يتمتع بالاعتراف والشرعية في محيطه. ولأن هذه الجماعة تملك نظامًا قانونيًا خاصًا، وسلطة تنفيذية متمثلة بشيوخها، ومؤسسات اجتماعية واقتصادية تدير مواردها، فإنها تشبه في بنيتها ووظائفها كيان الدولة المصغرة. فهي تؤدي مهام الحُكم والإدارة وفقًا لمنظومة قيمية وقانونية خاصة بها، مما يجعلها نموذجًا فريدًا يُظهر كيف يمكن لبنية اجتماعية تقليدية أن تتسم بخصائص تقترب من مفاهيم الدولة الحديثة، رغم افتقارها إلى الأطر القانونية والمؤسسية الرسمية التي تميز الدول القائمة على أسس بيروقراطية وقانونية حديثة."[٥١٦]. وتتخذ هذه الدولة الصغيرة قراراتها في المجلس من خلال مداولات مشتركة تقوم بين جميع الأعضاء الذكور البالغين لحين الوصول إلى توافق. وقد أطلق لويس (I. M. Lewis) على هذه العملية بإيجاز اسم "ديمقراطية الرعاة" في دراسته الأنثروبولوجية التي تمت بين الصوماليين في شمالي الصومال"[٥١٧]. وفي واقع الأمر، العشائر لا تهيم بلا وجهة بين الغابات، كما يتصور كثيرون منهم، بل منظمة، وتخضع لمجموعة من القوانين والإجراءات ذات الصبغة المحلية، كما أن علاقاتها الداخلية ومع العشائر الأخرى تنظمها ويتم تناولها بناء على القانون المحلي، وهو قانون غير مكتوب يحفظه شيوخ العشائر ويورثونه للأجيال اللاحقة.

٥١٦- Abdullahi, Tribalism, Nationalism and Islam, 37-39.

٥١٧- M. Lewis, Pastoral Democracy: A Study of Pastoralism and Politics among Northern Somali of the Horn of Africa (LIT Verlag, 1999).

إن الشيوخ التقليديون هم الزعماء الأعلى لعشائرهم قبل التغلغل الاستعماري. ومع هذا، اعترفت بهم القوى الاستعمارية كشركاء محليين إثر توقيع العديد من الاتفاقيات معهم. وبناء عليه، اندمج العديد من شيوخ العشائر بالنظام الاستعماري لإدارة الحكم وتحولوا إلى موظفين مأجورين. وحسبما ذكر لويس، "ففي الخمسينيات كان هناك ٩٥٠ جماعة لدفع الدية معترف بها في أرض الصومال التي تتبع إيطاليا و٣٦١ جماعة في أرض الصومال التابعة لبريطاني"[٥١٨]. وفي جنوبي الصومال التابع لإيطاليا، غالبًا ما استخدم شيوخ العشائر السلطة الجبرية للدولة في قيادة عشائرهم. ومع الزمن، انتقل العديد من شيوخ العشائر للعيش في المراكز الحضرية، وأسسوا إقامة دائمة عوضًا عن العيش بين أبناء عشيرتهم من الرعاة. وقد أتاح الاستقرار في المدن لأبناء شيوخ العشائر فرصة تحصيل التعليم الحديث والالتحاق بالوظائف في الدولة[٥١٩]. وقد شجع هذا التوجه السياسة الاستعمارية التي عملت على إتاحة فرص التعليم لأبناء الزعماء التقليديين للحفاظ على قيادة العشائر. واتضح استخدام هذه السياسة في تشكيل المجلس الإقليمي في إقليم الوصاية الأممية بإدارة إيطاليا حيث تجد اليد الطولى للنخب التقليدية[٥٢٠]، كما برز دعم القادة التقليديين على القدر نفسه أيضًا في أرض الصومال الخاضعة لبريطانيا في فترة تشكيل المجلس التشريعي الأول عام ١٩٥٧. وبناء عليه، انتخب الحاكم البريطاني ٢٤ عضوًا في المجلس الاستشاري يمثلون العشائر الرئيسية الخاضعة للوصاية[٥٢١].

على النقيض من الاستعمار الذي سعى إلى دمج النخب التقليدية ضمن منظومته الإدارية لضمان السيطرة والاستقرار، اتبع القوميون الصوماليون نهجًا مغايرًا في تعاملهم مع شيوخ العشائر، معتبرين إياهم عقبة أمام تحقيق الأهداف القومية وبناء دولة حديثة قائمة على أسس وطنية تتجاوز الولاءات القبلية. لقد نظر القوميون إلى المؤسسة التقليدية برمتها ككيان مناقض ومعادٍ لمشروعهم الطموح الذي يهدف إلى تأسيس هوية قومية موحدة تتخطى الهويات الفرعية القائمة على القرابة والعشيرة. ونتيجة لذلك، أعاد القوميون تأطير سياسة الاندماج التي انتهجها الاستعمار خلال مرحلة الوصاية في الخمسينيات، وحولوها إلى سياسة إقصائية تهدف إلى تهميش دور الشيوخ وإضعاف نفوذهم في الحياة العامة، معتبرين أن تراجع سلطتهم هو خطوة ضرورية لتأصيل الفكر القومي وإقامة دولة مركزية

٥١٨—I.M. Lewis, A Modern History of Somalia: Nation and State in the Horn of Africa (Longman, 1980), 166-67. Also, Abdullahi, Tribalism, Nationalism, and Islam, 36-37.
٥١٩—Sylvia Pankhurst, Ex-Italian Somaliland (London: Watts & Co., 1951), 214.
٥٢٠—Abdullahi, Making Sense of Somali History, Volume two, 145.
٥٢١—Lewis, Modern History of Somalia, 152.

قوية. ومع ذلك، فإن هذا النهج القومي لم يدم طويلاً، حيث انهارت الدولة الصومالية عام ١٩٩١، وعندها برزت الحاجة الملحة لإعادة النظر في دور شيوخ العشائر ضمن سياق الفوضى السياسية والاجتماعية. ومع غياب سلطة مركزية قوية، عاد شيوخ العشائر للعب دور محوري في تنظيم المجتمع وإعادة بناء المؤسسات الوطنية والمحلية، مستفيدين من شرعيتهم التقليدية ونفوذهم الاجتماعي. وأصبحوا جزءًا أساسيًا من محاولات إعادة الاستقرار، سواء من خلال جهود المصالحة المحلية أو من خلال المشاركة في تشكيل الحكومات المؤقتة. وهكذا، تحول شيوخ العشائر من كونهم مصدر تهديد للنخب القومية إلى شركاء فعليين في إعادة بناء النظام السياسي، مما يعكس مرونة البنية التقليدية وقدرتها على التكيف مع الظروف المتغيرة.

مجموعة علماء التقليديين

تحمَّل العلماء التقليديون عبر التاريخ مسؤولية كبرى في إدارة وتوجيه الحياة الدينية للمجتمعات الإسلامية، حيث شملت مهامهم التعليم الإسلامي الذي كان يرتكز أساسًا على تحفيظ القرآن الكريم وتدريس علومه، إلى جانب تعليم الحديث والفقه والتفسير وغيرها من العلوم الشرعية. ولم يقتصر دورهم على التعليم فحسب، بل امتد ليشمل تنظيم الحياة الاجتماعية وفقًا لمبادئ الإسلام؛ من خلال توجيه الأفراد في المسائل المتعلقة بالزواج وتحديد نسب الإرث وفقًا للشريعة الإسلامية، والإشراف على إقامة الشعائر الدينية من صلاة وصوم وأعياد واحتفالات دينية مثل المولد النبوي. وقد ساهموا كذلك في حل النزاعات وإصدار الفتاوى التي تحدد المواقف الشرعية من مختلف القضايا المستجدة. وتمتع العلماء التقليديون بسلطة دينية مؤثرة اكتسبوها من احترام المجتمع لهم وثقته بعلمهم وتقواهم، مما جعلهم يحتلون مكانة جليلة في البنية الاجتماعية التقليدية. ومع اتساع رقعة الإسلام في القرن الثالث عشر، أطلق هؤلاء العلماء نظامًا تعليميًا مستدامًا يقوم على تأسيس مراكز علمية محلية كالمساجد والزوايا والمدارس التقليدية (الخلاوي)، التي أصبحت بمثابة مؤسسات تعليمية تتمتع باستقلالية كبيرة وتلبي احتياجات المجتمع المحلي. كان التعليم الإسلامي متمركزًا حول المجتمع نفسه، إذ أُدير بإمكانات محلية واستجاب للتحديات الواقعية التي تواجهها المجتمعات المسلمة. كما ساهم هذا النظام في تعزيز الهوية الإسلامية ونشر الثقافة الدينية بطريقة فعّالة، مما أكسب العلماء التقليديين نفوذًا واسعًا امتد ليشمل مختلف جوانب الحياة الاجتماعية والسياسية. فالتعليم الإسلامي

"تمركز حول المجتمع واصطبغت إدارته بالمحلية"[٥٢٢]. بدوره، تمحور النظام المدرسي حول الإسلام؛ إذ انطلق من حفظ القرآن في مرحلة الطفولة المبكرة، كما أن الطريقة المبتكرة في تعلم الأبجدية العربية اخترعها العالم الصومالي الشيخ يوسف الكونين؛ إذ أدخل نظام الترقيم في الأبجدية العربية إلى اللغة الصومالية المعروف باسم التهجي (DAGIH)[٥٢٣]. وإن حفظ القرآن لهو المنطلق في التعليم الإسلامي الذي حافظ على ديمومته لقرون متتالية. وقد اتجه بعض خريجي هذا المستوى الأول من الموهوبين نحو التخصص بتدريس القرآن الكريم، وافتتحوا مدارس قرآنية (كتاتيب).

ويبدأ المستوى الثاني من التعليم الإسلامي مع انتقال بعض الطلاب الطموحين إلى مستوى تعليمي أعلى؛ إذ يشجعهم على ذلك مجتمعاتهم التي تنشد الارتقاء بثقافة تعزيز ودعم التعليم الإسلامي من خلال توفير المنح.[٥٢٤] وعند التخرج، يعود بعض الطلاب الجدد إلى مسقط رأسهم ويؤسسون فيها مراكز تعليم إسلامي. ومن خلال تلك العملية، تظهر قرى جديدة لاحتواء توطين السكان القرويين ونقلهم إلى حياة الحضر، كما يقوم المعلمون بإرسال خريجيهم الأكثر تميزًا كمبعوثين إلى مساقط رؤوسهم لنشر مبادئ الإسلام بحسب ما أوصى القرآن الكريم.[٥٢٥]

يمثل المستوى الثالث من التعليم الإسلامي التصوف الذي يتولى أمره مشايخ وأسياد الطرق الصوفية، والذين يشرفون على تدريب الأتباع وتوجيههم نحو مسار روحي يهدف إلى تنقية النفس والتقرب إلى الله ﷻ. يتبع المريدون في هذه الطرق منهجية صارمة من التزكية والتدريب الروحي التي تشمل الذكر والتأمل والصلاة والصوم والمجاهدة، بإشراف سيد روحي يعتبرونه مرشدًا موثوقًا يقودهم نحو بلوغ مقامات روحية عليا. وتنشد الطرق الصوفية تحقيق علاقة وثيقة بين الإنسان وربه، تُبنى على الإخلاص والالتزام بأخلاقيات التصوف مثل الزهد والتقوى والإحسان. ومن خلال أساليبها الرمزية المتمثلة في حلقات الذكر

٥٢٢- Abdinoor Abdullahi, "Constructing Education in the Stateless Society: The Case of Somalia." A Ph.D. thesis submitted to the University of Ohio, 2007, 25.

٥٢٣- الشيخ يوسف البكري هو واحد من أكبر العلماء المعروفين ممن ساهموا في نشر الإسلام في الصومال قرابة القرن الـ١٣. والمعروف عنه قليل، لكن لويس رمم بعض المواقف بناء على الموروث الشفوي واكتشافات سيرولي في هرر. وضريحه موجود في دغر على مسافة تقارب ٢٠كم من هيرجيسا. انظر: I.M. Lewis, Saints, and Somalis: Popular Islam in Clan-based Society (The Red Sea Press, 1998), 89-98.

٥٢٤- عرض المنحة هذا يشمل التعليم المجاني على يد علماء متعلمين وبدعم من أفراد المجتمع. وقام هذا النظام، الذي يدعى «إيواء طلاب العلم» على تأسيس توفير الطعام من قبل سكان المدن لطلاب الدراسات الإسلامية من أبناء الريف.

٥٢٥- انظر الآية القرآنية ١٢٢ من سورة التوبة: (وَمَا كَانَ الْمُؤْمِنُونَ لِيَنْفِرُوا كَافَّةً فَلَوْلاَ نَفَرَ مِنْ كُلِّ فِرْقَةٍ مِنْهُمْ طَائِفَةٌ لِيَتَفَقَّهُوا فِي الدِّينِ وَلِيُنْذِرُوا قَوْمَهُمْ إِذَا رَجَعُوا إِلَيْهِمْ لَعَلَّهُمْ يَحْذَرُونَ).

والإنشاد الروحي، إضافة إلى احتفالاتها السنوية بمناسبات دينية كالموالد والمناسبات الصوفية الخاصة، نجحت الطرق الصوفية في غرس روحانية عميقة في نفوس أتباعها، مما جعلها تحظى بانتشار واسع وقبول شعبي كبير. وتتمثل أهميتها أيضًا في قدرتها على بناء شبكات اجتماعية عابرة للقبائل، حيث تجاوزت الصوفية الحدود القبلية التقليدية وأنشأت روابط تستند إلى الولاء الروحي بدلًا من الانتماء العشائري، مما ساهم في تخفيف حدة الانقسامات القبلية وتوحيد المجتمعات المحلية حول رموز صوفية مشتركة. في الصومال، تستمر الطرق الصوفية في أداء دورها الحيوي، مستفيدة من الدعم الشعبي الذي تتمتع به بفضل قدرتها على التكيف مع البيئة المحلية واستجابتها للاحتياجات الروحية والاجتماعية للسكان. ومن أبرز الطرق الصوفية في الصومال طريقتان رئيسيتان: القادرية والأحمدية، ولكل منهما فروعها المحلية التي تنظم نشاطاتها وتقدم تعليمها الروحي بما يتماشى مع تقاليدها الخاصة. هذه الطرق تمثل مؤسسات تعليمية وروحية في الوقت نفسه، حيث أسهمت في نشر الإسلام وتعميق الوعي الديني لدى المجتمعات الصومالية، وخصوصًا في المناطق الريفية التي تفتقر إلى المؤسسات التعليمية الرسمية.[٥٢٦]؛ فللقادرية فرعان: الزيلعية والأويسية. من جهتها، نجد للأحمدية ثلاثة أفرع: الرحمانية، والصالحية، والدندراوية[٥٢٧]. ونتيجة لتأثير نظام التعليم الحديث، يخضع أتباع الطرق الصوفية إلى عملية إصلاح.

نشأة النخب غير الإسلاموية

نشأت النخب غير الإسلاموية في الصومال من أبناء النخب التقليدية كنتيجة مباشرة للسياسات الاستعمارية التي سعت إلى إيجاد امتداد موالٍ لها داخل المجتمعات المحلية من خلال بناء طبقة جديدة من المتعلمين تتماشى مع أهدافها. فمع تركز الحكم الاستعماري في المدن الكبرى، حصل أبناء شيوخ العشائر والعلماء التقليديين الذين استقروا في تلك المدن على فرص تعليمية مبكرة، غالبًا عبر المدارس الحديثة التي أنشأها المستعمرون لتعزيز الإدارة البيروقراطية وتخريج كوادر تخدم النظام الاستعماري. وهكذا، بدأ يتشكل جيل جديد من النخب غير الإسلاموية الذي تزامن ظهوره مع عملية بناء الدولة الحديثة وتوسع التعليم الرسمي. إلا أن تطور التعليم الحديث في الصومال كان بطيئًا ومحدودًا

٥٢٦– أخفق معظم الباحثين في التفريق بين الطريقة الصوفية الأصلية وما تفرع عنها لاحقًا. وهناك من يدعي أحيانًا أن الطرق الصوفية هذه ثلاثة، فيجعل الصالحية طريقة مستقلة عن الأحمدية، ويتجاهل وجود الطريقة الرفاعية. انظر:
David Laitin and Said Samatar, Somalia: Nation in Search of a State (Westview, 1987), 45.

٥٢٧– Abdurahman Abdullahi, The Islamic Movement in Somalia: A Study of Islah Movement, 1950-2000 (Adonis & Abbey, 2015), 39-42

لأسباب متعددة، أبرزها تخصيص الحكام الاستعماريين ميزانيات ضئيلة لقطاع التعليم، مما حال دون إنشاء مؤسسات تعليمية كافية أو ذات جودة عالية. كما أن ارتباط المدارس الحديثة بالاستعمار جعل العديد من أفراد المجتمع يتحفظون على إرسال أبنائهم إليها، خشية التأثر بالثقافة الأجنبية أو فقدان الهوية التقليدية. هذا بالإضافة إلى الاضطرابات الاجتماعية والسياسية المستمرة التي زادت من حالة عدم الاستقرار، فضلًا عن غياب الحوافز الاقتصادية أو المكتسبات المباشرة التي قد تشجع العائلات على الاستثمار في التعليم الحديث. وهكذا، ظل التعليم الحديث في الصومال محدود الانتشار، يقتصر غالبًا على النخب الحضرية القريبة من مراكز الحكم، بينما بقيت الأغلبية الساحقة من السكان خارج نطاق تأثيره، معتمدة على التعليم التقليدي المرتبط بالمساجد والكتاتيب. "وبسبب هذه العملية البطيئة، تباطأ تشكل النخبة الصومالية، وبدا قاصرًا ومتفاوتًا وغارقًا في خضم الحرب الباردة والتوترات ما بين المسلمين والمسيحيين"[٥٢٨].

اعتمد التعليم الحديث في الصومال خلال الحقبة الاستعمارية على اللغات والمناهج التي فرضها المستعمرون لتعزيز الهيمنة الثقافية وترسيخ النظرة الأوروبية في أذهان الأجيال الصاعدة. فأصبحت اللغتان الإيطالية والإنجليزية هما اللغتين الرسميتين في مؤسسات التعليم، حيث فرض المستعمرون مناهج دراسية ترتكز على المعايير الأوروبية، مما أدى إلى تهميش اللغة العربية التي كانت حتى ذلك الحين لغة العلم والثقافة بالنسبة للنخب التقليدية المتعلمة. وبالرغم من مكانتها المهمة في التعليم الإسلامي التقليدي، تراجعت اللغة العربية إلى موقع ثانوي ضمن المناهج الحديثة، ولم يُلتفت إلى تطوير اللغة الصومالية أو تقنين استخدامها كلغة تعليمية. وظل هذا الوضع قائمًا حتى عام ١٩٧٢ عندما تبنت الحكومة الصومالية الأبجدية اللاتينية بشكل رسمي للكتابة باللغة الصومالية، في محاولة لتوحيد الهوية الثقافية والتعليمية للبلاد. غير أن التعليم الحديث نفسه كان يعاني من تشتت وتعددية في المؤسسات والمناهج، خاصةً مع ظهور التعليم غير الرسمي في الخمسينيات الذي تشكل من مزيج غير متجانس من مدارس مختلفة المنشأ والمحتوى. فمن جهة، كانت هناك مدارس البعثات التبشيرية المسيحية التي سعت إلى نشر الثقافة الغربية والتأثير الديني، ومن جهة أخرى، المدارس العربية المصرية التي تبنت مناهج تعليمية أقرب إلى الثقافة الإسلامية والعربية. إضافة إلى ذلك، كانت هناك المدارس الإيطالية التي استمرت في تقديم التعليم وفقًا للنموذج الاستعماري، مما خلق حالة من الازدواجية التعليمية والثقافية. وقد أدى هذا التنوع غير المنظم إلى تضارب في الأهداف التعليمية وإضعاف

٥٢٨- Abdurahman Abdullahi, Making Sense of Somali History, Volume one (Adonis &Abbey, 2017), 101.

عملية بناء نظام تعليمي موحد يعبر عن الهوية الثقافية الصومالية، مما ترك أثرًا طويل الأمد على مسار التعليم في البلاد.[٥٢٩]

وفي الماضي، منع النظام الإيطالي الفاشي، الذي وصل إلى السلطة عام ١٩٢٢، التعليم الرسمي في المستعمرات الإيطالية[٥٣٠]، لكنه سمح بوقف المدارس الثقافية على الكنيسة الرومانية الكاثوليكية. وكان الغرض من ذلك التعليم توفير عمالة مؤهلة لاحتلال وظائف لا تناسب الإيطاليين أبناء "العرق الأسمى"[٥٣١]، كما أن وقف المدارس الثقافية على أبناء الوجهاء الطيِّعين والمتوقع لهم أن يخلفوا آباءهم في خدمة السادة الأوروبيين كمترجمين وكتبة وسعاة، بدا أمرًا يفيض بالغبن[٥٣٢]، لكن هذه السياسة تغيرت إثر هزيمة إيطاليا في الحرب العالمية الثانية عام ١٩٤١. ومن حينها، انطلق التعليم الحديث "دون سقف أعلى"[٥٣٣]. ولذلك، أولى الصوماليون التعليم الحديث اهتمامًا بالغًا من خلال جماعات المجتمع المدني والمبادرات المحلية للأحزاب السياسية. وما يلفت النظر أن الأحزاب السياسية الناشئة راحت تتنافس فيما بينها عبر الاستثمار في التعليم لاجتذاب دعم الناس. وقد لعب حزب رابطة الشباب الصومالي (LYS) دورًا رائدًا في هذا السباق بتقديمه التعليم في خططه الكبرى[٥٣٤]. وحذت بقية الأحزاب السياسية الأخرى الحذو نفسه، وأطلقت برامج تعليم مشابهة. وبحلول عام ١٩٤٧، تواجدت ١٩ مدرسة ابتدائية تمولها الدولة، وتتخذ من اللغة العربية لغة التعليم على اعتبارها لغة ثانية في جنوبي الصومال. وانتشر هذا التوجه

٥٢٩– من هذه المدارس ثانوية بنادر الروسية والمدارس الإيطالية ومدرسة التضامن الإسلامي السعودية.

٥٣٠– محمد شريف محمود، «عبد الرزاق حاج حسين، رئيس الوزراء الصومالي (١٩٦٤-١٩٦٧)، ٢٠٠٩» متوافر على:
http://arabic.alshahid.net/columnists/ 6110
تم الدخول بتاريخ ٢١ إبريل ٢٠١٠.

٥٣١– حكمت القيادة الفاشية إيطاليا من عام ١٩٢٢ حتى عام ١٩٤٣، وهي أيديولوجيا يمينية متطرفة تقوم على التمييز العنصري والاستبداد.

٥٣٢– Abdurahman Abdullahi, Tribalism, Nationalism, and Islam, 63.

٥٣٣– استُخدم هذا المصطلح من قِبَل صالح محمد، ويعني من تم منحه رخصة تأسيس مدارس ومنظمات محلية. وحظر الحكم الفاشي نشاطات من هذا القبيل. انظر: صالح محمد علي، حدور@ وتاريخ جنوبي الصومال، القاهرة: دار النهضة للنشر، ٢٠٠٥، ٣٥٨.

٥٣٤– افتتح الحزب العديد من الصفوف المسائية لتعليم الكبار بمساهمة كريمة من أعضائه، وبحلول عام ١٩٤٨، كان التعليم في ٦٥٪ من صفوفه تعلم بالإنجليزية مقابل ٣٥٪ بالعربية، وحزب رابطة الشباب الصومالي هو أول حزب سياسي في الصومال، قام على أساس منظمة شبابية عام ١٩٤٣، وتحول إلى حزب سياسي عام ١٩٤٧. ولأنه أكبر الأحزاب القومية، أضحى الحزب الحاكم (١٩٥٦–١٩٦٩).

أفقيًّا ليبلغ عدد المدارس بحلول عام ١٩٥٠، ٢٩ مدرسة تحوي ٢٨٥٠ طالبًا وتوظف ٤٥ مدرسًا.[٥٣٥]

وعندما انتدبت الوصاية الأممية إيطاليا عام ١٩٥٠ لتأهيل الصومال للاستقلال في غضون عشرة سنوات، تغير هدف التعليم بصورة جذرية[٥٣٦]. وأطلقت إيطاليا عام ١٩٥٢ برنامج إنماء يستغرق خمس سنوات بالتعاون مع اليونيسكو. وتبعًا لذلك البرنامج، وضعت الأسس لإنشاء مدارس حديثة ومعاهد تقنية، وتمّ إطلاق برامج تدريب للمدرسين. وبحسب ما ذكر لويس (I. M. Lewis) بحلول عام ١٩٧٥، تم تسجيل ما "يقارب ٣١٠٠٠ طالب وبالغ من كلا الجنسين في المدارس الابتدائية، و٢٤٦ في المدارس الثانوية و٣٣٦ في المعاهد التقنية، وبضعة مئات في المؤسسات التعليمية العليا"[٥٣٧]. وتظهر البيانات المذكورة أعلاه نقلةً ملحوظةً في التعليم الحديث مقارنة بظروف ما قبل فترة الخمسينيات، حين كان عدد من يتلقى التعليم أقل من ٢٠٠٠ طالب. علاوة على ذلك، تأسست مدارس متخصصة في مقديشو في الخمسينيات مثل مدرسة السياسة والإدارة. ونال بعض الخريجين من هذا المعهد منحًا لاستكمال دراستهم في جامعة بيروجيا في إيطاليا، بينما تم توظيف الآخرين بناءً على برنامج الصوملة السريع للإدارة الحكومية بعد ١٩٥٦.

وخلال تلك الفترة، وظفت الإدارة الإيطالية ٤٣٨٠ صوماليًّا (أي ما نسبته ٨٨٪ من القوة العاملة) في مؤسسات حكومية. ويعد هذا العدد من التوظيف كبيرًا بالمقارنة مع العدد الذي وظفته الإدارة البريطانية في أرض الصومال في الفترة ذاتها؛ إذ تم توظيف ٣٠٠ شخصًا في إدارة الدولة منهم ٣٠ صوماليًّا (بنسبته ١٠٪) فقط[٥٣٨]، كما افتتحت معاهد أخرى أيضًا عام ١٩٥٤، أهمها المعهد العالي للقانون والاقتصاد الذي تحول فيما بعد إلى كلية في جامعة الصومال. وقد تطور مع الوقت ليصبح الجامعة الوطنية الصومالية عام

٥٣٥- انظر: Paolo Tripodi, The Colonial Legacy in Somalia: Rome and Mogadishu: From Colonial Administration to Operation Restore Hope (Palgrave Macmillan, 1999), 59.

هناك تباين في البيانات الإحصائية بالنسبة لعدد الطلاب المسجلين. يطرح تريبودي ٢٨٥٠، بينما يشير بحث آخر إلى وجود ١٦٠٠.

Lee Cassanelli and Farah Sheikh Abdulkadir, "Somali Education in Transition" (Bildhan, vol. 7, 2007), 91-125.

٥٣٦- المصدر السابق، تريبودي، ٥٩.

٥٣٧- Lewis, A History of Somalia, 140.

٥٣٨- صوملة الإدارة كان مخططًا لمنح الصوماليين المسؤولية عن إدارة البلاد عبر تأهيل وتدريب يقوم به الإداريون الإيطاليون. ويبدو الاختلاف المؤثر واضحًا في أسلوب إدارة وصاية النخب الجديدة في المستعمرة البريطانية، وتلك الخاضعة للإدارة الإيطالية بموجب الوصاية الأممية. انظر: Tripodi, The Colonial Legacy, 75.

١٩٧٢ "[٥٣٩]، كما وفرت الإدارة الإيطالية منحًا، وعقدت حلقات بحث، وأمَّنت زيارات رسمية إلى إيطاليا للنخب الصومالية الصاعدة ليتعرفوا على اللغة والثقافة الإيطاليتين. ومن خلال التعليم الحديث ودعم فرص التوظيف، ظهرت النخب الصومالية الجديدة المشبعة بالثقافة الإيطالية. وأضحى أفراد هذه النخب قادة للأحزاب السياسية ومديرين بارزين وأعضاء مجالس في المقاطعات ومحافظي أقاليم، كما تم توظيفهم في جهاز أمن الدولة. وتنامى دور النخب الجديدة بسرعة أكبر حتى ظهروا كنخب حاكمة عام ١٩٥٦، فحلّوا محلَّ الإيطاليين في كل المناصب الإدارية العليا؛ وذلك لتحضير الصومال لنيل الاستقلال عام ١٩٦٠. إلا أن المناصب العليا في التعليم لم تشهد الكثير من التطور كي تتفاخر به. و"تبعًا لتقرير الأمم المتحدة بشأن الصومال الصادر قبل ثلاثة سنوات من موعد الاستقلال، لم يكن هناك طبيب صومالي واحد، أو صيدلاني، أو مهندس، أو مدرس للمرحلة الثانوية في الصومال"[٥٤٠]، لكن كان هناك ٣٧ طالبًا صوماليًّا يدرسون في الجامعات الإيطالية في العام الدراسي ١٩٥٧–١٩٥٨، منهم ٢٧ كان يتوقع تخرجهم عام ١٩٦٠."[٥٤١]

شهدت أرض الصومال البريطانية تأخرًا واضحًا في محاولات إدخال التعليم الحديث نتيجة لمجموعة من العوامل التاريخية والدينية والثقافية التي تفاعلت بصورة معقدة. ففي عام ١٩١٠، تعرضت البعثات التنصيرية للطرد، وهو ما مثّل رفضًا شعبيًّا قويًّا لأي محاولات خارجية لفرض منظومة تعليمية يُنظر إليها على أنها أداة لترويج المسيحية وإضعاف الهوية الإسلامية الراسخة في المجتمع. وقد جاء هذا الطرد ضمن سياق أوسع من التوجس العميق تجاه الاستعمار وثقافته، حيث تزامنت هذه الأحداث مع صعود دعوة الجهاد التي أطلقها السيد محمد عبد الله حسن، والتي ركّزت على مقاومة النفوذ الأجنبي والدفاع عن العقيدة الإسلامية. ونتيجة لذلك، ساد مناخ من الشك والعداء تجاه أي مبادرات تهدف إلى إدخال التعليم الحديث الذي كان يُنظر إليه غالبًا على أنه وسيلة استعمارية للتغريب وتغيير القيم الدينية والاجتماعية. كما أن مقاومة السيد محمد عبد الله حسن للحكم البريطاني، وما صاحبها من تعبئة دينية واجتماعية ضد الوجود الأجنبي، ساهمت في

٥٣٩– Lewis, A History of Somalia, 141.

٥٤٠– Abdirahman Ahmed Noor, "Arabic Language and Script in Somalia: History, attitudes, and prospects." Ph.D. diss., Georgetown University, 1999, 52.

٥٤١– "في عام ١٩٦٠، عام الاستقلال، كان هناك ٢٧ صوماليًّا فقط يتلقون التعليم الجامعي في إيطاليا: واحد في الطب، و٦ في العلوم السياسية، وواحد في علم الاجتماع، و٩ في الاقتصاد وإدارة الأعمال، وواحد في الصحافة، و٣ في الطب البيطري، و٢ في هندسة الزراعة، وواحد في العلوم الطبيعية، وواحد في الصيدلة، وواحد في اللغويات». انظر:
Mohamed Osman Omar, The Road to Zero: Somalia's Self-destruction (HAAN associates, 1992), 45.

تعميق هذه المشاعر المعارضة للتعليم الحديث القادم من المستعمرين. وبالتالي، تأخر إنشاء مؤسسات تعليمية حديثة في أرض الصومال البريطانية لفترة طويلة، مما ساهم في ترسيخ الأنماط التقليدية للتعليم الإسلامي وحال دون انتشار التعليم الحديث الذي ظل محصورًا في نطاق محدود ومراقب بعناية.[٥٤٢]

إن رفض الصوماليين القاطع لفرض الضرائب من قبل السلطات الاستعمارية البريطانية، والذي اعتبر تدخلاً سافرًا في شؤونهم ومساسًا باستقلالهم الاقتصادي والاجتماعي، تزامن مع شح الاعتمادات المالية المخصصة من قِبل المستعمر لتنمية المنطقة. هذا الافتقار إلى التمويل الكافي كان نتيجةً مباشرة لسياسات التقشف البريطانية واهتمامها المحدود بتطوير التعليم في أرض الصومال، التي كانت تُعتبر منطقة هامشية ضمن أولوياتها الاستعمارية. ونتيجة لهذا، تأخر إدخال التعليم الحديث بشكل ملحوظ، وظلّ الوصول إلى المدارس محدودًا لفترة طويلة. وعلى الرغم من هذه التحديات، شهد عام ١٩٥٠ افتتاح أول مدرستين حديثتين في أرض الصومال البريطانية، وجاء ذلك كجزء من محاولة متأخرة للاستعمار لفرض نظام تعليمي حديث يُستخدم كأداة للسيطرة الثقافية والإدارية. ومع مرور الوقت، توسعت هذه المدارس تدريجيًا، وإن كان ذلك بوتيرة بطيئة وغير منظمة. ووفقًا للسجلات العامة، ارتفع العدد الكلي للطلاب الملتحقين بالمؤسسات التعليمية في أرض الصومال البريطانية من ٦٢٣ طالبًا في عام ١٩٤٨ إلى ٢٠٩,٦ طلاب في عام ١٩٥٩، مما يعكس زيادة ملحوظة رغم القيود المالية والسياسية المفروضة. ومع ذلك، بقي هذا النمو محدودًا بالمقارنة مع الحاجة الفعلية للتعليم والتنمية البشرية، خاصة في ظل تزايد الوعي السياسي والاجتماعي لدى الصوماليين في تلك الفترة.[٥٤٣]

ومع تحقيق الاستقلال عام ١٩٦٠، وتوحد أرض الصومال الخاضعة للنفوذ البريطاني ومناطق الوصاية الأممية الخاضعة للإدارة الإيطالية، بات المحسوبون على النخب غير الإسلاموية القادةَ الوطنيين لدولة الصومال. وفي فترة الحرب الباردة بين الغرب والشرق، نال الطلاب الصوماليون منحًا للدراسة في دول شتى؛ إذ تظهر البيانات الإحصائية الناقصة، على سبيل المثال، البيانات التالية: في الستينيات، كان هناك ٥٠٠ طالبًا يدرسون في الاتحاد السوفييتي، و٢٧٢ في إيطاليا، و١٥٢ في السعودية، و٨٦ في الولايات المتحدة الأميركية،

٥٤٢- Saadia Touval, Somali Nationalism: International Politics and the Drive for Unity in the Horn of Africa (Cambridge: Cambridge University Press, 1963), 64.

٥٤٣- Ahmed Samatar, Socialist Somalia: Rhetoric and Reality (London: Zed Press, 1988), 47.

و٤٠ في السودان، و٣٤ في بريطانيا، و٣٢ في فرنسا، و٢٩ في الهند"[٥٤٤]. ونلاحظ من هذه البيانات أنَّ عدد المنح المقدمة من قبل الدول الغربية مجتمعة أقل من العدد المقدم من الاتحاد السوفييتي وحده. ويبدو هذا الأمر أكثر وضوحًا في القطاع العسكري؛ فبعد استياء الصومال من المبلغ الضئيل الذي يقدمه الغرب لدعم طموحاته العسكرية وافق الاتحاد السوفييتي عام ١٩٦٣ على مساعدة الصومال في بناء جيش قوي، كجزء من استراتيجية الحرب الباردة لتحقيق التوازن مع الوجود الأميركي في إثيوبيا. وتبعًا للايتن (nitiaL) وسمتر (ratamaS)، فقد "بلغ عرض الدول الغربية مجتمعة لدعم القطاع العسكري في الصومال ١٠ ملايين دولار لبناء جيش من ٥٠٠٠ جندي. لكن السوفييت عرضوا قرضًا بقيمة ٥٢ مليون دولار لبناء جيش من ١٤ ألف جندي. وبالتالي، نجح الاتحاد السوفييتي في الفوز بتدريب الجيش الصومالي"[٥٤٥]. ونتيجة لهذا، قُدِّر عدد الضباط الصوماليين الذين تلقوا تدريبهم في الاتحاد السوفييتي وحده بما يعادل ٥٠٠ بحلول ١٩٦٩. وبهذا، تشبعت أغلبية النخب غير الإسلاموية بالفكر الاشتراكي[٥٤٦]، وهي التي شكلت تيارًا من أقصى اليسار في وجه التغريب المتنامي، ولُمسَت نتائج هذه الظاهرة خلال الحكم العسكري الذي انطلق عام ١٩٦٩.

مجموعة النخب الإسلاموية

إنَّ النخب الإسلاموية نتاج عمليتين، الأولى: هي التعليم الرسمي في المدارس العربية الإسلامية؛ حيث حظي بعض الخريجين بفرصة استكمال دراستهم في مؤسسات التعليم العالي العربية في مصر، وسورية والعراق والسعودية. وجدير بالذكر أن الالتحاق بالجامعات العربية لم يكن يعني أن يصبح هؤلاء الطلبة هدفًا لأجندة إسلاموية على اعتبار أن معظم المؤسسات العربية للتعليم العالي تمت علمنة توجهها خلال الحقبة الاستعمارية وما تلاها من الحركات القومية العربية. وفي كل الأحوال، تشرَّب طلاب المدارس العربية الثقافة العربية الإسلامية، وبات بعضهم على دراية بالتوجهات الإسلاموية التي يشهدها العالم الإسلامي، سواء كان ذلك يتمّ عن طريق الاحتكاك المباشر، أو من خلال الاطلاع على الأدبيات المطبوعة. وبعد عملية تحولهم إلى علماء تقليديين في الصومال، تمت العملية الثانية عبر أولئك الذين سافروا إلى الخارج والتحقوا بمؤسسات تعليمية إسلامية عليا. وقد احتك هؤلاء الطلبة مع علماء وطلبة آخرين ينتمون إلى بلدان مسلمة أخرى تشهد نشاطًا

٥٤٤- Luigi Pastaloza, The Somali Revolution (Bari: Edition Afrique Asie Amerique Latine, 1973), 350.

٥٤٥- Laitin and Samatar, Somalia: Nation, 78.

٥٤٦- Samatar, Socialist Somalia, 78.

إسلامويًّا محمومًا او تقدميًّا. ويمكن أن نطلق على هؤلاء العلماء اسم "علماء الجسر"؛ كونهم ربطوا بين نظامي التعليم الحديث والتقليدي. والحقيقة أن هؤلاء العلماء باتوا رواد الحركات الإسلاموية الحديثة في الصومال.[٥٤٧]

وتم تهميش النخب الإسلاموية في عملية بناء الدولة، وكانت البداية في انعدام المساواة في فرص العمل. فخريجو الثانوية والجامعات العربية، مثلاً، لم يستطيعوا منافسة خريجي المدارس الحكومية أو المدارس الخاصة الأخرى للحصول على وظيفة محلية. والسبب في ذلك يعود إلى عوائق اللغة؛ إذ بقيت لغة الإدارة في الصومال إيطالية أو إنجليزية لحين تبنّي اللغة الصومالية لنظام الكتابة عام ١٩٧٢، فكانت الوظائف المتاحة لهم، نتيجة لذلك، الوظائف ذات الدخل المنخفض؛ كأن تعمل مدرسًا للغة العربية والدين في المدارس، أو قاضٍ، أو تلتحق بالجيش الوطني. وتسبب هذا التمييز البنيوي من خلال المناهج المتنوعة واللغات المختلفة في ازدواجية النخب. وقد دفع التمييز المتبع في معاملة العديد من النخب المتعلمة باللغة العربية إلى البحث عن بدائل.

أدرك الطلاب الصوماليون الذين تلقوا تعليمهم باللغة العربية، وسط هيمنة اللغات الاستعمارية مثل الإيطالية والإنجليزية، أن فرصهم المهنية محدودة للغاية داخل البلاد، حيث كانت الوظائف الرسمية والمناصب الإدارية مخصصة بشكل رئيسي لأولئك الذين أُتقنوا لغات المستعمرين وتعلموا وفق مناهجهم. بناءً على ذلك، وجد هؤلاء الطلاب أن الخيارات المتاحة أمامهم تتركز بشكل أساسي في الالتحاق بالجيش الوطني، الذي كان يسعى لاستقطاب المتعلمين لتعزيز قدراته التنظيمية والإدارية، أو السعي للحصول على منح دراسية في البلدان الاشتراكية مثل الاتحاد السوفييتي، وألمانيا الشرقية، والصين، حيث كانت سياسات هذه الدول تدعم الطلاب القادمين من دول العالم الثالث وتوفر لهم فرصًا تعليمية على أساس المساواة. وفي هذه الدول الاشتراكية، لم يكن لإتقان اللغات الأوروبية الاستعمارية تأثير كبير، إذ كان على الجميع تعلم لغة جديدة، مما ساوى بين الصوماليين وغيرهم في فرص التعليم والتدريب. ومع ذلك، كانت هناك استثناءات قليلة تمثلت في بعض الطلاب والضباط المتدربين الذين أُرسلوا إلى إيطاليا، وكان معظمهم قد تخرج في الأصل من مدارس إيطالية داخل الصومال، مما منحهم امتيازًا خاصًا لمواصلة تعليمهم هناك. وبالمثل، أُرسل آخرون إلى بلدان عربية مثل مصر وسوريا والعراق، حيث كان إتقان اللغة العربية شرطًا أساسيًا للاندماج في برامجهم التعليمية والعسكرية. وأدى

٥٤٧– من أبرز العلماء: الشيخ علي صوفي، والسيد أحمد شيخ موسى، والشخ عبد الغني شيخ أحمد، والشيخ نور علي علو، والشيخ محمد أحمد نور (غاريارى)، والشيخ محمد معلم حسن، وعبدالله معلم، والشيخ عبد الرحمن حسين سمتر، والشيخ علي إسماعيل، والشيخ إبراهيم حاشي، وشريف محمود وغيرهم.

هذا التوجه في إرسال الشباب الصومالي إلى دول اشتراكية وأخرى رأسمالية إلى انقسام ثقافي وفكري داخل المجتمع الصومالي، إذ تمخضت هذه التجارب المتباينة عن صراع أيديولوجي داخلي تغذيه الحرب الباردة. ومع موارد محدودة ودعم متواضع، بدأ هؤلاء الشباب بالضغط نحو إحياء الثقافة الإسلامية وتعزيز اللغة العربية، معتبرين ذلك جزءًا من مشروع تحرري يهدف إلى استعادة الهوية الثقافية والدينية للصوماليين في مواجهة الاستعمار الغربي وتبعاته الفكرية.

شهد الصومال خلال النصف الثاني من القرن العشرين إحياءً إسلاميًّا كان تتويجًا لعملية وعي متنامية بالإسلام كجزء من يقظة أوسع كانت تجتاح العالم الإسلامي، حيث برزت ملامحها الأولى في الخمسينيات، لتنتشر تدريجيًّا خلال الستينيات بفعل تأسيس منظمات إسلاموية مثل «النهضة» و«الأهل» و«الوحدة». استلهمت هذه المنظمات نهج الإخوان المسلمين في الدعوة إلى العودة إلى تعاليم الإسلام وتطبيقها في شتى مناحي الحياة، مسعى كان يهدف إلى مواجهة الهيمنة الفكرية والسياسية الغربية وإعادة بناء هوية إسلامية قوية. وعلى الرغم من أن هذه الحركات الإسلاموية المبكرة لم تدم طويلاً، فإن تأثيرها ظل حاضرًا في الساحة الفكرية والسياسية الصومالية. فقد استمرت منظمة «النهضة» لمدة ثلاث سنوات فقط، لكنها ساهمت في تشكيل جيل من القيادات الإسلاموية التي واصلت نشاطها عبر تنظيمات أخرى. أما منظمة «الأهل»، فقد أنهت نشاطها عام ١٩٧٧ بعد ثماني سنوات من العمل الدؤوب، لينتشر أعضاؤها بين منظمات إسلامية جديدة ظهرت لاحقًا. وفي عام ١٩٨٣، اتحدت منظمة «الوحدة» مع «الجماعة الإسلامية» في محاولة لتوحيد الجهود تحت مظلة جديدة أطلق عليها اسم «الاتحاد»، غير أن هذا التحالف لم يدم طويلاً، إذ سرعان ما تفكك نتيجة للخلافات التنظيمية والفكرية. ورغم ذلك، فإن هذه الحركات الإسلاموية الأولى، على قصر عمرها الزمني، أسست لخطاب إسلامي جديد يمزج بين الدعوة الفكرية والعمل التنظيمي، ووفرت إطارًا لتشكيل نخب إسلاموية حديثة سعت إلى إعادة صياغة الهوية الإسلامية للصومال وسط تحديات الحداثة والاستعمار.[٥٤٨]

رغم أن اليقظة الإسلامية التي شهدها الصومال خلال النصف الثاني من القرن العشرين كانت لا تزال في مرحلة جنينية، فقد تميزت بارتباطات عاطفية مرتفعة بالإسلام تفوق

٥٤٨–لم يستمر هذا الاتحاد طويلًا؛ حيث ترك العديد من أعضاء الوحدة الاتحاد وأعادوا تنظيم أنفسهم. وقد بذلت هذه الجماعة جهدًا عظيمًا في العمل مع الحركة القومية الصومالية خلال مراحل مختلفة من الحرب الأهلية. وقد ركزوا في جهودهم على دعم مخيمات اللاجئين، ومن ثم كان لهم تأثيرهم في دستور أرض الصومال وعلمها. والتقى المؤلف بإسماعيل عبدي هري في ١٤ أغسطس ٢٠٠٩ في هرغيسا بأرض الصومال.

قدراتها التنظيمية المحدودة ومواردها المالية الشحيحة. كان تعاطيها مع الوقائع السياسية والاجتماعية يتسم بنوع من الرومانسية المثالية التي سعت إلى تقديم الإسلام كحل شامل لكل المشكلات دون امتلاك الأدوات الكافية لتحقيق هذا الهدف. ومع ذلك، أثمر النشاط المتواضع لهذه الحركات الإسلامية عن ظهور موجة جديدة من الأفكار التي انتشرت بين المجتمعات الصومالية في القرن الإفريقي، مما ساهم في إعادة تشكيل الوعي الديني والسياسي في المنطقة. وبحلول التسعينيات، كانت النخب الإسلاموية قد بدأت في اتخاذ خطوات نوعية نحو تنظيم نفسها بفعالية أكبر، خاصة بعد أن تمكن أعضاؤها من الحصول على تعليم عالٍ في الداخل والخارج، مما أكسبهم خبرات تنظيمية وفكرية أوسع. وقد أدى انهيار الدولة الصومالية عام ١٩٩١ إلى إفساح المجال أمام هذه النخب الإسلاموية لتظهر بقوة على الساحة السياسية والاجتماعية. ومن أبرز هذه الجماعات كانت منظمتا «الإصلاح» و«الاتحاد»، حيث تبنت كل منهما نهجًا مختلفًا للتعامل مع واقع ما بعد انهيار الدولة. فبينما ركزت «الإصلاح» على منهجية أكثر اعتدالاً تسعى إلى تحقيق التغيير من خلال الدعوة والتعليم والتأثير السياسي غير العنيف، اعتمدت «الاتحاد» نهجًا أكثر تشددًا في تعاطيها مع الحرب الأهلية، مركزة على استخدام العنف كوسيلة للتغيير وإقامة نظام إسلامي وفق رؤيتها. هذا التباين في الاستراتيجيات عكس اختلافًا جوهريًّا في فهم طبيعة الصراع ومفهوم الوسطية والعنف، وهو ما أثر لاحقًا على مسار كل من التنظيمين في الساحة الصومالية.[٥٤٩]

لقد برز التأثير العميق للحركات الإسلاموية في المشهد السياسي الصومالي بشكل واضح خلال مؤتمر السلام والمصالحة الصومالية الذي عقد في جيبوتي عام ٢٠٠٠. فقد أسهم الإسلامويون في صياغة الميثاق الوطني الانتقالي الذي تبنّى بوضوح جعل الإسلام المصدر الأول للتشريع، مما أضفى شرعية دينية على النظام السياسي الناشئ. وأدى هذا الميثاق إلى فتح المجال أمام الإسلامويين للمشاركة في المؤسسات السياسية، حيث أصبح العديد منهم أعضاء في البرلمان ووزراء في الحكومة، مما أعطى للإسلامويين نفوذًا غير مسبوق في صياغة السياسات العامة للدولة. وتصاعد هذا الدور السياسي بشكل ملحوظ

٥٤٩- Abdurahman Abdullahi, 'The Islah Movement in Somalia: Islamic Moderation in War-torn Somalia.
متوافر على
https://www.hiiraan.com/ oct2008/ISLAH.pdf
تم الدخول بتاريخ ٤ أكتوبر ٢٠٢٠. أيضًا انظر:
Andrew McGregor, 'The Muslim Brotherhood in Somalia: An Interview with Islah's Abdurahman M. Abdullahi (Baadiyow). Terrorism Monitor, volume: 9 issue: 30, July 29,2011.

بعد ظهور اتحاد المحاكم الإسلامية عام ٢٠٠٦، الذي استطاع بفضل تحالفه مع شيوخ العشائر وبعض القوى المحلية الأخرى، بسط سيطرته على مناطق واسعة من الصومال، بما في ذلك العاصمة مقديشو. ومنذ ذلك الحين، بات الإسلامويون، على اختلاف توجهاتهم الفكرية والتنظيمية، قوة مؤثرة على الساحة السياسية، إذ لم يكتفوا بالمشاركة، بل سعوا إلى قيادة النظام السياسي نفسه. وقد تُوِّج هذا النفوذ بتوليهم مناصب قيادية بارزة خلال نظامي الحكم بين عامي ٢٠٠٩ و٢٠١٦، حيث شغل الإسلامويون مواقع رئيسية في الحكومة الانتقالية، وساهموا في تشكيل استراتيجيات إدارة الدولة وتحديد معالم النظام السياسي الجديد. ولم تكن هذه المشاركة السياسية مجرد تكتيك مرحلي، بل عكست تطورًا نوعيًّا في فهم الإسلامويين لأهمية العمل المؤسسي والتحول من المعارضة المسلحة أو الدعوية إلى ممارسة السلطة من داخل النظام السياسي.[٥٥٠] وقد تغلغل تأثير الحركات الإسلاموية الصومالية في كل القطاعات، بما فيها السياسية والاقتصادية والمجتمعية. ولذلك، تنامى دور النخب السياسية الإسلاموية ليحتل المزيد من المشهد العام.

يمكن القول إن نشأة النخب الصومالية مرت بتحولات متدرجة ومراحل معقدة تعكس محاولات مستمرة للتكيف مع الأوضاع السياسية والاجتماعية المتغيرة. ومنذ مؤتمر جيبوتي عام ٢٠٠٠، برز توجه جديد نحو التقارب بين مختلف أنواع النخب، التقليدية منها والحديثة، في إطار سعي لإيجاد صيغة توافقية تضمن استقرار البلاد وتحقق نوعًا من التصالح بين الدولة والمجتمع. فقد تجسدت هذه المصالحة من خلال الاتفاق على ميثاق وطني انتقالي تضمن اعترافًا متبادلًا بين النخب المختلفة، وهو ما اتضح في قبول النخب الحديثة لدور النخب التقليدية بتكليفها باختيار أعضاء البرلمان وفق صيغة ٤٫٥ التي تعتمد على المحاصصة القبلية لتقاسم السلطة. وعلاوة على ذلك، شكل إعلان الإسلام كمصدر أعلى للتشريع في الميثاق الانتقالي مؤشرًا على تزايد حضور الإسلامويين في المشهد السياسي، مع منحهم فرصًا متساوية مع غير الإسلامويين في تمثيل القبائل وانتخاب نواب في البرلمان. وخلال العقدين الأخيرين، أخذت هذه العملية التصالحية في التطور مع تراجع النزعات الأيديولوجية الصارمة، وظهور جيل جديد من النخب يمتلك تعليمًا عاليًا ويستمد شرعيته من الوراثة القيادية عن آبائه. كما أن العديد من النخب التقليدية باتت تتقبل المفاهيم الحديثة، مما عزز من مرونة النخب الجديدة في التعامل مع مختلف القضايا الوطنية. وفي الوقت ذاته، أخذت الحدود الفاصلة بين الإسلامويين وغير الإسلامويين في التضاؤل، حيث تغلغلت الثقافة الإسلاموية بشكل متزايد في الأوساط السياسية، مما أسهم في تضييق الهوة بين الاتجاهات المتعارضة. ومع ذلك، ورغم هذا

٥٥٠- اعتبر أن نظامي الشيخ شريف وحسن الشيخ (٢٠٠٩-٢٠١٧) ينتميان إلى المجموعات الإسلامية.

التقارب الظاهري، لا تزال القيم الإسلامية ضحلة نسبيًّا في الثقافة السياسية للنخب الصومالية، إذ تقتصر غالبًا على المظاهر الشكلية لأداء الفروض الإسلامية الأساسية دون التغلغل العميق في القيم والممارسات السياسية.[٥٥١]

يمثل التوجه الجديد الذي ظهر منذ مؤتمر جيبوتي عام ٢٠٠٠ بداية مرحلة أولى من المصالحة التدريجية بين التراث والحداثة، وبين الإسلامويين وغير الإسلامويين في المشهد السياسي الصومالي. فقد أتاح هذا المؤتمر منصة تاريخية للتقارب بين مختلف النخب السياسية والاجتماعية، بما في ذلك النخب التقليدية المرتبطة بالزعامات القبلية والدينية، والنخب الحديثة التي نشأت ضمن المؤسسات التعليمية والسياسية المتأثرة بالنماذج الغربية. وبشكل لافت، كان اعتماد صيغة ٤٫٥ للمحاصصة القبلية وتكليف النخب التقليدية باختيار أعضاء البرلمان خطوة رمزية وعملية تعكس قبولًا مشتركًا بين الطرفين. كما أن إقرار الميثاق الانتقالي بكون الإسلام المصدر الأعلى للتشريع أوجد أساسًا مشتركًا للتماهي بين الإسلامويين وغير الإسلامويين، مما ساعد على تقليص الفجوة الأيديولوجية بينهم. وعلى الرغم من استمرار التباينات الفكرية والتنظيمية بين هذه التيارات، إلا أن الواقع السياسي فرض ضرورة التعايش والتعاون من أجل تحقيق الاستقرار وإعادة بناء الدولة. ومع مرور الوقت، تطورت هذه المصالحة إلى محاولات أكثر عمقًا للتوفيق بين القيم الإسلامية والمفاهيم الحداثية، في محاولة لابتكار نموذج صومالي يجمع بين الأصالة والتحديث، ويمثل في جوهره نقطة التقاء بين مختلف التوجهات التي شكلت المشهد السياسي والاجتماعي في البلاد.

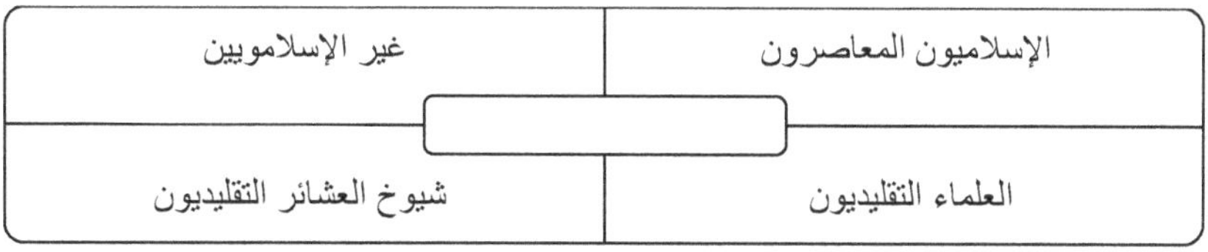

الإسلاميون المعاصرون
غير الإسلامويين
العلماء التقليديون
شيوخ العشائر التقليديون

الشكل ٢٠: البنية الأساسية للنخبة الصومالية

٣- التطور التاريخي لثقافة النخب السياسية

إن فهم فشل الدولة الصومالية يتطلب تحليلًا دقيقًا لتأثير الثقافة السياسية للنخب ودور مؤسسات المجتمع، إذ إن هذين العاملين متداخلان بشكل وثيق ويتطوران بسرعة بحيث يكمل أحدهما الآخر. فالثقافة السياسية تتأثر بطبيعة المؤسسات، بينما تعمل المؤسسات

٥٥١- انظر: Abdullahi, Theorizing Somalia: Islam and Islamists.

بطرق مختلفة تبعًا للتنوع الثقافي. وتعد الثقافة السياسية للنخب الصومالية قضية معقدة تتأثر بعوامل متعددة؛ أولها الثقافة السياسية المحلية للمجتمع العشائري، وهي مزيج من الثقافة الإسلامية العالمية والثقافة القبلية الصومالية ذات الطابع الخاص. كما تأثرت هذه الثقافة السياسية أيضًا بالثقافة الإيطالية التي تم فرضها أو اكتسابها كنتيجة للتطبع الثقافي الذي تعرضت له النخب الصومالية خلال سبعين عامًا من الحكم الإيطالي، بينما كان تأثير الحكم البريطاني غير المباشر في أرض الصومال ضعيفًا وسرعان ما تلاشى. وقد ظهر أول تجلٍّ للثقافة السياسية للنخب الصومالية في ظل الوصاية الأممية عند تأسيس الإدارة المحلية الأولى عام ١٩٥٦، حيث تشكلت ثقافة هجينة غير متجانسة جمعت بين البيروقراطية الاستعمارية الإيطالية والعناصر الثقافية المحلية للنخب. واستمر هذا النموذج المهجن والمركب من التأثيرات المحلية والإيطالية في الهيمنة على الثقافة السياسية للنخب الصومالية حتى عام ١٩٦٩، مما يعكس مدى تعقيد وتشابك العوامل التاريخية والثقافية التي ساهمت في تشكيل الثقافة السياسية المعاصرة.

ظهرت المرحلة الثانية خلال فترة الحكم العسكري الذي تبنّى الفكر الاشتراكي، وقد خلّف هذا الحكم الاستبدادي الذي امتد لواحد وعشرين عامًا أثرًا عميقًا ومستديمًا على الثقافة السياسية، إذ تكرّست أنماط التفكير السلطوي عبر أجيال متعاقبة من النخب. وعقب انهيار النظام العسكري، بدأت المرحلة الثالثة مع اندلاع الحرب الأهلية وهيمنة أمراء الحرب بين عامي ١٩٩١ و٢٠٠٠، وهي فترة اتسمت بثقافة الفوضى وغياب القانون، وتهميش عشائر الأقليات، والارتهان للقوى الأجنبية ذات النفوذ. وفي ظل هذه الظروف، تعرضت القومية الصومالية لضعف شديد، في حين ازدادت قوة التفريعات القبلية مع تبني النظام الفيدرالي الذي عزز الولاءات المحلية على حساب الهوية الوطنية الجامعة. ويهدف القسم القادم إلى تقديم لمحة عن النزعة المركزية التي طبعت كل مرحلة من هذه المراحل، بغية الوصول إلى فهم أعمق للتفاعلات المعقدة التي شكلت كيمياء الانصهار القائمة في ثقافة النخب المتنوعة. وسيختتم التحليل بعرض حصيلة الثقافة السياسية السائدة حاليًا في الصومال، بما يعكس التراكمات التاريخية وتأثيراتها على واقع البلاد الراهن.

مرحلة تشكُل الثقافة السياسية للنخب (١٩٥٦-١٩٦٩)

في الحقبة السابقة للاستعمار، كانت القبائل تمثل الوحدات الاجتماعية والسياسية الوحيدة المنتشرة في بقاع جغرافية محدودة تنشط فيها وتؤثر على مجريات الحياة فيها. وقد اتسمت الثقافة السياسية في هذا المجتمع القبلي بما يُعرف بـ«الثقافة المحلية المحدودة»، حيث كانت البنى الاجتماعية والسياسية تتشكل على أساس جماعات صغيرة تتماسك

داخليًا من خلال أنظمة عرفية وقيم مشتركة. ومن أبرز هذه الوحدات في النظام القبلي الصومالي ما يُعرف بـ«جماعة دفع الدية»، وهي جماعة أساسية تقوم على مبدأ التضامن والتكافل بين أفرادها. وتؤدي جماعة دفع الدية وظيفتين جوهريتين؛ الأولى تتمثل في تلبية الحاجة الإنسانية للانتماء والألفة وتوفير هوية مشتركة تعزز الاستمرارية الثقافية، أما الثانية فهي نشر التضامن بين الأفراد بهدف تأمين التعايش الاجتماعي وتحقيق الأمن الجماعي في مواجهة المخاطر الداخلية والخارجية. واستنادًا إلى التعريف الشامل الذي قدمه هارولد لاسويل (Harold Lasswell) للسياسة بأنها موجودة في كل مكان وتتمثل في تحديد من يحصل على ماذا ومتى وكيف، فإن جماعة دفع الدية يمكن اعتبارها كيانًا سياديًا مصغرًا يمارس شكلاً من أشكال السلطة والتنظيم السياسي. ومن هذا المنطلق، يمكن النظر إلى الثقافة السياسية لهذا المجتمع القبلي بوصفها إطارًا مركبًا يجمع بين عناصر الانتماء والهُوية والأمن، مما يتيح لها مقاومة التحديات والتكيف مع الظروف المتغيرة عبر الزمن.

أ- **التضامن القبلي في الثقافة الصومالية:** يتسم التضامن القبلي في الثقافة الصومالية بروح قوية من الترابط والتماسك بين أفراد القبيلة، وهو ما يشكل الأساس الذي تقوم عليه الأيديولوجية القبلية التي تنظم العلاقات الاجتماعية والسياسية داخل الجماعة. ويُعرف هذا النوع من التضامن وفقًا لعالم الاجتماع الفرنسي إميل دوركهايم Durkheim (١٨٥٨–١٩١٧)، «بالتضامن الميكانيكي»، وهو نمط من التماسك الاجتماعي يعتمد على التشابه والتجانس بين الأفراد الذين يتقاسمون نفس القيم والعادات والمعتقدات.[٥٥٢] في ظل هذا النوع من التضامن، ترتبط هوية الفرد بهوية الجماعة بشكل عضوي بحيث تُعتبر مصالح الجماعة امتدادًا لمصالح الأفراد، مما يعزز من قدرتها على مواجهة التحديات الخارجية وتوفير الأمان والاستقرار الداخلي. وعلى النقيض من ذلك، يتعارض هذا النوع من التضامن مع «التضامن العضوي» الذي ينشأ في المجتمعات الحديثة الأكثر تعقيدًا وتخصصًا، حيث يعتمد التماسك الاجتماعي على التكامل الوظيفي بين أفراد ذوي أدوار متباينة ومتكاملة. وبالتالي، فإن التضامن الميكانيكي الذي يسود الثقافة القبلية يتسم بالصلابة والانسجام الناتج عن التشابه العميق بين أفراد القبيلة، وهو ما يضفي على هذه المجتمعات القدرة على الحفاظ على بنيتها التقليدية في مواجهة التغيرات الخارجية، لكنه في الوقت

٥٥٢- تبعًا لعالم الاجتماع الفرنسي، إميل دركهايم، يشير التضامن الميكانيكي إلى الارتباط والتعاضد والاندماج المتولد عن التجانس، أو عمل مشابه؛ كالتعليم، والتدين، ونمط العيش. من جهة ثانية، يتولد التضامن العضوي من تكافل الأفراد في مجتمعات أكثر تقدمًا. لمزيد من التفاصيل، انظر:

Emile Durkheim, The Division of Labour in Society. Trans. W. D. Halls (New York: Free Press, 1997)

ذاته قد يحد من إمكانية تطوير هياكل سياسية أكثر تعقيدًا تتجاوز مستوى الولاءات القبلية الضيقة. وعلى الرغم من الضرورة التي تحتم هذا التضامن لاستمرار المجتمعات الرعوية، فهو ليس دائمًا إيجابيًّا، بل غالبًّا ما يعمل على التمييز ضد الأفراد التاركين لقبائلهم، ويعمل على استثنائهم. وتتشابه القبلية والقومية في وجوه عدة، مع اختلاف وحيد بينهما يتجلى في مستويات التضامن. وتندرج القبلية في المستوى الآدني، بينما تأتي القومية في المستوى الأعلى. ويمكن استخدام القبلية والقومية، كلتيهما، كعوامل إيجابية لتحقيق التضامن، أو بصورة سلبية كعوامل اضطهاد وتعصب. وتولد القبلية مشاعر غالبة، بينما سمعة وصيت الفرد يأتيان من "سمعة وصيت سلفه"[٥٥٣]. وبالتالي، يمجد أفراد القبيلة قبائلهم وأسلافهم ويعبرون عن التضامن مع نخبهم السياسية. وينتج هذا السلوك شعورًا بالزهو ونهج تباهٍ بين القبائل. وينتج عن هذا النموذج الثقافي استثناء القبائل الأخرى وانقسام المجتمع. ويبدو التضامن القبلي في الصومال عظيمًا في المناطق الرعوية وبين عائلاتها الموجودة في المراكز الحضرية.

ب- **التنافس على الموارد:** يتسم التنافس على الموارد النادرة، مثل المراعي وآبار المياه، بأنه عامل رئيسي في تشكيل الثقافة السياسية للمجتمعات القبلية الصومالية، حيث يُولِّد هذا التنافس صراعات مستمرة بين القبائل المتجاورة، خصوصًا في البيئات البدوية الرعوية التي تعتمد على الإبل كأصل اقتصادي رئيسي. ومع أن هذه الصراعات قد تبدو دائمة، إلا أن معدلات المصاهرة العالية بين القبائل، وخاصة قرابات الخؤولة، تلعب دورًا ملطفًا يساهم في تهدئة النزاعات وإعادة بناء العلاقات المتوترة بين الجماعات المتنافسة. ومع ذلك، فقد أدى استمرار الصراع على الموارد إلى نشوء ثقافة الغزو والسطو على ممتلكات القبائل المهزومة، لا سيما الاستيلاء على الإبل باعتبارها رمزًا للثروة والقوة. لكن هذه الثقافة العنيفة تظل أكثر شيوعًا في المجتمعات البدوية الرعوية التي تفتقر إلى موارد ثابتة وتعيش على التنقل والترحال. وعلى النقيض من ذلك، تطورت المجتمعات الحضرية والرعوية الزراعية التي تستقر في مناطق ذات موارد أكثر استدامة إلى تبني توجهات ثقافية تتسم بالسلمية والتعاون؛ حيث يساهم الاستقرار في تنمية نماذج اجتماعية أكثر تعقيدًا تقوم على التبادل الاقتصادي والمشاركة الجماعية. وفي هذا السياق، يُصبح العنف سلوكًا أقل بروزًا بين المجتمعات المستقرة، بينما يبقى عنصرًا مركزيًا في الثقافة السياسية للمجتمعات البدوية التي تتعامل مع بيئات قاسية تتطلب التنافس الدائم على الموارد للبقاء والاستمرارية.

٥٥٣- Ignaz Goldziher, Muslim Studies, vol. 1. (London: George Allen & Unwin Ltd., 1910), 22.

جـ- **القيادة الجماعية:** الصوماليون تقليديًّا شعب مستقل وعادل، وكما وصفه لويس (siweL .M .I) "فكل الرجال مستشارون، وكلهم سياسيون"[٥٥٤]. بشكل عام، تفتقر الثقافة الصومالية المحلية إلى مفهوم الاستبداد، حيث تستند أنظمة الحكم التقليدية إلى مبدأ التشاور الجماعي بين أفراد القبيلة من الذكور، وتتخذ القرارات من خلال التوافق بدلًا من الإملاء أو التفرد بالسلطة. ويُعد هذا النهج القائم على الشورى جزءًا أصيلًا من التقاليد القبلية، حيث يُشرك جميع أفراد الجماعة البالغين في النقاشات المتعلقة بمصالحهم المشتركة، مما يعزز روح المشاركة والمسؤولية الجماعية. وعلى الرغم من أن بعض المناطق شهدت تطور أنماط قيادية هرمية ذات طابع وراثي، إلا أن النخب الحاكمة في هذه المجتمعات غالبًا ما حرصت على الحفاظ على درجة عالية من الشورى وإشراك العشائر الفرعية في عملية اتخاذ القرار، وذلك لتجنب النزاعات وضمان استمرارية النظام الاجتماعي. ويُعزى هذا الميل إلى التشاور والمشاركة إلى الطابع المستقل والفكر الحر الذي يميز الصوماليين، إذ يُعرفون بشغفهم الشديد للحرية ورفضهم لأي شكل من أشكال القمع أو التسلط. وتظهر هذه النزعة التحررية القوية في سلوكهم السياسي والاجتماعي، حيث يميلون إلى مقاومة المركزية الصارمة أو الاستبداد بكافة أشكاله. ومع ذلك، قد يؤدي هذا التشبث بالحرية والاستقلالية أحيانًا إلى حالة من الفوضى أو الانفلات عندما لا يتم تنظيم هذه الحرية ضمن إطار قانوني أو عرفي متماسك، مما يجعل النظام الاجتماعي عرضة للاهتزاز في حال غياب توافق قوي بين مكونات المجتمع.

د- **الهوية الإسلامية الحصينة:** يقع الصومال على تخوم العالم الإسلامي، حيث يتماس مع مناطق ذات أغلبية مسيحية، مما يجعله ثغرًا من ثغور الدفاع عن أراضي الإسلام وموقعًا استراتيجيًا في مواجهة التحديات الخارجية، سواء كانت عسكرية أو ثقافية. ومن هذا المنطلق، لعب الصوماليون عبر تاريخهم دورًا بارزًا في حماية الهوية الإسلامية وتعزيزها، ليس فقط من خلال الدفاع عن أراضيهم ضد محاولات التوسع الأجنبي، بل أيضًا عبر نشر الإسلام وتوسيع نفوذه في المناطق المجاورة بأساليب دعوية وتجارية. وفي السياق ذاته، تشكل الهوية الإسلامية أحد أبرز المكونات الثقافية والاجتماعية للصوماليين، حيث تحدد بوضوح الفواصل بين المجتمع المسلم والمجتمعات المسيحية المحيطة، مما يعزز الإحساس بالتمايز والانتماء الديني. ورغم أن كثيرًا من الصوماليين لا يطبقون القيم الإسلامية بشكل شامل ودقيق، إلا أنهم يُظهرون باستمرار

٥٥٤– مقتبس في: David Laitin, Politics, Language and Thought: The Somali Experience (The University of Chicago Press, 1977), 26.

استعدادًا قويًا للدفاع عن الإسلام وحمايته من أي اعتداء أو تهديد خارجي، سواء كان ذلك حقيقيًا أو مُتصورًا. وتعكس هذه الظاهرة عمق التجذر الذي وصلت إليه الهوية الإسلامية في الوعي الجمعي للصوماليين، بحيث أصبحت عنصرًا لا ينفصل عن تصورهم لأنفسهم ومكانتهم في العالم. ويُبرز هذا التشبث بالدين كعامل توحيد قوي في مواجهة التحديات، رغم التنوع القبلي والجغرافي الذي يميز المجتمع الصومالي.. والقاعدة التي تقول: إن «معظم الصوماليين لا يطبقون القيم الإسلامية بشكل مجمل، لكنهم دائمًا ينافحون عن الإسلام ويحمونه من تعدِّيات الآخرين"، لتدل على التَّجذُّر العميق الذي وصلت إليه الهوية الصومالية.[٥٥٥] كما تصرح بالرسالة عينها، الحكمة التي تقول: "هناك أمران من المقدَّسات في الصومال: الثقافة القبلية، والإسلام". وهذه الحكمة تعني أن الصوماليين على استعداد للتضحية بأرواحهم ذودًا عن هذين المبدأين المقدسين".

هـ- **إهمال سلطة الدولة:** يؤكد مايكل باومان (namuaB leahciM) أن «كل القوانين تنشأ من منظومة قيم، من عقيدة تفيد بأن بعض الأمور صحيحة وبعضها خاطئ، وأن بعض الأشياء نافعة وبعضها مؤذية، وأن بعض الأحوال أفضل وبعضها أسوأ، بغض النظر عن فحواها أو قصدها»[٥٥٦]، مما يعني أن التشريعات والقوانين تستمد شرعيتها من منظومة القيم والمعتقدات التي يؤمن بها المجتمع. وفي السياق الصومالي، يتجلى هذا المفهوم بوضوح في احترام الشعب الصومالي لقوانينه المحلية القائمة على الأعراف القبلية (reeX) والشريعة الإسلامية المتجذرة في قيمه وثقافته. وكما أشار ابن خلدون في مقولته الشهيرة: «العرب لا يحصل لهم الملك إلا بصبغة دينية من نبوة أو ولاية أو أثر عظيم من الدين بالجملة»[٥٥٧]، فإن السلطة في المجتمعات التقليدية، ومنها المجتمع الصومالي، غالبًا ما تستمد مشروعيتها من الدين أو تأثير ديني قوي. ويظهر هذا بجلاء في مدى احترام الصوماليين للشريعة الإسلامية التي تُعتبر أساسًا أخلاقيًا وتشريعيًا راسخًا في حياتهم اليومية، بينما يتم إهمال القوانين العلمانية المستمدة من التشريعات الاستعمارية المفروضة على المجتمع والتي تُعتبر غريبة عن منظومة القيم

٥٥٥- Abdurahman Abdullahi, Recovering the Somali State: The Role of Islam, Islamism and Transitional Justice (Adonis & Abbey, 2017), 67.

٥٥٦- Michael Bauman, "Law and Morality,"
متوافر على: http://www.equip.org/ article/law-andmorality/
تم الدخول في ٤ أكتوبر ٢٠٢٠.

٥٥٧- Ibn-Khaldun, The Muqaddimah: An Introduction to History (Princeton University Press, 1980), 305

المحلية.[٥٥٨] إن هذا التباين في القبول والرفض يعكس صراعًا عميقًا بين الأطر القانونية التقليدية المتجذرة في الأعراف والشريعة، وبين القوانين المستوردة التي لم تتجذر في الثقافة المحلية ولم تُكسب الشرعية الاجتماعية اللازمة لفرضها.

أثر الثقافة السياسية الإيطالية

رغم تمتع الثقافة السياسية المحلية في الصومال بخصائصها التقليدية القائمة على الأعراف والشورى في القرن التاسع عشر، إلا أن البلاد واجهت موجة من الاحتلال الأجنبي من قبل إيطاليا وبريطانيا، إلى جانب فرنسا وإثيوبيا التي استولت على أجزاء من الأراضي الصومالية. ظلّت السيطرة الإيطالية على الصومال محدودة نسبيًا وغير فعّالة خلال السنوات الأولى من الاستعمار، حيث اعتمدت إيطاليا بشكل أساسي على نظام الحكم غير المباشر وواجهت صعوبة في فرض هيمنة كاملة على المنطقة. ومع ذلك، تغيَّر هذا الوضع بشكل جذري مع صعود الفاشية في إيطاليا تحت قيادة بينيتو موسوليني في أوائل العشرينيات. فقد جلبت الفاشية موجة جديدة من السياسات الاستعمارية العدوانية التي هدفت إلى تعزيز وتوسيع السيطرة الإيطالية على أراضيها الخارجية، بما في ذلك الصومال.

خضع الصومال الإيطالي لمرحلتين رئيسيتين من الحكم الإيطالي تركتا تأثيرات عميقة على تطوره السياسي والاجتماعي. الأولى هي فترة النظام الفاشي (١٩٢٢-١٩٤١)، التي شهدت تطبيق سياسات استعمارية صارمة وقمعية هدفت إلى فرض السيطرة الكاملة على البلاد واستغلال مواردها الطبيعية لصالح الاقتصاد الإيطالي. في هذه المرحلة، تبنّى النظام الفاشي نهجًا مركزيًا استبداديًا سعى إلى تدمير الهياكل القبلية التقليدية وفرض الإدارة الاستعمارية المباشرة، مع تعزيز البنية التحتية لخدمة المستوطنين الإيطاليين والمشاريع الزراعية الضخمة التي صُممت لدعم الاقتصاد الاستعماري. ومع ذلك، توقفت هذه السياسات فجأة مع اندلاع الحرب العالمية الثانية، حيث تمكنت القوات البريطانية من دحر الإيطاليين وفرض سيطرتها على الصومال الإيطالي بين عامي ١٩٤١ و١٩٥٠. كانت هذه الفترة الانتقالية تحت الإدارة العسكرية البريطانية تمثل حالة من عدم الاستقرار النسبي، إذ ركز البريطانيون على إدارة شؤون البلاد دون إحداث تغييرات جوهرية في بنيتها السياسية أو الاجتماعية. بعد نهاية الحرب، وضمن ترتيبات ما بعد الحرب العالمية الثانية، أُعيد الصومال الإيطالي إلى الإدارة الإيطالية، ولكن تحت وصاية الأمم المتحدة (١٩٥٠-١٩٦٠) بهدف إعداد البلاد للاستقلال. تميزت هذه الفترة بالتحول التدريجي نحو الحكم الذاتي، حيث سُمح للنخب الصومالية بالمشاركة في المؤسسات الإدارية والسياسية، مما

٥٥٨- Abdullahi, Recovering the Somali State, 81

وفر لهم فرصة التدريب والتأهيل في إدارة شؤون الدولة. كما تضمنت هذه المرحلة تنفيذ برامج اجتماعية وتعليمية هدفت إلى إعداد الصوماليين لتولي الحكم بشكل مستقل. وقد أثمرت هذه الجهود بتشكيل نخبة سياسية متعلمة ومؤهلة قادت البلاد نحو الاستقلال الكامل في عام ١٩٦٠. ومن ثم، يُعتبر عقد الوصاية الأممية بإدارة إيطالية مرحلة حاسمة في تاريخ الصومال الحديث، إذ شكلت نقطة تحول نحو بناء الدولة الحديثة ومؤسساتها السياسية.

بهذه الطريقة، تسللت الثقافة السياسية الإيطالية إلى الصومال تدريجيًا عبر فترات الاستعمار المختلفة، خاصة خلال فترة الوصاية الأممية (١٩٥٠-١٩٦٠) التي أتاحت للنخب الصومالية الناشئة فرصة التفاعل المباشر مع المؤسسات السياسية والإدارية الإيطالية. تبنت هذه النخب جوانب من الثقافة السياسية الإيطالية، مثل المركزية الإدارية والهياكل البيروقراطية، ودمجتها مع الثقافة السياسية القبلية المحلية المبنية على الشورى والعرف (reeX). وقد أفرز هذا التمازج حراكًا ثقافيًا «ما إن أُرسِيت أسسه، حتى اكتسبت هذه التوجهات (الثقافة الهجينة) زخمًا خاصًا بها لتمارس تأثيرها المستقل على السياسة والاقتصاد بعد مدة طويلة من وقوع الأحداث التي أتت بها»[٥٥٩]. وكما يشير بعض الباحثين، فإن هذه الثقافة الهجينة التي جمعت بين الحداثة الاستعمارية والأعراف التقليدية خلقت ديناميكيات جديدة في الساحة السياسية، حيث تبنت النخب الصومالية أساليب حديثة في التنظيم والإدارة مع الاحتفاظ بجوانب من البنية الاجتماعية التقليدية. وعلى النقيض من ذلك، لم يُحدث الحكم البريطاني غير المباشر في أرض الصومال، ولا حتى فترة الإدارة العسكرية البريطانية التي امتدت لعشر سنوات في معظم مناطق الصومال، تأثيرًا ثقافيًا ذا أهمية يُقارن بالتأثير الإيطالي. ويرجع ذلك إلى سياسة بريطانيا القائمة على الحد الأدنى من التدخل والاكتفاء بإدارة محلية غير مركزية لم تُحدث تغييرات جوهرية في البنية السياسية أو الاجتماعية. ولتوضيح جذور الثقافة الهجينة الجديدة وفهم طبيعتها بشكل أعمق، لا بد من استعراض السمات الأساسية للثقافة السياسية الإيطالية وتأثيراتها على النخب الصومالية التي تبنتها.

تقوم السياسة الإيطالية على نظام حكم برلماني يتسم بالتعددية الحزبية، وهو نظام ارتبط تاريخيًا بسمعة سلبية نتيجة الانقسامات السياسية المتكررة وعدم الاستقرار الحكومي الذي عانت منه البلاد لعدة عقود. وقد وصفت الثقافة السياسية الإيطالية، خصوصًا في فترة الخمسينيات، بأنها تتسم "بالجمود والتخلف والخمول، وبأنها عصية على التغيير، كما

٥٥٩—Ronald Inglehart, Culture Shift in Advanced Industrial Society (Princeton University Press, 1990), 17.

تم وصفها في بداية الخمسينيات"[٥٦٠] . وقد تم توصيف هذه الثقافة السياسية آنذاك بأنها قائمة على نموذج «التبعية-المحدودة-الضيقة»وتتمثل في "طغيان مصادر الإثبات المحلية، والاعتزاز المتدني بالبلد، والإحجام عن التضحية عند اللزوم"[٥٦١]. وهو نموذج يعكس عدة خصائص أساسية شكلت الجوهر الثقافي والسياسي لإيطاليا خلال تلك الفترة. أولاً، يتجلى مفهوم «التبعية» من خلال هيمنة الهياكل التقليدية والمحلية على الحياة السياسية، حيث طغت الولاءات الإقليمية والمحلية على الهوية الوطنية الجامعة. ثانيًا، تُعبِّر صفة «المحدودية» عن ضعف الروابط المؤسسية وعدم فعالية النظام السياسي في استيعاب المطالب الشعبية أو تحقيق الاستقرار الحكومي. ثالثًا، يُشير مفهوم «الضيق» إلى قلة الوعي السياسي العام وعدم المشاركة الفعالة في الحياة الديمقراطية، مما أدى إلى تركيز السلطة في أيدي النخب دون وجود قاعدة شعبية قوية تدعم عملية صنع القرار. كما اتسمت الثقافة السياسية الإيطالية في ذلك الوقت بانخفاض مستوى الاعتزاز الوطني، وتردد الأفراد في تقديم التضحيات من أجل المصلحة العامة، وهو ما يُعزى إلى تاريخ طويل من الانقسامات الداخلية والصراعات الإقليمية. هذه العناصر مجتمعة شكّلت خلفية ثقافية سياسية تبنتها بعض النخب الصومالية خلال فترة الوصاية الإيطالية، مما أوجد ثقافة هجينة جمعت بين البيروقراطية المركزية الإيطالية والتقاليد القبلية المحلية.

أ- **النّزعة العائلية**: يشير المصطلح إلى نزعة ربط الهوية بجماعة محددة يعتبر كل فرد نفسه جزءًا من كيان سياسي من خلالها، وهو مفهوم مشابه للقبلية في الحالة الصومالية، حيث تقوم على رابطة الدم أو العصب أو تحالفات إقليمية. وقد صاغ إدوارد بنفيلد (dleifneB drawdE) مصطلح «المنتمي المادي» (tsilimaf laroma) لوصف الفرد الذي يتصرف وفق قاعدة «ضاعف الثروة، استفد من الأسرة البيولوجية على المدى القصير، افترض أن الجميع سيحذون حذوك[٥٦٢].. في ظل هذه الثقافة السياسية، يتسم الأفراد بالجشع والانشغال بتكديس الثروة لمصالحهم الخاصة، ويترافق ذلك مع مستويات عالية من الفساد وانعدام الكفاءة وغياب التوجه السياسي. وقد وصف الباحثون الأوائل النزعة العائلية بأنها ميل قوي لربط الهوية بالعائلة على نحو يتسم بالولاء المطلق، والمعاملة بالمثل، والتضامن، مما يعكس بنية اجتماعية مغلقة تفضل المصالح الضيقة على المصالح العامة، وتعيق بالتالي تطور مؤسسات سياسية واجتماعية أكثر شمولاً.

٥٦٠- Pierangelo Isernia and Danilo Di Mauro, “The Bumble-Bee is Still Flying: Italian Political Culture at 50 “.
متوافر على: https://en.idi.org.il/media/ 6383/bythepeople_iserniadimauro.pdf
تم الدخول بتاريخ ٣٠ سبتمبر ٢٠٢٠.

٥٦١- Edward Banfield, The Moral Basis of a Backward Society (Free Press, 1958), 83

٥٦٢- Edward Banfield, The Moral Basis of a Backward Society (Free Press, 1958), 83.

ب- **الفساد المستشري:** يمثل الفساد المستشري ظاهرة متجذرة في الثقافة السياسية الإيطالية، وقد أصبح جزءًا لا يتجزأ من بنيتها المؤسسية والاجتماعية على مر العصور، حيث يشير دييغو غامبتا (ogeiD attebmaG) إلى هذا الواقع بقوله إنَّ «مستوى الفساد في إيطاليا يعادل - إن لم يتجاوز في سوئه - الفساد الموجود في بلدان أدني تقدمًا بكثير، كما أنَّه يتفوق على مستوى الفساد في دول تتمتع بمستوى مماثل من التطور».[٥٦٣] ويُظهر الدليل التجريبي أنَّ مظاهر الفساد لا تقتصر على الرشوة فحسب، بل تشمل أيضًا الابتزاز والكسب غير المشروع الذي يتغلغل في مختلف المؤسسات العامة والخاصة، ما يعكس نمطًا عامًا يتسم بالتواطؤ الضمني بين النخب السياسية والاقتصادية من جهة، وبعض القطاعات الشعبية من جهة أخرى، وهو تواطؤ يُسهِّل استمرار الفساد ويُعزِّز طابعه البنيوي، مما يجعله مستعصيًا على الإصلاح الجذري.[٥٦٤] كما أنَّ الطبيعة المتأصلة لهذا الفساد تتضح من خلال تشابك المصالح بين شبكات الجريمة المنظمة وبعض الأطراف الرسمية، مما يُضفي عليه طابعًا مؤسساتيًا يصعب اقتلاعه بمجرد سن القوانين أو تطبيق إجراءات رقابية صارمة. وفي هذا السياق، يمكن اعتبار الفساد الإيطالي نموذجًا لثقافة سياسية تتسامح مع التجاوزات وتعيد إنتاجها باستمرار، بحيث يصبح جزءًا من آليات العمل اليومي ومكونًا أساسيًا من العلاقات الاجتماعية والاقتصادية، وهو ما يشير إلى تحديات عميقة تواجه المجتمع الإيطالي، خاصة في ظل محاولات الإصلاح التي غالبًا ما تصطدم بجدران المصالح المتشابكة والمقاومة المنظمة للتغيير.

جـ- **الارتهان (التبعية) السياسي:** تتيح هذه الثقافة السياسية الإيطالية لمجاميع المواطنين إمكانية التواصل المباشر مع السياسيين بغية تحقيق مكاسب ملموسة عبر استصدار قوانين خاصة تُعرف بـ «eniggel» أو من خلال استغلال المناصب السياسية لتحقيق مصالح فردية أو جماعية دون اعتبار للكفاءة أو الخبرة المهنية. ويُعد هذا النمط من التفاعل بين السياسيين والبيروقراطية ومجاميع المواطنين ميزة بارزة للنظام السياسي الإيطالي، حيث يتخذ شكلًا من أشكال الزبونية السياسية التي تعزز الترابط بين الأطراف المختلفة بناءً على مصالح متبادلة بدلاً من معايير موضوعية أو مؤسسية. وعلى الرغم من أن ظاهرة الارتهان السياسي أو التبعية الحزبية توجد في العديد من البلدان، إلا أن إيطاليا تتفوق في هذا المجال من خلال شبكات النفوذ والولاءات التي تتغلغل في هياكل الدولة وتعيق عمليات الإصلاح أو تعزيز النزاهة السياسية. إن هذا الترابط بين السياسيين والمواطنين،

٥٦٣- Diego Gambetta, "Why is Italy Disproportionally Corrupt? A Conjecture." In Institutions, Governance, and the Control of Corruption. Edited by Kaushik Basu and Tito Gardella (Palgrave McMillan, 2018), 133.

٥٦٤- يكلف الفساد إيطاليا ٦٠ مليار يورو أو ٤٪ من إجمالي الناتج المحلي كل سنة، وتُصَنَّف إيطاليا في المرتبة نفسها مع السنغال والجبل الأسود وجنوب إفريقيا.

القائم على المصالح الضيقة والامتيازات الخاصة، يعكس ثقافة سياسية تعتمد على تبادل المنافع بدلاً من سياسات قائمة على المصلحة العامة أو مبادئ الحكم الرشيد، مما يساهم في ترسيخ بنية الفساد ويعقّد جهود الإصلاح الجذري.

د- **الانقسام السياسي وعدم الاستقرار:** يمثل الانقسام وعدم الاستقرار سمات متجذرة في الثقافة السياسية الإيطالية، حيث يتجلى ذلك في قيام ائتلافات حكومية قصيرة العمر وتعدد غير محدود للأحزاب السياسية، مما يعكس حالة من التفكك السياسي المستمر. و«لطالما اعتُبر عدم الاستقرار والانقسام من ثوابت المشهد الإيطالي التي برزت في معظم مرحلة ما بعد الحرب. ولغاية الآن، تتغير الحكومات بوتيرة تدعو إلى الحيرة. فلقد شهدت إيطاليا قيام ما يزيد على ٦٠ حكومة منذ نهاية الحرب العالمية الثانية»[٥٦٥]. ويعود هذا الاضطراب إلى عوامل متعددة، أبرزها النظام الحزبي المجزأ الذي ينتج مشهدًا سياسيًا مضطربًا ومبعثرًا، بالإضافة إلى وجود مجلسي شيوخ بسلطات متشابكة، ونموذج انتخابي يعزز من تشتت القوى السياسية بدلاً من توحيدها. إن هذا الهيكل المؤسسي المعقد يُسهم في إنتاج حكومات ضعيفة وغير مستقرة، تعتمد في بقائها على تحالفات هشة ومتغيرة باستمرار، مما يجعلها عرضة للتفكك عند أول اختبار جدي. كما أن طبيعة النظام الانتخابي ذاته غالبًا ما تعزز الانقسامات بدلًا من تقليصها، إذ تشجع على ظهور أحزاب صغيرة وتيارات سياسية ذات تأثير محدود لكنها قادرة على تعطيل العملية السياسية برمتها. وبهذا، يصبح عدم الاستقرار السياسي سمة هيكلية يصعب تجاوزها، إذ يتشابك مع بنية النظام السياسي ذاته ويُعقد من أي محاولة جادة للإصلاح أو تعزيز الاستقرار على المدى الطويل.

هـ- **الثقافة الديمقراطية:** تتبنى الدول الديمقراطية أحد نموذجين رئيسيين: النموذج التوافقي والنموذج التنافسي (حكم الأغلبية)، حيث يُركز كل منهما على آليات مختلفة لصنع القرار وإدارة التنوع السياسي. يقوم النموذج التوافقي على مبدأ التوافق في اتخاذ القرارات، مما يتطلب بناء ائتلافات واسعة تشمل أطيافًا متعددة من الآراء والأحزاب السياسية بهدف تحقيق قدر أكبر من الشمولية والاستقرار. ويُعتبر هذا النموذج مناسبًا للمجتمعات ذات التنوع العرقي أو الثقافي أو الأيديولوجي، حيث يُسهم في تجنب هيمنة طرف واحد ويعزز من شرعية القرارات المتخذة. في المقابل، يعتمد نظام الأغلبية على تفوق حزب الأغلبية في عملية صنع القرار، متجاهلًا - إلى حد كبير - أصوات أحزاب الأقلية، مما يعزز من فاعلية اتخاذ القرارات لكنه قد يؤدي إلى تهميش بعض

٥٦٥- Michael Calingaert, "Italy's Choice: Reform or Stagnation." Current History, March 2008, 105-111.

الفئات أو تقويض التعددية السياسية.[٥٦٦] ويُحدد اختيار النموذج المناسب وفقًا لثقافة المجتمع وتكوينه السياسي والاجتماعي، حيث يمتلك كل نموذج مزاياه وعيوبه. وتنتمي الديمقراطية الإيطالية إلى النموذج التوافقي الذي يتسم بسمات محددة مثل التحالفات الواسعة لتقاسم السلطة، والتوازن بين السلطتين التنفيذية والتشريعية، ونظام التعددية الحزبية الذي يتيح تمثيلًا أوسع للأحزاب المختلفة. كما يعتمد النظام الإيطالي على نموذج انتخابات يقوم على التمثيل النسبي، مما يضمن تمثيلًا متوازنًا للأحزاب المختلفة في البرلمان، إلى جانب نظام فيدرالي لا مركزي يمنح صلاحيات واسعة للحكومات المحلية، ومتابعة ثنائية محكمة تشرف على آليات صنع القرار.[٥٦٧] غير أن هذه الخصائص، رغم ما تمنحه من شمولية وتعددية، قد تؤدي أيضًا إلى ضعف الاستقرار الحكومي وصعوبة تحقيق التوافق الفعلي في ظل تعدد المصالح واختلاف الأولويات بين القوى السياسية المختلفة.

	الثقافة الصومالية التقليدية	الثقافة السياسية الإيطالية
الثقافة السياسية	١- التضامن القبلي العميق. ٢- الصراع على الموارد واستخدام العنف ٣- القيادة الجماعية واتخاذ القرار بالشورى. ٤- الهوية الإسلامية المتجذرة. ٥- تهميش مؤسسات الدولة وعدم الاعتراف بها.	١- **النزعة العائلية** ٢- المحسوبية السياسية ٣- الفساد المستشري في مؤسسات الدولة ٤- الانقسام السياسي وغياب الاستقرار. ٥- ثقافة ديمقراطية ناشئة، ولكن هشة.

الشكل ٢١: مقارنة الثقافتين السياسيتين في الصومال وإيطاليا

٥٦٦- Arend Lijphart, Democracies: Patterns of majoritarian and consensus government in twenty-one countries. (New Haven, CT: Yale University Press, 1984).

٥٦٧- Matthijs Bogaards, Comparative Political Regimes: Consensus and Majoritarian Democracy (Oxford Research Encyclopaedia and Oxford University Press, USA, 2016). Online Publication Date: Mar 2017, 4

يتضح من المقارنة السابقة أن النخب السياسية الصومالية استلهمت جوانب عديدة من الثقافة السياسية الإيطالية، بينما تم إهمال أو استيعاب بعض العناصر الثقافية التقليدية الصومالية. فقد تراجعت تقاليد القيادة المشتركة وصنع القرار بالتوافق التي كانت سائدة في الثقافة الصومالية المحلية، كما ضعُف الالتزام الصارم بالقيم الإسلامية كمصدر رئيسي للشرعية والتنظيم السياسي. وفي المقابل، تم استيعاب مفاهيم القبلية السياسية التي تشابه ثقافة الانتماء الضيق الإيطالية، وهو ما انعكس في ظهور أحزاب سياسية غير محدودة ذات طابع قبلي، حيث يتنافس زعماء القبائل على السلطة من خلال تكوين أحزاب تمثل مصالح ضيقة بدلاً من رؤى وطنية شاملة. ونتيجة لهذا التبني الانتقائي للثقافة السياسية الإيطالية، تشكلت ثقافة سياسية جديدة لدى النخب الصومالية تقوم على مزيج من التبعية السياسية، سواء كانت داخلية عبر الولاءات القبلية أو خارجية عبر الاعتماد على القوى الأجنبية، إضافة إلى هيمنة القبلية السياسية التي تعيق بناء مؤسسات وطنية مستقرة. كما أدت هذه الثقافة المستحدثة إلى تفشي الفساد الإداري وتكرار حالات عدم الاستقرار السياسي، إذ أصبح من الصعب تحقيق حكومات مستقرة بسبب النزاعات المستمرة بين النخب المتنافسة ذات المصالح المتباينة. وإلى جانب ذلك، تطورت ثقافة ديمقراطية متقلبة تتسم بضعف المؤسساتية وسيطرة التحالفات الهشة، مما يعزز من حالة الفوضى السياسية ويعوق عمليات الإصلاح الحقيقي.

الشكل ٢٢: الثقافة السياسية للنخب الصومالية (١٩٥٦-١٩٦٩)

تطورت هذه السياسة الثقافية خلال المرحلة التكوينية لبناء الدولة الصومالية، التي امتدت لمدة ١٤ عامًا من ١٩٥٦ إلى ١٩٦٩، إلا أن النظام السياسي بدأ يتصدع تدريجيًّا مع بروز نخب سياسية جديدة ذات قناعات فكرية مختلفة تأثرت بتجارب تعليمية خارجية متنوعة. فقد تلقى العديد من أفراد هذه النخب تعليمهم في الدول الاشتراكية مثل الاتحاد السوفييتي، وألمانيا الشرقية، والصين، بالإضافة إلى الأنظمة العربية العسكرية في مصر، والعراق، وسوريا، مما أتاح لهم الاطلاع على نماذج حكم تقوم على الأيديولوجيات الاشتراكية والقومية والاستبدادية. وفي ظل هذه التحولات الفكرية، أصبحت الثقافة الديمقراطية الهشة التي ميزت السنوات الأولى للجمهورية الصومالية عرضة لمزيد من الانهيار منذ عام ١٩٦٧، حيث تزايدت معدلات الفساد والتلاعب بالانتخابات بشكل

غير مسبوق، وبرز ذلك بشكل واضح في انتخابات عام ١٩٦٩ التي شهدت تزويرًا واسعًا وممارسات سياسية فاسدة عمقت الانقسامات بين النخب الحاكمة. وقد أدت هذه الأوضاع إلى اغتيال الرئيس الثاني للجمهورية، عبد الرشيد علي شرماركي، في ١٥ أكتوبر ١٩٦٩، مما عكس حالة من الفوضى السياسية وعدم الاستقرار. واستغلت المؤسسة العسكرية هذا الوضع لتنفيذ انقلاب أبيض في ٢١ أكتوبر ١٩٦٩، مستولية على السلطة تحت شعار إنقاذ البلاد من الفساد والانحلال السياسي. وفي الوقت ذاته، شهدت الستينيات بروز جيل جديد من الإسلامويين الذين سعوا إلى إحياء مبادئ الإسلام وتطبيقها في الحياة السياسية والاجتماعية، مما أضاف بُعدًا جديدًا للصراع الأيديولوجي في البلاد. وهكذا، بدأت مرحلة جديدة في الصومال تتسم بالحكم العسكري الذي تبنى التوجه الاشتراكي، والاستبداد في إدارة الدولة، في ظل يقظة إسلاموية متنامية تسعى لمواجهة الأيديولوجيات العلمانية والاشتراكية التي فرضها النظام الجديد، مما جعل المشهد السياسي الصومالي أكثر تعقيدًا وتنوعًا.

تطور الثقافة السياسية للنخب (١٩٦٩-١٩٩١)

يشير انقلاب ١٩٦٩ العسكري إلى نقطة تحول جوهرية في تطور الثقافة السياسية للنخب الصومالية، حيث أضاف النظام العسكري عناصر جديدة وعمَّق أخرى قائمة ضمن مشروعه الأيديولوجي والسياسي. فور استيلائه على السلطة، عمد النظام العسكري إلى إلغاء الدستور، وحلِّ البرلمان، وسجن قادة الحكومة المدنية، ما أدى إلى القضاء على ما تبقى من مظاهر الديمقراطية الوليدة التي كانت تشهدها البلاد. وفي عام ١٩٧٠، أعلن النظام الحاكم تبنيه للفكر الاشتراكي، ساعيًا إلى فرض سياسات معاكسة لتطلعات المجتمع التقليدي وقيمه الثقافية والدينية. وشملت هذه السياسات الاشتراكية القمع المنهجي للحراك الإسلاموي الذي كان يشهد بروزًا ملحوظًا آنذاك، إلى جانب تنفيذ برامج متشددة استهدفت إضعاف الدور التقليدي للشيوخ وزعماء العشائر، مما أدى إلى تقويض الهياكل الاجتماعية التقليدية التي كانت تلعب دورًا محوريًا في إدارة شؤون المجتمع. كما عمل النظام على استئصال الإرث الديمقراطي الذي كان قد بدأ يتشكل، محولًا المجتمع بأكمله إلى حالة من التبعية المطلقة للسلطة العسكرية، حيث أصبح المواطنون مجرد رعايا تابعين بدلاً من شركاء فاعلين في الحكم وصنع القرار. وكان الغرض الأساسي من هذه السياسات هو إعادة صياغة العلاقة بين القيادة العسكرية والشعب ضمن نموذج هرمي يقوم على التبعية والسيطرة المطلقة، مما أدى إلى خلق نظام سياسي قمعي أحادي يتنكر لمبدأ التعددية أو المشاركة الشعبية. ولتحقيق هذا الهدف، وجه النظام دور الجيش

والأجهزة الأمنية، وخاصة النظام الأمني الوطني (SSN)، نحو قمع أي معارضة، سواء كانت سياسية أو دينية، حتى تلك التي كانت تبدو ظاهريًّا مقبولة أو غير مهددة للنظام. ومن أجل إحكام سيطرته على المجتمع، أنشأ النظام قوة شبه عسكرية موالية له تُعرف بـ «Guulwadayaal»، كُلفت بمراقبة المجتمعات المحلية وضمان ولائها للنظام، مما عزز من الطابع القمعي للسلطة وجعلها غير قابلة للمساءلة أو النقد، مما أدى إلى تعميق الفجوة بين الدولة والمجتمع وزيادة الاحتقان السياسي والاجتماعي.

يمكن تقسيم حكم النظام العسكري في الصومال إلى مرحلتين رئيسيتين، كانت أولاهما تمتد من عام ١٩٦٩ إلى ١٩٧٨، وتميزت بالتحول الاشتراكي والتعبئة القومية وإعادة بناء المؤسسات وفقًا لرؤية أيديولوجية جديدة تستند إلى الفكر الاشتراكي. خلال هذه المرحلة، سعى النظام بقيادة الجنرال محمد سياد بري إلى خلق نخبة اشتراكية جديدة تتماشى مع مشروعه السياسي، وبدأ ذلك بتبني أبجدية موحدة للغة الصومالية عام ١٩٧٢ كخطوة لتعزيز الهوية القومية وتوحيد السكان تحت إطار ثقافي مشترك. ولتحقيق ذلك، أُنشئت مئات المدارس في مختلف القرى وزُوِّدت بمناهج تعليمية تتبنى الفكر الاشتراكي وتروّج لقيمه، بينما انطلقت حملة محو الأمية عام ١٩٧٤ بهدف تعليم سكان الأرياف، في محاولة لترسيخ الفكر الاشتراكي لدى شرائح المجتمع كافة. وفي هذا السياق، تأسست الجامعة الصومالية الوطنية عام ١٩٦٩ لتخريج كوادر مؤهلة تحمل العقيدة الاشتراكية، فيما أصبحت دراسة الأيديولوجيات الاشتراكية إلزامية في جميع المستويات التعليمية، بما في ذلك المدارس والجامعات، كما أُنشئت كلية السياسة لتأهيل كوادر الحزب الثوري الاشتراكي الصومالي الذي تأسس لاحقًا عام ١٩٧٦ ليكون الحزب الأوحد في البلاد. ولتعزيز الهيمنة الثقافية للاشتراكية، أسس النظام مؤسسات ثقافية مثل الأكاديمية الوطنية للفنون والعلوم والثقافة، والمسرح القومي، والمتحف الوطني، وعمد إلى استغلال الشعر الصومالي الغني كوسيلة لنشر الفكر الاشتراكي ومدح الجنرال بري بوصفه القائد الأعلى للثورة. وفي إطار تعزيز مشاركة النساء في المشروع الاشتراكي، زاد النظام من معدلات التحاق الفتيات والنساء بالمدارس، ودعم توليهن مناصب عليا في الهيئات الدبلوماسية وحتى الحقائب الوزارية. وجاء إصدار قانون الأسرة العلماني عام ١٩٧٥ كخطوة مثيرة للجدل ضمن مشروع التحديث، حيث واجه القانون معارضة مجتمعية شديدة بدعوى تعارضه مع أحكام الشريعة الإسلامية. بلغت هذه المعارضة ذروتها بإعدام عشرة علماء ممن جاهروا برفضهم للقانون، ما أطلق شرارة الحراك الإسلاموي الذي وصم النظام بـ«الإلحاد ومعاداة الإسلام». وفي خضم هذه التحولات، جاء تأسيس الحزب الثوري الاشتراكي الصومالي عام ١٩٧٦ ليكون الأداة السياسية الوحيدة في البلاد، مما كرّس سيطرة النظام العسكري على مختلف مفاصل الدولة. غير أن هذه المرحلة بلغت ذروتها بانخراط الصومال في

الحرب الأثيوبية الصومالية (١٩٧٧/١٩٧٨) التي انتهت بهزيمة مذلة للجيش الصومالي، مما مثّل لحظة فارقة أضعفت النظام وكشفت هشاشة مشروعه الاشتراكي أمام التحديات الداخلية والخارجية.

بعد الهزيمة العسكرية في الحرب الأثيوبية الصومالية (١٩٧٧/١٩٧٨)، دخل النظام العسكري مرحلة جديدة اتسمت بالتدهور المتسارع وفقدان السيطرة على مسار الأحداث السياسية والاجتماعية. بدأ هذا الانحدار بمحاولة انقلابية فاشلة في ٩ أبريل ١٩٧٨، قادها ضباط عسكريون ساخطون على النظام، غير أن هذه المحاولة تم إحباطها بسرعة، ليعقب ذلك حملة قمع واسعة استهدفت تصفية المعارضين وتفكيك الشبكات التي يُشتبه في ضلوعها بالمؤامرة. ومع ذلك، شكّلت تلك المحاولة نقطة تحول حاسمة، إذ أدت إلى انقسام الجيش الوطني تبعًا للانتماءات العشائرية، مما أضعف تماسك المؤسسة العسكرية التي كانت تعد ركيزة أساسية للنظام. ونتيجة لهذا التصدع، بدأت تظهر حركات معارضة مسلحة ذات طابع قبلي، كل منها يسعى لتحقيق مصالحه الخاصة بعيدًا عن الأهداف الوطنية الجامعة. ولم تقتصر المعارضة على الفصائل القبلية المسلحة فقط، بل توسعت لتشمل هيئات دبلوماسية ووزراء سابقين وضباطًا برتب عالية وحركات إسلاموية كانت ترى في النظام العسكري عدوًا فكريًا وعقائديًا بسبب سياساته العلمانية وقمعه للحراك الإسلاموي. وفي مواجهة هذا المد المتصاعد من المعارضة، لجأ النظام إلى استخدام القمع المفرط والعنف المنهجي، متخليًا عن أي محاولات لحل الصراعات الداخلية من خلال الحوار السلمي أو الإصلاح السياسي. أصبح النظام أكثر استبدادًا وتوحشًا، مما عمّق من أزمته وعجّل بانهياره. وبينما استمرت المعارضة المسلحة في توسيع نطاق عملياتها، لم يتمكن النظام من احتواء الانقسامات الداخلية أو استعادة شرعيته المفقودة. وفي نهاية المطاف، أدت هذه الصراعات المتفاقمة إلى الانهيار التام للنظام والدولة الصومالية عام ١٩٩١، مما ترك البلاد في حالة من الفوضى العارمة. ورغم سقوط النظام، بقيت ثلاثة عناصر رئيسية من الثقافة السياسية للنخب التي كانت متجذرة منذ عهد الحكومة المدنية واستمرت في ظل النظام العسكري: الارتهان السياسي، والقبلية السياسية، والفساد المستشري. غير أن النظام العسكري أضاف إلى هذه الثقافة السياسية عنصرًا جديدًا تمثل في الاستبداد والعنف والقمع الشامل، مما أدى إلى استئصال الثقافة الديمقراطية الوليدة والقضاء على أي فرصة لتحقيق استقرار سياسي مستدام. وبذلك، ساهم النظام العسكري في تعميق أزمة الدولة الصومالية، وجعل عملية إعادة البناء اللاحقة أشد تعقيدًا بسبب الإرث الثقافي والسياسي الذي خلّفه وراءه.

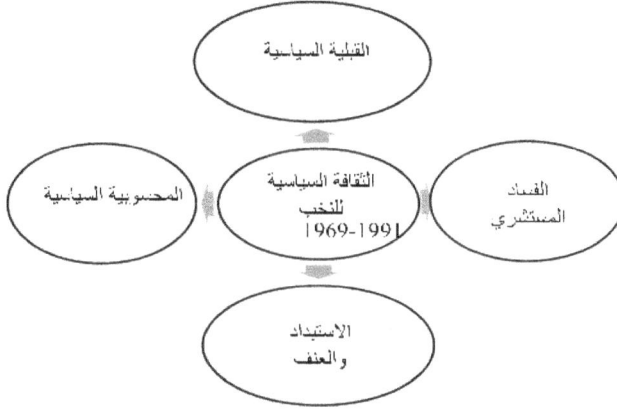

الشكل ٢٣: الثقافة السياسية للنخبة الحاكمة (١٩٦٩-١٩٩١)

بعد انهيار الدولة، استمرت الثقافة السياسية للنخبة الحاكمة في النظام السابق ضمن سياق القبائل المتعصبة وأمراء الحرب؛ وهو ما أدى إلى تنامي ظاهرة العنف. وهكذا، تفشّت ثقافة مجتمع ما قبل الدولة القبلي القائم على الصراع الذي لا هوادة فيه، وظهر التطرف باسم الإسلام، وقويت شوكته. وأعلن الإقليم الذي عرف سابقًا باسم أرض الصومال انسحابه من الوحدة من طرف واحد في ١٨ مايو ١٩٩١. وبعد ١٠ أعوام من الصراع الدؤوب وفشل ١٢ مؤتمرَ وفاقٍ برعاية أمراء الحرب في جنوبي الصومال، انتقلت وجهة المصالحة إلى الدفع على مسار المجتمع المدني. وفي هذه الإطار، ترسخت صيغة ٤،٥ القبلية لتقاسم السلطة، وتم تبني الدستور المتماشي مع الشريعة الإسلامية خلال مؤتمر السلام والمصالحة الصومالي في جيبوتي عام ٢٠٠٠. ومنذ ذلك التاريخ، تباطأت عملية إعادة بناء الدولة الصومالية، وبقيت تدور حول مبدأ تقاسم السلطات القبلي والعملية التي لا معنى لها في إعادة تدوير المؤسسات الوطنية المعطلة. وأضافت ثقافة النخب السياسية عناصر مختلفة من المراحل السابقة، متبعة في ذلك نظرية الاستمرار والتغيير. ومنذ عام ٢٠٠٠، استمرت العناصر التالية لثقافة النخب السياسية: التبعية السياسية، وترسيخ القبلية السياسية، وتفشي الفساد والعنف السياسي، كما استمرت ثقافة العنف، التي تمثل استمرارًا لعقلية الاستبداد وأمراء الحرب، إلى حد ما، وتجدد عدم الاستقرار السياسي والثقافة شبه الديمقراطية، كما ازداد الارتهان السياسي للخارج، فيما أضحت المحسوبية تنتشر في الداخل خفية.

وبالمحصلة، فإن الثقافة السياسية للنخب الحاكمة (٢٠٠٠-٢٠٢٠)، عبارة عن تركيب قطع من كل عناصر الثقافة المكتسبة منذ عام ١٩٥٦. واعترى الضعف بعضًا من

هذ العناصر فتلاشت، فيما استمرت عناصر أخرى وتعاظم شأنها. وعليه، فالصورة الأولية للثقافة السياسية الناشئة تبدو كما يلي:

أ- **ترسيخ القبلية السياسية:** فعلى الرغم من استمرار هذه الثقافة في كل أطوار بناء الدولة الصومالية، لكنها ترسخت في مؤتمر المصالحة والسلم الصومالي الذي عقد في جيبوتي عام ٢٠٠٠. وتعتبر صيغة ٤٫٥ القبلية لتقاسم السلطة بمنزلة نقلة نوعية في ثقافة النخب السياسية التي قامت سابقًا على المفهوم المتخلف للقبلية. وتعززت ثقافة القبلية السياسية، وعمل النظام الانتخابي على تشجيعها؛ وهو ما أتاح المجال لظهور أحزاب سياسية بلا قيد أو شرط عمل الإيطاليون على إظهارها عام ١٩٥٤. لكن القبلية السياسية تنامت، لتترسخ من ثّم منذ مؤتمر جيبوتي.

ب- **انتشار الفساد السياسي:** ظهرت هذه الثقافة منذ بداية الانتخابات في الصومال عام ١٩٥٤، لكنها باتت تتعاظم تدريجيًّا. ومرّ الفساد بمراحل عديدة، أبرزها في الصومال: بيع الأصوات في الانتخابات على المكشوف أو العلن. ووصل الأمر إلى حد المتاجرة بالسياسة كسلعة تجارية بكل دلالاتها في سوق عرض الأصوات المفتوح على أعلى عرض. فلكي يحصلوا على عضوية البرلمان، على الأفراد أن يشتروا المقعد من شيوخ القبائل وشركائهم ليبيعوه، من ثم، لمرشحي الرئاسة. وحسبما ورد، فقد وصل أعلى سعر لأحد المقاعد في انتخابات ٢٠١٦ إلى مليون دولار تقريبًا، بينما يتراوح السعر المعتاد لمقعد في البرلمان في حدود ٥٠ ألف دولار. وعلى مؤشر الشفافية الدولي، تربَّع الصومال على قمة مؤشر الفساد في السنوات العشرة الأخيرة. وقد مكنت هذه الثقافة الدول الأجنبية من الصيد في الماء العكر عبر تمكين وكلائها من تولّي أرفع المناصب العامة، وكذلك المرشحين للرئاسة.

جـ- **العنف السياسي:** تطورت هذه الثقافة منذ السنوات الأولى لانتخابات الخمسينيات كجزء من الثقافة القبلية التقليدية وعجزت الإدارة الإيطالية عن تسجيل الناخبين والقيام بإحصاء سكاني. فعلى سبيل المثال، "فشل التعداد السكاني المزمع إجراؤه والانتهاء منه في ١٩٥٧، بشكل مزرٍ، في ثلاث من أصل ست مناطق إدارية، وهي مجيرتين ومدج وجوبا السفلى، بينما نجح في كل من بنادر وجوبا العليا وهيران. ونتيجة لأوجه القصور في الإدارة التي حالت دون إنجاز إحصاء موثوق، بدأ التمثيل البدائي الجائر وتوزيع المقاعد في البرلمان، كما أدى أيضًا إلى الظهور الأول لثقافة تزوير الانتخابات. وبالتالي، تحول تزوير السلطات للانتخابات إلى عادة إلى جانب المحاصصة الظالمة في توزيع المقاعد البرلمانية إلى دوائر انتخابية مختلفة. ففي الفترة الأولى الممتدة بين ١٩٥٦ و١٩٦٩، مثلاً، اتُّهم حزب رابطة الشباب الصومالي

الحاكم بتزوير الانتخابات . وتكررت الظاهرة نفسها منذ عام ٢٠٠٠؛ حيث بات التزوير والعنف أكثر بروزًا وقتئذ .

د- **الارتهان القوي للخارج:** بدأت ملامح ثقافة التبعية الخارجية في فترة الوصاية الأممية، وهي الفترة التي مثلت ذروة الحرب الباردة، حين انطلق التنافس بين الشرق والغرب للسيطرة على القرن الإفريقي الاستراتيجي بوتيرة متسارعة. ودعمت البلدان الغربية القادة المعتدلين في الحزب الحاكم، وردعت الأحزاب الأخرى ذات الأيديولوجيا الشرقية . ومثلت إيطاليا ومصر والولايات المتحدة البلدان الرئيسية التي أثَّرت في السياسة الصومالية الخارجية في تلك الفترة. لكنَّ دور الاتحاد السوفييتي في إنشاء الجيش الوطني الصومالي أخذ يتنامى تدريجيًّا، لا سيما منذ عام ١٩٦٣. وهكذا، كان الاتحاد السوفييتي الدولة الرئيسية التي احتضنت النخب السياسية الصومالية بعد استيلاء الجيش على الحكم عام ١٩٦٩. وتلقى الصومال، لاحقًا، رعاية من الولايات المتحدة وإيطاليا بدورهما بعد تدهور العلاقات مع الاتحاد السوفييتي عام ١٩٧٧. ومع انهيار الدولة، باتت إثيوبيا الدولة الأولى في تأمين الرعاية لأمراء الحرب. وأخيرًا، تعاظم دور رعاية الدول العربية الغنية بعد أزمة الخليج بشكل كبير، لاسيما الإمارات وقطر والسعودية، كما استمرت التبعية السياسية المحلية على شكل محسوبية ووساطة.

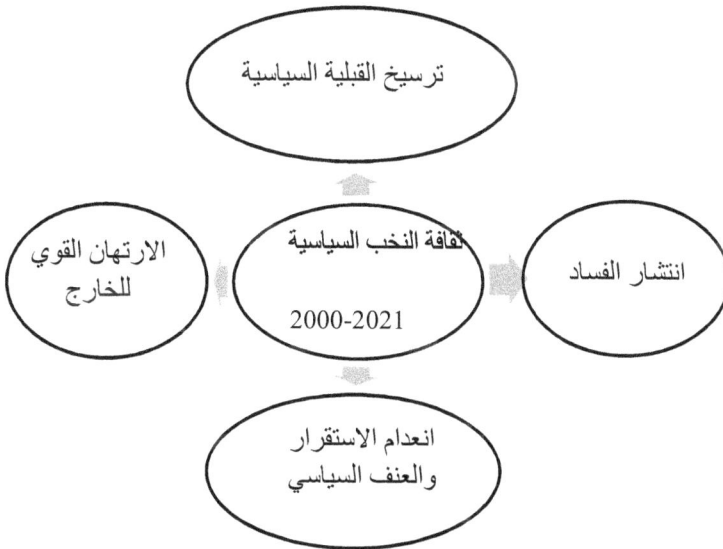

الشكل ٢٤: الثقافة السياسية للنخب الصومالية (٢٠٠٠-٢٠٢٠)

الخاتمة

يستقصي البحث العوامل التي أدت إلى الفشل المتكرر للحكومة الصومالية واليأس من تعافيها في الستين سنة الماضية. وقد قامت الفرضية على أن ثقافة النخب السياسية تشكل العامل المساهم الرئيسي في بناء أو خراب الدولة. ومن العوامل الأخرى المساهمة في فشل الدولة الصومالية: البيئة الاجتماعية السياسية والاقتصادية التي تتحرك في نطاقها النخب السياسية لتحقيق النجاح أو السقوط في الفشل. لكن هذا لا يعني إنكار أن هذه البيئة تكوِّن بالضرورة ثقافة النخب السياسية ضمن عملية معقدة من العلاقات المتبادلة. وهناك دراسات محدودة بشأن الثقافة السياسية للنخب ومسؤولية النخب الحاكمة في فشل الدولة.

ويطرح القسم الأول من البحث سياقًا نظريًّا لثقافة النخب السياسية عبر تعريف عناصرها (مثل الثقافة والسياسة والنخبوية)، وربطهم معًا لتأليف مفهوم الثقافة السياسية للنخب. وهو يطرح مفاهيم عدة للثقافة والتعبير عنها في صيغ إنشائية ومادية ومعنوية. ويبدو جليًّا أن كل فرد يولد منتميًّا لثقافة مجتمعية معينة، لكن تعلم الثقافة يكمن في الاكتساب والاندماج والتَّطبُّع. هذا، ويمكن تقسيم الثقافة إلى مستويين، ظاهري ومخفي. من ناحية أخرى، يمكن تعريف السياسة بصورتها الضيقة على أنها الحكومات والسياسيين والأحزاب السياسية، أو بصورة واسعة لتشمل العلاقات المتبادلة بين أفراد الشعب وأدوارهم وعاداتهم ومؤسساتهم وأنماط سلوكهم في كل الميادين الاجتماعية. وجمع هاتين الكلمتين معًا يعطينا مصطلح الثقافة السياسية التي تتباين في كل بلد في السلوك الذي تبرزه. علاوة على ذلك، ففي بلدان ما بعد الاستعمار مثل الصومال، تشمل الثقافة السياسية للنخب مزيجًا من عناصر الثقافة السياسية الاستعمارية والثقافة المحلية القبلية.

بينما يتتبع القسم الثاني صياغة وبنية العناصر الرئيسية للنخب الصومالية ويقسمها إلى تقليدية وحديثة. ونعني بالنخب التقليدية السلطات القبلية التي تجمع شيوخ القبائل والعلماء التقليديين الذين يعملون معًا على تسيير شؤون القبيلة. وقد بدا واضحًا أن العلاقات بين السلطات التقليدية اتسمت بالأريحية والتعاون. أما النخب الحديثة، فتتشكل من الإسلامويين وغير الإسلامويين، واتسمت بالتنازع والتنافر في بعض الأحيان والاستقطاب. لكن بعد انهيار الدولة، تنامى دور النخب التقليدية من مجرد تسيير القضايا القبلية إلى اختيار أعضاء البرلمان، ليصل في بعض المناطق إلى أن يكونوا جزءًا من مؤسسات صنع القرار.

ويتقصى القسم الثالث التطور التاريخي للثقافة السياسية للنخب منذ عام ١٩٥٦؛ حيث يتضح من التحليل التاريخي أن الثقافة السياسية للنخب الصومالية قامت على

مراحل. ففي البداية، تطورت كفكرة هجينة من مزيج غير متجانس من دور استعماري إيطالي بيروقراطي استبدادي تسلطي وثقافة نخبوية وقيادة مشتركة وتوافقية محلية. وقد نتج عن الثقافة السياسية المشكَّلة ديمقراطية مهزوزة نخر فيها الفساد إلى حد كبير، لكنها حافظت على القبلية والمحسوبية الداخلية والتبعية الخارجية. ثم جاء الحكم العسكري بالفكر الاشتراكي والاستبداد والعنف النسبي الذي ظهر لاحقًا لحين انهياره عام ١٩٩١. وبعد انهيار الدولة، استمرت الثقافة السابقة على يد أمراء الحرب أثناء الحرب الأهلية التي اتسمت بالفوضى وغياب القانون والارتهان الكبير للخارج لنصل إلى المرحلة الأخيرة من التطور التاريخي للثقافة السياسية للنخب الحاكمة الذي تم عام ٢٠٠٠ عبر تقاسم السلطة على أساس قبلي. فكانت الثقافة الوليدة، بالتالي، خليط من تراكم كل الثقافات التي تم ذكرها منذ عام ١٩٥٦. لكن عناصرها الأساسية تتمثل في إضفاء القبلية على السياسة والمتاجرة المتفشية بالسياسة والعنف وتزوير الانتخابات والتبعية الداخلية والخارجية الكبيرة. ومع اكتساب هذه الثقافة، تأرجح السياسيون بين القبلية والإسلاموية والقومية لخدمة مصالحهم الذاتية. وأخيرًا، يعتمد تعافي الدولة الصومالية في المقام الأول على تحول الثقافة السياسية للنخب الحاكمة المذكورة أعلاه، واختراق الدائرة المفرغة لفشل الدولة. فكيف نخترق هذه الثقافة السياسية ونستعيد المؤسسات الناجمة عن ذلك؟ سؤال من ضمن الأسئلة التي تحتاج إلى دراسات أكاديمية شاملة لإعادة بناء دولة صومالية قابلة للاستمرار.

الفصل

٦

مسار جديد في بناء الدولة الصومالية: المنظور الشامل

المقدمة

بعد رؤية التحديات التي واجهت ثلاثة من القيادات السياسية الاستثنائيين، والقلق من انحراف ثقافة النخبة السياسية الصومالية في الاتجاه الخاطئ، يتضح أن الدولة الصومالية فقدت بوصلتها. وفي ضوء هذه المشاكل، كان من الضروري استكشاف حلٍّ أيديولوجيٍّ وعمليٍّ للمأزق السياسي في الصومال. ولمعالجة هذا الوضع، يجب التقدم بنهج شامل يشمل الأسس الأيديولوجية والتدابير العملية لإعادة توجيه الثقافة السياسة، وبالذات ثقافة الحكم واستعادة مسار الدولة. ومن الناحية الأيديولوجية، يحتاج الشعب الصومالي إلى تعزيز الوحدة الوطنية من خلال إعادة تنظيم وتحديد أولويات مكوناته الثلاثة: الإسلام والعشائر والقومية. ومن الضروري تنفيذ هياكل حكم فعّالة وتدابير مكافحة الفساد ومبادرات بناء القدرات في البلاد. وسيسهم تعزيز المؤسسات وزيادة الشفافية وضمان المساءلة في خلق بيئة سياسية أكثر استقرارًا ومتانة. وسيمكن الاستثمار في التعليم والتنمية الاقتصادية المواطنين من القدرة في التعامل الصحيح مع تحدياتهم المحيطة بهم، وسيقلل من الاعتماد على نخبة سياسية معيبة. علاوة على ذلك، فإن تعزيز المجتمع المدني التقليدي والحديث يؤدي إلى استقرار الإطار الذي يبنى عليه الدولة. إن تناول الجوانب الأيديولوجية والعملية لأزمة الصومال يمكن أن يمهد الطريق لوضع مسار جديد للأمة. ويمكن أن

يساعد هذا النهج المزدوج في التغلب على التحديات الحالية، ووضع الصومال على مسار نحو السلام الدائم والاستقرار والازدهار.

ويتطلب هذا النهج الشامل إعادة النظر في النظريات السائدة في الدراسات الصومالية التي أدت إلى استمرار وتأصيل المفاهيم الخاطئة أو غير البنائية بالمعنى الأدق. هذه النظريات السائدة غالبًا ما تشكل فهم وسياسات محيطة بالصومال، وتسهم في استمرار التحديات المختلفة التي تواجهها البلاد. ومن الضروري أولاً تحديد وتفكيك الافتراضات المعيبة المتضمنة في هذه النظريات السائدة. وغالبًا ما بسطت هذه النظريات تعقيدات المجتمع والسياسة والثقافة الصومالية؛ وهو ما أدى إلى تفسيرات مضللة وحلول غير فعالة. ومن خلال فحص هذه الافتراضات، يمكننا كشف التحيزات والافتراضات الخاطئة التي أثرت على الحوار الأكاديمي واتخاذ السياسات العملية. وبالإضافة إلى التعديلات النظرية والمنهجية، فإن معالجة الآثار العملية لهذه المفاهيم الخاطئة ضرورية. وقد أساءت السياسات والتدخلات القائمة على النظريات الخاطئة إلى المشكلات التي حاولت حلها. ويمكننا تطوير استراتيجيات فعّالة ومستدامة من خلال توافق البحث والممارسة مع فهم أكثر دقة ومنسجم مع السياق للصومال. وفي النهاية، يهدف هذا النهج الشامل إلى تحويل مجال دراسات الصومال وعبره إلى السياسات والممارسات التي تؤثر على البلاد. ومن خلال تحديث وتحسين النظريات السائدة، يمكننا أن نمهد الطريق لمسار أكثر ثقافة وعدالة ومقاومة للتقدم بالصومال.

والدراسات الصومالية هي مصطلح أكاديمي متعدد التخصصات لدراسة الشعب الصومالي في القرن الإفريقي، ومجتمعاتهم في الشتات، وتفاعلاتهم مع شعوب أخرى حول العالم. وتتمثل المجالات الرئيسية المستخدمة في الدراسات الصومالية في العلوم الاجتماعية والعلوم الإنسانية والفنون الجميلة بشكل عام. وغالبًا ما تطرح تحليلات ذات صلة في الجوانب التاريخية والاجتماعية والاقتصادية والسياسية وتفاعلها مع الثقافة المحلية. وتنطلق الدراسات الصومالية من التاريخ القديم للقرن الإفريقي، وتستمد من سجلات وأدب كتبها المستكشفون اليونانيون واليهود والصينيون والعرب/ المسلمون في العصور الوسطى، كما أنها متجذرة في أعمال علماء الإسلام الذين ركزوا بشكل رئيسي على الدراسات الإسلامية وأدب الشعر وسجلات رحلات المستكشفين الأوروبيين في القرن التاسع عشر. وبالإضافة إلى ذلك، تعتمد الدراسات الصومالية على الأدب الاستعماري والأرشيف والأعمال العلمية التي أنتجها الباحثون والكتب المنشورة. ونظرًا لأن الشعب الصومالي يربط بين إفريقيا والشرق الأوسط، فإن الدراسات الصومالية متأثرة بالدراسات الإفريقية والشرق الأوسطية. وقد تم ابتكار مصطلح الدراسات الصومالية في عام ١٩٧٨ مع

إنشاء جمعية الدراسات الصومالية الدولية، محاكاة لدراسات الدول الأخرى التي كانت تزدهر خلال تلك الفترة.

تعرف الدراسات الصومالية على النمو منذ اعتماد الكتابة اللاتينية كأبجدية رسمية للغة الصومالية في عام ١٩٧٢، وتأسيس مؤسسات دولية مختلفة لتعزيز الفنون والمسرح والثقافة. وشهدت الدراسات الصومالية ازدهارًا مع الاتجاه المتزايد لنشر الكتب باللغة الصومالية والإنجليزية والعربية وغيرها من اللغات. ولقد بدأت معارض الكتب السنوية في مدن كبيرة في الصومال، وتتمتع دور النشر وخدمات الترجمة بزخم كبير. علاوة على ذلك، يتم نشر عدة مجلات متخصصة في الدراسات الصومالية. وبالإضافة إلى ذلك، يتم عقد مؤتمرات سنوية للدراسات الصومالية في العديد من الجامعات والمعاهد، مثل: جامعة مقديشو، وجغجغا، وسيمد وجامعة بنادر، وجمعية شرق إفريقيا للبحوث والتنمية (داد) ومعهد التراث.

ومع كل هذا التقدم في الدراسات الصومالية، تظل الأسئلة الأساسية حول سبب انهيار الدولة الصومالية وكيفية إعادة إنشائها محل جدل. والأسوأ من ذلك، أن ثقافة النخب السياسية للأنظمة العسكرية تتعافى في عمليات إعادة بناء الدولة الجديدة. ويمكن تلخيص الدراسات التي تفسر انهيار الدولة الصومالية وأسبابه إلى ثلاث فئات رئيسية. ولتبسيط الأمور، دعونا نقارن انهيار الدولة الصومالية بمبنى متهالك. ما العوامل المحتملة التي يمكن أن تؤدي إلى انهيار هذا المبنى؟ قد تكون العامل الأول خارجيًّا، مثل: التسونامي، أو قذائف المدافع، أو الصواريخ التي تضرب المبنى. وقد يكون العامل الثاني هو جودة المواد التي لم تكن قادرة على تحمل أعباء الهيكل. وبالتالي، يتم التلاعب بالمبنى بسبب خطأ في الهندسة أو سوء جودة لمواد البناء. وقد يكون العامل الثالث هو هندسة البناء المعيبة التي تؤدي مع مرور الوقت إلى انهيار ذاتي أو تلقائي.

مقارنة انهيار الدولة الصومالية بالمبنى المتهالك، يمكننا التأكيد على أن أسباب تفكك الدولة الصومالية كانت متعددة العوامل الخارجية (الإرث الاستعماري، والحرب مع إثيوبيا، والحرب الباردة... إلخ)، وهندسة البناء المعيبة لبناء الدولة، والقدرات المنخفضة للقيادة السياسية. وتشبه الهندسة المعيبة العلاقة العدائية للدولة بجذورها الاجتماعية: الإسلام ونظام العشائر. جودة منخفضة لمواد البناء مقارنة بقدرات النخب السياسية المنخفضة وضعف تماسك المجتمع. يوضح الشكل رقم ١ مفهوم علاقات الدولة بالمجتمع؛ حيث يعد الإسلام ونظام العشائر الأساس والدولة الحديثة الهيكل الفوقية.

البنية الفوقية: الدولة الحديثة

قاعدة المجتمع الصومالي: نظام العشائر
والإسلام

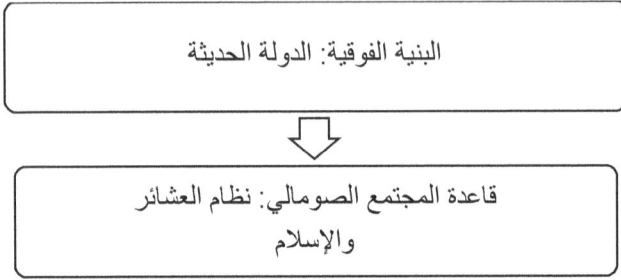

الشكل ٢٥: القاعدة والبنية الفوقية المجتمع الصومالي

الشكل ٢٦: نخبة سياسية تقطع جذور المجتمع الصومالي: الإسلام ونظام العشائر

يعتمد هذا البحث إطارين نظريين: نظرية العلاقات بين الدولة والمجتمع، ونظرية النخبة. وتركز هذه الإطارات النظرية على العلاقة بين الدولة والمجتمع التي تعبر عن حدود نظرية، استكشافًا لكيفية تفاعل الحكم والمجتمع، وكيف يؤثر كل منهما على الآخر. ويتفق العلماء في علاقات الدولة والمجتمع على أن المجتمع يوفر دعمًا حاسمًا لكي تكون الدولة فعالة، وأن الدولة أمر بالغ الأهمية للعمل الجماعي في المجتمع. ولقد حددت وكالة التنمية الدولية البريطانية (DIFD) علاقات الدولة والمجتمع بأنها "التفاعلات بين مؤسسات الدولة والمجموعات الاجتماعية للتفاوض حول كيفية ممارسة السلطة العامة وكيف يمكن للناس أن يؤثروا فيها. وتركز على مسائل مثل تعريف الحقوق والالتزامات المتبادلة بين الدولة والمجتمع، والتفاوض حول كيفية توزيع الموارد العامة، وإنشاء أوضاع مختلفة للتمثيل والمساءلة".

من ناحية أخرى، تسعى نظرية النخبة إلى وصف علاقات السلطة في المجتمعات المعاصرة؛ حيث تفترض أن القلة الصغيرة تحتكر معظم السلطة. الفرضية المركزية لنظرية النخبة: "ليست جميع المجتمعات تحكم بواسطة الشعب، بل تحكم جميع المجتمعات، بما في ذلك تلك التي تسمى ديمقراطية، بواسطة أقلية". حتى عندما تكون مجموعات بأكملها تمامًا مستبعدة من شبكات السلطة التقليدية للدولة، وتعترف نظرية النخبة بأن "ضد النخب" يتطور بشكل متكرر داخل تلك المجموعات المستبعدة.

ويسمح النهج النخبوي بدمج مستويات التحليل الاثنين: الدراسات النظامية المجتمعية من خلال علم الأنثروبولوجيا، والنظاميات الكبرى التي تقع في مجال علم السياسة.

وفي الدولة الصومالية ما بعد الاستعمار، كانت علاقات الدولة والمجتمع متصارعة بسبب الرؤية العلمانية للدولة الموروثة التي ازدرت الثقافة والقيم العشائرية المبنية على المجتمع المسلم. علاوة على ذلك، حافظت النخب الحديثة التي تلقت تعليمها في المدارس الغربية على الأيديولوجية السياسية والثقافة الموروثة من الحكام الاستعماريين. ونتيجة لذلك، تفاقم التصادم بين الدولة والمجتمع بشكل كبير خلال الحكم العسكري (١٩٦٩–١٩٩١)، الذي اعتمد عقيدة الاشتراكية. ويقدم هذا المقال بإيجاز التحديات الحاسمة لبناء الدولة الصومالية التي تفسر سبب الأزمة الحالية، ويتجه إلى نظرة عامة على وجهات نظر الدراسات الصومالية المختلفة كخلفية لتطوير النظرة الشاملة. وبعد استكشاف وتصنيف النزاعات الصومالية الرئيسية، يقترح هذا المقال إطار التوفيق الشامل (FRI)، الذي يمكن تطويره إلى نموذج الاستقرار (MS) لبناء الدولة الصومالية.

بدأت أزمة السياسة الصومالية مع تكوين الدولة عام ١٩٥٦ عندما بدأ الصوماليون في إدارة دولة حديثة كانت مختلفة تماما عن نظامهم العشائري بينما كان تعليمهم وتدريبهم على إدارة هذا النظام ضعيف للغاية ( ). وكانت الصراعات المتعلقة بالسياسة التي ظهرت منذ ذلك الحين تتزايد حتى انغمست الصومال في صراع طويل منذ الثمانينيات؛ وهو ما أدى إلى انهيار الدولة في عام ١٩٩١ وبداية الحرب الأهلية اللاحقة. وعقد أكثر من ١٢ مؤتمرًا للمصالحة في جيبوتي وإثيوبيا وكينيا ومصر حتى عام ٢٠٠٠، ولم يسفر أي منها عن مصالحة ناجحة. وبطبيعة الحال، نجحت بعض هذه المؤتمرات في تخفيف حدة الصراعات، لكن النتيجة المرجوة من إعادة بناء الدولة الصومالية لم تتحقق مطلقًا. علاوة على ذلك، فإن بعض المصالحات التي اتخذت طابع الصراع العشائري تمت إدارتها من خلال الوسائل التقليدية باستخدام آلية حل النزاعات المعروفة في الصومال. إلا أن الصراعات التي كان معظمها ذا طابع سياسي لم يتم حلها بسبب عدم وجود آلية محددة للتعامل معها واتباع مسار العدالة الانتقالية المناسبة. وكان مؤتمر السلام والمصالحة الذي عقد في جيبوتي عام ٢٠٠٠ هو المؤتمر الأكثر نجاحًا؛ لأنه أنتج لأول مرة منذ انهيار الدولة، دولة وطنية تقوم على تقاسم السلطة على أساس العشائر بصيغة ٤٫٥. لكن هذه الدولة بما شهدته من صعود وهبوط وسلام وصراعات خلال ٢٣ عامًا، لا تزال تكافح من أجل إنشاء دولة فاعلة قادرة على ضبط حدودها وتوفير الأمن والخدمات لمواطنيها.

ويمكن تعريف مقاصد الشريعة ببساطة على أنها الأهداف العليا لقواعد الشريعة التي يؤدي الالتزام بها إلى تسهيل الأداء الطبيعي للمجتمع من خلال تعزيز الصالح العام. وهذا يعني

تجنب الأفعال التي من المحتمل أن تضر الأفراد والمجتمع. والقصد أو الهدف أو الغرض هو ببساطة تحقيق العدالة الاجتماعية والاقتصادية، وكذلك تعزيز رفاهية المجتمع. ويرتكز المفهوم الأساسي للمصالحة على خطوتين متتاليتين: الخطوة الأولى: هي حل المظالم والصراعات السابقة. وقد يشمل حل المظالم السابقة أساليب مختلفة، مثل: العدالة التصالحية (ecitsuj evitarotseR))، والتعويضات، والاعتراف، وتخليد الذكرى، وما إلى ذلك. العدالة التصالحية تدور حول إعادة كل من الضحية ومرتكب الجريمة إلى الانسجام مع المجتمع على عكس الآليات الجزائية، مثل: القصاص، والتعزير، والتي يتم تطبيقها من خلال المحاكم. وتمنح روح الشريعة الإسلامية العدالة التصالحية مساحة كبيرة؛ لأنها تربط العقوبات الجنائية بقيم المصالحة. و تجدر الإشارة إلى أن جميع آليات العدالة الانتقالية في الإسلام ترتبط دائمًا بروح التقوى وثواب الله في الآخرة. الخطوة الثانية: هي إنشاء مستقبل مشترك للمجتمع. وتتطلب هذه العملية إصلاح أدوات القمع وخلق بيئة يشعر فيها المقاتلون السابقون بالأمان والراحة. وتتضمن هذه العملية إقامة نظام ديمقراطي متحرر من القمع والترهيب والتخويف، وتكافؤ الفرص بين جميع المواطنين دون تمييز. وخير مثال على ذلك هو كيف غيّر الإيمان بالإسلام ثقافة العشائر العربية في فترة قصيرة جدًّا. لقد توقفت الحروب العشائرية الطويلة وأصبحت بيئة الأخوة القائمة على القيم والالتزام بأحكام الشريعة هي السائدة.

والسؤال الذي يحتاج إلى إجابة من العلماء والباحثين هو: لماذا استمر الصراع الصومالي كل هذه المدة؟ وما هو النهج الجديد للتعامل معه؟ وهذا التوجه الجديد يتطلب بطبيعة الحال التعرف على طبيعة الصراعات وترابطها من أجل التوصل إلى الحلول اللازمة. ولذلك، فإن هذه الورقة تستكشف في البداية الأسباب الجذرية للصراعات الصومالية وتطوراتها. ومن ثم سيتم تطوير أساليب المناسبة لحل النزاعات في إطار المصالحة الشاملة المبنية على منهج المنظور الشامل.

التحديات الرئيسية في بناء الدولة الصومالية

تتمثل التحديات الرئيسية في بناء الدولة الصومالية في موقعها الجغرافي الاستراتيجي، وتقسيم الصومال بين القوى الاستعمارية المتعددة، والتطلع الصومالي إلى توحيدها (الصومال الكبير)، ونموذج الدولة المتغربة في صراع مع مجتمعها.

التحدي الأول: هو الجغرافيا الصومالية

تمتلك الصومال أطول ساحل في إفريقيا في سواحل المحيط الهندي وخليج عدن؛ حيث يبلغ طوله أكثر من ٣٠٠٠ كيلومتر مربع؛ وهو ما يمنح الصومال منطقة اقتصادية تبلغ مساحتها حوالي ٣٨٩,٨٣٠ كيلومترًا مربعًا وهي مساحة أكبر من مساحة الصومال. وهذه المساحة الشاسعة الغنية بالموارد الطبيعية

والمعادن بالإضافة إلى ثروتها السمكية وانخفاض قدرة الصومال على حمايتها واستغلالها، تمثل التحدي الأكبر للصومال. وهذا الموقع الجغرافي يربط بين آسيا وأوروبا وإفريقيا؛ وهو ما جذب المنافسة بين مختلف الدول القوى الاستعمارية للسيطرة على الصومال، كما أنها مرتبطة بقناة السويس ومنطقة الخليج الغنية بالنفط. ولذلك، أصبحت الصومال جزءًا من مسرح الحرب الباردة بحلول الخمسينيات من القرن الماضي، كما انجذبت الصومال إلى سياسة نهر النيل بين مصر وإثيوبيا. وأصبحت الصومال مكانًا تتنافس فيه الهوية المزدوجة للعروبة والإفريقية. وكذلك حدد الإرهاب العالمي الصومال كموقع مناسب لشن ما أسموه الجهاد العالمي لاستعادة الخلافة الإسلامية. وحاليًّا، تجدد التنافس بين الولايات المتحدة والصين، كما تواجه القوى الإقليمية، مثل تركيا ودول الخليج والدول المجاورة، تحديات جديدة لبناء الدولة الصومالية.

إلى جانب التحديات الجيوسياسية التي يواجهها الصومال والتي تجتذب الجهات الخارجية للتنافس على الهيمنة، فإن الجغرافيا الصومالية تطرح أيضا تحديات محلية. وتشمل هذه التحديات الظروف البيئية القاسية ونمط معيشة البدو الذي يتسبب في زيادة الصراع بين العشائر، وقطع الأشجار، واستمرار الهجرة من الأراضي القاحلة، والمياه الملوثة، ونقص وسائل التخلص من النفايات. وتسببت هذه البيئة أيضًا في ضعف الدولة الصومالية واعتمادها على المساعدات الخارجية؛ وهو ما زاد من تفاقم الوضع في الصومال.

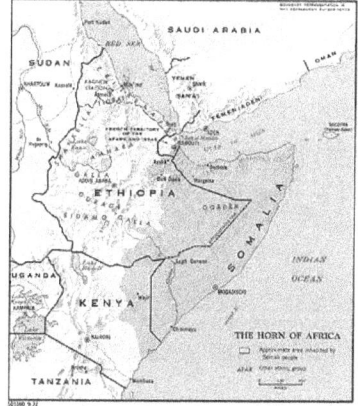

التحدي الثاني: هو تقسيم الشعب الصومالي إلى خمسة أجزاء بين القوى الاستعمارية، بريطانيا وفرنسا وإيطاليا وإثيوبيا، التي ألهمت القوميين الصوماليين للنضال من أجل توحيد جميع الأراضي الصومالية. وقد وضع هذا المشروع الصومال على مسار تصادمي مع الاتفاقيات الدولية المتعلقة بحرمة الحدود الموروثة من العصر الاستعماري. وكذلك، فقد ورط هذا المشروع الصومال في صراع مستمر مع جيرانها. وتدريجيًّا، بدأت فكرة القومية الصومالية في التراجع مع إعلان جمهورية جيبوتي المستقلة عام ١٩٧٧ وهزيمة الصومال في الحرب مع إثيوبيا عام ١٩٧٨/١٩٧٧. علاوة على ذلك، تسببت السياسة القمعية للنظام العسكري والمعارضة المسلحة المنظمة على أساس عشائري إلى إضعاف القومية الصومالية. وهكذا طغت قوى الطرد المركزي للعشائر على قوى الجذب المركزي للقومية التي ضعفت إلى حد كبير خلال سنوات طويلة من الديكتاتورية (١٩٦٩-١٩٩١)؛ وهو ما أدى في النهاية إلى انهيار الدولة الصومالية عام ١٩٩١. ومنذ ذلك الحين، ظلت الصومال رمزًا لأطول دولة انهارت في التاريخ الحديث. والواقع أن روح القومية الصومالية لا تموت أبدًا لأنها عضوية وحية بين جميع الصوماليين، إلا أن الأمر يتطلب رؤية جديدة وتفسيرًا جديدًا ونهجًا مبتكرًا يراجع نسختها القديمة ويستخلص العبر من التجارب الماضية.

التحدي الثالث: يتجلى في طبيعة الدولة الصومالية المبنية على النموذج الغربي، والتي فشلت في استيعاب التقاليد الصومالية، وبالتالي اصطدمت بمجتمع قوي قائم على نظام العشيرة والإسلام؛ وهو ما أشعل آلية دفاعية ومواجهات متمردة من المجتمع. لذلك، أدت العلاقات المتوترة بين الدولة والمجتمع إلى ظهور ثلاث أيديولوجيات متنافسة: العشائرية، والإسلاموية والقومية. وعلى الرغم من أن هذه الأيديولوجيات ديناميكية، ومتقاطعة، إلا أنها في كثير من الأحيان متداخلة. ومع ذلك، وبدون ترتيب توفيقي، ساد فكرة الاستبعاد المتبادل بينهما. وفي الواقع، بدأ استقطاب المجتمع بشكل واضح مع فرض العلمانية أثناء الحكم العسكري، الأمر الذي أثار ظهور حركات تمرد تحت رايات الإسلام والعشيرة. ولذلك، يمكن القول: إن المجتمع الصومالي قد تعرض للتطرف بشكل منهجي منذ عام ١٩٦٩. ومن أبرز الحركات المسلحة التي خاضت مواجهات دامية مع الحكومة الصومالية: الجبهة الديمقراطية لإنقاذ الصومالية (FDSS)، والحركة الوطنية الصومالية (MNS)، والمؤتمر الصومالي الموحد (CSU)، والحركة الوطنية الصومالية (MPS). كما أن التيارين الرئيسيين للحركات الإسلاموية: السلفيين والإخوان المسلمين، شاركا أيضًا في التعبئة لمعارضة النظام العسكري بطرق أخرى.

ويتعلق التحديان (الموقع الاستراتيجي والصومال الكبير) بحقائق سياسية تفرض التعامل بطريقة علمية، وتستدعي إيجاد سياسة خارجية حكيمة تحمي مصالح الصومال الوطنية والحد من النفوذ الأجنبي. أما التحدي الثالث المتعلق بالصراع بين الدولة والمجتمع، فهو ما يتعين على الباحثين الصوماليين أن يتعاملوا معه بشكل نقدي. وبطبيعة الحال، هذه التحديات الثلاثة مترابطة على الرغم من أن تأثيرها المهيمن من أعلى إلى أسفل. وبالفعل، فشل الدولة الصومالية ناتج من أفكار اخترعها مثقفون أجانب وصوماليون ونفذها السياسيون الصوماليون. ويتناول القسم التالي هذه الأفكار التي تسببت- بعد استيعابها من قبل السياسيين الصوماليين، في انهيار الدولة خلال ثلاثة عقود، وما زالوا يضعون العقبات أمامها لإعادة تأسيسها.

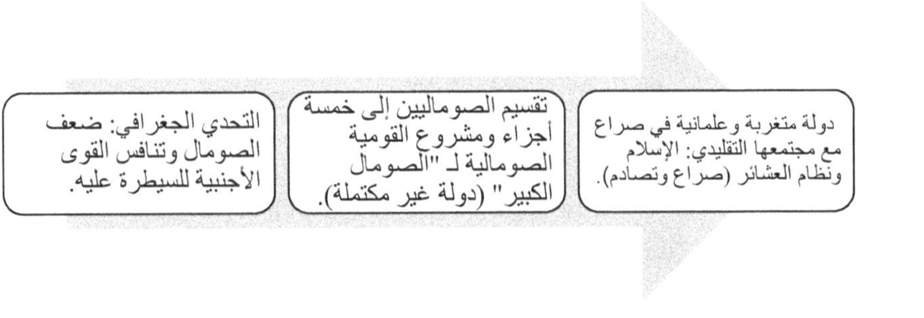

| التحدي الجغرافي: ضعف الصومال وتنافس القوى الأجنبية للسيطرة عليه. | تقسيم الصوماليين إلى خمسة أجزاء ومشروع القومية الصومالية لـ "الصومال الكبير" (دولة غير مكتملة). | دولة متغربة وعلمانية في صراع مع مجتمعها التقليدي: الإسلام ونظام العشائر (صراع وتصادم). |

الشكل ٢٦: التحديات الثلاثة الرئيسية المتتابعة لبناء الدولة الصومالية

نظرة عامة على منظورات الدراسات الصومالية

هيمنت روايات متجذرة في الأنثروبولوجيا الاجتماعية والثقافية (lacigoloporhtnA evitcepsreP) التي تركز على القرابات والمنظمات الاجتماعية، والدين، والأساطير، والرموز، والقيم، والعلاقة بين الهياكل التقليدية والحديثة على الدراسات الصومالية. ويرى بعض العلماء أن الأنثروبولوجيا نشأت وتطورت كدراسة "الثقافات الأخرى"، سواء من حيث الزمان (العصور القديمة) أو المكان (المجتمعات غير الغربية) . ويعتبر علماء الأنثروبولوجيا بمنزلة مثقف الاستعمار وأداة لفهم السكان المستعمرين لتمكين الاستعمار من الغزو والسيطرة والإدارة . بالإضافة إلى ذلك، أنتج علماء الأنثروبولوجيا المشبعون بتفوق عنصري صور إهانة وأوصاف مشوهة للدول المستعمرة. وتخللت هذه الصور مختلف الوسائل التعليمية ومنهجيات البحث في إنتاج المعرفة. وعلى سبيل المثال، هناك تكرار مستمر للصورة العشائرية للشعب الصومالي الذي يميل إلى تصوير الصوماليين على أنهم استثنائيون وعشائريون ومنقسمون إلى الأبد وغير قادرين على بناء دولة قابلة للحياة . ويضع علماء الأنثروبولوجيا افتراضاتهم حول "سردية التحديث الكبرى، التي تركز على الانتقال من التقليد إلى الحداثة. وتأسست هذه النظرية على الاعتقاد بأن المجتمعات التقليدية يمكن أن تتطور بمساعدة الدول المتقدمة على المسار نفس الذي سلكته الدول الغربية المتقدمة" . هذه النظرية مستمدة من أفكار ماكس فيبر (١٨٦٤-١٩٢٠) حول دور العقلانية واللاعقلانية في الانتقال من المجتمع التقليدي إلى المجتمع الحديث. وشاعت هذه النظرية لاحقًا بواسطة تلكوت برسونز (١٩٠٢–١٩٧٩). ويرى العديد من منظري التحديث أن التقاليد عقبات أمام النمو الاقتصادي والديمقراطية المرتبطة بتحديث الدول الوطنية.

ولقد كان المفهوم المذكور أعلاه متأصلاً في أذهان النخب السياسية الصومالية. ونتيجة لذلك، فإنهم تبنوا فكرة تطويق الهوية الإسلامية والنظام العشائري، طامحين إلى أن يكونوا حداثيين ومتطورين. ومفهوم الحداثة كوسيلة لقمع النظام العشائري والتقليل من دور الإسلام في شؤون الدولة، كان جوهر الأيديولوجية القومية الصومالية. وكان التأثير الضار لهذا المنظور هو أنه خلق صدعًا بين الدولة وقاعدتها المجتمعية. وفي السنوات التسع الأولى من الحكم المدني (١٩٦٠–١٩٦٩)، كان الصراع بين الدولة والمجتمع معتدلاً، ولكن خلال النظام العسكري (١٩٦٩-١٩٩١) قد اتسعت الفجوة الأيديولوجية بين الدولة والمجتمع بسبب تبني الاشتراكية وبرامج التحديث القاسية للنظام العسكري. ولقد سار النظام العسكري، إلى حد ما، على خطى كمال أتاتورك في تبني نظامه ومبادئه، مثل العلمانية والقومية المتطرفة والشعبوية . وتم تمويه هذه المبادئ بخطاب

الاشتراكية والتعبير عنها في علمنة قانون الأسرة، وإلغاء نظام الدية، وإعدام العلماء، وتشكيل نظام الحزب الواحد، واضطهاد المعارضة السياسية.

ومع تبني الأيديولوجية الاشتراكية، ظهر المنظور الماركسي (evitcepsreP tsixraM) لدراسة التاريخ والاقتصاد والسياسة الصومالية. ويرتكز هذا المنظور على التحليل الطبقي والمادية التاريخية. وانتقد التحليل الماركسي نظريات الأنثروبولوجيا. ولقد كان النظام العسكري يخلط بين هذه الأيديولوجيات بشكل منهجي. كلا المنظورين يشتركان في طرح منظور العلمانية والعداء لتقاليد المجتمعات. ولقد واجهت الطبيعة القمعية للنظام العسكري والسياسات القاسية ضد القيم تطرف العشائر والجماعات الإسلاموية وظهور المعارضة المسلحة في نهاية السبعينيات. وواجه الاتجاه الاسلاموي عمومًا علمنة المجتمع وسياسات النظام العسكري في السبعينيات على الرغم من أن النظام كان قد أعدم عشرة علماء في ٢٣ يناير/ كانون الثاني ١٩٧٥ وسجن المئات من طلابهم والمتعاطفين معهم خلال المواجهة الشهيرة المتعلقة بقانون الأسرة في مقديشو. ولقد أدت علاقات الدولة العدائية مع مجتمعها إلى صراع شديد مع الدولة؛ وهو ما أدى تدريجيًّا إلى انهيار كامل للدولة في عام ١٩٩١. ومع نهاية الحرب الباردة، وانهيار الاتحاد السوفييتي، وانهيار الدولة الصومالية، وصل المنظور الماركسي إلى طريق مسدود، على الرغم من استمرار نظرية التحليل الطبقي. وهكذا، عاد أنصار المنظور الماركسي إلى قبول ضرورة مصالحة الحداثة والتقاليد. وكان هذا التحول أكثر وضوحًا في أطروحة أحمد سمتر، الذي اقترح التوليف بين الحداثة والتقاليد. ومع ذلك، فإن تحدي التكامل العملي بين الحداثة والتقاليد لا يزال التحدي الأكبر الذي لم يتم حله في الصومال، وكذلك جميع الدول المسلمة تقريبًا.

وبعد انهيار الدولة عام ١٩٩١، ظهر منظور جديد ينتقد وجهات النظر الأنثروبولوجي والماركسي، وهو الذي عبر عن التهميش التاريخي للمناطق شبه الرعوية الجنوبية "بطريقة أكثر شمولية وتعددية من الناحية المعرفية للتعبير عن المجتمع الصومالي". وانتقد أنصار المنظور التحريفي (evitcepsrep tsinoisiveR) المنظورين الآخرين المذكورين أعلاه قبول الروايات الرسمية التي ساهمت في تصوير الصومال. ولقد تبنى العلماء هذا المنظور الجديد، فأزالوا الغموض عن الصورة التقليدية للصومال من قبل القوميين الصوماليين المثاليين والمؤرخين الاستعماريين ومؤرخي العشائر المهيمنة سياسيًّا. علاوة على ذلك، انتقد هؤلاء العلماء التاريخ الذي يركز على الرعاة الشماليين ويستبعد السكان المزارعين الجنوبيين.

من جانبهم، فحص التحريفيون الشعارات الوطنية، مثل: التجانس، والوحدة اللغوية، والتاريخ المشترك، ودعوا إلى دراسات صومالية شاملة لا تستثني الأقليات الاجتماعية والمهمشة. ومع ذلك، فإن المنظور التحريفي لا يختلف مع الأنثروبولوجي والماركسي حول النظرة العلمانية. والحقيقة أن اختلافهم يقتصر على نقد زواج السلطة والمعرفة بين الزعماء الرحل، وثقافة الإبل التي تم الترويج لها. وتم تحقيق أهداف علماء التحريفيين جزئيًا في تطوير الأحكام الدستورية التي تعترف بالتنوع اللغوي وحقوق الأقليات، واعتماد النظام الفيدرالي الذي طالب به حزب الدستور المستقل الصومالي، الذي كان يمثل عشائر دجل ومريفلي في فترة ما قبل استقلال الصومال عام ١٩٦٠.

إن المنظورات الثلاثة المذكورة أعلاه ليست سوى وجهين لعملة واحدة فيما يتعلق بانتمائهم إلى الفلسفة العلمانية وعلاقته الدولة الحديثة مع المجتمع التقليدي. والحقيقة أن أيديولوجية الدولة الصومالية في مرحلتها المدنية والعسكرية، تأسست على تهجين الأنثروبولوجية والليبرالية والماركسية كإطار فكري لبناء الدولة الصومالية. من ناحية أخرى، ساهم المنظور التحريفي لمعالجة المظالم الداخلية بين الصوماليين وانتقاد نزعة الدراسات الصومالية إلى مناطق محددة. لذلك، اقتصرت أطروحتهم المركزية على المطالبة بشمولية نهج الدراسات الصومالية. ونتيجة لذلك، انتقد هذا المؤلف وجهات النظر الثلاثة، واقترح "المنظور الشامل" للدراسات الصومالية.

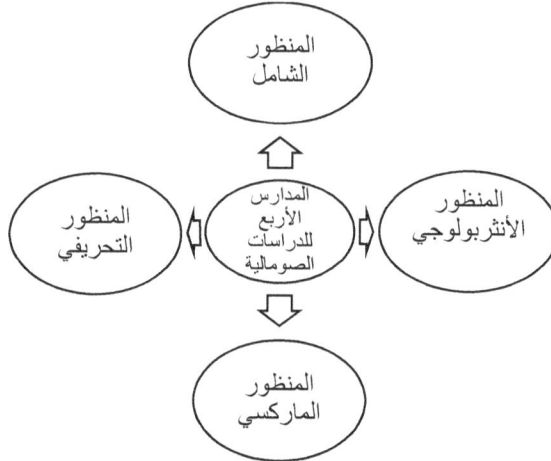

الشكل ٢٧: المدارس الفكرية للدراسات الصومالية

مفهوم المنظور الشامل

تأسس المنظور الشامل لاستكشاف الدراسات الصومالية منذ العصور القديمة، وما يتبع ذلك **من** فترات القوة والضعف، وكذلك أثر الإسلام في تأطير الثقافة وبناء المجتمع الدول، والغزو الاستعماري وردود الفعل الصومالي، وإدخال نظام الدولة الحديثة، وصعود وسقوط الدولة الصومالية، والحرب الأهلية والمصالحات، واستعادة الدولة الصومالية في عام ٢٠٠٠، وجميع الأحداث الأخرى من تلك الفترة فصاعدًا. وهذا المنظور يدحض السمات الأربعة السائدة في الدراسات الصومالية: **العلمنة، والرجولية والاستثنائية، والعشائرية**. تاريخيًّا، تم تطوير الفكرة الأولية للمنظور الشامل من قبل هذا المؤلف في عام ١٩٨٩ عندما كانت طالبًا للدراسات العليا في المعهد الإسلامي بجامعة مغيل. وقد تم توسيع تطوير هذا المنظور تدريجيًّا منذ ذلك الحين. ويقدم المنظور الشامل أساسًا علميًّا لإعادة النظر في الدراسات الصومالية، ويقدم منظورًا بديلاً، كما يقدم خريطة طريق لحل الصراع الصومالي وإقامة دولة صومالية مستقرة.

الفرضية الأولى للمنظور الشامل هي انتقاد وجهات النظر الثلاثة الأخرى في تبنيها العلمانية في تحليلهم وتصوراتهم. وفي السياق الصومالي، تعني وجهة النظر العلمانية قبول الإسلام كدين الدولة، والنظام القانوني الموروث من الاستعمار، والثقافة السياسية النخبوية إلى فصل الدين عن شؤون الدولة. ونتيجة لذلك، اكتسبت الدولة الصومالية نظامًا قانونيًّا مختلطًا. وفي الوقت نفسه، كانت للقوانين العلمانية الأسبقية. على سبيل المثال، خلال الحكم العسكري، حتى قوانين الأسرة تمت علمنتها؛ وهو ما أثار ضجة مجتمعية وإعدام العلماء المعارضين. والواقع أن وجهات النظر الثلاثة هذه تشترك في هذه الصفات. وعلى العكس من ذلك، يدعو المنظور الشامل إلى إدراج دور الإسلام والإسلاموية في الدراسات الصومالية كجزء من المعادلة الصومالية.

الفرضية الثانية للمنظور الشامل هي إشراك المرأة في البحث التاريخي وعدم حصرها في شريحة الرجال بالمجتمع. وهذا يعني أنه إلى جانب إعادة التأكيد في وقت مبكر على عدم تهميش المرأة في عملية صنع القرار في المجتمعات الرعوية/ البدوية، لا ينبغي للدراسات الصومالية المعاصرة أن تهمش الدور المجتمعي الحاسم للمرأة، وأن نكون دائمًا على دراية بدور المرأة في جميع قطاعات الصومال في السياسة والشؤون الاقتصادية والمجتمعية، كما يجب إعطاؤها الاهتمام بمساهماتها الثقافية الغنية. بالإضافة إلى ذلك، يجب مراجعة الأدوار واستعادة إسهامات المرأة في تسطير التاريخ. وللقيام بذلك، ينبغي تحرير المرأة من تهميش العشائرية التقليدية والتفسير المتطرف للإسلام من قبل بعض

الجماعات المتطرفة. وبدلاً من ذلك، يجب أن تكون للمرأة الدور الذي أوضحه الإسلام والمنصوص عليه في الدستور الوطني.

الفرضية الثالثة للمنظور الشامل هي تجنب استثنائية الصومال واستكشاف الميزات المشتركة مع الدراسات الإفريقية والشرق الأوسطية. قال البروفيسور كاسانيلي بحق: "لقد كانت الدراسات الصومالية، كمشروع جماعي، منعزلة للغاية، وغير راغبة في النظر إلى الصومال مثل المجتمعات الأخرى". ولاحظ كذلك أن الشعور بـ "الاستثناء الصومالي" يحول دون رؤية الصومال على أنه يشبه المجتمعات الإفريقية والإسلامية الأخرى. كما يجب رؤية الصومال من خلال تشابهها مع الدراسات الإفريقية والشرق الأوسطية. وهكذا يتقاسم الصوماليون الجغرافيا والثقافة والإرث الاستعماري والدين وتحديات ما بعد الاستعمار مع الشعوب الإفريقية. ولقد بدأت الدراسات الإفريقية كجزء من المشروع الاستعماري لفهم الرعايا الاستعماريين. من جهة أخرى، تشتمل دراسات الشرق الأوسطية على نطاق واسع الدراسات الإسلامية بسبب كثرة المسلمين في المنطقة. والصومال، كونها عضوًا في جامعة الدول العربية، تتقاسم أشياء كثيرة مع دول الشرق الأوسط، بما في ذلك السمات الثقافية، والثقافة السياسية، والعقيدة الإسلامية. وهكذا، أثرت دراسات الشرق الأوسط على الدراسات الصومالية، وقد تنطبق العديد من استنتاجاتها للسياق الصومالي.

الفرضية الرابعة هي عشائرية الدراسات الصومالية؛ وتلك تؤدي إلى تفسير أحادي للتاريخ والسياسة الصومالية على أساس العشائرية. وعلى سبيل المثال، يقتبس أحمد سمتر من ديفيد ليتين وسعيد سمتر، قوله: "منذ سنوات، أخبرنا عالم الأنثربولوجيا الأوروبي إنريكو سيرولي وإي إم لويس- لكي نفهم السياسة الصومالية- بأنه من الضروري أن نفهم العشائرية الصومالية وروابط القرابة". وكان الهدف من الصراع تحويل المسؤوليات الفردية إلى المسؤولية الجماعية عن الجرائم التي ارتكبت خلال الحرب الأهلية وإتاحة الإفلات من العقاب لمرتكبي الجرائم الشنيعة.

ويؤكد المنظور الشامل أن الصراع الصومالي الذي أطاح بالدولة والحرب الأهلية اللاحقة لم يكن مجرد صراع عشائري، بل صراع سياسي. وتقع مسؤولية الصراعات على عاتق النخب السياسية التي حشدت عشائرها لأغراض سياسية، وإحداث انهيار الدولة، وذلك بسبب عدم قدرتهم على التعامل مع تحديات بناء الدولة. هذا الفشل نتج عن صراع النخب غير الإسلاموية على السلطة والهيمنة. علاوة على ذلك، قبل انهيار الدولة، كان الإسلاميون هامشيين للغاية في الشؤون السياسية، وكان دورهم يقتصر على الانتقاد العلني للنظام من وجهة النظر الإسلامية. ولقد أدى تفسير العشائرية للصراعات السياسية إلى فشل المصالحات وعمليات حل النزاعات خلال السنوات العشر الأولى

من انهيار الدولة؛ وهو ما منح أمراء الحرب الحصانة من العقاب. والعشائرية في هذ السياق، تجنب المسؤولية الفردية بسبب ثقافة الدفاع المشترك والمسؤولية المشتركة بين أفراد العشائر أثناء الحرب. علاوة على ذلك، نجد أن تقاسم السلطة على أساس الانتماء العشائري في عام ٢٠٠٠، لم يقدم حلاً نهائيًا لعملية بناء الدولة في الصومال. وعلى الرغم من أنه لا يمكن تجاهل عامل العشيرة تمامًا، إلا أنه يجب ترويضها من خلال سياسات تحصرها في دورها المجتمعي الذي لا غنى عنه. ومن ثم، فإن فهم ديناميكيات العوامل الأربعة: **العلمنة والرجولية والاستثنائية والعشائرية** في الدراسات الصومالية أمر بالغ الأهمية لفك رموز الحالة الصومالية المزمنة. هذا الفهم يمكننا من تطوير وجهات نظر تقدم رؤية مجهرية لواقع الصراعات الجذرية وخطوط الصدع الكامنة وراء العلاقات بين الدولة والمجتمع، والصراع السياسي النخبوي، والصراعات السياسية العشائرية، وتطرف السياسة الوطنية، وإساءة استخدام الإسلام كوسيلة للتطرف العنيف. وأخيرًا، فإن المنظور الشامل ليس مجرد إطار نظري، لكنه يقترح كذلك إطارًا شاملاً للمصالحة.

ولتبسيط شرحنا، سنقوم بدراسة عناصر فكر الفرد الصومالي والتسلسل الهرمي المطلوب للمعادلات الصومالية الثلاث: الإسلام، والقومية، والعشيرة، ثم ننتقل إلى شرح النخب الصومالية الرئيسية وتكويناتها والعلاقات فيما بينها. والهدف من هذا الفحص هو وضع إطار للمصالحة على أساس هذه العلاقات.

١- التسلسل الهرمي للأفكار في عقول الأفراد الصوماليين

سوف نحلل هنا الحالة الذهنية للأفراد الصوماليين من خلال توضيح السيناريوهات الستة المحتملة للأزمة الذهنية ممثلة في الدوائر التالية التي تظهر التسلسل الهرمي لولاءات العشيرة والإسلام والقومية. ونحن نقتصر في توضيحنا على العقلية الصحيحة، في حين أن أي مزيج آخر من هذه العناصر الثلاثة في أذهان الأفراد يحتاج إلى مراجعة وتصحيح. والهدف من تحليل عقول الأفراد الصوماليين، هو تحقيق التسلسل الهرمي المناسب للولاءات على المستوى الفردي كخطوة أولى نحو المصالحة الشاملة. دعونا نتخيل تشريح عقول الأفراد الصوماليين المختلفين أفقيًا لمراقبة نظام معتقداتهم والتسلسل الهرمي لولاءات العشيرة والإسلام والقومية. وفي نهاية المطاف، سنرى تشكيل الحالة الذهنية للفرد في أحد الأشكال الستة.

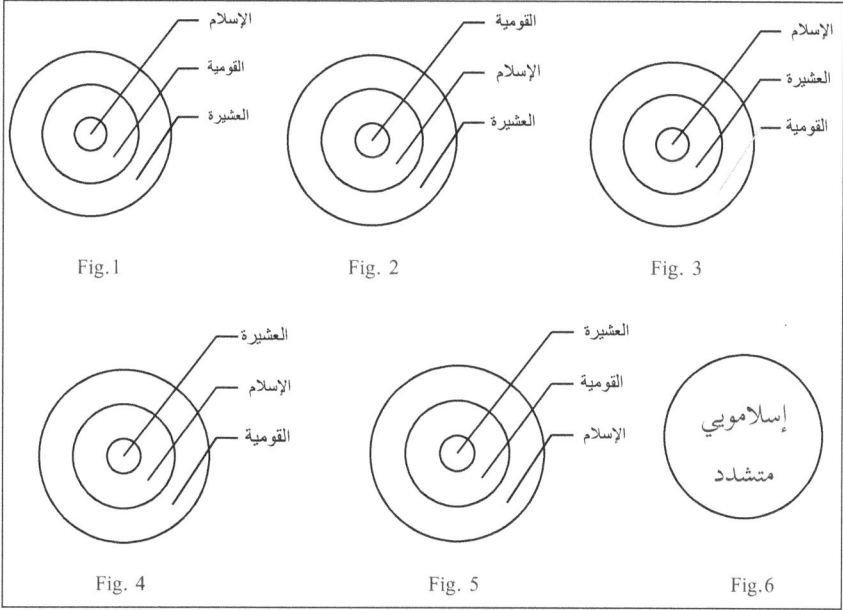

الشكل ٢٨: ستة أنواع من العقول تُظهر عملية التقلب.

إن دراسة الولاءات وتسلسلها الهرمي لدى الأفراد يمكن أن تنتج ستة سيناريوهات:

١- **خريطة ذهنية العشائرية المتطرفة**، وفيها تأتي العشيرة في المقام الأول؛ في حين يأتي الإسلام في المرتبة الأخيرة، **بينما** تأتي القومية في المرتبة الثانية.

٢- **خريطة ذهنية العشائرية التقليدية**؛ حيث تأتي العشيرة في المقام الأول، ويأتي مفهوم التقليدي للإسلام في المرتبة الثانية، والقومية تكتسب أصغر قدر من الولاء. هذا النوع من التفكير منتشر في معظم الصوماليين الذين يمارسون التزامات إسلامية عامة.

٣- **خريطة ذهنية القومي العلماني المتطرف** الذي يعطي ولاءه أولاً للقومية، تليها عشيرته، ثم يأتي الإسلام الأخير في تسلسل ولاءاته. هذا العقل يتسامح مع العشائرية، ولكنه يعارض ويضطهد الناشطين الطامحين إلى تطبيق الشريعة. إنه عقل العلماني**ين** الذين عاشوا في الصومال خلال الحكم العسكري.

٤- **خريطة ذهنية القومي المعتدل**؛ حيث تأتي القومية أولاً في التسلسل الهرمي للولاء، يليها الإسلام والعشيرة في المرتبة الأدنى.

٥- **خريطة ذهنية المنظم بشكل صحيح** للفرد المسلم؛ حيث يأتي الولاء فيه للإسلام أولاً، والقومية ثانيًا، والعشيرة في المرتبة الأدنى. ومع ذلك، فإن تحقيق هذا النموذج يعتمد على الشمولية وتحديد الأولويات لعناصر المعادلة الصومالية الثلاثة. وهذا

النوع من العقل ينتمي إلى الإسلامويين الذين يطمحون إلى تغيير مجتمعهم من خلال الوسائل السلمية والديمقراطية والقيم الإسلامية في الدولة والمجتمع.

٦- **العقل المتطرف الإسلاموي** الذي لا يعترف بنظام الدولة الحديثة والقومية، بل يطمح إلى تحقيق الدولة الإسلامية التاريخية (الخلافة) من خلال العنف. هذا عقل المتطرف الذي يحمل الإسلام اسمًا فقط، مثل: حركة الشباب، وداعش والمنظمات المماثلة.

هذه الأنواع الستة من العقول بين الأفراد الصوماليين هي : العشائرية المتطرفة، والعشائرية المعتدلة، والقوميون العلمانيون المتطرفون، والقوميون المعتدلون، والإسلاميون المعتدلون، والإسلاميون المتطرفون. الثلاثة ولاءات متطرفة لا تتسامح بعضها مع بعض وتؤمن بالإقصاء التام للآخرين: اللعبة الصفرية. ومن ناحية أخرى، فإن المعتدلون متسامحون بعضهم مع بعض، ومنفتحون على تبادل التفاعلات والحوار والحلول السلمية للصراعات. والواقع أن التحدي الأكبر الذي يواجه الصومالي هو تقلب الولاءات. وبناءً على ذلك، فمن الشائع أن نرى فردًا يُظهر ولاءه للإسلام في ظروف معينة، وعشيرته في مناسبة أخرى، وأمته في فترة أخرى. الأمر كله ظرفي أو لحظي. وتشكل الولاءات المتقلبة أكبر عائق أمام وضع استراتيجية للتعامل مع أزمة الولاءات وخلق بيئة من التسامح. إن تقلب الولاءات يشبه الحرب الأهلية التي تدور في أذهان كل فرد؛ حيث تتنافس الولاءات المختلفة بعضها مع بعض من أجل الهيمنة. ولا شك أن التنافس على الولاءات يولد أزمة هوية، والتفكير المضطرب. إن التسلسل الهرمي المنظم بشكل مناسب لولاءات الأفراد هو هدف إطار المصالحة الشاملة في الصومال.

يجب أن يكون الترتيب الصحيح للعناصر في عقلية الفرد المسلم بحيث تكون الأولوية للإسلام كالمبدأ الإرشادي الأسمى، يليه القومية، وأخيراً القبلية. يعكس هذا الترتيب جهداً واعياً لتنسيق الهوية الشخصية والجماعية مع أطر أوسع وأكثر شمولاً تتجاوز الانتماءات الضيقة. أولاً، يجب أن يحتل الإسلام المكانة العليا لأنه يوفر إطاراً شاملاً وعالمياً للحياة والأخلاق والحكم والعدالة الاجتماعية. كدين متعالٍ، يقدم الإسلام توجيهات أخلاقية وشعوراً بالهدف يمتد إلى ما هو أبعد من الاهتمامات الزمنية أو المحلية، ويؤكد على الوحدة والعدالة والرحمة والالتزام بالمبادئ الإلهية التي تهدف إلى إفادة البشرية جمعاء بغض النظر عن الانتماءات العرقية أو القبلية. ثانياً، يمكن للقومية أن تخدم كطبقة ثانوية من الهوية، طالما كانت منسجمة مع المبادئ الإسلامية. فالقومية التي تستند إلى العدالة والوحدة ورفاهية المجتمع الأوسع يمكن أن تكمل القيم الإسلامية. وعندما يتم توجيهها بشكل صحيح، يمكن للقومية أن توفر إطاراً عملياً لتنظيم المجتمع، وتعزيز التنمية، والدفاع عن المصالح الجماعية ضد التهديدات الخارجية. ومع ذلك، يجب أن تبقى خاضعة للمعايير

الأخلاقية والمبدئية التي يحددها الإسلام لمنعها من الانحراف إلى مجرد قبلية أو شوفينية. وأخيراً، يجب أن تكون القبلية، رغم الاعتراف بها كجانب طبيعي من المجتمع البشري، في أدنى مستوى من الأولويات. فهي عنصر من الهوية يعتمد على الروابط القرابية والعائلية التي يمكن أن تقدم تماسكاً اجتماعياً ودعماً متبادلاً. ومع ذلك، عندما يتم رفعها فوق الإسلام أو القومية، يمكن أن تفتت المجتمعات وتقوض الأهداف الجماعية الأوسع وتولد صراعات غير ضرورية. يجب أن يقتصر دورها على توفير هياكل الدعم الاجتماعي ضمن الحدود الأخلاقية التي يضعها الإسلام. بناءً على ذلك، فإن الترتيب السليم لعقلية الفرد المسلم يضع الإسلام في الصدارة، يليه القومية كأداة عملية لتنظيم المجتمع، والقبلية كآلية دعم محلية. يضمن هذا الهيكل أن تكون الأفعال الشخصية والجماعية موجهة بمبادئ عالمية بدلاً من مصالح ضيقة ومحدودة

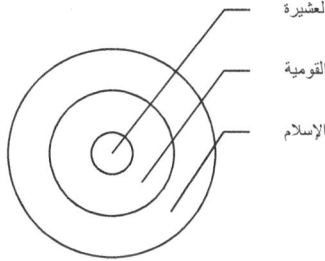

الشكل ٢٩: الترتيب السليم لعقلية الفرد المسلم

٢- النخبة الصومالية وعلاقاتها المتبادلة

الرسم التوضيحي الثاني للفرضية الأساسية للمنظور الشامل هو فحص تشكيل هيكل العلاقات النخبة الصومالية. ويهدف هذا التحليل إلى فهم صراع النخبة؛ وذلك لوضع إطار مصالحة شاملة عملية. إنها أداة مناسبة لتحليل العلاقات بين الدولة والمجتمع. ويمكن تطبيق أسلوب التحليل النخبوي في التحليل السياسي في جميع بلاد المسلمين؛ حيث لا يزال تأثير العشيرة في السياسة هو السائد فيما يعرف بالعالم الثالث الذي يكثر فيه المسلمون بشكل عام. ويبين الشكل أربع فئات رئيسية من النخب الصومالية، منقسمة إلى النخب التقليدية (العلماء وشيوخ العشائر)، والنخب الحديثة (الإسلامويين وغير الإسلامويين). نحن نستخدم غير الإسلاميين، وهو مسلم يمارس الإسلام ولا ينكر مبادئه، ولكنه لا يدعو إلى تطبيقه. وسنقوم هنا بدراسة العلاقات الأفقية والرأسية بين فئات النخبة الأربعة. العلاقة بين شيوخ العشائر والعلماء التقليديين، هي علاقة تكاملية، لأن بين السلطات المجتمعية منقسمة بشكل جيد. ويتمتع شيوخ العشيرة بالقدرة على إدارة شؤون العشيرة وصنع السلام

والحرب في آن واحد. وفي الوقت نفسه، دور العلماء هو في المقام الأول تقتصر على الأنشطة الدينية والمصالحة الاجتماعية المنحصرة في دوائرهم السكانية المحلية وعلاقاتهم عمومًا ودّية؛ وهو ما يخلق بيئة من الاستقرار والتضامن في العشيرة. وفي كثير من الأحيان، نجد أن العلماء وشيوخ العشائر أقارب من خلال الزواج؛ الأمر الذي عزز من صلاتهم وتعاونهم. وعلى عكس النخب التقليدية، فإن العلاقات بين النخب الحديثة تصادمية بسبب اختلاف وجهات نظرهم وأجنداتهم السياسية. وفي حين يطمح الإسلاميون المعتدلون إلى تحويل الدولة الحديثة إلى دولة تطبق الشريعة، وتلتزم بالمبادئ والقيم الإسلامية، فإن النخب غير الإسلاموية تتمسك من جانبها بشكل الدولة الموروث من القوى الاستعمارية، وتعتبر نفسها أنهم الورثة الشرعية دون غيرهم من القطاعات الوطنية الأخرى.

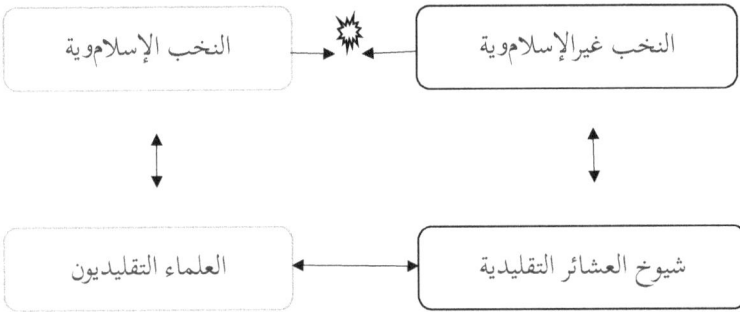

الشكل ٣٠: الأنواع الأربعة الأساسية للنخبة الصومالية

كانت دولة ما بعد الاستعمار علمانية بشكل عام في قيمها القانونية والاقتصادية والثقافية. من ناحية أخرى، فإن العلاقات بين العلماء التقليديين والإسلامويين المعاصرين هي كذلك مشبوهة إلى حد ما؛ لأن الإسلامويين يطمحون إلى أجندة سياسية، في حين أن معظم العلماء التقليديين غير سياسيين. علاوة على ذلك، يتنافس الإسلاميون المعاصرون مع العلماء التقليديين على المرجعية الإسلامية في المجتمع. في الواقع، تتعامل مجموعات مختلفة من الإسلامويين المعاصرين مع العلماء التقليديين بشكل مختلف. فعلى سبيل المثال، تعتبر علاقات الجماعات السلفية مع العلماء التقليديين أكثر تعصبًا من تلك التي تربطها بالإخوان المسلمين[٥٦٨]. علاوة على ذلك، فإن العلاقة بين شيوخ العشيرة والنخب غير الإسلاموية مهذبة ومتجذرة. فضلاً عن ذلك، يرتبط شيوخ العشائر والنخب الحديثة

٥٦٨- Abdurahman Abdullahi, "The Conception of Islam in Somalia: Consensus and Controversy," Bildhaan 21 (2023), 79-98, 87-90. Available from https://digitalcommons.macalester.edu/cgi/viewcontent.cgi?article=1240&context=bildhaan (accessed on 25 April 2023).

من خلال شبكات العشيرة. وفي الواقع، تغير دور شيوخ العشائر بشكل ملحوظ بعد اعتماد نظام تقاسم السلطة العشائرية في عام ٢٠٠٠، ومنذ تمكينهم من اختيار أعضاء البرلمان. وفي ظل هذه الظروف، يجب على جميع السياسيين إقامة علاقات أوثق مع شيوخ عشيرتهم. وأخيرًا، فإن العلاقات بين الإسلامويين وشيوخ العشائر التقليدية وبين غير الإسلامويين والعلماء التقليديين بشكل عام مهذبون ويقوم على الاحترام المتبادل.

١- إطار المصالحة الشاملة

يهدف المنظور الشامل إلى استكشاف وتقديم تفسير جديد للدراسات الصومالية واقتراح إطار لحل الأزمة الصومالية، بعد أن فهمنا فكر الفرد الصومالي وبنية النخبة السياسية والعلاقات بينهما، وكذلك التسلسل الهرمي للصراعات الصومالية على المستويين الفردي والجماعي. وتهدف المصالحة الشاملة إلى تحديد اتجاه جديد في حل أربعة مستويات للصراعات الصومالية: (١) الدولة الحديثة والمجتمع الصومالي. (٢) صراع النخبة السياسية (غير الإسلاموية والنخب الإسلاموية). (٣) الصراع المسلح المسيس العشائري بين الدولة والمعارضة المسلحة وتأثيرها على العلاقات العشائرية. (٤) الصراع المتعدد الأوجه بعد انهيار الدولة (سياسي، اقتصادي، التقمص باسم الإسلام، باسم العشائر). هذه الصراعات الأربعة تستبعد صراعات العشائر التقليدية على الأرض والمياه وعوامل أخرى. وبعض هذه الصراعات قد تتصاعد إلى صراع سياسي أو حتى يتم التحريض عليها لأسباب سياسية؛ ولذلك ينبغي أن ينظر إلى نهج كل حالة على حدة. ومن الضروري أن نفهم أن هذه المستويات الأربعة من الصراع مترابطة ومتوالدة وتنتج بعضها بعضًا من الأعلى إلى الأسفل. ومن الممكن أيضًا أن تتصاعد العملية السفلية للصراع إلى صراع أعلى. وتظهر هذه المستويات الأربعة من الصراع في الشكل (٥).

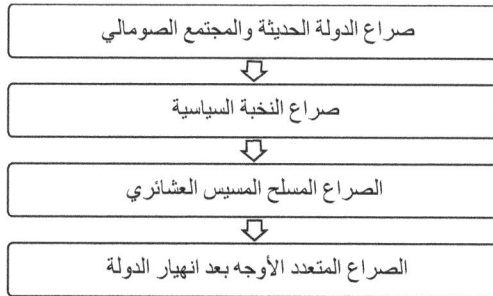

صراع الدولة الحديثة والمجتمع الصومالي
صراع النخبة السياسية
الصراع المسلح المسيس العشائري
الصراع المتعدد الأوجه بعد انهيار الدولة

الشكل ٣١: الأنواع الأربعة للصراعات الصومالية

وبعد أن فهمنا المستويات الأربعة للصراع، دعونا نبدأ في معالجة المصالحة فيما بينها.

المستوى الأول للمصالحة: هو مصالحة الصراع بين الدولة والمجتمع، وهو السبب الجذري لجميع الصراعات الأخرى. ومع ذلك، قبل المضي قدمًا، يجب علينا فهم المقاربات التاريخية لبناء الدولة وعلاقتها بالنظام التقليدي. وكان هناك نموذجان من بناء الدولة الصومالية مع علاقات متباينة بين الدولة والمجتمع.

النهج الأول: تمت ممارسة النهج الأول خلال مرحلتي بناء الدولة: النظام الديمقراطي (١٩٦٠–١٩٦٩) والديكتاتورية العسكرية (١٩٦٩–١٩٩١). وفي هذا النهج، كانت عملية بناء الدولة مبنية على التغريب والعلمنة وازدراء التقاليد المجتمعية. وكان مفهومها يقوم على نقل المجتمع إلى نظام الحكم المتغرب من خلال تلقين المجتمع قبول هذا النظام وتبنيه واعتبار التراث عبئًا على نمو قوة الدولة. وفشل هذا النظام في الاستمرار بسبب قمع التقاليد التي نظمت عليها المعارضة مؤيديها، وأطاح بالنظام والدولة في عام ١٩٩١. لتوضيح هذه العملية بشكل أوضح، يمكننا تشبيه الدولة بمنزل كبير يسعى الناس إلى دخوله بشغف لأن معيشتهم وأمنهم ورفاهيتهم تعتمد عليه. غير أن تصميم هذا المنزل لم يُبنَ بطريقة تتناسب مع احتياجات هؤلاء الناس ولا يعكس أسلوب حياتهم أو قيمهم، مما أدى إلى حالة من التنافر بين الهيكل المفروض وسكانه المحتملين. كان الناس يتكدسون خارج المنزل في حالة من الفوضى، وعندما فتح الباب، اندفعوا بعنف للدخول دون تخطيط أو تنظيم. لم تكن هناك آليات واضحة لتوجيه هذا التدفق البشري؛ فلم يُعلم الناس كيفية الدخول بشكل منظم يضمن لكل فرد فرصة متساوية للوصول إلى الداخل. لم يكن لديهم ثقافة الانتظار المنظم أو مبدأ «من يأتي أولاً يخدم أولاً». وبدلاً من ذلك، كانت المحاولات العشوائية لاقتحام المنزل تؤدي إلى انهياره تحت وطأة الفوضى والازدحام. وكما ينهار المنزل المتهالك تحت ضغط الجموع غير المنضبطة، انهارت الدولة، مما أدى إلى مقتل الكثيرين أو إصابتهم، بينما تمكن البعض فقط من إنقاذ أنفسهم بالهروب من هذا الانهيار المفاجئ. هذا التشبيه يعبر بدقة عما حدث في الصومال عام ١٩٩١، حين انهارت مؤسسات الدولة بسبب التدافع غير المنظم والتنافس العنيف على السلطة والموارد، في غياب هيكل سياسي واجتماعي قادر على استيعاب الجميع وتنظيم العلاقات بينهم بشكل عادل ومستقر

أما النهج الثاني: فقد تم تطويره خلال مؤتمر السلام والمصالحة الصومالي في جيبوتي عام ٢٠٠٠، التي قامت على التوطين (noitazinigidni) مع الاحتفاظ بالملامح

الغربية لهيكل الدولة[٥٦٩]. وكان التوطين هو تقاسم السلطة على أساس حصص عشائرية، والمعروفة باسم الكوتا العشائرية ٤٫٥، وإعطاء شيوخ العشائر سلطة اختيار أعضاء البرلمان من عشائرهم. وبالإضافة إلى ذلك، تم قبول الإسلام باعتباره المرجع النهائي لجميع القوانين. ومن ناحية أخرى، نظام الدولة حافظ على سمات نظام الحكم الغربي، مثل: النظام البرلماني، والحكومة التنفيذية، ورئيس الجمهورية، والقضاء المستقل. وعلاوة على ذلك، اعتمدت الدولة الصومالية نظاما فيدراليا في عام ٢٠٠٤. وكان تقاسم السلطة على أساس الحصص العشائرية والفيدرالية قرار ضروري لتعافي الحكم. وقد أسيء استخدام هذه الأساليب الجديدة من قبل النخب السياسية مع ظهور ثقافة سياسية نخبوية هدامة غير بنائية تقوم على النرجسية والمنفعة المادية[٥٧٠]. وفشل هذا النهج في تحقيق أداء فعال للدولة الصومالية لأكثر من عقدين من الزمن. وقد تأسس هذا النهج على نقل الدولة إلى المجتمع وبناء الدولة على البنية التقليدية. كلا النهجين كانا متطرفين في التوظيف؛ إما التغريب، أو التوطين. ولذلك، تقترح المصالحة الشاملة مفهوم الالتقاء في الوسط وتحريك الدولة والمجتمع بعضهم تجاه بعض على الأرضية الوسطى؛ حيث يتم الحفاظ على الملامح الرئيسية للدولة والمجتمع. وبطبيعة الحال، فإن هذا يتطلب إعادة هندسة نظام الحكم في الصومال وإعادة تنظيمه وإصلاح السلطة التقليدية التي تضررت خلال الحرب الأهلية.

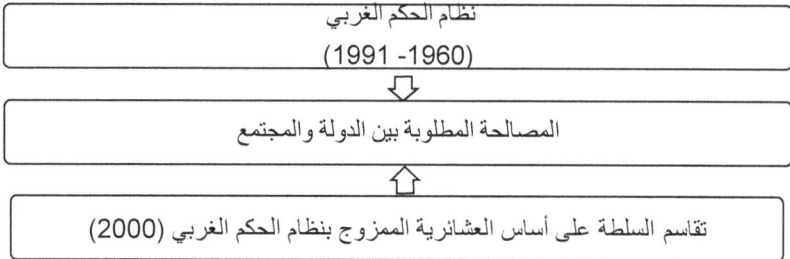

نظام الحكم الغربي
(1991 -1960)
المصالحة المطلوبة بين الدولة والمجتمع
تقاسم السلطة على أساس العشائرية الممزوج بنظام الحكم الغربي (2000)

الشكل ٣٢: المطالبة بالمصالحة الفعالة بين الدولة والمجتمع

٥٦٩- The system was built on clan power-sharing and selecting members of the parliament by the clan elders. However, the outcome of the process was the structure of the modern state system constituting a legislative assembly, executive branch, judiciary branch, and the presidency.

٥٧٠- Abdurahman Abdullahi, The Somali Elite Political Culture: Conceptions, Structures, and Historical Evolution. Somali Studies: A Peer-Reviewed Academic Journal for Somali Studies, Volume 5, 2020, 30-92.

المستوى الثاني: هو مصالحة النخبة السياسية. وهناك طريقتان لاستكمال هذه المرحلة.

النهج الأول: هو المصالحة بين الإسلامويين وغير الإسلامويين، وكان الصراع بينهما يدور حول دور الإسلام في الدولة والمجتمع. وتدعو النخب الإسلاموية إلى تطبيق الشريعة الإسلامية في كامل نطاق الدولة والمجتمع، بينما تعارض النخب غير الإسلاموية هذا الاقتراح وتطمح إلى استمرار النظرة العلمانية للدولة. وقد تم الوصول إلى هذه المصالحة من خلال الميثاق الانتقالي لعام ٢٠٠٠ والأحكام الدستورية. وعلى سبيل المثال، ينص الدستور الصومالي المؤقت على أن الإسلام هو المرجع النهائي لجميع قوانين الدولة. وتنص المادة ٣٫١ على أن "دستور الجمهورية الفيدرالية الصومالية مبني على أسس القرآن الكريم وسنة نبينا محمد (ص) ويحمي المقاصد العليا للشريعة والعدالة الاجتماعية". علاوة على ذلك، تؤكد المادة ٣٫٢ **أنه** "لا يجوز سن قانون لا يتفق مع المبادئ والأهداف العامة للشريعة". وقد تم تحقيق هذه المرحلة بشكل عام.

النهج الثاني: هو إنشاء نظام سياسي شامل، ليس نظامًا ديمقراطيًّا فحسب، بل نظام قادر أيضًا بما يكفي لاستيعاب جميع شرائح المجتمع، بمن فيهم النساء والأقليات. وإن تضمين مسألة المرأة منصوص عليها بشكل جيد في الدستور الصومالي المؤقت. وتنص المادة ٣٫٥ على أنه "... ويجب إدراج المرأة بشكل فعال في جميع المؤسسات الوطنية، ولا سيما جميع المؤسسات المنتخبة والمعينين في فروع الحكومة الثلاثة، وفي اللجان الوطنية المستقلة". إن نظام الأحزاب السياسية القائم على نظام الأغلبية هو نظام غير عملي في المجتمعات العشائرية. ويعمل هذا النظام على تهميش بعض العشائر التي قد تنتمي إلى الطرف الخاسر. لذلك، يجب تطوير نظام مناسب للمجتمع العشائري. وأفضل مثال على خلق الإجماع والتماسك في المجتمع العشائري كان قصة الحجر الأسود عندما تنازعت عشائر قريش على من سيضع الأسود الحجر في مكانه بعد إعادة بناء الكعبة. واتفقوا على قبول حكم أول شخص يدخل الكعبة، ومن المثير للاهتمام أن أول من دخل الكعبة هو الشاب محمد (النبي). ولما طلب شيوخ قريش من محمد بن عبد الله حل المسألة المتنازع عليها، طلب ثوبًا، وأوصى وضع الحجر الأسود في وسطه، وأمسك زعماء العشيرة بزوايا القماش وحملوا معًا حجر الأسود إلى المكان الصحيح، ثم وضع محمد الحجر في مكانه. وتظهر هذه القصة أن هيبة العشيرة أمر بالغ الأهمية، وبالتالي فإن خلق القيادة الجماعية والشعور بالملكية المشتركة أمر حيوي لاستقرار الدولة[٥٧١].

٥٧١– Muhammad Husayn Haykal, Life of Muhammad, translated by Isma'il Al-Faruqi. Available from https://muqith.files.wordpress.com/2010/10/

المستوى الثالث للمصالحة الشاملة: يتعامل مع الصراع المسيس العشائري. وهذا يستلزم معالجة مظالم الماضي والانتهاكات الجسيمة لحقوق الإنسان من خلال اعتماد آليات العدالة الانتقالية التي تتناسب مع الثقافة والإسلام[٥٧٢]. وتسبب صراع النخبة السياسية في استقطاب المجتمع إلى عشائر مسيطرة على سلطة الدولة ومواردها، ونخب معارضة تحشد عشائرها على أساس عشائري. وعلى الرغم من أن هذا الصراع له دوافع سياسية، إلا أنه تطور إلى صراع عشائري وانتهاكات جسيمة لحقوق الإنسان من قبل الطرفين. لقد صاغ الإسلام الأدوات اللازمة لحل مشكلة انتهاكات حقوق الإنسان التي طال أمدها بعد الحرب الأهلية. وعلى سبيل المثال، العدالة الانتقالية العملية[٥٧٣]. ويمكن استخلاص المنهج والأداة في الإسلام من فتح مكة بعد هجرتهم القسرية إلى المدينة المنورة. من ناحية أخرى، يمكن حل بعض المظالم الناجمة عن الصراع العشائري المُسيّس من خلال الوسائل التقليدية. إن إضفاء الطابع العشائري على الصراع الصومالي يحرف المسؤولية الفردية عن مرتكبي الجرائم ويصورها على أنها مسؤولية جماعية للعشيرة.

المستوى الرابع: يتطلب تعدد المقاربات والنظر في النزاعات، كل حالة على حدة. ولقد كانت فترة الصراع خلال الحرب الأهلية عندما كانت جميع أنواع الصراعات موجودة. بعض الصراعات كان استمرارًا لصراع النخبة على الاستيلاء على السلطة، وبعضها الآخر كان مجرد صراع بسبب انعدام السلطة، وكان أقوى يستطيع أن ينهب ويعتدي على من هو أضعف، وقانون الغاب كان حاضرًا. علاوة على ذلك، كان هناك صراع آخر بين الإسلامويين المسلحين وفصائل عشائرية مسلحة، وبين مختلف العشائر. علاوة على ذلك، كان الصراع بين اتحاد المحاكم الإسلامية وأمراء الحرب في مقديشو في عام ٢٠٠٦ صراعًا خاصًّا آخر. وإن تأثير صراع حركة الشباب مع بقية الصومال هو نوع آخر من الصراع يتطلب فهمه والتعامل معه بحكمة وجدارة.

وبما أن الصراع كان له مراحل عديدة، وكان طاغيًا على كامل المجتمع، فإن المصالحة الشاملة للنخبة تتطلب المصالحة بين كل مجموعة من النخب للتخفيف من صراعها الداخلي. وعلى سبيل المثال، زاد عدد شيوخ العشائر التقليدية بشكل خاص منذ

---

muhammadbyhaykal.pdf (accessed on 17 May 2023),128.

٥٧٢- Abdurahman Abdullahi, Recovering the Somali state: The Role of Islam, Islamism, and Transitional Justice (Adonis and Abbey Publishers, 2017), 123.

٥٧٣- Abdurahman Abdullahi, “Conceptions of Transitional Justice in Somalia: Findings of Field Research in Mogadishu,” North African Studies, Michigan State University Press 14, no. 2 (2014), 7-43.

عام ٢٠٠٠ عندما عُرضت عليهم سلطة اختيار أعضاء البرلمان من عشيرتهم[٥٧٤]. علاوة على ذلك، كان العلماء أيضًا منقسمين إلى حد كبير بسبب ظهور الحركات الإسلاموية الحديثة. لقد تمت إساءة استخدام الإسلام، وبدلاً من أن يصبح هو الفاعل الموحد، تم استخدام الإسلام لإثارة الصراعات على أساس تفسيره. ولذلك لا بد من توحيد وتصالح العلماء من خلال تبني نسخة موحدة من الشريعة الإسلامية. ويوضح الشكل ٧ التالي التوفيق بين النخبة السياسية الحديثة وإعادة تنظيم الشيوخ التقليديين والعلماء.

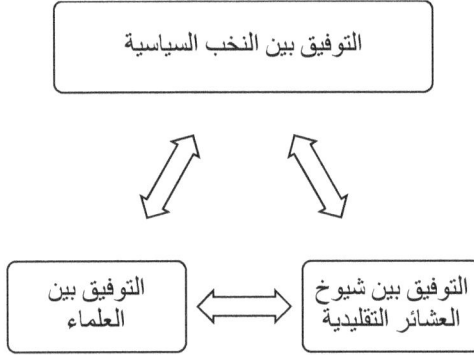

الشكل ٣٣: المصالحة الشاملة بين النخب الصومالية

نموذج استقرار الدولة الصومالية

إن تبني مثلث المصالحة الشاملة بين النخب الصومالية يكفي لخلق بيئة من الاستقرار في الصومال. ومنذ انهيار الدولة، ظهر المجتمع المدني الصومالي بقوة، وقد ملأ الشيوخ التقليديون والعلماء ومنظمات المجتمع المدني الحديثة فراغ الدولة. هذه المنظمات شاركت في تقديم الخدمات العامة في التعليم، وقطاع الصحة، والسلام والمصالحة، والتواصل مع المنظمات الدولية. وترتبط المنظمات بشبكات وطنية، وأصبحت أكثر تنظيمًا، كما أن مجتمع الأعمال قوي ويلعب دورًا أساسيًّا في جميع قطاعات التنمية. وتعتبر الشخصيات التجارية جادة للغاية في صنع السلام والحرب بين العشائر، واستقرار الدولة يستلزم بالضرورة التعاون مع الجهات الفاعلة غير الحكومية، بما في ذلك المجتمع المدني وقطاع الأعمال.

٥٧٤- Abdurahman Abdullahi and Ibrahim Farah, Reconciling the State, and Society: Reordering the Islamic work and Clan System. Available from https://www.scribd.com/document/15327358/Reconciling-the-State-and-Society-inSomalia# (accessed on 26 April 2023)

وهناك ستة سيناريوهات للعلاقات بين المجتمع المدني والدولة، هي : (١) المجتمع المدني خارج تأثير الدولة (لجان المساجد والأندية الرياضية)، (٢) تسييس المجتمع المدني في معارضة الدولة (إسقاط المجتمع المدني الأنظمة الديكتاتورية بالوسائل السلمية)، (٣) المجتمع المدني في حوار مستمر مع الدولة (النقد عندما تنحرف الدولة عن مسار الصالح العام، الدعم عندما تفعل الصواب)، (٤) المجتمع المدني تدعمه الدولة (تدعم الدولة المجتمع المدني وتعزز مثله العليا)، (٥) المجتمع المدني في شراكة أو بديل الدولة (في حالة ضعف الدولة مثل الصومال، يحل المجتمع المدني محل الدولة)، (٦) المجتمع المدني ما وراء الدولة كظاهرة عالمية (المنظمات غير الحكومية الدولية المناصرة للقضايا العالمية).

إن دور المجتمع المدني الصومالي في إعادة بناء الدولة يتمثل في الدخول في حوار مستمر مع الدولة وتجنب تسييسها. وعلى أفراده أن ينتقدوا ويتحاوروا مع الدولة عندما تنحرف عن الدستور وتتبع سياسات لا تخدم المصلحة العامة. وعليهم أيضًا دعم سياسات وبرامج الدولة عندما تقوم الدولة ببرامج مفيدة، مثل: تعزيز التعليم العام، وتحسين حقوق الإنسان، ومحاربة حركة الشباب، وما إلى ذلك. وهذا يتوافق مع المفهوم الإسلامي المتمثل في الأمر بالمعروف والنهي عن المنكر. والمجتمع المدني المنظم على الصعيد الوطني، بما في ذلك جميع القطاعات، هو الفاعل في استقرار الدولة، وأحد عناصر إعادة هندسة جديدة لنموذج الاستقرار في الصومال.

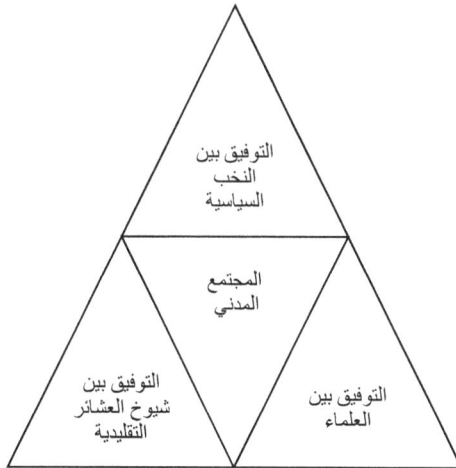

الشكل ٣٤: نموذج استقرار الدولة الصومالية

الخاتمة

تتناول هذه الدراسة بعمق التحديات المعقدة التي تواجه عملية بناء الدولة في الصومال، من خلال تحليل علاقات الدولة الحديثة مع المجتمع الصومالي باعتبارها إحدى أبرز الإشكاليات التي لا تزال تتطلب معالجة دقيقة ومستمرة في الدراسات الصومالية، حيث لم يكن بناء الدولة مجرد عملية مؤسساتية أو سياسية، بل هو أيضًا مسألة ذات أبعاد اجتماعية وثقافية معقدة تستدعي إعادة تقييم نقدي وشامل للأسس الفكرية والنظرية السابقة. تستعرض الدراسة ثلاث توجهات فكرية رئيسية: المنظور الأنثروبولوجي الذي غالبًا ما يختزل المجتمع الصومالي في إطار ثقافي أو قبلي ضيق، والمنظور الماركسي الذي يركز على العوامل الاقتصادية والصراع الطبقي دون إيلاء اهتمام كافٍ للجوانب الاجتماعية والثقافية المحلية، وأخيرًا المنظور التحريفي الذي يحاول إعادة تفسير التاريخ الصومالي وفق رؤى جديدة لكنه قد يقع في فخ الإقصاء أو التبسيط المخل. وبعد نقد هذه التوجهات وتوضيح أوجه قصورها، يقترح المؤلف منظورًا بديلاً يسمى «المنظور الشامل»، وهو تحليل متكامل يأخذ في الاعتبار تفاعل العوامل السياسية والاجتماعية والثقافية دون إقصاء أي منها أو التضحية بتعقيداتها المتشابكة، متجاوزًا القراءات التقليدية التي قامت على مفاهيم العلمنة المتشددة، أو الهيمنة الذكورية، أو النزعة الاستثنائية التي تصور الصومال كحالة فريدة غير قابلة للمقارنة، أو التفسيرات المحدودة التي تختزل المجتمع في إطار عشائري ضيق. يسعى هذا المنظور الشامل إلى تقديم فهم أعمق وأكثر شمولاً لعملية بناء الدولة في الصومال من خلال التركيز على التفاعل الديناميكي بين الدولة والمجتمع، مع استيعاب التعقيدات التاريخية والثقافية التي تشكلت على مر العصور.

يقدم المنظور الشامل إطارًا تحليليًا متكاملًا يجمع مختلف العناصر المكونة للمعادلة الصومالية ضمن الدراسات الصومالية، متجاوزًا النظريات التقليدية التي تتسم بالتجزئة أو الإقصاء، من خلال طرح ستة سيناريوهات تعبر عن كيفية تفكير العقل الصومالي وترتيب أولوياته وفقًا للظروف المتغيرة؛ حيث يُعتبر العقل المنظم الصحيح هو الذي يُقدِّم الولاء للإسلام أولاً كإطار قيمي وأخلاقي جامع، ثم تأتي القومية الصومالية كمحرك للوحدة الوطنية، وأخيرًا تُوضَع الولاءات العشائرية لتجنب تأثيرها السلبي على تماسك الدولة والمجتمع، غير أن الدراسة تكشف أن هذه الولاءات تتقلب وتُعاد هيكلتها وفقًا للأوضاع المتغيرة والأزمات المتعاقبة، مما يشكل تحديًا كبيرًا أمام عملية بناء الدولة. كما يميز المنظور الشامل بين النخب التقليدية التي تستمد شرعيتها من الأعراف والعلاقات العشائرية، والنخب الحديثة التي تعتمد على التعليم والممارسات السياسية المعاصرة، لكنه يوضح أن هذه النخب ليست منفصلة، بل تتداخل وتتنافس وتتحالف تبعًا لمصالحها

المتغيرة. ويُقدِّم المنظور الشامل أيضًا كنموذج عملي لحل معضلة المصالحة الشاملة من خلال فهم عميق لأربع مستويات من الصراع: الصراع بين الدولة والمجتمع نتيجة غياب الشرعية أو القبول الشعبي، والصراع السياسي النخبوي الناتج عن تنافس النخب على السلطة والموارد، والصراع السياسي العشائري المرتبط بولاءات قبلية متجذرة، وتعدد الصراعات وتداخلها بما يؤدي إلى تعقيد المشهد وتشظيه. ويؤكد المنظور الشامل أن معالجة هذه المستويات المختلفة تتطلب نهجًا تكامليًا يجمع بين الإدراك النظري العميق والحلول العملية القابلة للتنفيذ، مما يجعله أداة تحليلية مهمة لفهم طبيعة الأزمة الصومالية وتقديم مسارات بنّاءة نحو تحقيق المصالحة الشاملة وبناء دولة مستقرة ومزدهرة.

يرتكز المنظور الشامل على فهم عميق للنهجين الرئيسيين اللذين تم اتباعهما سابقًا في تحديد العلاقات بين الدولة والمجتمع في الصومال؛ فالنهج الأول كان قائمًا على التغريب، وهو محاولة فرض نموذج الدولة الذي ورثته الصومال من القوى الاستعمارية، مما تطلب من المجتمع قبول هياكل ومؤسسات مستوردة لا تعكس بالضرورة القيم والمعتقدات المحلية. أما النهج الثاني، فكان يقوم على التوطين، حيث سعت الدولة إلى الاقتراب من الشعب عبر تقاسم السلطة على أساس حصص عشائرية، وهي محاولة لتكييف الدولة وفقًا للبنية الاجتماعية التقليدية بدلًا من إعادة تشكيلها وفقًا لمفهوم حديث للحوكمة. انطلاقًا من هذا الفهم، يطرح المنظور الشامل أربعة أطر مترابطة للمصالحة الشاملة؛ الأول يتمثل في التوفيق بين الدولة والمجتمع عبر نقلهما إلى مساحة وسطية تعترف بالأدوار المنفصلة والمستقلة لكليهما، مما يتيح توازنًا أفضل بين السلطة الرسمية والهياكل الاجتماعية التقليدية. أما الإطار الثاني، فيركز على تحقيق توافق بين النخب السياسية حول طبيعة الدولة وممارستها للقيم الديمقراطية بشكل يراعي الثقافة والمعتقدات الصومالية، بما يتجاوز الأفكار المستوردة إلى نموذج ينسجم مع الواقع المحلي. ويعالج الإطار الثالث مسألة المصالحة من خلال مواجهة انتهاكات حقوق الإنسان الناجمة عن الصراع السياسي العشائري خلال الحرب الأهلية، وذلك عبر تبني آليات للعدالة الانتقالية مستوحاة من الثقافة الصومالية وقيم الإسلام، بهدف تحقيق العدالة ورد الاعتبار للضحايا وتعزيز السلم الاجتماعي. أما الإطار الرابع للمصالحة الشاملة، فيرتكز على إعادة تنظيم المؤسسات التقليدية التي تعرضت للتفكك والتجزئة خلال الحرب الأهلية، مع السعي للقضاء على مظاهر التطرف الذي يُمارس باسم الإسلام، وذلك عبر تصحيح المفاهيم وتعزيز الاعتدال بما يتماشى مع القيم الإسلامية الأصيلة. وبهذا، يسعى المنظور الشامل إلى بناء دولة مستقرة تتماشى مؤسساتها مع متطلبات المجتمع وتستوعب تعقيداته التاريخية والثقافية.

يتطلب التوفيق بين الدولة والمجتمع في الصومال نهجًا شاملًا يرتكز على تحقيق مصالحة حقيقية بين النخب السياسية، وإعادة تنظيم مؤسسات المجتمع التقليدية والحديثة، ومعالجة المظالم المتراكمة من الماضي، ووضع أساس متين لمستقبل مشترك يضمن قيام دولة صومالية مستقرة وقابلة للحياة. ويتطلب هذا النهج إعادة هيكلة المجتمع الصومالي بحيث يُعبِّر عن مصالحه وطموحاته من خلال أحكام دستورية وأطر قانونية تعكس تنوعه الثقافي والاجتماعي وتراعي خصوصياته التاريخية. كما ينبغي أن يشمل هذا الإطار التكاملي إشراك مختلف الجهات الفاعلة في المجتمع، بما في ذلك منظمات المجتمع المدني ورجال الأعمال، ليعملوا بتنسيق وتكامل مع الدولة في أداء أدوار محورية في مسيرة بناء الدولة الصومالية. ويستلزم ذلك وضع سياسات اقتصادية واجتماعية وأمنية قادرة على مواجهة التحديات الجغرافية التي تفرضها الطبيعة القاسية للبلاد، وتعزيز التنمية الاقتصادية المستدامة، ومعالجة قضايا الأمن القومي من خلال نهج شامل يتجاوز المقاربات التقليدية القائمة على القوة العسكرية وحدها. ومن خلال هذا التعاون المتكامل بين الدولة والمجتمع بمختلف مكوناته، يمكن للصومال أن يؤسس لنموذج جديد في الحوكمة، يعتمد على المصالحة الوطنية الحقيقية، والإدارة الرشيدة، وتحقيق العدالة الاجتماعية، مما يمهد الطريق لبناء دولة قادرة على تلبية تطلعات شعبها وتحقيق الاستقرار والازدهار.

المصادر

Abdinoor, Abdullahi. *Constructing Education in the Stateless Society: The Case of Somalia*. Ph.D. thesis, University of Ohio, 2007.

Abdi, Sheik Abdi. *Divine Madness: Mohammed Abdulle Hassan (1856–1920)*. London: Zed Books Ltd., 1993.

Abdullahi, Abdurahman. "Revisiting Somali Historiography: Critique and Idea of Comprehensive Perspective." *Journal of Somali Studies: Research on Somalia and the Greater Horn of African Countries* 5, no. 1-2 (2018): 30–48.

Abdullahi, Abdurahman. "Somali Elite Political Culture: Conceptions, Structures, and Historical Evolution." *Institute of Somali Studies: A Peer-Reviewed Academic Journal for Somali Studies* 5 (2020): 30–92.

Abdullahi, Abdurahman. "The Application of Sharia in Somalia." Accessed April 17, 2024. https://www.scribd.com/document/15419600/The-application-of-Sharia-in-Somalia.

Abdullahi, Abdurahman. "Theorizing Islam and Islamists: Critical Conceptions and Cultural Challenges." In *Theorizing Somali Society: Hope, Transformation, and Development, Vol. 1*, edited by Abdulkadir Osman Farah and Mohamed A. Eno, 122-150. London: Authors Press, 2022.

Abdullahi, Abdurahman. "Theorizing Stability of the Somali State: In the Light of the Comprehensive Perspective of Somali Studies." *Institute of Somali Studies: A Peer-Reviewed Academic Journal for Somali Studies* 8 (2023): 11–55.

Abdullahi, Abdurahman. *Making Sense of Somali History, Vol. 1*. London: Adonis & Abey, 2017.

Abdullahi, Abdurahman. *Making Sense of Somali History, Vol. 2*. London: Adonis & Abey, 2018.

Abdullahi, Abdurahman. *Recovering the Somali State: The Role of Islam, Islamism, and Transitional Justice*. London: Adonis & Abey, 2018.

Abdullahi, Abdurahman. *Reflections on Somalia's Political Deadlock: The Need for a New Political Deal*. Accessed June 1, 2024. https://www.academia.edu/88431391/Reflections_on_Somalias_Political_Deadlock_The_Need_for_a_New_Political_Deal.

Abdullahi, Abdurahman. *The Death of Arta Political Deal*. Available from https://www.academia.edu/87581583/The_death_of_Arta_Political_deal_pdf?uc-sb-sw=34087464. Accessed June 1, 2024.

Abdullahi, Abdurahman. "Women, Islamists, and the Military Regime in Somalia: The New Family Law and Its Implications." In *Milk and Peace, Drought and War: Somali Culture, Society and Politics*, edited by Markus Hoehne and Virginia Luling, 137–160. London: Hurst, 2010.

Abdullahi, Abdurahman (Baadiyow). *The Islamic Movement in Somalia: A Study of Islah Movement (1950-2000)*. London: Adonis & Abbey, 2015.

Abdullahi, Abdurahman. *Tribalism, Nationalism, and Islam: The Crisis of Political Loyalty in Somalia*. Master's thesis, Islamic Institute, McGill University, 1992.

Abdullahi, Abdurahman. *Conceptions of Transitional Justice in Somalia: Findings of Field Research in Mogadishu*. North African Studies, Michigan State University Press, Vol. 14, no.2, 2014.

Abdullahi, Abdurahman. *The Conception of Islam in Somalia: Consensus and Controversy*. *Bildhaan* Vol. 21, 2023.

Abdullahi, Abdurahman. "The Islah Movement in Somalia: Islamic Moderation in War-torn Somalia." Available from https://www.hiiraan.com/oct2008/ISLAH.pdf. Accessed October 4, 2020.

Abdullahi, Abdurahman and Ibrahim Farah. *Reconciling the State and Society: Reordering the Islamic Work and Clan System*. Available from https://www.scribd.com/document/15327358/Reconciling-the-State-and-Society-in-Somalia. Accessed April 26, 2023.

Abdullahi, Abdurahman. *Conceptions of Transitional Justice in Somalia: Findings of Field Research in Mogadishu*. *North African Studies*, Michigan State University Press, Vol. 14, no.2, 2014.

Abdullahi, Abdurahman. "The Conception of Islam in Somalia: Consensus and Controversy." *Bildhaan* Vol. 21, 2023.

Abdullahi, Osman and Issaka K. Souare, eds. *Somalia at the Crossroads: Challenges and Perspectives in Reconstituting a Failed State*. London: Adonis & Abbey, 2007.

Abdullahi, Osman. "The Role of Egypt, Ethiopia the Blue Nile in the Failure of the Somali Conflict Resolutions: A Zero-Sum Game." A paper presented at the annual meeting of the International Studies Association, Hilton Hawaiian Village, Honolulu, Hawaii, March 2005.

Achebe, Chinua. *The Trouble with Nigeria*. Fourth Dimension Publishing Co., 2000.

Adan, Hussein M. "Somalia: A Terrible Beauty Being Born?" In *Collapsed States: The Disintegration and Restoration of Legitimate Authority*, edited by I. William Zartman, 69–89. London: Lynne Reinne, 1995.

Adan, Hussein M. "Somalia: Militarism, Warlordism or Democracy?" *Review of African Political Economy* 54 (1992): 11-26.

Ahmed, Christine Choi. "God, Anti-Colonialism, and Drums: Sheikh Uways and the Uwaysiyya." Ufahamu 17, no. 2 (Spring 1989): 96–117.

African Watch Committee. 'Somalia: A Government at War with Its Own People'. Human Rights Watch; 1st ed Edition, 1990.

Afyare, Elmi. "Decentralization Options for Somalia: Paper for the Heritage Institute for Policy Studies," 2014. Accessed May 10, 2023. http://www. heritageinstitute.org/wp-content/uploads/2014/01/Decentralization_ Options_for_Somalia-ENGLISH.pdf.

Al-Ghamdi, Hassna. "Muslim World League: A Historical Look at Establishment, Goals and Projects." *International Journal of Humanities and Social Science* Vol. 11, No. 1, January 2021.

Alesina, Alesina, and Giuliano, Poala. "Culture and Institutions." IZA Discussion Papers, No. 9246, Institute for the Study of Labor (IZA), Bonn, 2015.

Ali, Salah Mohamed Ali. *Hudur and the History of Southern Somalia*. Cairo: Nahda Book Publisher, 2005.

Allen, Kawan J. "Expressive Culture," *The Department of Cultural References*. Available from http://tammysgordon.org/DCR/items/show/55 (accessed on 10 October 2020).

Al-Qaradawi, Yusuf. *The Status of Women in Islam*. Available from https:// www.centuryassociation.org/download/marriage_2016/books/The_ Status_of_Women_in_Islam__by_Yusuf_al_Qaradawi.pdf (accessed on 17 May 2023).

Al-Gousi, Hiam Salah EI-din Ali. "Women's Rights in Islam and Contemporary Ulama: Limitations and Constraints." (Egypt as Case Study). A

Ph.D. thesis submitted to The University of Leeds, 2010. Available from https://etheses.whiterose.ac.uk/15221/1/535101.pdf (accessed on 15 May 2023), 91-103.

Ali, Salah Mohamed. Huddur & the History of Southern Somalia. Nahda Bookshop Publisher, 2005.

Amghar, Abderrahim. "Revisiting the Contingency Theories of Leadership: Key Features, Meanings, and Lessons." 2022.

Amin, Samir. *Accumulation on a World Scale: A Critique of the Theory of Under-development*. New York and London: Monthly Review Press, 1974.

Amnesty International. "Somalia: Use of Lethal Force to Quell Protests is Unjustifiable." Available from https://www.amnesty.org/en/latest/news/2018/12/somalia-use-of-lethal-force-to-quell-protests-in-baidoa-unjustifiable/.

Apperly, Ian A. and Butterfill, Stephen A. "Do Humans Have Two Systems to Track Beliefs and Belief-Like States?". *Psychological Review*. 116 (4), 2009, 953–970.

Aslan, Seyfettin. "Historical Background and Principles of Kemalism." *NWSA-SOCIAL SCIENCES*, 2013.

Ayman, Roya, Martin M. Chemers, and Fred Fiedler. "The Contingency Model of Leadership Effectiveness: Its Levels of Analysis." *The Leadership Quarterly* 6, no. 2 (1995): 147–167.

Ayoob, Mohammed. "The Horn of Africa: Regional Conflict and Superpower Involvement." *Canberra Papers on Strategy and Defence*, No. 18, 1978. Accessed April 15, 2024.

Az, Mehmet Ata. "European Values and Islam." In *The Idea and Values of Europe: From Antigone to the Charter of Fundamental Rights*, edited by Angelo Santagostino, 41–64. Newcastle upon Tyne: Cambridge Scholars Publishing, 2020.

Baadiyow, Abdurahman. "Abdirizak Haji Hussein: The Audacious and Principled Leader." Available from https://www.academia.edu/116853719/Abdirizak_Haji_Hussein.

Bacik, Gokhan. "The Genesis, History, and Functioning of the Organization of Islamic Cooperation (OIC): A Formal-Institutional Analysis." Journal of Muslim Minority Affairs 31, no. 4 (December 2011).

Badie, Bertrand. The Imported State: The Westernization of the Political Order. Stanford, CA: Stanford University Press, 2000.

Bagdons, Ozlem Demirtas. "A Poststructuralist Approach to Ideology and Foreign Policy: Kemalism in the Turkish Foreign Policy Discourse." PhD diss., Central European University, Hungary, 2008.

Banfield, Edward. The Moral Basis of a Backward Society. Free Press, 1958.

Barnes, Cedric. "The Somali Youth League, Ethiopian Somalis, and the Greater Somalia Idea, c.1946–48." Journal of Eastern African Studies 1, no. 2 (July 2007).

Barnes, Cedric, and Harun Hassan. "The Rise and Fall of Mogadishu's Islamic Courts." Journal of Eastern African Studies 1, no. 2 (2007): 151-160.

Bauman, Michael. "Law and Morality." Available from http://www.equip.org/article/law-andmorality/ (accessed October 4, 2020).

Bayart, Jean-François, and Stephen Ellis. "Africa in the World: A History of Extraversion." African Affairs 99, no. 395 (2000): 217-267.

Bayeh, Endalcachew. "The Political and Economic Legacy of Colonialism in the Post-independent African States." International Journal of Commerce, IT and Social Sciences 2, no. 2 (February 2015).

Bealey, Frank. The Blackwell Dictionary of Political Science: A User's Guide to Its Terms. Blackwell, 1999.

Behan, Tom. The Italian Resistance: Fascists, Guerrillas, and the Allies. London: Pluto Press, 2009.

Bogaards, Matthijs. "Comparative Political Regimes: Consensus and Majoritarian Democracy." Oxford Research Encyclopaedia and Oxford University Press, USA, March 2017. Online Publication Date.

Brymer, Emma, and Tom Gray. "Effective Leadership: Transformational or Transactional?" Journal of Outdoor and Environmental Education 10 (2006): 13–19.

Building Peaceful States and Societies: A DFID Practice Paper. London: Department for International Development, 2010.

Burnham, James. The Machiavellians: Defenders of Freedom. The John Day Company, 1943.

Burns, J. M. Leadership. New York: Harper & Row, 1978.

Calingaert, Michael. "Italy's Choice: Reform or Stagnation." Current History, March 2008, 105-111.

Cardenas, Manuel Andres Sanchez. "Ethnic and Cultural Homogeneity: An Obstacle for Development?" Northeastern University, Fall 2019.

Cassanelli, Lee. The Shaping of Somali Society: Reconstructing the History of a Pastoral People, 1960-1900.

Cassanelli, Lee, and Farah Sheikh Abdulkadir. "Somali Education in Transition." Bildhan 7 (2007): 91-125.

Cassanelli, Lee. "The Somali Studies International Association: A Brief History." Bildhaan: An International Journal of Somali Studies 1 (2008), Article 5.

Cavalli, Alessandro. "Reflections on Political Culture and the 'Italian National Character'." Daedalus 130, no. 3 (Summer 2001): 119-137.

Chamberlin, William Henry. "Africa's Year," January 5, 1960. Accessed via ProQuest.

Chaudhry, R. Quest for Exceptional Leadership: Mirage to Reality. New Delhi: Response Books, 2011.

Cheeseman, Nic, and Jonathan Fisher. Authoritarian Africa: Repression, Resistance, and the Power of Ideas. Oxford: Oxford University Press, 2021.

Cherry, Kendra. "Leadership Styles." Accessed April 16, 2024. http://psychology.about.com/od/leadership/.

Cherry, Kendra. "Situational Leadership Theory." Available from Verywell Mind. Accessed April 16, 2024.

Chery, Kendra. "The Major Leadership Theories: The Eight Major Theories of Leadership." Available from Reaching New Heights Foundation. Accessed April 13, 2024.

Chomsky, Noam. "The Responsibility of Intellectuals." In The Essential Chomsky. New York: The New Press, 2017.

Clarke, Walter S., and Robert Gosende. "Somalia: Can a Collapsed State Reconstitute Itself?" In State Failure and State Weakness in a Time of Terror, edited by Robert I. Rotberg, 129-158. Washington: Brookings Institution Press, 2003.

Clawson, James G. "General Model of Leadership in Organizations: A Diamond in the Rough." SSRN Electronic Journal, June 2009. https://www.researchgate.net/publication/228144633 (accessed April 26, 2024).

Constitution of Medina, article 16. Available from https://static1.squarespace.com/static/5097fe39e4b0c49016e4c58b/t/5c8153eeec212d7117477f8f/1551979503244/Constitution-Medina.pdf. Accessed April 19, 2024.

Contini, Paolo. The Somali Republic: An Experiment in Legal Integration. London: F. Cass & Company, 1969.

Crick, Bernard. In Defence of Politics. University of Chicago Press, 1972.

Cunliffe, Ann L., and Matthew Eriksen. "Relational Leadership." Human Relations 64, no. 11 (2011): 1426–1449.

Chen, Jing. Useful Complaints: How Petitions Assist Decentralized Authoritarianism in China. New York: Lexington Books, 2016.

Dasgupta, Rajashree. "Main Features of a Traditional Society." Available from https://www.govtgirlsekbalpur.com/Study_Materials/Geography/GEOG_PART_II_HONS_Main_Features_of_a_Traditional_Society.pdf.

De Oliveira, Márcio S. B. S. "Modernity and Modernization." Available from Modernità%20S.%20Eisenstadt%20Modernity%20and%20Modernization%20(1).pdf.

Del Boca, Angelo. "The Myths, Suppressions, Denials, and Defaults of Italian Colonialism." In A Place in the Sun: Africa in Italian Colonial Culture from Post-Unification to the Present, edited by Patrizia Palumbo, 17–37. Berkeley: University of California Press, 2003.

Diamond, Larry. Political Culture and Democracy in Developing Countries. Lynne Rienner Publisher, 1994.

Durkheim, Emile. The Division of Labour in Society. Translated by W. D. Halls. New York: Free Press, 1997.

Easton, David. The Political System: An Inquiry into the State of Political Science. Chicago: University of Chicago Press, 1981.

Eagly, Alice H., and Shelly Chaiken. The Psychology of Attitudes. Belmont, USA: Wadsworth, 1993.

Eisenstadt, S. N. "Multiple Modernities." Daedalus 129, no. 1 (2000). http://www.jstor.org/stable/20027613. Accessed February 18, 2024.

Europa Publications Limited. The Middle East and North Africa. Volumes 5-17. London: Europa Publications, 1961, 909.

Evans, Peter. Embedded Autonomy: States and Industrial Transformation. Princeton: Princeton University Press, 1995.

Farah, Ibrahim. "Foreign Policy and Conflict in Somalia, 1960-1990." PhD diss., University of Nairobi, 2009.

Fishel, John T. Civil Military Operations in the New World. Westport, CT: Praeger, 1997.

Fleenor, John W. "Trait Approach to Leadership." In Encyclopedia of Industrial and Organizational Psychology, 830–832. Thousand Oaks, CA: Sage Publications, 2006.

Fox, M. J. The Roots of Somali Political Culture. Boulder, CO: Lynne Rienner Publishers, 2015.

Freeman, C. "Colonialism is No Longer an Excuse for Africa's Failure." Sunday View, June 20, 2010. Accessed July 20, 2010. http://www.zimbabwesituation.com/june20_2010.html.

Ghalib, Jama Mohamed. The Cost of Dictatorship: The Somali Experience. L. Barber Press, 1995.

Gambetta, Diego. "Why is Italy Disproportionately Corrupt? A Conjecture." In Institutions, Governance, and the Control of Corruption, edited by Kaushik Basu and Tito Gordella. London: Palgrave Macmillan, 2018.

Gil, Manuel Manrique. "1960–2010: 50 Years of 'African Independences.'" On Africa, January 4, 2010.

Ginsborg, Paul. "The Italian Political Culture in Historical Perspective." Modern Italy 1, no. 1 (1995).

Goldziher, Ignaz. Muslim Studies, vol. 1. London: George Allen & Unwin Ltd., 1910.

Gordon, Ruth. "Growing Constitutions." University of Pennsylvania Journal of Constitutional Law 1 (1999): 528-569. Accessed April 29, 2024. https://scholarship.law.upenn.edu/jcl/vol1/iss3/3.

Greenleaf, Robert K. On Becoming a Servant-Leader. San Francisco: Jossey-Bass Publishers, 1996.

Greenleaf, Robert K. Servant Leadership: A Journey into the Nature of Legitimate Power and Greatness. New York: Paulist Press, 1977.

Grew, R. "Modernization and Its Discontents." Accessed April 15, 2024. https://deepblue.lib.umich.edu/bitstream/handle/2027.42/67022/10.1177_000276427702100208.pdf;sequence=2.

Hansen, Stig Jarle. Al-Shabaab in Somalia: The History and Ideology of a Militant Islamist Group. London: Hurst and Company, 2016.

Haggard, Stephen. Pathways from the Periphery. Ithaca, NY: Cornell University Press, 1990.

Hamish Ion and Elizabeth Jane Errington, eds. Great Powers and Little Wars: The Limits of Power. London: Bloomsbury Academic, 1993.

Harney, Barbara. "Contingency Theory." In Encyclopedia of Human Resource Management, edited by Steven Johnstone and Adrian Wilkinson, 470. Cheltenham, UK: Edward Elgar, 2023.

Harrison, Catherine. Leadership Theory and Research. Cham: Palgrave Macmillan, 2018.

Harold D. Nelson. Somalia: A Country Study. Washington: U.S. Government Printing Office, 1982.

Helen Chapin Metz, ed. Somalia: A Country Study. Washington: GPO for the Library of Congress, 1992.

Hess, Robert L. Italian Colonialism in Somalia. Chicago: University of Chicago Press, 1966.

Higley, John. Elite Theory in Political Sociology. Austin, TX: The University of Texas at Austin, 2008.

Hofmann, Murad Wilfried. "On the Role of Muslim Intellectuals." Accessed April 16, 2024. file:///C/ojsadmin,+AJISS+14-3-2+Reflections.pdf.

Hoffmann, Paul. "Bunche says '60 is the Year of Africa." New York Times, February 16, 1960. Accessed via ProQuest.

Hodgkin, Thomas. Nationalism in Colonial Africa. London: Frederick Muller, 1956.

Hogman, Tobias. "Stabilization, Extraversion, and Political Settlement in Somalia." The Rift Valley Institute, 2016.

Howitt, B., and R. Julian. Society and Culture. 2nd ed. Sydney: Heinemann, 2009.

Humaans. "Participative Leadership: Meaning and Best Practices." Accessed April 13, 2024. Retrieved from Humaans.io.

Huntington, Samuel. The Change to Change: Modernization, Development, and Politics. New York: Free Press, 1976.

Hussein, Abdirizak Haji. My Role in the Foundation of the Somali Nation-State: A Political

Memoir. Edited by Abdisalam Ise-Salwe. Trenton, NJ: The Red Sea Press, 2017.

Hussein, Asaf. Political Perspective on the Muslim World. New York: Praeger, 1981.

Ibn Khaldun. The Muqaddimah: An Introduction to History. Princeton: Princeton University Press, 1980.

Ingiriis, Mohamed Haji. The Suicidal State in Somalia: The Rise and Fall of the Siad Barre Regime, 1969-1991. Lanham, MD: University Press of America, 2016.

Ingiriis, Mohamed Haji. "The Making of the 1990 Manifesto: Somalia's Last Chance for State Survival." Northeast African Studies 12, no. 2 (2012).

Ingiriis, Mohamed Haji. "Who Assassinated the Somali President in October 1969? The Cold War, the Clan Connection or Coup d'État." African Security 10, no. 2 (2017): 131–154.

Interpeace. History of Mediation in Somalia Since 1988. Research for Peace Program.

IMSA Leadership Education and Development. "Great Man Theory." Accessed April 13, 2024. Available from IMSA.

Inglehart, Ronald. Culture Shift in Advanced Industrial Society. Princeton: Princeton University Press, 1990.

Isernia, Pierangelo, and Danilo Di Mauro. "The Bumble-Bee is Still Flying: Italian Political Culture at 50." Accessed April 13, 2024. https://en.idi.org.il/media/6383/bythepeople_iserniadimauro.pdf.

Jaafar, Syaiful Baharee, Noraihan Mamat Zambi, and Nor Fathimah Fathil. "Leadership Style: Is it Autocratic, Democratic, or Laissez-Faire?" ASEAN Journal of Management and Business Studies 3, no. 1 (2021): 1–7.

Jackson, R. H., and C. G. Rosberg. "Sovereignty and Underdevelopment: Juridical Statehood in the African Crisis." The Journal of Modern African Studies 24, no. 1 (1986): 1–31.

Jaqua, Emily E. "Transactional Leadership." American Journal of Biomedical Science & Research 14, no. 5 (2021): 399–400.

Johnson, David (dit). A Historical Companion to Postcolonial Literatures – Continental Europe and Its Empires. Edinburgh: Edinburgh University Press, 2008.

Johnson, Hannah. "Authentic Leadership Theory: The State of Science on Honest Leaders." Technology and Management 5, no. 12 (2016). Available from IJSTM. Accessed April 12, 2024.

Josef, Dan, and Harun Maruf. Inside al-Shabaab: The Secret History of al-Qaida's Most Powerful Ally. Bloomington, IN: Indiana University Press, 2021.

Kaly, Kieth George, and Ida Rousseau Mukenge. Zones of Conflict in Africa: Theories and Cases. Westport, CT: Praeger, 2002.

Kamrava, Mehran. Understanding Comparative Politics: A Framework for Analysis. London: Routledge, 1996.

Kanodia, Rekha, and Arun Sacher. "Trait Theories of Leadership." International Journal of Science.

Karpova, Anna Yu. "The Political Role of Intellectuals." June 2016. Accessed April 15, 2024. https://www.researchgate.net/.

Kassim, Mohamed M. "Aspects of Banadir Cultural History: The Case of Baravan Ulama." In The Invention of Somalia, edited by Ali Jumale. Red Sea Press, 1995.

Khajeh-Sarvi, A. R. Political Competition and Political Stability in Iran. Tehran: Revolution Documents Center Publications, 2003.

Khayre, Ahmed Ali M. "Somalia: An Overview of the Historical and Current Situation." Social Science Research Network, 2016. Accessed April 30, 2024. https://www.academia.edu/24800571/.

Kerr, Euan. "Former Somali Prime Minister Abdirizak Haji Hussein Dies." MPR News, St. Paul, Minn., February 1, 2014.

Kohli, Atul. "State, Society, and Development." In Political Science: The State of the Discipline, edited by Ira Katznelson and Helen Milner, 84–117. New York: W. W. Norton, 2002.

Kouzes, James, and Barry Posner. The Leadership Challenge: How to Make Extraordinary Things Happen in Organizations. 6th ed. Hoboken, NJ: John Wiley & Sons, 2017.

Laitin, David D. "The Political Economy of Military Rule in Somalia." The Journal of Modern African Studies 14, no. 3 (1976): 449–468.

Laitin, David. Politics, Language, and Thought: The Somali Experience. Chicago: The University of Chicago Press, 1977.

Laitin, David, and Said Samatar. Somalia: Nation in Search of a State. Boulder, CO: Westview Press, 1987.

Lasswell, Harold. Politics: Who Gets What, When, and How? Chicago: Meridian Books, 1951.

Lenin, V. I. Collected Works. September 1903 – December 1904. Moscow: Progress Publishers, 1965.

Levy, Marion. Social Patterns and Problems of Modernization. Englewood Cliffs, NJ: Prentice-Hall, 1967.

Lewis, I. M. A Modern History of Somalia: Nation and State in the Horn of Africa. Rev. ed. Boulder, CO: Westview Press, 1988.

Lewis, I. M. A Modern History of the Somali: Revised, Updated & Expanded. 4th ed. Athens, OH: Ohio University Press, 2002.

Lewis, I. M. A Pastoral Democracy: A Study of Pastoralism and Politics Among the Northern Somali of the Horn of Africa. Münster: LIT Verlag, 1999.

Lewis, I. M. Blood and Bone: The Call of Kinship in Somali Society. Lawrenceville, NJ: Red Sea Press, 1994.

Lewis, I. M. Saints, and Somalis: Popular Islam in Clan-based Society. Lawrenceville, NJ: The Red Sea Press, 1998.

Lewis, I. M. "Force and Fission in Northern Somali Lineage Structure." American Anthropologist.

Lewis, I. M. "The Politics of 1969 Somali Coup." The Journal of Modern African Studies. 10: 3(1972).

Lerner, Daniel. The Passing of Traditional Society: Modernizing the Middle East. Glencoe, IL: Free Press, 1958.

Lijphart, Arend. Democracies: Patterns of Majoritarian and Consensus Government in Twenty-One Countries. New Haven, CT: Yale University Press, 1984.

Lyons, Terrence, and Ahmed Samatar. Somalia: State Collapse, Multilateral Intervention, and Strategies for Political Reconstruction. Washington, DC: The Brookings Institution, 1995.

Luthra, Suresh. "Effective Leadership is All About Communicating Effectively: Connecting Leadership and Communication." International Journal of Education and Research 5, no. 3 (2015): 43–48.

Mansur, Abdulla. "Contrary to a Nation: The Cancer of Somali State." In The Invention of Somalia, edited by Ali Jimale, 114. Lawrenceville, NJ: Red Sea Press, 1995.

Mandangu, E. T. C. "Leadership Can Build or Destroy a State." Social Sciences, Leadership, Nationalism, and State Building. Accessed April 14, 2024. https://www.academia.edu/9854728/Leadership_can_build_or_destroy_a_state.

Mansur, Abdalla Omar. "Contrary to a Nation: The Cancer of the Somali State." In The Invention of Somalia, edited by Ali Jumale, 107–116. Red Sea Press, 1995.

Macionis, John J., and Linda Marie Gerber. Sociology. Toronto: Pearson Prentice Hall, 2011.

Mapuva, Jephias, and Freeman Chari. "Colonialism No Longer an Excuse for Africa's Failure." Journal of Sustainable Development in Africa 12, no. 5 (2010).

Marsai, Victor. Somali Elections 2016-2017: Business as Usual or New Hope? National University of Public Service, July 2017.

Martin, B.G. Shaykh Uways Bin Mouhammad Al-Barawi: A Traditional Somali Sufi. Indiana: Indiana University Press, 1999.

Martin, Roger. "Relationship as a Core of Effective Leadership." Low Intensity Conflict & Law Enforcement 13, no. 1 (2013): 76.

Mazrui, Ali A. "Crisis in Somalia: From Tyranny to Anarchy." In Mending Rips in the Sky: Options for Somali Communities in the 21st Century, Adam and Ford edited 5–12. Lawrenceville: The Red Sea Press, 1997.

Mazuri, A. A. "From Social Darwinism to Current Theories of Modernization: A Tradition of Analysis." World Politics 21, no. 1 (October 1968): 69–83.

Mbandlwa, Zamokuhle. "Challenges of African Leadership after the Independence." Solid State Technology, December 2020. Accessed April 26, 2024. https://www.researchgate.net/publication/346972230.

McArthur, Douglas. Quotes. Accessed April 3, 2024. https://www.goodreads.com/quotes/359193-a-true-leader-has-the-confidence-to-stand-alone-the.

McGregor, Andrew. "The Muslim Brotherhood in Somalia: An Interview with Islah Movement's Abdurahman M. Abdullahi (Baadiyow)." Terrorism Monitor 9, no. 30 (July 29, 2011).

Meier, Dirk. "Situational Leadership Theory as a Foundation for a Blended Learning Framework." Journal of Education and Practice 7, no. 10 (2016). Accessed April 12, 2024. Available from IISTE.

Menkhaus, Ken. "US Foreign Assistance Somalia: Phoenix from the Ashes?" Middle Eastern Policy 5 (1997): 126.

Menkhaus, Ken, and John Prendergast. "Governance and Economic Survival in Post-intervention Somalia." CSIS Africa Note, no. 172 (May 1995).

Metz, Helen Chapin, ed. Somalia: A Country Study. 4th ed. Washington, DC: Library of Congress Cataloging-in-Publication Data, 1992.

Migdal, Joel S. Strong Societies and Weak States: State-Society Relations and State Capabilities in the Third World. Princeton: Princeton University Press, 1988.

Migdal, Joel S. State in Society: Studying How States and Societies Transform and Constitute Each Other. New York: Cambridge University Press, 2001.

Mire, Hassan A. "On Providing for the Future." In The Somali Challenge: From Catastrophe to Renewal, edited by Ahmed Samatar, 23. Boulder, CO: Lynne Rienner Publisher, 1994.

Mohamoud, A. State Collapse and Post-Conflict Development in Africa: The Case of Somalia (1960-2001). 2002. Accessed April 29, 2024. https://pure.uva.nl/ws/files/1061731/48811_UBA002000838_10.pdf.

Moḥamud, Moḥamed Sharif. "Abdirizaq Haji Hussein, Rais Wasara al-Somali (1964-1967)." 2009.

Morlino, Leonardo, Dirk Berg-Schlosser, and Bertrand Badie. Political Science: A Global Perspective. Sage Publications, 2017.

Muhammad Husayn Haykal. Life of Muhammad. Translated by Isma'il Al-Faruqi. Accessed May 17, 2023. https://muqith.files.wordpress.com/2010/10/muhammadbyhaykal.pdf.

Mukhtar, Mohamed. Historical Dictionary of Somalia: African Historical Dictionary Series, No. 87. New Edition. Lanham, MD: The Scarecrow Press, 2003.

Mukhtar, Mohamed. "Islam in the Somali History: Fact and Fiction." In The Invention of Somalia, edited by Ali Jumale. Red Sea Press, 1995.

Munroe, Trevor. An Introduction to Politics: Lectures for First-Year Students. Jamaica: Canoe Press, 2002.

Noor, Abdirahman Ahmed. "Arabic Language and Script in Somalia: History, Attitudes, and Prospects." Ph.D. diss., Georgetown University, 1999.

Northouse, Peter G. Leadership: Theory and Practice. 3rd ed. London: Sage, 2004.

Okbazghi, Yohannes. The United States and the Horn of Africa: An Analytical Study of Pattern and Process. Westview Press, 1997.

Olatunbosun, T. O. "The Characteristics of Exceptional Leaders." Accessed April 15, 2024. https://www.academia.edu/9381172/The_Characteristic_of_Exceptional_Leaders.

Omar, Mohamed Omar. The Road to Zero: Somalia's Self-Destruction. London: Haan Associates, 1993.

Omar, Mohamed Osman. Somalia: A Nation Driven to Despair: A Case of Leadership Failure. Mogadishu: Somali Publications, 2002.

Omar, Mohamed Osman. The Scramble in the Horn of Africa: History of Somalia (1827-1977). Mogadishu: Somali Publications, 1980.

Omar, Hussein. "Somalia: Former Somali Prime Minister Abdirizak Haji Hussein Died in the USA." Raxanreeb. Accessed April 29, 2024. https://en.wikipedia.org/wiki/Abdirizak_Haji_Hussein.

O'Neil, Patrick H. Essentials of Comparative Politics. New York: W.W. Norton & Company, 2010.

Owusu, Maxwell. Colonial and Postcolonial Anthropology of Africa: Scholarship or Sentiment? Published by De Gruyter Mouton, 1979.

Palumbo, Patrizia, ed. A Place in the Sun: Africa in Italian Colonial Culture from Post-Unification to the Present. Berkeley: University of California Press, 2003.

Pankhurst, Sylvia. Ex-Italian Somaliland. London: Watts & Co., 1951.

Pastaloza, Luigi. The Somali Revolution. Bari: Edition Afrique Asie Amerique Latine, 1973.

Patterson, Orlando. "Making Sense of Culture." The Annual Review of Sociology 40 (2014): 1–21.

Pietro Pastorelli. "Italy's Accession to the United Nations Organization." Accessed July 1, 2024. https://www.diplomatie.gouv.fr/IMG/pdf/ONU_pietro_pastorelli.pdf.

Plato. The Republic. Tehran: Cultural and Scientific Publications, 1995.

Poddar, Prem, and David Johnson, eds. A Historical Companion to Postcolonial Thought in English. Columbia University Press, 2007.

Posusney, Marsha Pripstein, and Michele Penner Angrist, eds. Authoritarianism in the Middle East: Regimes and Resistance. London: Lynne Rienner Publishers, 2005.

Pratt, Nicola. Democracy and Authoritarianism in the Arab World. London: Lynne Rienner Publishers, 2006.

Prewitt, K., and A. Stone. "The Ruling Elite." In Power in Modern Societies, edited by M.E. Olsen and M.N. Marger, 143–168. Boulder: Westview Press, 1993.

Purohit, Raveen. "Review on Study of Behavioral Approach to Leadership." International Journal of Scientific and Research Publications 11, no. 1 (January 2021).

Putnam, Robert. "Studying Elite Political Culture: The Case of 'Ideology.'" The American Political Science Review 65, no. 3 (September 1971): 651–681.

Rawson, David. "Dealing with Disintegration: US Assistance and Somali State." In The Somali Challenge: From Catastrophe to Renewal?, edited by Ahmed Samatar, 147–178. London: Lynne Rienner Publishers, 1994.

Rehman, Scheherazade S., and Hossein Askari. "How Islamic are Islamic Countries?" Global Economy Journal 10, no. 2 (2010): 1–40. Islamicity Index. Accessed April 12, 2024.

Report of the Secretary-General on the Situation in Somalia. United Nations S/2001/963. Available from Distr.: General, October 11, 2001. Accessed April 29, 2024.

Reviglio della Veneria, M. "The United Nations, Italy and Somalia: A 'Sui Generis' Relation 1948-1969." MA thesis, Utrecht Universiteit, 2014.

Ria Story. Leaders Are Like Diamonds. Topstoryleadership.com, 2017.

Riemann, Andrew. Introduction to Culture Studies: Introductory Activities for Exploring and Comparing Cultures. Intergraphica Press, 2013.

Robert, Jackson, and C.G. Rosberg. Personal Rule in Black Africa. University of California Press, 1982.

Rotberg, Robert I. The Failure and Collapse of Nation-States: Breakdown, Prevention, and Repair. Accessed February 16, 2024. https://assets.press. princeton.edu/chapters/s7666.pdf.

Rotberg, Robert I. Nation-State Failure: A Recurrence Phenomenon? Washington, DC: Brookings Institution Press, 2003.

Rotberg, Robert I. State Failure and State Weakness in a Time of Terror. Washington, DC: Brookings Institution Press, 2003.

Rotberg, Robert I. "Failed States, Collapsed States, Weak States: Causes and Indicators." Accessed April 5, 2024. https://www.brookings.edu/wp-content/uploads/2016/07/statefailureandstateweaknessinatimeofterror_chapter.pdf.

Rustow, Dankwart A. A World of Nations. Washington, DC: Brookings Institution, 1967.

"Former Somali Prime Minister Laid to Rest in a Mogadishu Cemetery." Horseed Media. Accessed April 29, 2024.

Salwe, Abdisalam. "The Failure of The Daraawiish State, The Clash Between Somali Clanship and State System." Paper presented at the 5th International Congress of Somali Studies, December 1993.

Samatar, Abdi. Africa's First Democrats: Somalia's Adan A. Osman and Abdirizak H. Hussein. Bloomington: Indiana University Press, 2016.

Samatar, Ahmed. Socialist Somalia: Rhetoric and Reality. London: Zed Press, 1988.

Samatar, Ahmed. "The Curse of Allah: Civic Disembowelment and the Collapse of the State in Somalia." In The Somali Challenge: From Catastrophe to Renewal?, edited by Ahmed Samatar, 117. Boulder, CO: Lynne Rienner Publishers, 1994.

Samatar, Said. "Sheikh Uways Muhammad of Baraawe, 1847–1909: Mystic and Reformer in East Africa." In Shadows of Conquest: Islam in Colonial Northeast Africa, edited by Said S. Samatar, 199–224. Trenton, NJ: The Red Sea Press, 1992.

Samatar, Said. "Unhappy Masses and the Challenges of Political Islam in the Horn of Africa." Accessed February 2, 2017. www.wardheernews.com/March_05/05.

Sanchez Cardenas, Manuel Andres. "Ethnic and Cultural Homogeneity: An Obstacle for Development?" Northeastern University, Fall 2019.

Sesay, Amadu. The African Union: Forward March or About Face-Turn? Uppsala: Universitetstryckeriet, 2008

Shahin, Amany I. "Powerful Insights of Authentic Leadership." International Review of Management and Business Research 9, no. 1 (March 2020).

Sheikh, Mohamed Aden. Back to Mogadishu: Memoirs of a Somali Herder. Barkin Publishing, 2021.

Shonhiwa, D. C. "An Examination of the Situational Leadership Approach: Strengths and Weaknesses." Crosscurrents: International Peer-Reviewed Journal on Humanities & Social Sciences 2, no. 2 (2016): 35–40.

Sinno, Niam. "A Behavioral Approach to Understanding Leadership Effectiveness." Master's thesis, Harvard Extension School, 2018.

Smelser, Neil Joseph. Toward a Theory of Modernization. New York: Basic Books, 1964, 268–274.

Smith Hempstone. The New Africa. London: Faber and Faber, 1961.

Soroush, Abdolkarim. "The Responsibilities of the Muslim Intellectual in the 21st Century." January 30, 2005. Accessed April 15, 2024. https://nawaat.org/2005/01/30/the-responsibilities-of-the-muslim-intellectual-in-the-21st-century/.

Sumner, William Graham. Folkways: A Study of Mores, Manners, Customs, and Morals. Cosimo Classics, 2007.

The United Nations Economic and Social Commission for Asia and the Pacific. "Good Governance." Accessed March 24, 2024. https://www.unescap.org/sites/default/files/good-governance.pdf.

"The Majeerteen Sultanates." Accessed July 1, 2024. http://www.mudugonline.com/MajertainSaltanates/Sultanate.htm.

Tipps, Dean C. "Modernization Theory and the Comparative Study of Societies: A Critical Perspective." Comparative Studies in Society and History 15, no. 2 (March 1973): 199–266.

Touval, Saadia. Somali Nationalism: International Politics and the Drive for Unity in the Horn of Africa. Cambridge: Cambridge University Press, 1963.

Touval, Saadia. "The Organization of African Unity and Borders." International Organization 21, no. 1 (1967).

Tripodi, Paola. "Back to the Horn: Italian Administration and Somalia's Troubled Independence." The International Journal of African Historical Studies 32, no. 2–3 (1999): 359–380.

Tripodi, Paolo. The Colonial Legacy in Somalia: Rome and Mogadishu: From Colonial Administration to Operation Restore Hope. Palgrave Macmillan, 1999.

Trunji, Mohamed Isse. Somalia: The Untold History (1941–1969). Looh Press, 2015.

Trunji, Mohamed Isse. President Adan Abdulla: His Life & Legacy. Looh Press, 2023.

Trunji, Mohamed. "A Haitian Diplomat Who Openly Defied His Government to Support the Somali Cause at the UN." November 23, 2022. Accessed April 3, 2024. https://www.hiiraan.com/op4/2022/nov/188832/haitian_diplomat_who_openly_defied_his_government_to_support_the_somali_cause_at_the_un.aspx.

Tylor, Edward. Primitive Culture. Vol. 1. New York: J.P. Putnam's Sons, 1871.

Tareke, Gebru. "The Ethiopia-Somalia War Revisited." International Journal of African Historical Studies 33, no. 3 (2000): 615–34.

United Nations. Draft Trusteeship Agreement for the Territory of Somaliland under Italian Administration: Special Report of the Trusteeship Council. General Assembly Official Records: Fifth Session, Supplement No. 10 (A/1294). Lake Success, New York, 1950.

United Nations Economic and Social Commission for Asia and the Pacific. "What is Good Governance?" Accessed April 16, 2024. https://www.unescap.org/sites/default/files/good-governance.pdf.

Vroom, Victor H., and Arthur G. Jago. "The Role of the Situation in Leadership." The American Psychologist 62, no. 1 (2007): 17–24.

Ware, Gilbert. "Somalia: From Trust Territory to Nation, 1950-1960." Phylon 26, no. 2 (2nd Quarter, 1965): 173–185.

Watsumoto, David, and Linda Juang. Culture and Psychology. Jon-David Hague Publisher, 2013.

Weber, Max. Economy and Society: An Outline of Interpretive Sociology. Berkeley, CA: University of California Press, 1922.

Weber, Max. The Theory of Social and Economic Organization. New York: Oxford University Press, 1943.

Webersik, Christian. "Mogadishu: An Economy without a State." Third World Quarterly 27, no. 8 (November 2006): 1463–1480.

Wright, Erik. Approaches to Class Analysis. Cambridge: Cambridge University Press, 2005.

Yihdego, Zeray W. "Ethiopia's Military Action against the Union of Islamic Courts and Others in Somalia: Some Legal Implications." The International and Comparative Law Quarterly 56, no. 3 (July 2007): 666–676.

Zhang, Yang. "Rethinking Trait Theory Analysis of the Impacts of Trait Level on Leadership." In Advances in Economics, Business, and Management Research 231, edited by H. Mallick et al., 852–857. Atlantis Press, 2023.

Zarate, Rodrigo A. "What Followers Want from Their Leaders: An Analytical Perspective." December 2009. Accessed April 16, 2024. https://www.researchgate.net/publication/262431070_What_Followers_Want_from_Their_Leaders_An_Analytical_Perspective.